「中國歷代繪刻本名著新編」編輯委員會

中國歷代繪刻本名著新編

孔子三語集

孔子三語集【全四册】

第一册　孔子論語

第二册　唐石刻論語

第三册　孔子家語

第四册　孔子集語

北京時代華文書局整理輯刊

安徽人民出版社

文圖版【孔子三語集】

孔子集語

【清】孫星衍 輯
張立華 點校

中國歷代繪刻本名著新編

孔子集語

北京時代華文書局整理輯刊

總序

中國繪刻本圖籍上溯至唐宋拙樸的肇始，歷元明清初的宏大中發，延續到晚清民國精緻與粗劣的二元濫觴，各種綫描圖樣、彩繪册頁、圖籍畫譜千姿百態，版本浩如煙海。尤其是明清兩代宮廷專門延請了一批御用畫師與刻工，并欽命制作許多刻繪本圖籍，它無疑對刻繪本圖書臻達更高水平是一種推助。但可惜的是，歷經天災人禍，戰亂事變，西方列强的盜掠，許多優秀版本流失損毁頗多。而存世的版本或束藏于各大博物館、圖書館，或鎖閉于幽幽藏家之手，尋常讀者難得一見。或有今人整理出版，大多精裝細裹索價不菲，一般讀者難以問津。至今仍使「文人畫」、「文人書」封禁在文人圈、官商場中，這無疑是一種對文化特權的維護。因而，如何讓那些古典繪刻本圖籍進入民間，以廉價、簡裝的出版形式，讓大衆讀者買得到、買得起、讀得懂，讓古典繪刻本圖籍在新生代讀者手中傳承延續、發揚光大，就成爲了出版界的一個重要課題。

北京時代華文書局創社伊始即展開了這個專項的編輯出版工作。編輯們追尋購買國内外圖籍版本踪跡，致力資料搜求鈎沉累積，策劃、創意、精選、新編出版了這套以《中國歷代繪刻本名著新編》爲題的普及本文圖版叢書。

這套叢書在版本收録選擇上涵蓋了歷史上多種類的繪本、刻本、軸卷及典籍中的極品、精品；在體例上合縱連横、取捨有緒、融匯貫通地闡述表現一個主題；在編排上以圖爲主，導入典籍文獻、補述内容、新編增撰文字，間有簡體字譯注、補白，以便于識讀；在整理制作上著意凸顯原作原版圖像之美、書法之美、畫工刻工印工之美，保有傳統圖書的墨香、紙香、書卷之氣。而不拘泥于原版局限，重在讓讀者看得懂，買得起。這是本套叢書的出版宗旨。而本套叢書的可貴之處還在于它並不是簡單的影印、複制，而在于整理新編適于大衆閱讀上，而且還有諸多版本是一種文字與名畫的組合新編，具有市場品種唯一性的價值。這是本套叢書與任何一種已經面世的影印版不同的主要特徵。《中國歷代繪刻本名著新編》是一套順應時尚閱讀潮流、因繁就簡、平裝價廉、便于賞讀的嶄新古典繪刻本圖籍讀本。第一批選題近四十册，以後將陸續推出。誠望它的問世，能爲廣大讀者的精神文化生活增添一道精美而清新的膾炙之餐。是爲序。

張亞力　壬辰年冬月于北京謹識

《孔子三語集》點校前言

中國儒家創始人孔子，一生「述而不作」，故而這位偉大思想家、教育家的重要思想言行，都是由其弟子記錄整理並由後代學者編纂在《論語》、《集語》、《家語》等典籍中。西漢劉歆《六藝略》云：「《論語》者，孔子應答弟子時人及弟子相與言而接聞於夫子之語也。當時弟子各有所記，夫子既卒，門人相與輯而論纂，故謂之《論語》。」《論語》成書於戰國初期。因秦始皇焚書坑儒，到西漢時期僅有魯人口頭傳授的魯《論語》二十篇，齊人口頭傳授的齊《論語》二十二篇，以及從孔子舊宅夾壁中發現的古《論語》二十一篇。西漢末年，著名經學家張禹根據魯《論語》，參照齊《論語》，另成《張侯論》，成為當時的權威讀本，齊《論語》和古《論語》不久便亡佚。

對於《論語》書名的含義，宋邢昺解釋說：「鄭玄云：『……論者，綸也，輪也，理也，次也，撰也。』以此書可以經綸世務，故曰綸也；圓轉無窮，故曰輪也；蘊含萬理，故曰理也；篇章有序，故曰次也；群賢集定，故曰撰也。鄭玄《周禮》注云：『答述曰語。』以此書所載皆仲尼應答弟子及時人之辭，故曰語。」（《論語注疏解經序》）

《論語》現存二十篇，四百九十二章，其中記錄孔子與弟子及時人談論之語約四百四十四章，記孔門弟子相互談論之語四十八章。孔子是《論語》描述的中心，正如南朝梁劉勰在《文心雕龍·徵聖》所言：「夫子風采，溢于格言。」注解《論語》始於漢朝，但基本上都已亡佚，今所存最早且最有影響的是三國魏何晏的《論語集解》。

除了《論語》之外，還有一部記錄孔子言行的著作，這就是《孔子家語》。本書最早著錄於《漢書·藝文志》，只說「二十七卷」，沒有其他信息。唐顏師古注《漢書》加了一句「非今所有《家語》」，所謂「今所有《家語》」，指的是三國魏王肅注釋的十卷本《孔子家語》。王肅在自序中認為，東漢鄭玄注經「義理不安，違錯者多」，使得「聖人之門，方壅不通，孔氏之路，枳棘充焉」。於是，「奪而易之」，「開而辟之」，為《孔子家語》做注。並說該書是孔子二十二世孫孔猛家藏的先人之書。

王肅注的這部《孔子家語》又名《孔氏家語》，簡稱《家語》。今傳本共十卷四十四篇，除了有王肅注之外，書後還附有王肅序和《後序》。《後序》分為兩部分，前半部分內容以孔安國語氣所寫，一般稱之為「孔安國序」，後半部分內容為孔安國以後的人所寫，故稱之為「後孔安國序」，其中收有孔安國的孫子孔衍關於《孔子家語》的《奏言》。

宋代王柏著《家語考》，質疑《孔子家語》的真實性。清代姚際恒（《古今偽書考》）、范家相（《家語證偽》）、孫志祖（《家語疏證》）等也認為《孔子家語》是偽書。紀曉嵐在《四庫全書總目》中說：「反復考證，其出於肅手無疑。特其流傳已久，且遺文軼事，往往多見於其中，故自唐以來，知其偽而不能廢也。」但宋代理學家朱熹卻不以為然，清陳士珂和錢馥的《孔子家語疏證》序跋、黃震《黃氏日鈔》等也不認為《孔子家語》是偽書。

一九七三年，河北定縣八角廊西漢墓出土的竹簡《儒家者言》，內容與今本《家語》相近。一九七七年，安徽阜陽雙古堆西漢墓也出土了篇題與《儒家者言》相應的簡牘，內容同樣和《家語》有關。《孔子家語》偽書之說，不攻自破。

除了《論語》和《孔子家語》之外，還有兩種孔子言行事蹟彙編的《孔子集語》：一是宋朝薛據輯的兩卷本，二是清朝孫星衍輯的十七卷本，後者不但從文字數量上超出前者六七倍，而且從編輯品質上也大大超過前者。

孫星衍，字伯淵，一字淵如，是清朝著名的考據學家、金石學家、訓詁學家。孫星衍對薛氏輯本很不滿意，於是在晚年引疾歸田後，與其族弟星海、侄婿龔慶一起檢閱群籍，從《易經》的《十翼》、《禮記》的《小戴記》、《春秋左氏傳》、《孝經》、《論語》、《孟子》、《孔子家語》、《孔叢子》、《史記·孔子世家》、《史記·仲尼弟子列傳》以外的八十三種典籍中，采輯了八百一十三條孔子言行記錄，並仿照《說苑》的體裁按類編排，共分十四篇十七卷，前十篇反映孔子的基本思想，後四篇多屬於孔子的生平事蹟和寓言故事。初稿纂成之後，又請著名學者嚴可均進行審校，前後歷時六年成書。孫氏輯本不僅重視材料的收集，還注明每一條材料的出處，並把內容相同或相近的材料排列在一起，而且對疑誤之處加上校勘按語，具有很高的學術價值。

我們這次編纂《中國歷代繪刻本名著新編》，將《論語》、《孔子家語》與孫星衍的《孔子集語》合編為《孔子三語》，並配以唐閻立本繪的《孔子弟子畫像》，以飨讀者。

《論語》選用日本南朝後村上天皇正平甲辰本《論語集解》與唐代石刻《論語》。正平甲辰為中國元順帝至正二十四年（一三六四年），該本是根據隋唐舊鈔刻印的，字句與今本差異甚夥，但往往往合于唐陸德明的《經典釋文》，「字畫亦奇古」，因而具有極為重要的版本價值。另附有清阮元校刻本《論語》簡體標點原文，以便進行比較閱讀研究。

唐代石刻《論語》為唐石刻十二經之一。唐初詔命經學大師賈公彥、孔穎達訂正經籍，著名書法家、文字學家、「筆虎」李陽冰提議鐫刻大唐石經。他在《上李大夫論古篆書》中說：「常痛孔壁遺文，汲冢舊簡，年代浸遠，謬誤滋多。」「魚魯一惑，涇渭同流，學者相承，靡所遷復。每一念至，未嘗不廢食雪泣，攬筆長歎焉。」「誠願刻石作篆，備書六經，立於明堂，為不刊之典，號曰大唐石經。使百代之後，無所損益。」李陽冰的建議虽然當時並沒有被採納，但唐之建言立石經者以此為朔。

大曆十年（七七五年），詔儒官校定經本，送尚書省。翌年，國子司業張參詳定五經，書於長安務本坊國子監講論堂東西廂之壁。大和七年（八三三年）二月，御史大夫鄭覃（後任宰相）上奏：「請召宿儒奧學，校定六籍。準後漢故事，勒石於太學，永代作則，以正其闕。」鄭覃長於經學，稽古守正，且頗受唐文宗賞識。文宗遂敕唐玄度覆定九經字體，多以張參五經文字為準。十二月，有詔刻石經於講論堂兩廊，至開成二年（八三七年）完成，以拓本及石經圖一軸呈進。計有：《周易》九卷、《尚書》十三卷、《毛詩》二十卷、《周禮》十二卷、《儀禮》十七卷、《禮記》二十卷、《春秋左傳》三十卷、《公羊傳》十一卷、《穀梁傳》十二卷、《孝經》一卷、《論語》十卷，凡二百二十七石，六十五萬二百五十二字，每石兩面鐫刻。後世所稱「十三經」，只缺《孟子》。諸經皆白文無注，每卷卷題次行書某某注者，以明所據之本。其中《論語》十卷，用三國魏何晏集解本。

唐代石經，不僅是現存最早、最完整的儒學經典石刻，是「古本之終，今本之祖」，而且具有很高的書法藝術價值。石經的書寫鐫刻者艾居晦、陳玠、段絳、章師道、楊敬之等均為當時著名的書法鐫刻家，字體參用歐陽詢、虞世南、褚遂良和薛稷的楷書筆法，唯各卷題首及各經後的字數一行為隸書。

因為經書文字校勘的緣故，唐石經在大和、開成年間，就有隨刻隨改的情況。乾符三年（八七六年），張參的後人自牧又磨修補刻了一些文字。嘉靖三十四年（一五五五年）地震，經石撲損。萬曆十六年（一五八八年），西安府學官葉時榮、生員王堯典等，案舊文集其缺字，別刻小石立於碑旁。一些拓本的裝裱者就直接把小石補刻的文字嵌入正本的闕文中。後人不察，誤從裝裱本以補字之紕繆，反倒滋生了不少訛誤。

五代後唐長興三年（九三二年）二月，中書門下奏請依據唐代石經文字刻《九經》印板。敕令國子監集博士儒徒，將唐代石經本，「各以所業本經，廣為鈔寫，子細看讀。然後顧召能雕字匠人，各部隨帙刻印，廣頒天下。」歷經宋、元、明，各種刻本層出不窮，轉刻轉誤。清代校勘家嚴可均，根據新拓本之未裝冊者撰成《唐石經校文》十卷，對唐石經摹刻本中的磨改、殘損、訛誤、奪衍等做了認真的考訂。民國十五年（一九二六年），山東掖縣張氏（宗昌）皕忍堂依據唐石拓本影摹刻板印刷《景刊唐開成石經》，包括十二經、五經文字、九經字樣和嚴氏《唐石經校文》等共十四函七十四冊，成為唐代石經最權威的摹刻本。今據此版影印其中的《論語》。為了便於閱讀，在每頁之下附上簡體標點釋文，書中的避諱字和明顯的訛誤字，全部改為通用正字。

《孔子家語》選用明萬曆年間吳嘉謨集校的《孔子家語圖》本，「圖按聖跡之遺，文仍王本之舊」，「庶同志者統觀家語，可以窺聖經之全，而首按其圖，又可以窺聖人之跡」。書前有吳嘉謨的自序和常熟王鏊的題辭，書後有楊士經的跋。孫星衍的《孔子集語》用清嘉慶二十年冶城山館本，此為該書首刊本，因係孫星衍組織編撰刻印，故通稱「陽湖孫氏本」，又因收入《平津館叢書》，亦稱「平津館原本」。每頁都有簡體標點原文，以便閱讀。

郁達夫先生說：「沒有偉大的人物出現的民族，是世界上最可憐的生物之群；有了偉大的人物，而不知擁護、愛戴、崇仰的國家，是沒有希望的奴隸之邦。」孔子是中華民族最偉大的人物，正是因為有了偉大的孔子，我們纔脫離了「最可憐的生物之群」，我們這個民族纔稱得上偉大的民族！正是因為我們擁戴、崇仰孔子，我們這個國家纔脫離了「沒有希望的奴隸之邦」！

孔子的思想智慧是全人類最寶貴的精神財富。西班牙思想家葛拉西安說：「他人的機智語言，他人的非凡事蹟，任何有才之人借鑒，都能播下敏銳的種子。悟力使這些種子萌芽，繁滋而為豐富的花蕾，終而結實為機智的收成。」印度大詩人、諾貝爾文學獎得主泰戈爾說：「教育的最大目的是『叩擊心靈』。」孔子的言行幾乎盡在《孔子三語》中，「仰之彌高，鑽之彌堅」，他那機智語言，他那非凡事蹟，將叩擊每一位中國人的心靈。孔子的思想將在每一位中國人的腦海中播下敏銳的種子，繁滋為豐富的花蕾，結實為機智的收成！

張立華　壬辰初冬記于北京後沙峪居廣居

孔子集語　目録

彩繪孔子圖傳

（明仇十洲繪　文徵明書）

孔子集語（清嘉慶版）

孔子集語篇目

《孔子集语》简体标点

孔子集語

彩繪孔子圖傳

【明】仇十洲 繪　文徵明 書

祷尼山图

圣母颜氏祷于尼山。升之谷，草木之叶皆上起。降之谷，草木之叶皆下垂。及怀娠十一月而生，而首上圩顶，象尼丘。因名丘，字仲尼。

麒麟玉书图

二龍五老圖魯襄公二十二年庚戌十月二十一日庚子孔子誕生之辰是夕有二龍繞室五老降庭
五老者五星之精也

二龙五老图

鲁襄公二十二年庚戌十月二十一日庚子，孔子诞生之辰。是夕，有二龙绕室，五老降庭。五老者，五星之精也。

空中奏樂圖 魯襄公二十二年庚戌十月二十一日庚子日甲申時即今之八月二十七日也是日之夕
顏氏之房聞鈞天之樂空中有聲云天感生聖子降以和樂之音故孔子于生有異質其眉一十
二彩目六十四理立如鳳峙坐如龍蹲手握天文足履度字望之如什就之如升視若營四海躬
履謙讓胸有文曰制作定世符身長九尺六寸腰大十圍

空中奏乐图

鲁襄公二十二年庚戌，十月二十一日庚子日甲申时，即今之八月二十七日也。是日之夕，颜氏之房闻钧天之乐。空中有声，云天感生圣子，降以和乐之音。故孔子于生有异质，其眉一十二彩，目六十四理，立如凤峙，坐如龙蹲，手握天文，足履度字，望之如什，就之如升，视若营四海，躬履谦让。胸有文曰：制作定世符。身长九尺六寸，腰大十围。

为儿戏图

鲁襄公二十七年乙卯，孔子年六岁，为儿嬉戏，当陈俎豆礼容。

为委吏图

鲁昭公十年己巳，孔子年二十岁，初仕鲁，为委吏，料量平。

昭公赐鲤图

鲁昭公十年己巳，孔子生伯鱼，昭公以鲤鱼赐孔子。荣君之贶，故名鲤。

為乘田吏圖 魯昭公十一年庚午孔年二十一歲仕魯為乘田吏畜蕃息

为乘田吏图

鲁昭公十一年庚午，孔年二十一岁，仕鲁为乘田吏，畜蕃息。

問禮老聃圖 魯昭公二十四年癸未孔子年三十四歲與南宮敬叔適周見老聃而問禮焉老聃曰
子所言其人與骨皆已朽矣獨其言在耳且君子得時則駕不得時則蓬累而行吾聞之良
賈深藏若虛君子盛德容貌若愚去子之驕氣與多慾態色與淫志皆無益于子之身
吾之所以告子者若此而已

问礼老聃图

鲁昭公二十四年癸未，孔子年三十四岁，与南宫敬叔适周，见老聃而问礼焉。老聃曰：“子所言其人与骨皆已朽矣，独其言在耳。且君子得时则驾，不得时则蓬累而行。吾闻之，良贾深藏若虚。君子盛德，容貌若愚。去子之骄气与多欲态色与淫志，皆无益于子之身。吾之所以告子者若此而已。”

在齐闻韶图

鲁昭公二十六年乙酉，孔子年三十六岁。季平子与郈昭伯以斗鸡故，得罪于昭公。昭公率师击平子，平子与三家共攻昭公。公师败，奔齐。孔子适齐，与太师语乐。闻《韶》，三月不知肉味。

学琴师襄图

鲁昭公十九年戊寅，孔子年二十九岁。闻师襄善琴，适晋学之，十日不进。襄子曰："可以益矣。"曰："未得其数也。"有间，曰："可以益矣。"曰："未得其志也。"有间，曰："可以益矣。"曰："未得其人也。"有间，曰："有所穆然深思焉，有所怡然，高望而远志焉。"曰："丘得其为人。黯然黑，颀然长，眼如望洋。非文王，谁能为此也？"襄子避席再拜曰："师盖云《文王操》也。"

晏嬰阻封圖 魯昭公三十二年辛卯孔子年四十二歲齊景公將以尼谿之田封孔子晏嬰不可
曰夫儒者滑稽而不可以為軌法倨傲自順不可以為下崇喪遂哀破產原葬不可以為俗游
說乞貸不可以為國自大賢之息周室既衰禮樂闕有間矣今孔子盛容飾繁登降之禮
詳趨走之節累世不能殫其學當年不能究其理君欲用之以移齊俗非所以先細民也後景公語
孔子曰吾老矣不能用也孔子遂行

晏婴阻封图

鲁昭公三十二年辛卯，孔子年四十二岁。齐景公将以尼溪之田封孔子。晏婴不可，曰："夫儒者，滑稽而不可以为轨法，倨傲自顺不可以为下，崇丧遂哀破产原葬不可以为俗，游说乞贷不可以为国。自大贤之息，周室既衰，礼乐阙有间矣。今孔子盛容饰，繁登降之礼，详趋走之节，累世不能殚其学，当年不能究其理。君欲用之以移齐俗，非所以先细民也。"后景公语孔子曰："吾老矣，不能用也。"孔子遂行。

退脩琴書圖 魯定公元年壬辰孔子年四十三歲季氏強僭陽貨不仕退而脩詩書禮樂弟子
彌衆

退修琴书图

鲁定公元年壬辰，孔子年四十三岁。季氏强僭，（阳货）［孔子］不仕，退而修《诗》、《书》、礼、乐。弟子弥众。

铭金人图

孔子观于太庙。右阶之前，有金人焉。三缄其口而铭其背曰：“古之慎言人也。戒之哉！”

途遇图

阳货欲见孔子，孔子不见，馈孔子豚。孔子瞰其亡也，而往拜之。遇诸途。

齐鲁会夹谷图

鲁定公十年辛丑，孔子年五十二岁。是年，鲁公会齐侯于夹谷。孔子摄行相事，曰：“臣闻有文事者必有武备，有武事者必有文备。古者诸侯出疆，具官以从。请具左右司马。”定公曰：“诺。”具左右司马。齐大夫黎鉏言于景公曰：“孔子好礼而无勇，若使莱人兵劫之，可以得志。”景公从之。

齐人妇女乐图

鲁定公十四年癸卯，孔子年五十四岁。齐人闻孔子为政，惧曰：“鲁霸，我为先并矣。盍置致地焉？”黎鉏曰：“请先尝阻之。阻之而不可，则致地。庸迟乎？”于是选女子八十人，皆衣纹衣而舞，马一十驷，以遗鲁君。鲁君周道游观，怠于政事。

墮三都圖 魯定公十二年癸卯孔子年五十四歲孔子言於定公曰臣聞家不藏甲大夫無百雉之城
古之制也今三家過制請損之是歲墮三都

堕三都图

鲁定公十二年癸卯，孔子年五十四岁。孔子言于定公曰：“臣闻家不藏甲，大夫无百雉之城，古之制也。今三家过制，请损之。”是岁，堕三都。

去鲁图

鲁定公十五年甲辰，孔子年五十五。鲁因齐人归女乐，于是君臣淫荒，三日不听国政，郊又不致膰俎于大夫。孔子遂去鲁适卫，主于颜雠由家。

围匡图

鲁定公十四年乙巳，孔子年五十六岁。自宋适陈，过匡。阳虎尝暴于匡，孔子貌似阳货，匡人围之五日。子路怒，奋戟将与之战。孔子止之，使子路弹琴而歌，孔子和之。曲将终，匡人解甲而去。

击磬图

鲁定［公］十五年丙午，孔子年五十七岁。既解匡围，即过蒲。月余，返卫，与弟子击磬。有荷蒉而过孔氏之门者曰：“有心哉，击磬乎！”

子见南子图

子见南子，子路不悦。夫子矢之曰：“予所否者，天厌之！天厌之！”

同车次乘图

鲁定公十五年丙午，孔子年五十七岁。去卫，即蒲。月余，返卫，主蘧伯玉家。灵公与夫人同车，使孔子为次乘。孔子曰：“吾未见好德如好色者也。”去之。

習禮樹下圖　魯定公十五年丙午孔子年五十七歲去衛適曹去曹過宋與弟子習禮大樹下宋司馬
桓魋欲殺孔子拔其樹弟子曰可以去矣孔子曰可以去矣孔子曰天生德于予桓魋其如予何

习礼树下图

鲁定公十五年丙午，孔子年五十七岁。去卫适曹。过宋，与弟子习礼大树下。宋司马桓魋欲杀孔子，拔其树。弟子曰：“可以去矣。”孔子曰：“可以去矣。”孔子曰：“天生德于予，桓魋其如予何？”

累累说圣图

孔子适郑，与弟子相失，夫子独立郭东门。郑人或谓子贡曰：“东门有人，其颡似尧，其顶似皋陶，其肩类子产，然自腰以下不及禹三寸，累累若丧家之狗。”子贡以告孔子，孔子欣然笑曰：“形状末也，而似丧家之狗。然哉？然哉？”

临河而返图

鲁哀公二年戊申，孔子年五十九岁。既不（既）［得］用于卫，往见赵简子。闻窦鸣犊、舜华之死也，乃临河而叹曰："美哉水，洋洋乎！吾之不济此，命也。"子贡进曰："敢问何为也？"子曰："窦鸣犊、舜华，晋之贤大夫也。赵氏未得志之时，须此二人而从政。得志而杀之。丘闻之，刳胎杀夭，则麒麟不至其郊；竭泽涸鱼，则蛟龙不处其渊；覆巢毁卵，则凤凰不翔其邑。何也？君子恶伤其类也。鸟兽之于不义，尚知避之，况于人乎？"乃还息于陬，作《鄹操》以哀之，遂返卫。

灵公问陈图

鲁哀公三年戊申，孔子年五十九岁。自卫如晋，至河，遂返乎卫，复主蘧伯玉家。灵公问陈，孔子对曰：“军旅之事，未之学也。”明日，与孔子语，公见蜚雁，仰观之，色不在孔子。遂行，复如陈。

問津圖
魯哀公五年辛亥孔子年六十二歲自陳遷于蔡長沮桀溺偶而耕孔子過之使子路問津焉
黃城山在河南南陽府葉縣北一十里即沮溺偶耕處

问津图

鲁哀公五年辛亥，孔子年六十二岁。自陈迁于蔡。长沮、桀溺偶而耕。孔子过之，使子路问津焉。黄城山在河南南阳府叶县北一十里，即沮溺偶耕处。

楚王使聘圖
魯哀公六年壬子孔子年六十三歲楚昭王使人聘孔子

楚王使聘图

鲁哀公六年壬子，孔子年六十三岁。楚昭王使人聘孔子。

在陳絕糧圖 魯哀公六年孔子年六十三歲楚昭王使人聘孔子孔子將往陳蔡大夫謀曰孔子用于
則陳蔡危矣於是發兵圍孔子不得行絕糧七日外無所通從者病莫能興

在陈绝粮图

鲁哀公六年，孔子年六十三岁。楚昭王使之聘孔子。孔子将往，陈蔡大夫谋曰："孔子用于楚，则陈蔡危矣。"于是发兵围孔子。不得行，绝粮七日，外无所通，从者病莫能兴。

接舆狂歌图

楚狂接舆歌而过孔子，曰:“凤兮凤兮！何德之衰！往者不可谏，来者犹可追！已而已而，今之从政者殆而！”

子西阻封图

鲁哀公六年壬子，孔子年六十三岁。楚昭王将以书社七百里封孔子。令尹子西谏曰："王之使诸侯有如子贡者乎？辅相有如颜回者乎？将帅有如子路者乎？官尹有如宰予者乎？且楚之封于周，号为子男。今孔子述三王之法，明周召之业。王若用之，则楚安得世世堂堂方数千里乎？夫文王在丰，武王在镐，百里之君，卒王天下。今使孔子得据土壤，贤弟子为佐，非楚之福也。"昭王乃止。于是自楚反卫。

删述六经图

鲁哀公十四年庚申，孔子年七十一岁。鲁终不能用，乃序《书》传《礼》，删《诗》正《乐》，序《易》象、象、系、说卦、文言。弟子盖三千焉，身通六艺者七十有七人。

天降赤虹图

鲁哀公十四年庚申，孔子年七十一岁。修述六经既成，斋戒，向北斗告备。忽有赤虹自天而下，化为黄玉，刻文。孔子跪而受之。

西狩获麟图

鲁哀公十四年庚申，孔子年七十一岁。西狩获麟，叔孙氏之车士曰鉏商，采薪于大野，获麟焉。折其前左足，载以归。叔孙以为不祥，弃之郭外，使人告孔子。孔子曰：“麟之至，为明王也。出非其时，而见害，吾是以伤之。”

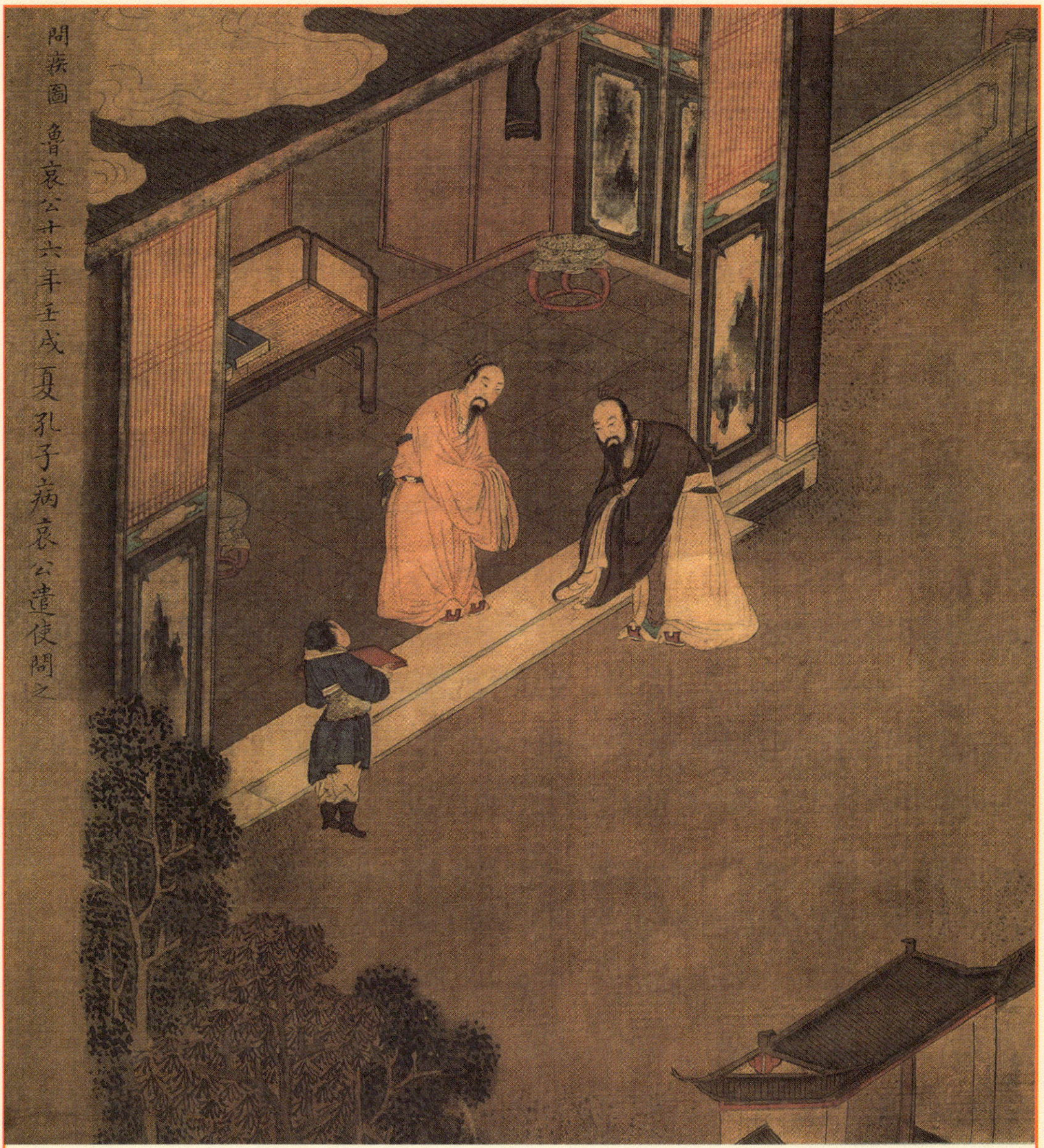
問疾圖 魯哀公十六年壬戌夏孔子病哀公遣使問之

问疾图

鲁哀公十六年壬戌，夏，孔子病，哀公遣使问之。

赐药图

鲁哀公十六年壬戌，夏，哀公赐孔子药。

梦奠两楹图

鲁哀公十六年壬戌，夏四月，孔子早作，负手曳杖，逍遥于门。歌曰：“泰山其颓乎？梁木其坏乎？哲人其萎乎？”既歌而入，当户而坐。子贡闻之，曰：“泰山其颓，则吾将安仰？梁木其坏，则吾将安仗？哲人其萎，则吾将安放？夫子殆将病也。”遂趋而入。子曰：“赐，尔来何迟也？予畴昔之夜，梦坐奠于两楹之间。夫明王不兴，天下莫能宗予，予殆将死也。”盖寝疾七日而卒。

子贡庐墓图

孔子葬鲁城北泗上，封高四尺，形如负釜，泗水为之却流。门人疑所服，子贡曰：“昔者夫子之丧颜渊，如丧子而无服。丧子路亦然。请丧夫子如丧父而无服。”皆心丧三年，群居则绖，出则否。丧毕，门人治任将归，入揖于子贡，相向而哭，皆失声。惟子贡筑室墓右，凡六年然后归。弟子及鲁人往从冢而家者百有余室，因命曰孔里。　嘉靖戊戌春二月书于停云馆　长洲文徵明　实父仇英制

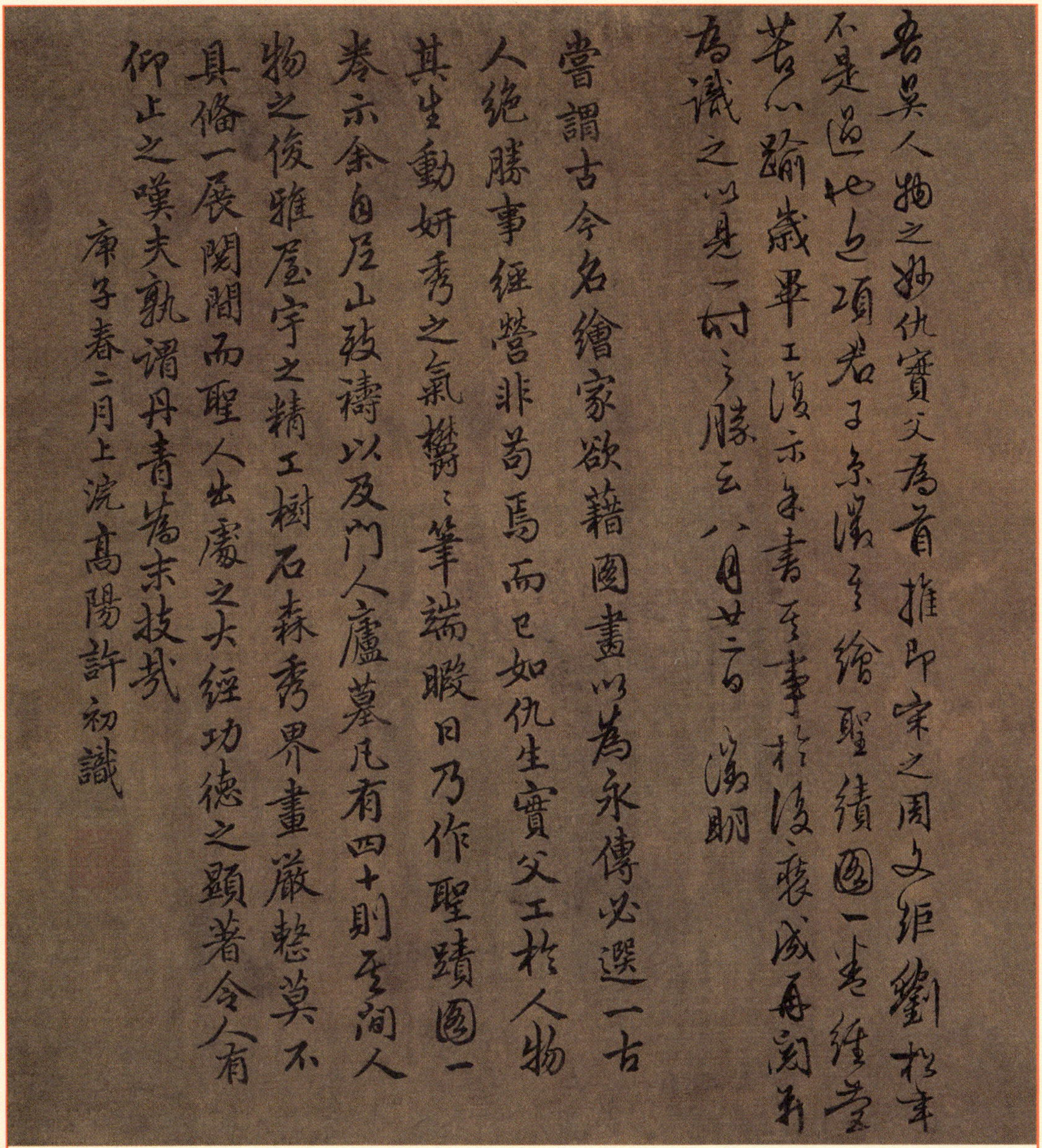

吾吴人物之妙，仇实父为首推，即宋之周文矩、刘松年，不是过也。近项君子京征其绘《圣迹图》一卷，经营苦心，踰岁毕工。复示余书其事于后。装成再阅，并为识之。以见一时之胜云。八月廿二日　徵明

尝谓古今名绘家，欲藉图画以为永传，必选一古人绝胜事经营，非苟焉而已。如仇生实父，工于人物，其生动妍秀之气，郁郁笔端。暇日乃作《圣迹图》一卷示余。自尼山致祷以及门人庐墓，凡有四十则。其间人物之俊雅，屋宇之精工，树石森秀，界画严整，莫不具备。一展阅间，而圣人出处之大经，功德之显著，令人有仰止之叹。夫孰谓丹青为末技哉！　庚子春二月上浣高阳许初识

孔子集語

【清】嘉慶版

嘉慶廿年成書謹刊

孔子集語

冶城山館藏版

孫氏孔子集語序

孔子集語者。陽湖孫觀察星衍字伯淵所撰也。孔子脩百王之道以詔來者。六經而外。傳記百家所載微言大義。足以羽儀經業。導揚儒風者。往往而有。其纂輯成書者。梁武帝孔子正言二十卷。王勃次論語十卷。皆不存。見存楊簡先聖大訓十卷。薛據孔子集語二卷。潘士達論語外篇二十卷。而薛書最顯。不免罣漏。近人曹廷棟。又爲孔子逸語十卷。援稽失實。不足論。嘉慶辛未歲。觀察引疾歸田。惜儒書之闕失。乃博蒐羣籍。綜覈異同。增多辟書六七倍而仍名之爲孔子集語者識所緣起也其纂輯大例易十翼禮小戴記春秋左氏傳孝經論語孟子舉世誦習不載家語孔叢子有成書專行不載史記孔子世家弟子傳易撿亦不載其餘羣經傳注祕緯諸史諸子以及唐宋人類書鉅篇隻句畢登無所去取皆明言出處篇卷或疑文脫句酌加按語或一事而彼此互見且五六見得失短長可互證得之逾年初稿成又二年屬其友人烏程嚴可均略仿說苑體裁理而董之覆撿羣書是正譌字更移次第增益闕遺爲十四篇

勸學第一。孝本第二。五性第三。六蓺第四。主德第五。臣術第六。交道第七。論人第八。論政第九。博物第十。事譜第十一。雜事第十二。遺讖第十三。寓言第十四。篇各爲卷。六蓺事譜寓言卷大。分爲上下。以十四篇爲十七卷。勸學等篇。與公正經相表裏。遺讖不醇。寓言蓋依託。乃彫版於金陵。公諸後世。而嚴可均爲之序。

孔子集語表

山東督糧道臣孫星衍稽首頓首

上言。臣所撰孔子集語十四篇成。謹奉

表上

進者。伏以黃顓授道。丹書備北面之儀。河洛浮圖。元

扈有東巡之典。蓋折衷俟諸至聖。而稽古所以同

天。欽惟我

皇上雅詠宗經。

臨雍尊聖。如天蕩蕩。堯本難名。猶日孜孜。禹思聞善。務

蕘之所必採。瞽訓況有明徵。昔在孔子。微言大義。
史氏有將絕之虞。性道文章。及門有難聞之歎。故
易翼麟書而外。緯候載其遺言。孝經論語之餘。子
史傳其佚說。吾無隱爾。絕賢哲之贊詞。天何言哉。
託素王之眇論。而籍亡七國。書散嬴秦。畏鑽仰之
高堅。孰網羅其放失。臣 拜
恩繡斧。承乏之奎婁。慕禮器而升堂。歷歲時以載筆。識大
識小。一話一言。靡不綜其異同。徵其典據。撞鐘以
莛。冀有餘音。集腋成裘。多存粹白。其六經所載。謹

避雷同。三家傳譌。悉加讎正。或有寓言依託。小說流傳。恐魚目之混珠。窺豹斑而撥霧。醇疵不雜。仿晏嬰内外之編。事類相從。比說苑區分之目。視宋臣薛據之帙。采獲加多。勘曹氏廷棟之書。增删期當。昔方言屬草。有子駿之旁求。封禪留書。因所忠而奏上。臣職容專達。病久罷間。附闕里之上公。述

聖門之祖德。恭呈

乙覽。或爲

座側之資。廣布儒林。聊比壁中之簡。臣無任屏營惶恐。

贍
天望
闕踴躍歡忭。謹因衍聖公。臣慶鎔奉
表恭
進以
聞。

孔子集語篇目

星衍自嘉慶辛未歲九月歸田。臥痾多暇。概理舊
業。因屬族弟星海。姪壻龔慶檢閱子史。採錄宣聖
遺言。比之宋人薛據。近人曹廷棟所輯。計且三倍。
乃取劉向編列說苑新序之例。各爲篇目。以類相
從。又以莊列小說近于依託之詞。别爲雜事遺識
寓言。附于末卷。質之吾友顧文學廣圻。嚴孝廉可
均。頗有增改。閱六年而始成書。將寄曲阜孔上公
慶鎔。俟時呈
御。故擬表冠諸簡端。嘗見宋明人格言。世多輯錄刊刻

者。先聖遺訓。豈可任其放失。所列篇目。皆儒者立身行政之要義。不敢雜以墨家釋氏之旨也。願與學者勉之。孫星衍謹記。

孔子集語卷一

平津館原本

山東督糧道臣孫星衍撰

勸學一

尚書大傳略說子曰君子不可以不學見人不可以不飭不飭無貌無貌不敬不敬無禮無禮不立夫遠而有光者飭也近而逾明者學也譬之如圩邪水潦集焉菅蒲生焉從上觀之誰知其非源水也

大戴禮勸學孔子曰野哉（野字說苑作鯉形相近疑當作鯉）君子不可以不學見人不可以不飾不飾無貌無貌不敬不

敬無禮無禮不立夫遠而有光者飾也近而逾明者學也譬之如洿邪水潦灟焉莞蒲生焉從上觀之誰知其非源泉也

說苑建本孔子曰鯉君子不可以不學見人不可以不飾不飾則無根無根則失理失理則不忠不忠則失禮失禮則不立夫遠而有光者飾也近而逾明者學也譬之如汚池水潦注焉菅蒲生之從上觀之知其非源也

韓詩外傳一孔子曰君子有三憂弗知可無憂與知而

不學可無憂與學而不行可無憂與

〔韓詩外傳六〕子曰不學而好思雖知不廣矣學而慢其身雖學不尊矣不以誠立雖立不久矣誠未著而好言雖言不信矣美材也而不聞君子之道隱小物以害大物者災必及身矣

〔韓詩外傳六〕孔子曰可與言終日而不倦者其惟學乎其身體不足觀也勇力不足憚也族姓不足稱也宗祖不足道也而可以聞於四方而昭於諸侯者其惟學乎

〔說苑建本〕孔子曰可以與人終日而不倦者其惟學

乎其身容（一作體）不足觀也其勇力不足憚也其先祖不足稱也其族姓不足道也然而可以開四方而昭於諸侯者其惟學乎

韓詩外傳八　孔子燕居。子貢攝齊而前曰。弟子事夫子有年矣。才竭而智罷。振於學問。不敢復進。請一休焉。孔子曰。賜也。欲焉休乎。曰。賜欲休於事君。孔子曰。詩云。夙夜匪懈。以事一人。爲之若此其不易也。若之何其休也。曰。賜欲休於事父。孔子曰。詩云。孝子不匱。永錫爾類。爲之若此其不易也。如之何其休也。曰。賜欲休於事兄弟。

孔子曰。詩云。妻子好合。如鼓瑟琴。兄弟既翕。和樂且耽。爲之若此其不易也。如之何其休也。曰。賜欲休於畊田。孔子曰。詩云。晝爾于茅。宵爾索綯。亟其乘屋。其始播百穀。爲之若此其不易也。若之何其休也。子貢曰。君子亦有休乎。孔子曰。闔棺兮乃止播兮。（本多作耳今從楊本）不知其時之易遷兮。此之謂君子所休也。

荀子大略 子貢問於孔子曰賜倦於學矣願息事君孔子曰詩云溫恭朝夕執事有恪事君難事君焉可息哉然則賜願息事親孔子曰詩云孝子不匱永錫

爾類事親難事親焉可息哉然則賜願息於妻子孔子曰詩云刑于寡妻至于兄弟以御于家邦妻子難妻子焉可息哉然則賜願息於朋友孔子曰詩云朋友攸攝攝以威儀朋友難朋友焉可息哉然則賜願息耕孔子曰詩云晝爾于茅宵爾索綯亟其乘屋其始播百穀耕難耕焉可息哉然則賜無息者乎孔子曰望其壙臯如也嵮如也鬲如也此則知所息矣子貢曰大哉死乎君子息焉小人休焉

（列子天瑞）子貢倦於學告仲尼曰願有所息仲尼曰

生無所息子貢曰然則賜息無所乎仲尼曰有焉耳望其壙睪如也宰如也墳如也鬲如也則知所息矣子貢曰大哉死乎君子息焉小人伏焉仲尼曰賜汝知之矣人胥知生之樂未知生之苦知老之憊未知老之佚知死之惡未知死之息也

大戴禮勸學孔子曰。吾嘗終日思矣。不如須臾之所學。吾嘗跂而望之。不如升高而博見也。升高而招。非臂之長也。而見者遠。順風而呼。非聲加疾也。而聞者著。假車馬者。非利足也。而致千里。假舟檝者。非能水也。而絕江海。君子之性非異也。而善假於物也。
荀子宥坐 孔子曰。吾有恥也。吾有鄙也。吾有殆也。幼不能彊學。老無以教之。吾恥之。去其故鄉。事君而達。卒遇故人。曾無舊言。吾鄙之。與小人處者。吾殆之也。
荀子宥坐 孔子曰。如垤而進。吾與之。如丘而止。吾已矣。今學曾未如肬贅。則具然欲爲人師。
荀子宥坐 子貢觀於魯廟之北堂。出而問於孔子曰。鄉者。賜觀於太廟之北堂。吾亦未輟。還復瞻被九蓋皆繼。彼有說邪。匠過絕邪。孔子曰。太廟之堂亦嘗有說。官致良工。因麗節文。非無良材也。蓋曰貴文也。

荀子子道 子路問於孔子曰。君子亦有憂乎。孔子曰。君子其未得也。則樂其意。既已得之。又樂其治。是以有終身之樂。無一日之憂。小人其未得也。則憂不得。既已得之。又恐失之。是以有終身之憂。無一日之樂也。

〔說苑雜言〕子路問孔子曰。君子亦有憂乎。孔子曰。無也。君子之修其行未得。則樂其意。既已得。又樂其知。是以有終身之樂。無一日之憂。小人則不然。其未之得則憂不得。既已得之。又恐失之。是以有終日之憂

無一日之樂

荀子法行孔子曰。君子有三思而不可不思也。少而不學。長無能也。老而不教。死無思也。有而不施。窮無與也。是故君子少思長則學。老思死則教。有思窮則施。

御覽六百七引愼子孔子曰。丘少而好學。晚而聞道。此以博矣。按薛據孔子集語馬驌繹史八十六曹廷棟孔子逸語皆引作申子誤

羣書治要尸子勸學夫子曰。車唯恐地之不堅也。舟唯恐水之不深也。有其器則以人之難爲易。夫道以人之難爲易也。

羣書治要尸子處道孔子曰。欲知則問。欲能則學。欲給則豫。欲善則肄。國亂。則擇其邪人去之。則國治矣。胸中亂。則擇其邪欲而去。則德正矣。

意林一引尸子孔子云。誦詩讀書。與古人居。讀書誦詩。與古人謀。

莊子雜篇讓王孔子謂顏回曰。回。來。家貧居卑。胡不仕乎。顏回對曰。不願仕。回有郭外之田五十畝。足以給飦粥。郭內之田十畝。足以爲絲麻。鼓琴。足以自娛。所學夫子之道者。足以自樂也。回不願仕。孔子愀然變容曰。善

哉。回之意。臣聞之。知足者。不以利自累也。審自得者。失
之而不懼。行修於內者。無位而不怍。臣誦之久矣。今於
回而後見之。是臣之得也。
呂氏春秋季春紀尊師子貢問孔子曰。後世將何以稱
夫子。孔子曰。吾何足以稱哉。勿已者。則好學而不厭。好
教而不倦。其惟此邪。
淮南子要略孔子修成康之道。述周公之訓。以教七十
子。使服其衣冠。修其篇籍。故儒者之學生焉。
說苑建本孔子謂子路曰。汝何好。子路曰。好長劍。孔子

曰。非此之問也。請以汝之所能。加之以學。豈可及哉。子路曰。學亦有益乎。孔子曰。夫人君無諫臣則失政。士無教友則失德。狂馬不釋其策。操弓不返於檠。木受繩則直。人受諫則聖。受學重問。孰不順成。毀仁惡士。且近於刑。君子不可以不學。子路曰。南山有竹。弗揉自直。斬而射之。通於犀革。又何學爲乎。孔子曰。括而羽之。鏃而砥礪之。其入不益深乎。子路拜曰。敬受教哉。

說苑建本 子路問於孔子曰。請釋古之學。而行由之意。可乎。孔子曰。不可。昔者。東夷慕諸夏之義。有女。其夫死。

爲之内私婿，終身不嫁。不嫁則不嫁矣，然非貞節之義也。蒼梧之弟，娶妻而美好，請與兄易，忠則忠矣，然非禮也。今子欲釋古之學，而行子之意，庸知子用非爲是，用是爲非乎。不順其初，雖欲悔之，難哉。

說苑貴德

子路持劍，孔子問曰：由，安用此乎。子路曰：善，古者固以善之，不善，古者固以自衛。孔子曰：君子以忠爲質，以仁爲衛，不出環堵之内，而聞千里之外。不善，以忠化寇，暴以仁圍，何必持劍乎。子路曰：由也請攝齊以事先生矣。

中論治學

孔子曰。弗學何以行。弗思何以得。小子勉之。斯可以爲人師矣。

中論修本

孔子曰。弟子勉之。汝毋自舍。人猶舍汝。況自舍乎。人違汝其遠矣。

中論修本

孔子謂子張曰。師。吾欲聞彼將以改此也。聞彼而不改此。雖聞何益。

中論修本

孔子曰。小人何以壽爲。一日之不能善矣。久惡惡之甚也。

孔子集語卷一

總校王詒壽分校陳　謨

汪學瀚校

孔子集語卷二

平津館原本

山東督糧道臣孫星衍撰

孝本二

尚書大傳孔子對子張曰。通典五十九作孔子曰男子三十而娶。女子二十而嫁。女二十而通織紝績紡之事。黼黻文章之美。不若是。則上無以孝於舅姑。下無以事夫養子也。

舜。父頑母嚚。不見室家之端。故謂之鰥。

尚書大傳書曰。高宗梁闇。三年不言。何爲梁闇也。傳曰。高宗居凶廬。三年不言。此之謂梁闇。子張曰。何爲也。孔子曰。古者君薨。世子聽於冢宰三年。不敢服先王之服。履先王之位而聽焉。以民臣之義。則不可一日無君矣。不可一日無君。猶不可一日無天也。以孝子之隱乎。則孝子三年弗居矣。故曰。義者。彼也。隱者。此也。遠彼而近此。則孝子之道備矣。

〔韓詩外傳八〕曾子有過。曾皙引杖擊之。仆地。有閒乃蘇。起曰。先生得無病乎。魯人賢曾子。以告夫子。夫子告門人。參來。汝不聞昔者舜爲人子乎。小箠則待笞。大杖則逃。索而使之。未嘗不在側。索而殺之。未嘗可得。今汝委身以待暴怒。拱立不去。非王者之民。其罪何如。

〔說苑建本〕曾子芸瓜而誤斬其根曾晳怒援大杖擊之曾子仆地有頃蘇蹷然而起進曰曩者參得罪於大人大人用力教參得無疾乎退屏鼓琴而歌欲令曾晳聽其歌聲令知其平也孔子聞之告門人曰參來勿內也曾子自以無罪使人謝孔子孔子曰汝聞（御覽四百十三引作不聞）瞽瞍有子名曰舜舜之事父也索而使之未嘗不在側求而殺之未嘗可得小箠則待大箠則走以逃暴怒也今子委身以待暴怒立體而不去

殺身以陷父不義不孝孰是大乎汝非天子之民邪

殺天子之民罪奚如

韓詩外傳九孔子行。聞哭聲甚悲。孔子曰。驅驅。御覽四百八十七引作驅之前有賢者。至則皋魚也。被褐擁鎌。哭於道傍。孔子辟車與之言曰。子非有喪。何哭之悲也。皋魚曰。吾失之三矣。少而學。游諸侯。文選長笛賦注引作吾少好學周流諸侯御覽四百八十七同以後辥編引作歿吾親。失之一也。高尚吾志。閒吾事君。文選注作不事庸君下有而晚事無成一句失之二也。與友厚而小絕之。文選注作少擇交遊寡親友而老無所託失之三也。樹欲靜而風不止。子欲養而親不待也。往而不可追者。年也。去而不可得見者。親也。舊脫不可追者年也去而八字據御覽補文選注作往而不可反者年也逝而不可追者親也後漢書桓榮傳所引略同吾請從此辭矣。請從文選注作於是立槁而死。孔子曰。弟子誡之。足以識矣。於是門人辭歸而養親者十有三人。

〔說苑敬慎〕孔子行游中路聞哭者聲其音甚悲孔子曰驅之驅之前有異人音少進見之丘吾子也擁鐮帶索而哭孔子辟車而下問曰夫子非有喪也何哭之悲也丘吾子對曰吾有三失孔子曰願聞三失丘吾子對曰吾少好學問周遍天下還後吾親亡一失

也事君奢驕諫不遂是二失也厚交友而後絕三失也樹欲靜乎風不定子欲養乎親不待往而不來者年也不可得再見者親也請從此辭則自刎而死孔子曰弟子記之此足以爲戒也於是弟子歸養親者十三人

韓詩外傳十太王亶父有子。曰太伯仲雍季歷。歷有子。曰昌。太伯知太王賢昌。而欲季爲後也。太伯去之吳。太王將死。謂曰。我死。汝往讓兩兄。彼卽不來。汝有義而安。太王薨。季之吳告伯仲。伯仲從季而歸。羣臣欲伯之立季。季又讓。伯謂仲曰。今羣臣欲我立季。季又讓。何以處之。仲曰。刑有所謂矣。要於扶微者。可以立季。季遂立。而養文王。文王果受命而王。孔子曰。太伯獨見。王季獨知。伯見父志。季知父心。故太王太伯王季。可謂見始知終而能承志矣。

〔大戴禮曾子立孝〕子曰。可人也。吾任其過。不可人也。吾辭其罪。詩云。有子七人。莫慰母心。子之辭也。夙興夜寐。無忝爾所生。言不自舍也。不恥其親。君子之孝也。

〔大戴禮曾子大孝〕樂正子春下堂而傷其足。傷瘳。數月不出。猶有憂色。門弟子問曰。夫子傷足瘳矣。數月不出。猶有憂色。何也。樂正子春曰。善。如爾之問也。吾聞之曾子。曾子聞諸夫子曰。天之所生。地之所養。人爲大矣。父母全而生之。子全而歸之。可謂孝矣。不虧其體。可謂全矣。故君子頃步之不敢忘也。今子忘夫孝之道矣。子是以有憂色。

〔呂氏春秋孝行覽〕樂正子春下堂而傷足瘳而數月不出猶有憂色門人問之曰夫子下堂而傷足瘳而數月不出猶有憂色敢問其故樂正子春曰善乎而

問之吾聞之曾子曾子聞之仲尼父母全而生之子全而歸之不虧其身不損其形可謂孝矣君子無行咫步而忘之余忘孝道是以憂

〈大戴禮曾子大孝〉夫子曰。伐一木。殺一獸。不以其時。非孝也。

〈荀子子道〉魯哀公問於孔子曰。子從父命。孝乎。臣從君命。貞乎。三問。孔子不對。孔子趨出。以語子貢曰。鄉者君問丘曰。子從父命。孝乎。臣從君命。貞乎。三問而丘不對。賜以爲何如。子貢曰。子從父命。孝矣。臣從君命。貞矣。夫子有奚對焉。孔子曰。小人哉。賜不識也。昔萬乘之國。有爭臣四人。則封疆不削。千乘之國。有爭臣三人。則社稷不危。百乘之家。有爭臣二人。則宗廟不毀。父有爭子。不行無禮。士有爭友。不爲不義。故子從父奚子孝。臣從君奚臣貞。審其所以從之之謂孝之謂貞也。

荀子子道。子路問於孔子曰。有人於此。夙興夜寐。耕耘樹藝。手足胼胝。以養其親。然而無孝之名。何也。孔子曰。意者。身不敬與。辭不遜與。色不順與。古之人有言曰。衣與。繆與。不女聊。今夙興夜寐。耕耘樹藝。手足胼胝。以養其親。無此三者。則何以爲而無孝之名也。孔子曰。由志之。吾語汝。雖有國士之力。不能自舉其身。非無力也。勢不可也。故入而行不修。身之罪也。出而名不彰。友之過也。故君子入則篤行。出則友賢。何爲而無孝之名也。

韓詩外傳九子路曰有人於斯夙興夜寐手足胼胝而面目黧黑樹藝五穀以事其親而無孝子之名者何也孔子曰吾意者身未敬邪色不順邪辭不遜邪古人有言曰衣歟食歟曾不爾卽（荀子楊倞注引此作衣予教予）子勞以事其親無此三者何爲無孝之名意者所友非

仁人邪坐語汝雖有國士之力不能自舉其身非無力也勢不便也是以君子入則篤孝出則友賢何爲其無孝子之名

莊子寓言曾子再仕而心再化。曰。吾及親仕。三釜而心樂。後仕三千鍾。不洎。吾心悲。弟子問於仲尼曰。若參者。可謂無所縣其罪乎。曰。既已縣矣。夫無所縣者。可以有哀乎。彼視三釜三千鍾。如觀雀蚊蝱相過乎前也。

韓非子五蠹魯人從君戰。三戰三北。仲尼問其故對曰。吾有老父。身死莫之養也。仲尼以爲孝。舉而上之。

（呂氏春秋仲冬紀當務）楚有直躬者。其父竊羊而謁之上。上執而將誅之。直躬者請代之。將誅矣。告吏曰。父竊羊而謁之。不亦信乎。父誅而代之。不亦孝乎。信且孝而誅之。國將有不誅者乎。荊王聞之。乃不誅也。孔子聞之曰。異哉。直躬之爲信也。一父而載取名焉。

（新序雜事一）昔者。舜自耕稼陶漁而躬孝友。父瞽瞍頑。母嚚及弟象傲。皆下愚不移。舜盡孝道。以供養瞽瞍。瞽瞍與象爲浚井塗廩之謀。欲以殺舜。舜孝益篤。出田則號泣。年五十猶嬰兒慕。可謂至孝矣。故耕於歷山。歷山

之耕者讓畔。陶於河濱。河濱之陶者器不苦窳。漁於雷
澤。雷澤之漁者分均。及立爲天子。天下化之。蠻夷率服。
北發渠搜。南撫交阯。莫不慕義。麟鳳在郊。故孔子曰。孝
弟之至。通於神明。光於四海。舜之謂也。孔子在州里。篤
行孝道。居於闕黨。闕黨之子弟畋漁。分有親者得多。孝
以化之也。是以七十二子自遠方至。服從其德。

〔說苑建本〕孔子曰。行身有六本。本立焉。然後爲君子。立
體有義矣。而孝爲本。處喪有禮矣。而哀爲本。戰陣有隊
矣。而勇爲本。治政有理矣。而能爲本。居國有禮矣。而嗣

爲本。生財有時矣。而力爲本。
〔說苑建本〕夫子亦云。人之行莫大於孝。
〔說苑權謀〕魯公索氏將祭而亡其牲。孔子聞之曰。公索氏比及三年必亡矣。後一年而亡。弟子問曰。昔公索氏亡牲。夫子曰。比及三年必亡矣。今期年而亡。夫子何以知其將亡也。孔子曰。祭之爲言索也。索也者。盡也。乃孝子所以自盡於親也。至祭而亡其牲。則餘所亡者多矣。吾以此知其將亡也。
〔說苑辨物〕子貢問孔子。死人有知無知也。孔子曰。吾欲言死者有知也。恐孝子順孫妨生以送死也。欲言無知。恐不孝子孫棄不葬也。賜欲知死人有知將無知也。死徐自知之猶未晚也。

〔説苑反質〕魯有儉者瓦鬲煑食食之而美。盛之土鉶之器。以進孔子。孔子受之歡然而悅。如受大牢之饋。弟子曰。瓦甂陋器也。煑食薄膳也。而先生何喜如此乎。孔子曰。吾聞好諫者思其君。食美者念其親。吾非以饌爲厚也。以其食美而思我親也。

〔搜神記〕曾子從仲尼在楚而心動。辭歸問母。母曰。思爾嚙指。孔子問之曰。曾參之孝。曾子外篇齊家引作參之至誠精感萬里。

御覽四百十三引師覺授孝子傳老萊子者。楚人。行年七十。父母俱存。至孝蒸蒸。常著班斕之衣。為親取飲上堂腳跌。恐傷父母之心。僵仆為嬰兒啼。孔子曰。父母老。常言不稱老。為其傷老也。若老萊子。可謂不失孺子之心矣。

御覽四百八十二引師覺授孝子傳仲子崔者。仲由之子也。初子路仕衛。赴蒯聵之亂。衛人狐黶三百五十二引作子黶時守門。殺子路。子崔既長。告孔子欲報父讎。夫子曰。行矣。子崔即行。鬷知之曰。夫君子不掩人之不備。須後日曰夫君下十三字從三百五十二補於城西決戰。其日。鬷持蒲弓木戟而與子崔戰而死。

亢倉子訓道

閔子騫問仲尼。道之與孝。相去奚若。仲尼曰。道者。自然之妙用。孝者。人道之至德。夫其包運天地。發育萬物。曲成萬類。布丕性。壽其功至寶而不爲物府。不爲事官。無爲功尸。捫求視聽。莫得而有。字之曰道。用之於人。字之曰孝。孝者。善事父母之名也。夫善事父母。敬順爲本。意以承之。順承顏色。無所不至。發一言。舉一意。不敢忘父母。嘗一手。措一足。不敢忘父母。事君不敢不忠。朋友不敢不信。臨下不敢不敬。嚮善不敢不勤。雖居獨室之中。亦不敢懈其誠。此之謂全孝。故至誠之至。通乎神明。光于四海。有感必應。善事父母之所致也。昔者虞舜。其大孝矣。庶母惑父。屢憎害之。舜心益恭懼而無怨。謀使浚井。下土實之。于時天休震動。神明駿赫。導穴而出。奉養滋謹。由是元德茂盛。爲天下君。善事父母之所致也。文王之爲太子也。其大孝矣。朝夕必至乎寢門之外。問寺人曰。兹日安否如何。曰安。太子溫然喜色。

小不安節。太子色憂滿容。朝夕食上。太子必視寒煖之節。食下。必知膳羞所進。然後退。寺人言疾。太子肅冠而齋。膳宰之饌。必敬視之。湯液之貢。必親嘗之。嘗饌善則太子亦能食。嘗饌寡。太子亦不能飽。以至于復初。然後亦復初。君后有過。怡聲以諷。君后所愛。雖小物必嚴襲。是故孝成於身。道洽天下。雅曰。文王陟降。在帝左右。言文王靜作進退。天必贊之。故紂不能害。夢啟之壽。卜世三十。卜年七百。天所命也。善事父母之所致也。閔子騫曰。善事父母之道。既幸聞矣。敢問教子之義。仲尼曰。凡三王教子。必視禮樂。樂所以修內。禮所以修外。禮樂交修。則德容發輝于貌。故能溫恭而文明。夫爲人臣者。殺其身有益於君則爲之。況利其身以善其君乎。是故擇建忠良貞正之士。爲之師傅。欲其知父子君臣長幼之道。夫知爲人子。然後可以爲人父。知爲人臣。然後可以爲人君。知事人。然後能使人。此三王教子之義也。閔子騫退而事之於家。三年無閒於父母昆弟之言。交遊稱其信。鄉黨稱其仁。宗族稱其弟。德行之聲。溢于天下。此善事父母之所致也。

孔子集語卷二

總校王詒壽　分校 陳　譔　汪學瀚 校

孔子集語卷三　平津館原本

山東督糧道臣孫星衍撰

五性三

御覽四百十九引尚書大傳子張曰。仁者何樂於山也。孔子曰。夫山者。𡶴然高。（𡶴當爲㞃字從卩御覽三十八引作夫山者嵬嵬然）𡶴然高則何樂焉。山。草木生焉。鳥獸蕃焉。財用殖焉。生財用而無私爲。四方皆伐焉。每無私予焉。（文選頭陀寺碑注引作生財用而無私爲焉四方皆伐無私與焉）出雲風（御覽三十八引作雨）以通乎天地之閒。陰陽和合。雨露之澤。萬物以成。百姓以饗。此仁者之所以樂於山者也。

〔韓詩外傳一〕哀公問孔子曰。有智壽乎。孔子曰。然。人有三死而非命也者。自取之也。居處不理。飲食不節。勞過者。病共殺之。居下而好干上。嗜慾無厭。求索不止者。刑共殺之。少以敵衆。弱以侮強。忿不量力者。兵共殺之。故有三死而非命者。自取之也。

〔說苑雜言〕魯哀公問於孔子曰有智者壽乎孔子曰然人有三死而非命也者人自取之夫寢處不時飲食不節佚勞過度者疾共殺之居下位而上忤其君

嗜慾無厭而求不止者刑共殺之少以犯衆弱以侮强忿怒不量力者兵共殺之此三死者非命也人自取之

〔韓詩外傳二〕孔子曰。口欲味。心欲佚。教之以仁。心欲兵。身惡勞。教之以恭。好辯論而畏懼。教之以勇。目好色。耳好聲。教之以義。易曰。艮其限。列其胂。厲薰心。詩曰。吁嗟女兮。無與士耽。皆防邪禁佚。調和心志。

〔韓詩外傳五〕孔子曰。夫談說之術。齊莊以立之。荀子非相篇不云孔子曰作矜莊以莅之端誠以處之。堅强以待之。待荀子作持辟稱以喻之。分以明之。二句荀子作分別以喻之譬稱以明之歡忻芬芳以送之。荀子作欣驩芬薌寶之。珍之。貴之。神之。如是。則說恆無不行矣。荀子作則說常無不受雖不說人人莫不貴夫是之謂能貴其所貴。若夫無類之說。不形之行。不贊之辭。君子慎之。

大戴禮保傅孔子曰。少成若天性。習貫之爲常。

賈子新書保傅孔子曰少成若天性習貫如自然

大戴禮記勸學子貢曰。君子見大川必觀何也。孔子曰。夫水者。君子比德焉。徧與之而無私。似德。所及者生。所不及者死。似仁。其流行痺下倨句。皆循其理。似義。其赴百仞之谿不疑。似勇。淺者流行。深淵不測。似智。弱約危通。似察。受惡不讓。似貞。苞裹（一作裏）不清以入鮮絜以出。似善化。必出量必平。似正。盈不求概。似廁。折必以東西。（西一作也）似意。是以見大川必觀焉。

荀子宥坐孔子觀於東流之水子貢問於孔子曰君子之所以見大水必觀焉者何也（何也一作是何）孔子曰夫水大偏與諸生而無爲也似德其流也埤下裾拘必循其理似義其洸洸乎不淈盡似道若有決行之其應佚若聲響其赴百仞之谷不懼似勇主量必平似

法盈不求概似正淖約微達似察以出以入就（一本就上有以字）鮮絜似善化其萬折也必東似志是故君子見大水必觀焉

〔說苑雜言〕子貢問曰君子見大水必觀焉何也孔子曰夫水者君子比德焉遍予而無私似德所及者生似仁其流卑下句倨皆循其理似義淺者流行深者不測似智其赴百仞之谷不疑似勇綿弱而微達似察受惡不讓似包蒙不清以入鮮潔以出似善化至量必平似正盈不求槩似度其萬折必東似意是以

君子見大水必觀焉爾也

後漢書李固傳固奏記孔子曰。智者見變思刑。愚者覩怪諱名。

荀子仲尼孔子曰。巧而好度必節。勇而好同必勝。知而好謙一作謀必賢。

說苑雜言孔子曰巧而好度必工勇而好同必勝知而好謀必成愚者反是夫處重擅寵專事妬賢愚者之情也志驕傲而輕舊怨是以尊位則必危任重則必崩擅寵則必辱

荀子儒效 孔子曰。周公其盛乎。身貴而愈恭。家富而愈儉。勝敵而愈戒。

荀子王霸 孔子曰。知者之知。固以多矣。有以守少。能無察乎。愚者之知。固以少矣。有以守多。能無狂乎。

荀子子道 子路盛服見孔子。孔子曰。由。是裾裾何也。昔者江出於岷山。其始出也。其源可以濫觴。及其至江之津也。不放舟。不避風。則不可涉也。非維下流水多邪。今汝服既盛。顏色充盈。天下且孰肯諫汝矣。由。子路趨而出。改服而入。蓋猶若也。孔子曰。志之。吾語汝。奮於言者華。奮於行者伐。色知而有能者。小人也。故君子知之曰知之。不知曰不知。言之要也。能之曰能之。不能曰不能。行之至也。言要則知。行至則仁。既知且仁。夫惡有不足矣哉。

韓詩外傳三傳曰子路盛服以見孔子孔子曰由疏疏者何也昔者江於濆其始出也不足濫觴及其至乎江之津也不方舟不避風不可渡也非其衆川之多歟今汝衣服其盛顔色充滿天下有誰肎汝哉子路趨出改服而入蓋攝毛木作揖如也孔子曰由志之吾

語汝夫愼於言者不譁愼於行者不伐色知而有長
者小人也故君子知之爲知之不知爲不知言之要
也能之爲能之不能爲不能行之要也言要則知行
要則仁旣知且仁又何加哉
說苑雜言子路盛服而見孔子孔子曰由是襜襜者
何也昔者江水出於岷山其始也大足以濫觴及至
江之津也不方舟不避風不可渡也非唯下流衆川
之多乎今若衣服甚盛顔色充盈天下誰肯加若者
哉子路趨而出改服而入蓋自如也孔子曰由記之

吾語若賁於言者華也奮於行者伐也夫色智而有能者小人也故君子知之爲知之不知爲不知言之要也能之爲能不能爲不能行之至也言要則知行要則仁既知且仁夫有何加矣哉由

荀子子道

子路入。子曰。由。知者若何。仁者若何。子路對曰。知者使人知己。仁者使人愛己。子曰。可謂士矣。子貢入。子曰。賜。知者若何。仁者若何。子貢對曰。知者知人。仁者愛人。子曰。可謂士君子矣。顏淵入。子曰。回。知者若何。仁者若何。顏淵對曰。知者自知。仁者自愛。子曰。可謂明君子矣。

荀子法行 子貢問於孔子曰。君子之所以貴玉而賤珉者。何也。爲夫玉之少而珉之多邪。孔子曰。惡賜。是何言也。夫君子豈多而賤之。少而貴之哉。夫玉者。君子比德焉。溫潤而澤。仁也。縝栗而理。知也。堅剛而不屈。義也。廉而不劌。行也。折而不橈。勇也。瑕適竝見。情也。扣之。其聲清揚而遠聞。其止輟然。辭也。故雖有珉之彫彫。不若玉之章章。詩曰。言念君子。溫其如玉。此之謂也。

列子仲尼 子夏問孔子曰。顏回之爲人奚若。子曰。回之仁賢於丘也。曰。子貢之爲人奚若。子曰。賜之辨賢於丘也。曰。子路之爲人奚若。子曰。由之勇賢於丘也。曰。子張之爲人奚若。子曰。師之莊賢於丘也。子夏避席而問曰。然則四子者。何爲事夫子。曰。居吾語汝。夫回能仁而不能反。賜能辨而不能訥。由能勇而不能怯。師能莊而不能同。兼四子之有以易吾。吾弗許也。此其所以事吾而不貳也。

〔淮南子人間訓〕人或問孔子曰顏回何如人也曰仁人也丘弗如也子貢何如人也曰辯人也丘弗如也

子路何如人也曰勇人也丘弗如也賓曰三人皆賢

賢（一本作皆賢夫子）三人而爲夫子役何也孔子曰丘能仁且

忍辯且訥勇且怯以三子之能易丘一道丘弗爲也

孔子知所施之也

〔說苑雜言〕子夏問仲尼曰顏淵之爲人也何若曰回

之信賢於丘也曰子貢之爲人也何若曰賜之敏賢

於丘也曰子路之爲人也何若曰由之勇賢於丘也

曰子張之爲人何若曰師之莊賢於丘也於是子夏

避席而問曰然則四者何爲事先生曰坐吾語汝回

能信而不能反賜能敏而不能屈由能勇而不能怯師能莊而不能同兼此四者丘不爲也

論衡定賢或問於孔子曰顏淵何人也曰仁人也丘不如也子貢何人也曰辯人也丘弗如也子路何人也曰勇人也丘弗如也客曰三子者皆賢於夫子而爲夫子服役何也孔子曰丘能仁且忍辯且訥勇且怯以三子之能易丘之道弗爲也

御覽八百三十引尸子孔子曰。詘寸而信尺。小枉而大直。吾弗爲也。一作吾焉之也

法言五百宋咸注孔子曰君子之行已可以詘則詘可以伸則伸

呂氏春秋孟冬紀異用孔子之弟子從遠方來者。孔子荷杖而問之曰。子之公不有恙乎。搏杖而揖之。問曰。子之父母不有恙乎。置杖而問曰。子之兄弟不有恙乎。杙步而倍之。問曰。子之妻子不有恙乎。御覽七百十公作父下無父字搏杖作持杖杙步而倍之作杖步而倚之廣韻杖字下引云孔子見弟子抱杖而問其父母拄杖而問其兄弟曳杖而問其妻子尊卑之差也蓋約此文

賈子容經子贛由其家來謁於孔子孔子正顏舉杖

磬折而立曰予之大親毋乃不宜乎放杖而立曰予之兄弟亦得無恙乎曳杖倍下行曰妻子家中得無病乎故身之倨佝手之高下顏色聲氣各有宜稱所以明尊卑別疏戚也

淮南子繆稱訓夫子見禾之三變也。滔滔然曰。狐鄉丘而死。我其首禾焉。

薛據孔子集語引新序孔子謂曾子曰。君子不以利害義。則恥辱安從生哉。官怠於宦成。病加於少愈。禍生於怠惰。孝衰於妻子。察此四者。慎終如始。按今新序缺此文鄧析子云患

生於官成病始於少瘳禍生於懈慢孝衰於妻子此四者慎終如始也與此小異

說苑君道魯哀公問於孔子曰。吾聞君子不博。有之乎。孔子對曰。有之。哀公曰。何爲其不博也。孔子對曰。爲其有二乘。哀公曰。有二乘則何爲不博也。孔子對曰。爲行惡道也。哀公懼焉。有閒。曰。若是乎君子之惡惡道之甚也。孔子對曰。惡惡道不能甚。則其好善道亦不能甚。好善道不能甚。則百姓之親之也亦不能甚。詩云。未見君子。憂心惙惙。亦既見止。亦既覯止。我心則說。詩之好善道之甚也如此。哀公曰。善哉。吾聞君子成人之美。不成人之惡。微孔子。吾焉聞斯言也哉。

〔說苑敬慎〕顏回將西遊。問於孔子曰。何以爲身。孔子曰。恭敬忠信。可以爲身。恭則免於衆。敬則人愛之。忠則人與之。信則人恃之。人所愛。人所與。人所恃。必免於患矣。可以臨國家。何況於身乎。

〔說苑雜言〕子路將行。辭於仲尼。曰。贈汝以車乎。以言乎。子路曰。請以言。仲尼曰。不强不遠。不勞無功。不忠無親。不信無復。不恭無禮。慎此五者。可以長久矣。

〔說苑雜言〕孔子曰。中人之情。有餘則侈。不足則儉。無禁則淫。無度則失。縱欲則敗。飲食有量。衣服有節。宮室有度。畜聚有數。車器有限。以防亂之源也。故夫度量不可不明也。善欲不可不聽也。

說苑雜言孔子曰。君子終日言不遺己之憂。終日行不遺己之患。唯智者有之。故恐懼所以除患也。恭敬所以越難也。終身爲之。一言敗之。可不慎乎。按薛據集語引此云見韓詩外傳終身爲之作終日爲之今外傳無此條

說苑辨物顏淵問於仲尼曰。成人之行何若。子曰。成人之行。達乎情性之理。通乎物類之變。知幽明之故。睹遊

氣之源。若此而可謂成人。既知天道。行躬以仁義。飭身以禮樂。夫仁義禮樂。成人之行也。窮神知化德之盛也。

〈潛夫論浮侈〉孔子曰。多貨財傷于德。弊則沒禮。疑作多貨則傷于德多幣則沒禮

〈中論貴驗〉孔子曰。欲人之信己也。則微言而篤行之。篤行之則用日久。用日久則事著明。事著明則有目莫不見也。有耳莫不聞也。其可誣哉。

〈中論貴言〉孔子曰。惟君子然後能貴其言。貴其色。小人能乎哉。

〔中論覈辯〕孔子曰。小人毁訾以爲辯。絞急以爲智。不遜以爲勇。

孔子集語卷三

總校王詒壽　分校陳讀　汪學瀚校

孔子集語卷四

平津館原本

山東督糧道臣孫星衍撰

六藝四上

周易乾坤鑿度。仲尼魯人。生不知易本。偶筮其命。得旅。請益於商瞿氏。曰。子有聖智而無位。孔子泣而曰。天也。命也。鳳鳥不來。河無圖至。嗚呼。天命之也。嘆訖而後息志。停讀禮。止史削。五十究易。作十翼。明也。明易幾教。若曰。終日而作。思之於古聖。頤師於姬昌。法旦。作九問十惡七正八嘆上下繫辭大道大數大法大義。易書中爲

通聖之問。明者以爲聖賢矣。孔子曰。吾以觀之曰。仁者
見爲仁幾之文。智者見爲智幾之問。聖者見爲通神之
文。仁者見之爲之仁。智者見之爲之智。隨仁智也。

周易乾鑿度

孔子曰。易者易也。變易也。不易也。管三成
德。爲道苞籥。易者。以言其德也。通情無門。藏神無內也。
光明四通。俲易立節。天地爛明。日月星辰布設。八卦錯
序。律歷調列。五緯順軌。四時和。粟孳結。四瀆通情。優游
信潔。根著浮流。氣更相實。虛无感動。清淨炤哲。移物致
燿。至誠專密。不煩不撓。淡泊不失。此其易也。變易也者。

其氣也。天地不變。不能通氣。五行迭終。四時更廢。君臣取象。變節相和。能消者息。必專者敗。君臣不變。不能成朝。紂行酷虐。天地反。文王下呂。九尾見。夫婦不變。不能成家。妲己擅寵。殷以之破。大任順季。享國七百。此其變易也。不易也者。其位也。天在上。地在下。君南面。臣北面。父坐。子伏。此其不易也。故易者。天地之道也。乾坤之德。萬物之寶。至哉易。一元以爲元紀。

〈周易乾鑿度〉孔子曰。方上古之時。人民無別。羣物無殊。未有衣食器用之利。於是伏羲乃仰觀象於天。俯觀法於地。中觀萬物之宜。始作八卦。以通神明之德。以類萬物之情。故易者。所以繼天地理人倫而明王道。是故八卦以建。五氣以立。五常以之行。象法乾坤。順陰陽。以正君臣父子夫婦之義。度時制宜。作网罟。以畋以漁。以贍人用。於是人民乃治。君親以尊。臣子以順。羣生和洽。各安其性。八卦之用。伏羲氏之王天下也。始作八卦。結繩而爲綱罟。以畋以漁。蓋取諸離。質者無文。以天言。此易之意。夫八卦之變。象感在人。文王因性情之宜。爲之節文。

周易乾鑿度孔子曰。易始於太極。太極分而爲二。故生天地。天地有春秋冬夏之節。故生四時。四時各有陰陽剛柔之分。故生八卦。八卦成列。天地之道立。雷風水火山澤之象定矣。其布散用事也。震生物於東方。位在二月。巽散之於東南。位在四月。離長之於南方。位在五月。坤養之於西南方。位在六月。兌收之於西方。位在八月。乾制之於西北方。位在十月。坎藏之於北方。位在十一月。艮終始之於東北方。位在十二月。八卦之氣終。則四正四維之分明。生長收藏之道備。陰陽之體定。神明之德通。而萬物各以其類成矣。皆易之所苞也。至矣哉。易之德也。

〈周易乾鑿度〉孔子曰。歲三百六十日而天氣周。八卦用事各四十五日。方備歲焉。故艮漸正月。巽漸三月。坤漸七月。乾漸九月。而各以卦之所言爲月也。乾者。天也。終而爲萬物始。北方。萬物所始也。故乾位在於十月。艮者。止物者也。故在四時之終。位在十二月。巽者。陰始順陽者也。陽始壯於東南方。故位在四月。坤者。地之道也。形正六月。四維正紀。經緯仲序度畢矣。

周易乾鑿度孔子曰。乾坤陰陽之主也。陽始於亥。形於丑。乾位在西北。陽祖微據始也。陰始於巳。形於未。據正立位。故坤位在西南。陰之正也。君道倡始。臣道終正。是以乾位在亥。坤位在未。所以明陰陽之職。定君臣之位也。

周易乾鑿度孔子曰。八卦之序成立。則五氣變形。故人生而應八卦之體。得五氣以爲五常。仁義禮智信是也。夫萬物始出於震。震東方之卦也。陽氣始生。受形之道也。故東方爲仁。成於離。離南方之卦也。陽得正於上。陰得正於下。尊卑之象定。禮之序也。故南方爲禮。入於兌。兌。西方之卦也。陰用事而萬物得其宜。義之理也。故西方爲義。漸於坎。坎。北方之卦也。陰氣形盛陰陽氣含閉。信之類也。故北方爲信。夫四方之義皆統於中央。故乾坤艮巽。位在四維。中央所以繩四方行也。智之決也。故中央爲智。故道興於仁立於禮理於義定於信成於智。五者。道德之分。天人之際也。聖人所以通天意理人倫而明至道也。

《周易乾鑿度》孔子曰。陽三陰四。位之正也。故易卦六十四。分而爲上下。象陰陽也。夫陽道統而奇。故上篇三十。所以象陽也。陰道不純而偶。故下篇三十四。所以法陰也。乾坤者。陰陽之根本。萬物之祖宗也。爲上篇始者尊之也。離爲日。坎爲月。日月之道。陰陽之經。所以終始萬物。故以坎離爲終。咸恒者。男女之始。夫婦之道也。人道之興。必由夫婦。所以奉承祖宗。爲天地主也。故爲下篇始者。貴之也。既濟未濟爲最終者。所以明戒愼而存王道。

京氏易傳下

孔子曰陽三陰四位之正也三者東方

之數東方日之所出又圓者徑一而開三也四者西方之數西方日之所入又方者徑一而取四也言日月終天之道故易卦六十四分上下象陰陽也奇耦之數取之於乾坤乾坤者陰陽之根本坎離者陰陽之性命分四營而成易十有八變而成卦卦象定吉凶明得失降五行分四象順則吉逆則凶故曰吉凶悔吝生乎動又曰明得失於四序運機布度其氣轉易主者亦當則天而行與時消息安而不忘亡將以順性命之理極蓍龜之源重三成六能事畢矣分天

地乾坤之象益之以甲乙壬癸震巽之象配庚辛坎離之象配戊己艮兌之象配丙丁八卦分陰陽六位五行光明四通變易立節天地若不變易不能通氣五行迭終四時更廢變動不居周流六虛上下無常剛柔相易不可以爲典要惟變所適吉凶共列于位進退明乎機要易之變化六爻不可據以隨時所占

周易乾鑿度孔子曰。泰者。天地交通。陰陽用事。長養萬物也。否者。天地不交通。陰陽不用事。止萬物之長也。上經象陽。故以乾爲首。坤爲次。先泰而後否。損者。陰用事。

澤損山而萬物損也。下損以事其上。益者。陽用事。而雷風益萬物也。上自損以益下。下經以法陰。故以咸爲始。恆爲次。先損而後益。各順其類也。

〔周易乾鑿度〕孔子曰。昇者。十二月之卦也。陽氣升上。陰氣欲承。萬物始進。譬猶文王之修積道德。宏開基業。始即昇平之路。當此時也。鄰國被化。岐民和洽。是以太四蒙澤而承吉。九三可處王位。享于岐山。爲報德也。明陰以顯陽之化。民臣之順德也。故言无咎。

〔周易乾鑿度〕孔子曰。益之六二。或益之十朋之龜。弗克違。永貞吉。王用享于帝。吉。益者。正月之卦也。天氣下施。萬物皆益。言王者之法天地。施政教。而天下被陽德。蒙王化。如美寶莫能違害。永貞其道。咸受吉化。德施四海。能繼天道也。王用享于帝者。言祭天也。三王之郊。一用夏正。天氣三微而成一著。三著而成一體。方知此之時。天地交。萬物通。故泰益之卦。皆夏之正也。此四時之正。不易之道也。故三王之郊。一用夏正。所以順四時。法天地之道也。

〈周易乾鑿度〉孔子曰。隨上六拘繫之。乃從維之。王用享于西山。隨者。二月之卦。隨德施行。藩決難解。萬物隨陽而出。故上六欲九五拘繫之。維持之。明被陽化而陰隨從之也。譬猶文王之崇至德。顯中和之美。拘民以禮。係民以義。當此之時。仁恩所加。靡不隨從。咸悅其德。得用道之王。故言王用享于西山。

周易乾鑿度孔子曰。陽消陰言夬。陰消陽言剝者。萬物之祖也。斷制除害。全物爲務。夬之爲言決也。當三月之時。陽盛息消。夬陰之氣。萬物畢生。靡不蒙化。譬猶王者之崇至德。奉承天命。伐決小人。以安百姓。故謂之決。夫陰傷害爲行。故剝之爲行剝也。當九月之時。陽氣衰消。而陰終不能盡陽。小人不能決君子也。謂之剝。言不安而已。是以夬之九五言決。小人剝之。六五言盛殺萬物。皆剝墮落。譬猶君子之道衰。小人之道盛。侵害之行興。安全之道廢。陰貫魚而欲承君子也。

周易乾鑿度孔子曰。易有六位三才。天地人道之分際也。三才之道。天地人也。天有陰陽。地有柔剛。人有仁義。法此三者。故生六位。六位之變。陽爻者。制於天也。陰爻者。繫於地也。天動而施曰仁。地靜而理曰義。仁成而上。

義成而下。上者專制。下者順從。正形於人。則道德立而尊卑定矣。此天地人道之分際也。天地之氣。必有終始。六位之設。皆由上下。故易始於一。分於二。通於三。口於四。盛於五。終於上。初爲元士。二爲大夫。三爲三公。四爲諸侯。五爲天子。上爲宗廟。凡此六者。陰陽所以進退君臣所以升降。萬人所以爲象則也。故陰陽有盛衰。人道有得失。聖人因其象。隨其變。爲之設卦。方盛則託吉。將衰則寄凶。陰陽不正。皆爲失位。其應實而有之。皆失義。善雖微細。必見吉端。惡雖纖介。必有悔吝。所以極天地

之變。盡萬物之情。明王事也。丘繫之曰。立象以盡意。設
卦以盡情僞。繫辭焉以盡其言。

周易乾鑿度孔子曰。易六位正。王度見矣。

周易乾鑿度孔子曰。易有君人五號也。帝者。天稱也。王
者。美行也。天子者。爵號也。大君者。與上行異也。大人者。
聖明德備也。變文以著名。題德以別操。王者。天下所歸
往。易曰。在師中。吉。无咎。王三錫命。師者。衆也。言有盛德。
行中和。順民心。天下歸往之。莫不美命爲王也。行師以
除民害。賜命以長世德之盛。天子者。繼天理物。改一統。

各得其宜。父天母地。以養萬民。至尊之號也。易曰。公用享于天子。大君者。君人之盛者也。易曰。知臨大君之宜。吉。臨者。大也。陽氣在內。中和之盛應于盛位。浸大之化行于萬民。故言宜處王位。施大化。爲大君矣。臣民欲被化之詞也。大人者。聖人之在位者也。夫大人者。與天地合其德。易曰。見龍在田。利見大人。又曰。飛龍在天。利見大人。言德化施行。天地之和。故曰大人。

周易乾鑿度。孔子曰。既濟九三。高宗伐鬼方。三年克之。高宗者。武丁也。湯之後。有德之君也。九月之時。陽失正位。盛德既衰。而九三得正。下陰能終其道。濟成萬物。猶殷道中衰。王道陵遲。至於高宗。內理其國。以得民心。扶救衰微。伐征遠方。三年而惡消滅。王道成。殷人高而宗之。文王挺以校易。勸德也。

周易乾鑿度。孔子曰。易本陰陽。以譬於物也。掇序帝乙箕子高宗著德易者。所以昭天道。定王業也。上術先聖考諸近世。采美善以見王事。言帝乙箕子高宗。明有法也。美帝乙之嫁妹。順天地之道。以立嫁娶之義。義立則妃匹正。妃匹正。則王化全。

周易乾鑿度孔子曰。泰者。正月之卦也。陽氣始通。陰道執順。故因此以見湯之嫁妹。能順天地之道。立教戒之義也。至於歸妹。八月卦也。陽氣歸下。陰氣方盛。故復以見湯妹之嫁。以天子貴妹而能自卑順。從變節而欲承陽者。以執湯之戒。是以因時變一。用見帝乙之道。所以彰湯之美。明陰陽之義也。孔子曰。自成湯至帝乙。帝乙湯之元孫之孫也。此帝乙。即湯也。殷錄質。以生日爲名。順天性也。元孫之孫。外絕恩矣。同以乙日生。疏可同名。湯以乙生。嫁妹本天地。正夫婦。夫婦正。王道興矣。故曰。

易之帝乙爲成湯。書之帝乙六世王。同名不害以明功。
周易乾鑿度孔子曰。紱者。所以別尊卑。彰有德也。故朱
赤者。盛色也。是以聖人法以爲紱服。欲百世不易也。故
困九五。文王爲紂三公。故言困于赤紱也。至于九二。周
將王。故言朱紱方來。不易之法也。
周易乾鑿度孔子曰。易天子三公諸侯紱服皆同色。困
九二。困于酒食。朱紱方來。九五。劓刖。困于赤芾。夫困之
九二。有中和。居亂世。交於小人。困於酒食者。困於祿也。
朱芾者。天子賜大夫之服。而有九二大人之行。將賜之

朱芾。其位在二。故以大夫言之。至於九五劓刖者。不安也。文王在諸侯之位。上困於紂也。故曰。劓刖。困于赤芾。夫執中和。順時變。所以全王德。通至美也。乃徐有說。巳記象曰。困而不失其所亨。貞大人吉。以剛中也。文王因陰陽。定消息。立乾坤。統天地。夫有形者生於無形。則乾坤安從生。故曰。有太易。有太初。有太始。有太素。太易者。未見氣。太初者。氣之始。太始者。形之始。太素者。質之始。氣形質具。而未相離。故曰。渾淪。言萬物相渾淪而未相離。視之不見。聽之不聞。循之不得。故曰。易也。易無形埒也。易變而爲一。一變而爲七。七變而爲九。九者。氣變之究也。乃復變而爲一。一者。形變之始。清輕上爲天。濁重下爲地。物有始。有壯。有究。故三畫而成乾。乾坤相竝俱生。物有陰陽。因而重之。故六畫而成卦。卦者。挂也。挂萬物視而見之。故三畫已下爲地。四畫已上爲天。物感以動。類相應也。易氣從下生。故動於地之下。則應於天之下。動於地之中。則應於天之中。動於地之上。則應於天之上。故初以四。二以五。三以上。此謂之應。陽動而進。陰動而退。故陽以七。陰以八。爲彖易。一陰一陽。合而爲十五之謂道。陽變七之九。陰變八之六。亦合於十五。則彖變之數若一。陽動而進。變七之九。象其氣之息也。陰動而退。變八之六。象其氣之消也。故太一取其數以行九宮。四正四維。皆合於十五。五音六律七宿。由此作焉。八卦之生物也。畫六爻之移。氣周而從卦。八卦數二十四以生陰陽。衍之皆合之於度量。陽析九。陰析六。陰陽之析。各百九十二。以四時乘之。八而周。三十二而大周。三百八十四爻。萬一千五百二十析也。故卦當歲。爻當月。析當日。大衍之數。必五十以成變化而行鬼神也。故曰。

日十者。五音也。辰十二者。六律也。星二十八者。七宿也。凡五十。所以大閡物而出之者。故六十四卦。三百八十四爻。戒各有所繫焉。故陽唱而陰和。男行而女隨。天道左旋。地道右遷。二卦十二爻而朞一歲。乾。陽也。坤。陰也。竝治而交錯行。乾貞於十一月子。左行陽時六。坤貞於六月未。右行陰時六。以奉順成其歲。歲終次從於屯蒙。屯蒙主歲。屯爲陽。貞於十二月丑。其爻左行。以間時而治六辰。蒙爲陰。貞於正月寅。其爻右行。亦間時而治六辰。歲終則從其次卦。陽卦以其辰爲貞。丑與左行。間辰而治六辰。陰卦與陽卦同位者。退一辰以爲貞。其爻右行。間辰而治六辰。泰否之卦。獨各貞其辰其北辰。左行相隨也。中孚爲陽。貞於十一月子。小過爲陰。貞於六月未。法於乾坤。三十二歲朞而周六十四卦。三百八十四爻。萬一千五百二十析。復從於貞。歷以三百六十五日四分度之一爲一歲。易以三百六十析當朞之日。此律歷數也。五歲再閏。故再扐而後卦以應律歷之數。故乾坤氣合戌亥。音受二子之節。陽生秀白之州。載鍾名太一之精也。其帝一世。紀錄事明期推移。不奪而消焉。

周易乾鑿度孔子曰。三萬一千九百二十歲錄圖受命。易姓三十二紀。一本作四十二軌德有七。其三法天。其四法地。五王有三十五半聖人君子消息。卦純者爲帝。不純者爲王。六子上不及帝。下有過王。故六子雖純不爲乾坤。

周易坤靈圖巨序曰。天經曰。乾元亨利貞。爻曰。飛龍在天。利見大人。故德配天地。天地不私公位。稱之曰帝。故堯。天之精陽。萬物莫不從者。故乾居西北。乾用事。萬物蟄伏。致乎萬物蟄伏。故能致乎萬人之化。經曰用九。經曰。震下乾上。无妄。天精起。帝必有洪水之災。天生聖人

使殺之。故言乃統天也。巨括義因象助類辭曰。天無雲
而雷。先王以茂對時育萬物。經曰。乾下艮上。大畜。天災
將至。預畜而待之。人免於饑。故曰元亨。上下皆通。各載
其性。故曰利貞。至德之萌。五星若連珠。日月如合璧。天
精起斗口有位。雞鳴斗運。行復始。莫敢當之。黃星第子
北斗。必以戊己日。其先無芒。行文元武動事。莫之敢拒。
史記仲尼弟子傳正義引中備（按即辨終備。）魯人商瞿使向
齊國。瞿年四十。今復使行遠路。畏慮恐絕無子。夫子正
月與瞿母筮。告曰。後有五丈夫子。子貢曰。何以知。子曰。

卦遇大畜。艮之二世。九二甲寅木爲世。六五景子水爲應。世生外象生象來爻生互內象艮別子。應有五子。一子短命。顏回云。何以知之。內象是本子。一艮變爲二醜三陽爻五。於是五子。一子短命。何以知短命。他以故也。

京氏易傳下

孔子易云。（困學記聞引易字在云下）有四易。一世二世爲地易。三世四世爲人易。五世六世爲天易。游魂歸魂爲鬼易。八卦鬼爲繫爻。財爲制爻。天地爲義爻。福德爲寶爻。同氣爲專爻。龍德十一月在子。在坎卦。左行。虎刑五月午。在離卦。右行。甲乙庚辛天官。申酉地官。丙丁壬

癸天官。亥子地官。戊己甲乙天官。寅卯地官。壬癸戊己
天官。辰戌地官。靜爲悔。發爲貞。貞爲本。悔爲末。初爻上。
二爻中。三爻下。三月之數以成一月。初爻三日。二爻三
日。三爻三日。名九日。餘有一日。名曰閏餘。初爻十日爲
上旬。二爻十日爲中旬。三爻十日爲下旬。三旬三十。積
旬成月。積月成年。八八六十四卦。分六十四卦。配三百
八十四爻。成萬一千五百二十策。定氣候二十四。考五
行於運命。人事天道。日月星辰。局於指掌。吉凶見乎其
位。繫乎吉凶。悔吝生乎動。寅中有生火。亥中有生木。巳

中有生金。申中有生水。丑中有死金。戌中有死火。未中有死木。辰中有死水。土兼於中。建子陽生。建午陰生。二氣相衝。吉凶明矣。積筭隨卦起宮。乾坤震巽坎離艮兌。八卦相盪。二氣陽入陰。陰入陽。二氣交互不停。故曰生生之謂易。天地之內。無不通也。乾起巳。坤起亥。震起午。巽起辰。坎起子。離起丑。艮起寅。兌起□。□於六十四卦。遇王則吉。廢則凶。衝則破。刑則敗。死則危。生則榮。攷其義理。其可通乎。分三十爲中。六十爲上。三十爲下。總一百二十。通陰陽之數也。新新不停。生生相續。故淡泊不失其所。確然示人。陰陽運行。一寒一暑。五行互用。一吉一凶。以通神明之德。以類萬物之情。故易所以斷天下之理。定之以人倫而明王道。八卦建五氣。立五常。法象乾坤。順於陰陽。以正君臣父子之義。故易曰。元亨利貞。夫作易所以垂教。教之所被。本被於有無。且易者。包備有無。有吉則有凶。有凶則有吉。生吉凶之義。始於五行。終於八卦。從無入有。見灾於星辰也。從有入無。見象於陰陽也。陰陽之義。歲月分也。歲月既分。吉凶定矣。故曰。八卦成列。象在其中矣。六爻上下。天地陰陽運轉。有無之彖配乎人事。八卦仰觀俯察。在乎人。隱顯災祥。在乎天。考天時。察人事。在乎卦。八卦之要。始於乾坤。通乎萬物。故曰。易窮則變。變則通。通則久。久於其道。其理得矣。卜筮非襲於吉。唯變所適。窮理盡性於兹矣。

困學紀聞引京氏易積算法夫子曰。八卦因伏羲。暨于神農。重乎八純。聖理元微。易道難究。迄乎西伯父子。研理窮通。上下囊括。推爻考象。配卦世應。加乎星宿。局於六十四所。二十四氣。分天地之數。定人倫之理。驗日月之行。尋五行之端。災祥進退。莫不因兹而兆矣。故考天地日月星辰山川草木蟲魚鳥獸之情狀。運氣生死休咎。不可執一隅。故曰易含萬象。

韓詩外傳八　孔子曰。易先同人後大有承之以謙。不亦可乎。故天道虧盈而益謙。地道變盈而流謙。鬼神害盈而福謙。人道惡盈而好謙。謙者。抑事而損者也。持盈之道。抑而損之。此謙德之於行也。順之者吉。逆之者凶。五帝既沒。三王既衰。能行謙德者其惟周公乎。文王之子。武王之弟。成王之叔父。假天子之尊位七年。所執贄而師見者十人。所還質而友見者十三人。窮巷白屋之士。

所先見者四十九人。時進善者百人。官朝者千人。諫臣五人。輔臣五人。拂臣六人。戴干戈以至於封侯而同姓之士百人。孔子曰。猶以周公爲天下賞。則以同族爲衆。而異族爲寡也。故德行寬容而守之以恭者榮。土地廣大而守之以儉者安。位尊祿重而守之以卑者貴。人衆兵强而守之以畏者勝。聰明睿智而守之以愚者哲。博聞强記而守之以淺者不溢。此六者皆謙德也。易曰。謙亨。君子有終。吉。能以終吉者。君子之道也。貴爲天子。富有四海。而德不謙。以亡其身者。桀紂是也。而況衆庶乎。

夫易有一道焉。大足以治天下。中足以安家國。近足以守其身者。其惟謙德乎。

大戴禮易本命子曰。夫易之生人禽獸萬物昆蟲。各有以生。或奇或偶。或飛或行。而莫知其情。惟達道德者能原本之矣。天一地二人三。三三而九。九九八十一。一主日。日數十。（淮南子此下有日主人三字）故人十月而生。八九七十二。偶以承奇。奇主辰。辰主月。月主馬。故馬十二月而生。七九六十三。三主斗。斗主狗。故狗三月而生。六九五十四。四主時。時主豕。故豕四月而生。五九四十五。五主音。音

主猨。故猨五月而生。四九三十六。六主律。律主禽鹿。故
禽鹿六月而生也。三九二十七。七主星。星主虎。故虎七
月而生。二九十八。八主風。風主蟲。故蟲八月化也。其餘
各以其類也。鳥魚皆生於陰而屬於陽。故鳥魚皆卵。魚
游于水。鳥飛于雲。故冬燕雀入于海。化而爲蚧。萬物之
性各異類。故蠶食而不飲。蟬飲而不食。蜉蝣不飲不食。
介鱗夏食冬蟄。齕吞者八竅而卵生。咀嚼者九竅而胎
生。四足者無羽翼。戴角者無上齒。無角者膏而無前齒。
有羽者脂而無後齒。晝生者類父。夜生者類母。凡地東

西爲緯。南北爲經。山爲積德。川爲積刑。高者爲生。下者爲死。丘陵爲牡。谿谷爲牝。蜯蛤龜珠。與月盛虛。是故堅土之人肥。虛土之人大。沙土之人細。息土之人美。秏土之人醜。是故食水者善游能寒。食土者無心而不息。食木者多力而拂。食草者善走而愚。食桑者有絲而蛾。食肉者勇敢而捍。食穀者智惠而巧。食氣者神明而壽。不食者不生而神。故曰。有羽之蟲三百六十。而鳳凰爲之長。有毛之蟲三百六十。而麒麟爲之長。有甲之蟲三百六十。而神龜爲之長。有鱗之蟲三百六十。而蛟龍爲之長。倮之蟲三百六十。而聖人爲之長。此乾坤之美類。禽獸萬物之數也。故帝王好壞巢破卵。則鳳凰不翔焉。好竭水搏魚。則蛟龍不出焉。（出大典本作至）好刳胎殺夭。則麒麟不來焉。好塡谿塞谷。則神龜不出焉。故王者動必以道。靜必以理。動不以道。靜不以理。則自夭而不壽。訞孽數起。神靈不見。風雨不時。暴風水旱並興。人民夭死。五穀不滋。六畜不蕃息。

盧辯大戴禮易本命注孔子曰。聖人智通於大道。應化而不窮。能測萬品之情也。

〔後漢書郎顗傳〕孔子曰。靁之始發大壯始。君弱臣強從解起。

〔呂氏春秋愼行論壹行〕孔子卜。得賁。孔子曰。不吉。子貢曰。夫賁亦好矣。何謂不吉乎。孔子曰。夫白而白。黑而黑。夫賁又何好乎。

〔說苑反質〕孔子卦得賁喟然仰而歎息意不平子張進舉手而問曰師聞賁者吉卦而歎之乎孔子曰賁非正色也是以歎之吾思夫質素白當正白黑當正黑文質又何也吾亦聞之丹漆不文白玉不雕寶珠

不飾何也質有餘者不受飾也

淮南子人閒訓孔子讀易至損益。未嘗不憤然（御覽六百九引作喟然）而歎曰。益損者。其王者之事與。事或欲以利之。適足以害之。或欲害之。乃反以利之。利害之反。禍福之門戶。不可不察也。

說苑敬慎孔子讀易至於損益。則喟然而歎。子夏避席而問曰。夫子何爲歎。孔子曰。夫自損者益。自益者缺。吾是以歎也。子夏曰。然則學者不可以益乎。孔子曰。否。天之道。成者未嘗得久也。夫學者以虛受之。故曰得。苟不知持滿。則天下之善言不得入其耳矣。昔堯履天子之位。猶允恭以持之。虛靜以待下。故百載以逾盛。迄今而益章。昆吾自臧而滿意。窮高而不衰。故當時而虧敗。迄今而逾惡。是非損益之徵與。吾故曰。謙也者。致恭以存其位者也。夫豐明而動。故能大。苟大。則虧矣。吾戒之。故曰。天下之善言不得入其耳矣。日中則昃。月盈則食。天地盈虛。與時消息。是以聖人不敢當盛。升輿而遇三人則下。二人則軾。調其盈虛。故能長久也。子夏曰。善。請終身誦之。

論衡卜筮子路問孔子曰。猪肩羊膊可以得兆。雚葦藁芼可以得數。何必以蓍龜。孔子曰。不然。蓋取其名也。夫蓍之爲言耆也。龜之爲言舊也。明狐疑之事。當問耆舊也。

抱朴子內篇袪惑有古强者云。孔子嘗勸我讀易。云此良書也。丘竊好之。韋編三絶。鐵撾三折。今乃大悟。

尚書序疏引尚書緯孔子求書。得黃帝元孫帝魁之書。迄於秦穆公。凡三千二百四十篇。史記伯夷傳索隱引作三千三百三十篇斷遠取近。定可以爲世法者百二十篇。以百二篇爲尚書。十八篇爲中條。

尙書大傳鄭注心明曰聖。孔子說休徵曰。聖者。通也。兼四而明則所謂聖。聖者。包貌言視聽而載之以思心者。通以待之君。思心不通。則是不能心明其事也。

尙書大傳。孔子曰。吾於洛誥。見周公之德光明於上下。勤施四方旁作穆穆。至於海表。莫敢不來服。莫敢不來享。以勤文王之鮮光。以揚武王之大訓。而天下大洽。故曰。聖之與聖也。猶規之相周。矩之相襲也。

尙書大傳子張曰。堯舜之主。二人刑而天下治。御覽八十引作

一人不刑而四海至何則。教誠而愛深也。一夫而被此五刑。子能
子曰。未可謂能爲書。二人俱罪呂侯之說刑也被此五刑命犯數罪也孔子曰。
不然也。五刑有此教。教然耳犯數罪猶以上一罪刑之
尚書大傳略說子夏讀書畢。見于夫子。夫子問焉。子何
爲于書。子夏對曰。書之論事也。昭昭如日月之代明。離
離若星辰之錯行。上有堯舜之道。下有三王之義。商所
受于夫子。志之于心。弗敢忘也。雖退而巖居河濟之間。
深山之中。作壞室。編蓬戶。尚彈琴其中。以歌先王之風。
則可以發憤忼慨。忘己貧賤。有人亦樂之。無人亦樂之。

而忽不知憂患與死也。夫子造然變色曰。嘻。子殆可與
言書矣。雖然。見其表未見其裏也。顏淵曰。何爲也。子曰。
闚其門而不入其中。觀其奧藏之所在乎。然藏又非難
也。丘嘗悉心盡志以入其。則前有高岸。後有大谿。填填
正立而已。是故堯典可以觀美。禹貢可以觀事。咎繇可
以觀治。鴻範可以觀度。六誓可以觀義。五誥可以觀仁。
甫刑可以觀誡。通斯七觀。書之大義舉矣。
（韓詩外傳二）子夏讀詩已畢。夫子問曰。爾亦何大於
詩矣。子夏對曰。詩之於事也。昭昭乎若日月之光明

燎燎乎如星辰之錯行上有堯舜之道下有三王之義弟子不敢忘雖居蓬戶之中彈琴以詠先王之風有人亦樂之無人亦樂之亦可發憤忘食矣詩曰衡門之下可以棲遲泌之洋洋可以療飢夫子造然變容曰嘻吾子殆可以言詩已矣然子以見其表未見其裏顔淵曰其表已見其裏又何有哉孔子曰闚其門不入其中安知其奥藏之所在乎然藏又非難也丘嘗悉心盡志已入其中前有高岸後有深谷泠泠然如此旣立而已矣不能見其裏未謂精微者也

說苑敬愼孔子曰。存亡禍福。皆在己而已。天災地妖。亦不能殺也。昔者殷王帝辛之時。爵生烏於城之隅。工人占之曰。凡小以生巨。國家必祉。王名必倍。帝辛喜爵之德。不治國家。亢暴無極。外寇乃至。遂亡殷國。此逆天之時。詭福反爲禍。至殷王武丁之時。先王道缺。刑法弛。桑穀俱生於朝。七日而大拱。工人占之曰。桑穀者。野物也。野物生於朝。意朝亡乎。武丁恐駭。側身修行。思昔先王之政。興滅國。繼絶世。舉逸民。明養老之道。三年之後。遠方之君。重譯而朝者六國。此迎天時。得禍反爲福也。故妖孽者。天所以警天子諸侯也。惡夢者。所以警士大夫也。故妖孽不勝善政。惡夢不勝善行也。至治之極。禍反爲福。故太甲曰。天作孽。猶可違。自作孽。不可逭。

史記三代世表褚少孫補贊孔子曰。昔者堯命契爲子氏。爲有湯也。命后稷爲姬氏。爲有文王也。太王命季歷。明天瑞也。太伯之吳。遂生源也。

意林四王遜正部仲尼叙書。上謂天談。下謂民語。兼該男女。究其表裏。

隸釋四周憬銘孔子曰。禹不決江疏河。吾其魚矣。

孔子集語卷四

總校王詒壽分校陳　讀
汪學瀚校

孔子集語卷五　平津館原本

山東督糧道臣孫星衍撰

六藝四下

御覽八百四引詩含神霧孔子曰。詩者。天地之心。君德之祖。百福之宗。萬物之戶也。君德下十三字從六百九引補刻之玉版。藏之金府。

毛詩木瓜傳孔子曰。吾於木瓜。見苞苴之禮行。

韓詩外傳五子夏問曰。關雎何以爲國風始也。孔子曰。關雎至矣乎。夫關雎之人。仰則天。俯則地。幽幽冥冥。德之所藏。紛紛沸沸。道之所行。如神龍變化。斐斐文章。大哉。關雎之道也。萬物之所繫。羣生之所懸命也。河洛出書圖。麟鳳翔乎郊。不由關雎之道。則關雎之事將奚由至矣哉。夫六經之策。皆歸論汲汲。蓋取之乎關雎。關雎之事大矣哉。馮馮翊翊。自東自西。自南自北。無思不服。子其勉強之。思服之。天地之閒。生民之屬。王道之原。不外此矣。子夏喟然嘆曰。大哉。關雎乃天地之基也。

呂氏春秋季春紀先已詩曰。執轡如組。孔子曰。審此言也。可以爲天下。子貢曰。何其躁也。孔子曰。非謂其躁也。

謂其爲之於此。而成文於彼也。聖人組修其身。而成文於天下矣。

〔鹽鐵論相刺〕孔子曰。詩人疾之不能默。丘疾之不能伏。是以東西南北七十說而不用。然後退而修王道。作春秋。垂之萬載之後。天下折中焉。

〔論衡對作〕孔子曰詩人疾之不能默丘疾之不能伏是以論也

〔鹽鐵論執務〕孔子曰。吾於河廣。知德之至也。而欲得之。各反其本。復諸古而已。

〈說苑貴德〉孔子曰。吾於甘棠。見宗廟之敬也。甚尊其人。必敬其位。順安萬物。古聖之道幾哉。

〈說苑敬慎〉孔子論詩。至於正月之六章。懼然曰。不逢時之君子。豈不殆哉。從上依世則廢道。違上離俗則危身。世不與善。己獨由之。則曰非妖則孽也。是以桀殺關龍逢。紂殺王子比干。故賢者不遇時。常恐不終焉。詩曰。謂天蓋高。不敢不跼。謂地蓋厚。不敢不蹐。此之謂也。

〈漢書劉向傳〉孔子論詩。至於殷士膚敏。灌將于京。喟然歎曰。大哉天命。善不可不傳于子孫。是以富貴無常。不

如是。則王公其何以戒愼民萌何以勸勉。長短經懼誡篇同
毛詩素冠傳子夏三年之喪畢。見於夫子。援琴而絃。衎衎而樂作。而曰。先王制禮。不敢不及。夫子曰。君子也。閔子騫三年之喪畢。見於夫子。援琴而絃。切切而哀作。而曰。先王制禮。不敢過也。夫子曰。君子也。子路曰。敢問何謂也。夫子曰。子夏哀已盡。能引而致之於禮。故曰君子也。閔子騫哀未盡。能自割以禮。故曰君子也。夫三年之喪。賢者之所輕。不肖者之所勉。
淮南子繆稱訓閔子騫三年之喪畢援琴而彈其絃

是也其聲切切而哀夫子曰絃則是也其聲非也

說苑修文子夏三年之喪畢見於孔子孔子與之琴使之弦援琴而弦衎衎而樂作而曰先王制禮不敢不及也子曰君子也閔子騫三年之喪畢見於孔子孔子與之琴使之弦援琴而弦切切而悲作而曰先王制禮不敢過也孔子曰君子也子貢問曰閔子哀不盡子曰君子也子夏哀已盡子曰君子也賜也惑敢問何謂孔子曰閔子哀未盡能斷之以禮故曰君子也子夏哀已盡能引而致之故曰君子也夫三年

之喪固優者之所屈劣者之所勉

後漢張奮傳孔子謂子夏曰。禮以修外。樂以修內。丘已矣夫。注云禮權命徵之辭也

大戴禮記哀公問哀公問於孔子曰。大禮何如。君子之言禮何其尊也。孔子曰。丘也小人何足以知禮。君曰。否。吾子言之也。孔子曰。丘聞之也。民之所由生。禮爲大。非禮無以節事天地之神明也。非禮無以辨君臣上下長幼之位也。非禮無以別男女父子兄弟之親昏姻疏數之交也。君子以此之爲尊敬然。然後以其所能教百姓。

不廢其會節。有成事。然後治其雕鏤文章黼黻以嗣。其順之。然後言其喪筭。（一作葬）備其鼎俎。設其豕腊。修其宗廟。歲時以敬祭祀。以序宗族。則安其居處。醜其衣服。卑其宮室。車不雕幾。器不刻鏤。食不貳味。以與民同利。昔之君子之行禮者如此。公曰。今之君子。胡莫之行也。孔子曰。今之君子。好色無厭。淫德不倦。荒怠敖慢。固民是盡。忤其衆以伐有道。求得當欲。不以其所。古之用民者由前。今之用民者由後。今之君子莫爲禮也。孔子侍坐於哀公。哀公曰。敢問人道誰爲大。孔子愀然作色而對

曰。君及此言也。百姓之德也。固臣敢無辭而對。人道。政
爲大。公曰。敢問何謂爲政。孔子對曰。政者。正也。君爲正。
則百姓從政矣。君之所爲。百姓之所從也。君所不爲。百
姓何從。公曰。敢問爲政如之何。孔子對曰。夫婦別。父子
親。君臣嚴。三者正。則庶民從之矣。公曰。寡人雖無似也。
願聞所以行三言之道。可得而聞乎。孔子對曰。古之爲
政。愛人爲大。所以治愛人。禮爲大。所以治禮。敬爲大。敬
之至也。大昏爲大。大昏至矣。大昏既至。冕而親迎。親之
也。親之也者。親之也。是故君子興敬爲親。舍敬是遺親

也。弗愛不親。弗敬不正。愛與敬。其政之本與。公曰。寡人願有言。然冕而親迎。不已重乎。孔子愀然作色而對曰。合二姓之好。以繼先聖之後。以爲天地社稷宗廟之主。君何謂已重乎。公曰。寡人固。不固。焉得聞此言也。寡人欲問。不得其辭。請少進。孔子曰。天地不合。萬物不生。大昏。萬世之嗣也。君何以謂已重焉。孔子遂有言曰。內以治宗廟之禮。足以配天地之神明。出以治直言之禮。足以立上下之敬。物恥足以振之。國恥足以興之。爲政先禮。禮者。政之本與。孔子遂言曰。昔三代明王之政。必敬其妻子也有道。妻也者。親之主也。敢不敬與。子也者。親之後也。敢不敬與。君子無不敬也。敬身爲大。身也者。親之枝也。敢不敬與。不能敬其身。是傷其親。傷其親。是傷其本。傷其本。枝從而亡。三者。百姓之象也。身以及身。子以及子。配以及配。君子行此三者。則愾乎天下矣。大王之道也。如此。國家順矣。公曰。敢問何謂敬身。孔子對曰。君子過言。則民作辭。過動。則民作則。君子言不過辭。動不過則。百姓不命而敬恭。如是。則能敬其身。能敬其身。則能成其親矣。公曰。敢問何謂成親。孔子對曰。君子也

者。人之成名也。百姓歸之名。謂之君子之子。是使其親
爲君子也。是爲成其親名也已。孔子遂言曰。古之爲政。
愛人爲大。不能愛人。不能有其身。不能有其身。不能安
土。不能安土。不能樂天。不能樂天。不能成身。公曰。敢問
何謂成身。孔子對曰。不過乎物。公曰。敢問君子（一本無子字）
何貴乎天道也。孔子對曰。貴其不已。如日月西東相從
而不已也。是天道也。不閉其久也。是天道也。無爲物成。
是天道也。已成而明。是天道也。公曰。寡人惷愚冥煩。子
識之心也。孔子蹴然避席而對曰。仁人不過乎物。孝子

不過乎物。是仁人之事親也如事天。事天如事親。是故孝子成身。公曰。寡人既聞是言也。無如後罪何。孔子對曰。君之及此言也。是臣之福也。

〔穀梁桓三年傳〕子貢曰冕而親迎不已重乎孔子曰合二姓之好以繼萬世之後何謂已重乎

〔大戴禮禮察〕孔子曰。君子之道。譬猶防與。夫禮之塞。亂之所從生也。猶防之塞。水之所從來也。故以舊防爲無用而壞之者。必有水敗。以舊禮爲無所用而去之者。必有亂患。故婚姻之禮廢則夫婦之道苦而淫辟之罪多矣。鄉飲酒之禮廢。則長幼之序失。而爭鬬之獄繁矣。聘射之禮廢。則諸侯之行惡。而盈溢之敗起矣。喪祭之禮廢。則臣子之恩薄。而倍死忘生之禮衆矣。凡人之知能見已然。不能見將然。禮者。禁於（一本無此於）將然之前。而法者。禁於已然之後。是故法之用易見。而禮之所爲生（一本作至）難知也。若夫慶賞以勸善。刑罰以懲惡。先王執此之正。堅如金石。行此之信。順如四時。處此之功。無私如天地。爾豈顧不用哉。然如曰禮云禮云。貴絕惡於未萌。而起敬（漢書作致）於微眇。使民日徙善遠罪而不自知也。

大戴禮曾子天圓曾子曰。參嘗聞之夫子曰。天道曰圓。地道曰方。方曰幽而圓曰明。明者。吐氣者也。是故外景。幽者。含氣者也。是故內景。

白虎通社稷曾子問曰。諸侯之祭社稷。俎豆既陳。聞天子崩。如之何。孔子曰。廢。臣子哀痛之。不敢終於禮也。

白虎通封公侯曾子問曰。立適以長不以賢何。按孔子逸語引下有也子曰三字以言爲賢不肖不可知也。

白虎通嫁娶曾子問曰。昏禮既納幣。有吉日。女之父母死。何如。孔子曰。壻使人弔之。如壻之父母死。女亦使人弔之。父喪稱父。母喪稱母。父母不在。則稱伯父世母。壻已葬。壻之伯父叔父使人致命女氏曰。某子有父母之喪。不得嗣爲兄弟。使某致命。女氏許諾。不敢嫁。禮也。壻免喪。女父使人請。壻不娶而後嫁之。禮也。女之父母死。壻亦如之。

白虎通喪服。曾子問曰。君薨既殯。而臣有父母之喪。則如之何。孔子曰。歸居於家。有殷事則之君所。朝夕否。曰。君既斂。而臣有父母之喪。則如之何。孔子曰。歸殯哭而反於君所。有殷事則歸。朝夕否。大夫室老行事。士則子孫行事。夫內子有殷事則亦如之君所朝夕否。

白虎通喪服子夏問曰。三年之喪既卒哭。金革之事無避者。禮與。孔子曰。吾聞諸老聃曰。魯公伯禽則有爲之也。今以三年之喪從其利者。不知也。

漢書藝文志仲尼有言。禮失而求諸野。

韓非子外儲說左下孔子御坐於魯哀公。哀公賜之桃與黍。哀公請用。孔子先飯黍而後啗桃。左右皆掩口而笑。哀公曰。黍者。非飯之也。以雪桃也。仲尼對曰。丘知之矣。夫黍者。五穀之長也。祭先王爲上盛。果蓏有六而桃爲下。祭先王不得入廟。臣聞之也。君子以賤雪貴。不聞以貴雪賤。今以五穀之長雪果蓏之下。是從上雪下也。臣以爲妨義。故不敢以先於宗廟之盛也。

〔呂氏春秋孟冬紀安死〕魯季孫有喪。孔子往弔之。入門而左。從客也。主人以璵璠收。孔子徑庭而趨。歷級而上。曰。以寶玉收。譬之猶暴骸中原也。

〔淮南子繆稱訓〕子曰。鈞之哭也。曰。子予奈何兮乘我何。其哀則同。其所以哀則異。故哀樂之襲人情也深矣。

〔說苑修文〕孔子曰。移風易俗。莫善於樂。安上治民。莫善於禮。是故聖王修禮文。設庠序。陳鐘鼓。天子辟雍。諸侯泮宮。所以行德化。

說苑修文孔子曰。無體之禮。敬也。無服之喪。憂也。無聲之樂。懽也。不言而信。不動而威。不施而仁。志也。鐘鼓之聲。怒而擊之則武。憂而擊之則悲。喜而擊之則樂。其志變。其聲亦變。其志誠。通乎金石。而況人乎。

論衡儒增孔子曰。言不文。或時不言。

論衡實知魯以偶人葬。而孔子歎。抱朴子嘉遯云尼父問偶葬而永歎

水經注六引喪服要記魯哀公祖載其父。孔子問曰。寧

設桂樹乎。哀公曰。不也。桂樹者。起於介子推。子推。晉之人也。文公有內難。出國之狄。子推隨其行。割肉以續軍糧。後文公復國。忽忘子推。子推奉唱而歌。文公始悟。當受爵祿。子推奔介山。抱木而燒死。國人葬之。恐其神魂霣于地。故作桂樹焉。吾父生于宮殿。死于枕席。何用桂樹爲。案喪服要記語不盡純是王肅依託姑附載之

藝文類聚八十五引喪服要記　昔者。魯哀公祖載其父。孔子問曰。寧設五穀囊乎。哀公曰。不也。五穀囊者。起伯夷叔齊。御覽七百四引此下有讓國二字不食周粟。而餓死首陽山。恐

魂之飢。故作五穀囊。吾父食味含哺而死。何用此爲。
御覽五百四十八引喪服要記魯哀公葬父。孔子問曰。
寍設菰廬乎。哀公曰。菰廬起太伯太伯。出奔闔古公崩。
還赴喪。故作菰廬以彰其尸。吾父無太伯之罪。何用此
爲。
御覽五百五十二引喪服要記魯哀公葬父。孔子問曰。
寍設桐人乎。哀公曰。桐人起于虞卿。齊人遇惡繼母。不
得養父。死不能葬。知有過。故作桐人。吾父生得供養。何
桐人爲。

御覽八百八十六引喪服要記魯哀公葬其父。孔子問曰。寧設魂衣乎。哀公曰。魂衣起宛荆。於山之下。疑有脫文郎左伯桃道逢寒死。友哀往迎其尸。憫神之寒。故作魂衣。吾事父生服錦繡。死於衣被。何魂衣爲。

御覽九百六十七引喪服要記昔者。魯哀公祖載其父。孔子問曰。寧設三桃湯乎。荅曰。不也。桃湯者。起於衛靈公。有女嫁。乳母送新婦就夫家。道聞夫死。乳母欲將新婦返。新婦曰。女有三從。今屬於人。死當卒哀。因駕素車白馬進到夫家。治三桃湯以沐死者。出東門北隅。禮三終。使死者不恨。吾父無所恨。何用三桃湯焉。

路史後紀十三注引喪服要記魯哀公葬其父。孔子問曰。寧設表門乎。公曰。夫表門。起於禹。禹治洪水。故表其門以紀其功。吾父無功。何用焉。

抱朴子外篇譏惑孔子云。喪親者。若嬰兒之失母。其號豈常聲之有。寧令哀有餘而禮不足。

五行大義四孔子曰。夏正得天。

韓詩外傳五孔子學鼓琴於師襄子（初學記十六引作師堂子）而不進。師襄子曰。夫子可以進矣。孔子曰。丘已得其曲矣。未得其數也。有閒。曰。夫子可以進矣。曰。丘已得其數矣。未得其意也。有閒。復曰。夫子可以進矣。（初學記引有曰丘得其意未得其人有閒）曰。丘已得其人矣。未得其類也。有閒。曰。邈然遠望。（初學記引曰字在遠望下）洋洋乎。翼翼乎。必作此樂也。默然思。戚然而悵。以王天下。以朝諸侯者。其惟文王乎。師襄子避席再拜曰。善。師以爲文王之操也。故孔子持文王之聲知文王之爲人。師襄子曰。敢問何以知其文王之操也。孔子曰。然。夫仁者好偉。和者好粉。智者好彈。有殷勤之意者好麗。丘是以知文王之操也。

淮南子主術訓孔子學鼓琴於師襄而諭文王之志

見微以知明矣

韓詩外傳七昔者。孔子鼓瑟。曾子子貢側耳而聽。曲終。曾子曰。嗟乎。夫子瑟聲殆有貪狼之心。邪僻之行。何其不仁趨利之甚。子貢以爲然。不對而入。夫子望見子貢有諫過之色。應難之狀。釋瑟而待之。子貢以曾子之言告。子曰。嗟乎。夫參。天下賢人也。其習知音矣。鄉者。丘鼓瑟。有鼠出游。狸見於屋。循梁微行。造焉而避。厭目曲脊。求而不得。丘以瑟浮其音。毛本浮作淫參以丘爲貪狼邪僻。

不亦宜乎。

御覽八十一引樂動聲儀孔子曰。簫韶者。舜之遺音也。溫潤以和。似南風之至。其爲音。如寒暑風雨之動物。如物之動人。雷動獸禽。風雨動魚龍。仁義動君子。財色動小人。是以聖人務其本。

白虎通三教引樂稽燿嘉顏回問。三教變虞夏何如。曰。教者。所以追補敗政。靡敝溷濁。謂之治也。舜之承堯無爲易也。

五行大義一引樂緯孔子曰。丘吹律定姓。一言得土曰宮。三言得火曰徵。五言得水曰羽。七言得金曰商。九言得木曰角。

（御覽十六引春秋演孔圖）孔子曰。上援律吹命。陰得羽之宮。

（魯語下）魯哀公問於孔子曰。吾聞夔一足。信乎。對曰。夔人也。何其一足也。夔通於聲。堯曰。夔一而已。使爲樂正。故君子曰。夔有一足。非一足也。

（韓非子外儲說左下）魯哀公問於孔子曰。吾聞古者有夔一足。其果信有一足乎。孔子對曰。不也。夔非一足也夔者忿戾惡心人多不喜說也雖然其所以得免於人害者以其信也人皆曰獨此一足矣夔非一足也一而足也哀公曰審而是固足矣一曰哀公聞於孔子曰吾聞夔一足信乎曰夔人也何故一足彼其無他異而獨通於聲堯曰夔一而足矣使爲樂正故君子曰夔有一足非一足也

呂氏春秋慎行論察傳魯哀公問於孔子曰樂正夔一足信乎孔子曰昔者舜欲以樂傳教於天下乃令重黎舉夔於草莽之中而進之舜以爲樂正夔於是

正六律和五聲以通八風而天下大服重黎又欲益求人舜曰夫樂天地之精也得失之節也故唯聖人爲能和樂之本也夔能和之以平天下若夔者一而足矣故曰夔一足非一足也

淮南子主術訓夫榮啟期一彈。而孔子三日樂。感于和。

說苑修文子路鼓瑟。有北鄙之聲。孔子聞之曰。信矣。由之不才也。冉有侍。孔子曰。求。來。爾奚不謂由。夫先王之制音也。奏中聲。爲中節。流入於南。不歸於北。南者。生育之鄉。北者。殺伐之域。故君子執中以爲本。務生以爲基。

故其音溫和而居中。以象生育之氣。憂哀悲痛之感不加乎心。暴厲淫荒之動不在乎體。夫然者。乃治存之風。安樂之爲也。彼小人則不然。執末以論本。務剛以爲基。故其音湫厲而微末。以象殺伐之氣。和節中正之感不加乎心。溫儼恭莊之動不存乎體。夫殺者。乃亂亡之風。奔北之爲也。昔舜造南風之聲。其興也勃焉。至今王公述而不釋。紂爲北鄙之聲。其廢也忽焉。至今王公以爲笑。彼舜以匹夫。積正合仁。履中行善。而卒以興。紂以天子。好慢淫荒。剛厲暴賊。而卒以滅。今由也匹夫之徒。布衣之醜也。既無意乎先王之制。而又有亡國之聲。豈能保七尺之身哉。冉有以告子路。子路曰。由之罪也。小人不能耳陷。而入於斯。宜矣。夫子之言也。遂自悔。不食七日而骨立焉。孔子曰。由之改過矣。

公羊哀十四年疏引揆命篇 孔子年七十歲知圖書。作春秋。

御覽十六引洪範五行傳 孔子作春秋。正春。正秋。所以重歷也。

御覽九百二十三引禮稽命徵 孔子謂子夏曰。鸜鵒至。

非中國之禽也。

文選荅賓戲注引春秋元命包孔子曰。丘作春秋。始於元終於麟。王道成也。

儀禮士冠禮疏引春秋演孔圖孔子修春秋。九月而成。卜之。得陽豫之卦。

公羊哀十四年疏引演孔圖獲麟而作春秋。九月書成。

初學記二十一引春秋握誠圖孔子作春秋。陳天人之際。記異考符。

古微書引春秋說題辭孔子言曰。五變入臼米出甲。謂磑之爲糲米也。舂之則粺米也。眒之則鑿米也。舂之則毇米也。又䉛擇之暘曬之則爲晶米。

[redacted]引春秋命歷序孔子始春秋退修殷之故歷使其數可傳於後。春秋宜以殷歷正之。

公羊僖四年解詁孔子曰。書之重。辭之複。嗚呼。不可不察其中必有美者焉。疏云春秋說文

公羊成八年解詁孔子曰。皇象元。逍遥術。無文字。德明謚。疏云春秋說文

公羊昭十二年疏引春秋說孔子作春秋。一萬八千字。

九月而書成。以授游夏之徒。游夏之徒不能改一字。〔史記太史公自序〕子曰。我欲載之空言。不如見之行事之深切著明也。（索隱云見春秋緯）〔公羊隱公第一疏引閔因敘〕昔孔子受端門之命。制春秋之義。使子夏等十四人求周史記。得百二十國寶書。九月經立。

〔春秋繁露俞序〕仲尼之作春秋也。上探正天端王公之位。萬物（官本無物字）民之所欲。（一作始）下明得失。起賢才。以待後聖。故引史記。理往事。正是非也。（官本作見）王公。史記。十二公之間。皆衰世之事。故門人惑。孔子曰。吾因其行事而加乎王心焉。以爲見之空言。不如行事博深切。（官本下有明字）故子貢閔子公肩子言其切而爲國家賢（一作資）也。其爲切而至於殺君亡國奔走。不得保社稷。其所以然。是皆不明於道。不覽於春秋也。故衞子夏言。有國家者。不可不學春秋。不學春秋。則無以見前後旁側之危。則不知國之大柄君子（官本作之）重任也。故或脅窮失國。揜（官本作掩）殺於位。一朝至爾。苟能述春秋之法。致行其道。豈徒除禍哉。乃堯舜之德也。故世子曰。功及子孫。光輝百世。聖王之德。莫美於世。故予先言春秋。詳己而略人。因其國而容天下。春秋之道。大得之則以王。小得之則以霸。故曾子子石盛美齊侯。安諸侯。尊天子。霸王之道。皆本於仁。仁天心。故次以天心。愛人之大者。莫大於思患而豫防之。故蔡得意於吳。魯得意於齊。而春秋皆不告。故次以言。怨人不可通。官本作邇敵國不可狎。攘竊之國不可使久親。皆防患為民除患之意也。不愛民之漸。乃至於死亡。故言楚靈王晉厲公生弒於位。不仁之所致也。故善宋襄公不厄人。不由其道而勝。不如由其道而敗。春秋貴之將以變習俗而成王化也。故（官本下有子字）夏言春秋重人。諸譏皆本此。或奢侈使人憤怨。或暴虐賊害人。終皆禍及身。故子池言魯莊築臺。丹楹刻桷。晉厲之刑刻意者。皆不得以壽終。上奢侈。刑又急。皆不內恕。求備於人。故次以春秋。緣人情。赦小過。而傳明之曰。君子辭也。孔子明得失。見成敗。疾時（一無時字）世之不仁。失王。孔子曰。吾因行事。（孔子曰吾因行事七字官本作有道之體故緣人情）赦小過。傳又明之曰。君子辭也。（辭本作亂官本作此）孔子曰。吾因行事。加吾王心焉。假其位號以正人倫。因其成敗以明順逆。故其所善。則桓文

行之而遂。其所惡。則亂國行之終以敗。故始言大惡殺
君亡國。終言赦小國。是以始於麤糲。終於精微。教化流
行。德澤大洽。天下之人。人有士君子之行而少過矣。亦
譏二名之意也。
穀梁桓二年傳孔子曰。名從主人。物從中國。
穀梁桓十四年傳孔子曰。聽遠音者聞其疾而不聞其
舒。望遠者。察其貌而不察其形。立乎定哀。以指隱桓。隱
桓之日遠矣。
穀梁僖十六年傳子曰。石。無知之物。鶂。微有知之物。石

無知。故日之。鶂。微有知之物。故月之。君子之於物。無所苟而已。

穀梁哀十三年傳 吳王夫差曰好冠來孔子曰大矣哉夫差未能言冠而欲冠也

藝文類聚八十引莊子 仲尼讀書。老聃倚竈觚而聽之。曰。是何書也。曰。春秋也。御覽一百八十六引莊子曰仲尼讀春秋老聃踞竈觚而聽注觚竈額也按當在逸篇

韓非子內儲說上七術 魯哀公問於仲尼曰。春秋之記曰。冬。十二月。霣霜不殺菽。何為記此。仲尼對曰此言可

以殺而不殺也。夫宜殺而不殺。桃李冬實。天失道。草木猶犯干之。而況於人君乎。此申韓深刻之學依託之詞姑附此

鹽鐵論散不足孔子讀史記。喟然而歎。傷正德之廢。君臣之危也。

論衡効力孔子周世多力之人也。作春秋。刪五經。祕書微文。無所不定。

論衡超奇孔子作春秋。以示王意。

論衡超奇孔子得史記以作春秋。及其立義創意。褒貶賞誅。不復因史記者。眇思自出於胷中也。

〔說苑君道〕孔子曰。文王似元年。武王似春王。周公似正月。文王以王季爲父。以太任爲母。以太姒爲妃。以武王周公爲子。以泰顛閎夭爲臣。其本美矣。武王正其身以正其國。正其國以正天下。伐無道。刑有罪。一動天下正。其事正矣。春致其時。萬物皆得生。君致其道。萬人皆及治。周公載己而天下順之。其誠至矣。

〔說苑君道〕孔子曰。夏道不亡。商德不作。商德不亡。周德不作。周德不亡。春秋不作。春秋作而後君子知周道亡也。

〔說苑至公〕夫子行說七十諸侯無定處。意欲使天下之民各得其所。而道不行。退而修春秋。采豪毛之善。貶纖介之惡。人事浹。王道備。精和聖制。上通於天而麟至。此天之知夫子也。於是喟然而嘆曰。天以至明爲不可蔽乎。日何爲而食。地以至安爲不可危乎。地何爲而動。天地而尚有動蔽。是故賢聖說於世而不得行其道。故災異竝作也。

〔周禮九嬪注〕孔子云。日者天之明。月者地之理。陰契制。故月上屬爲天。使婦從夫。放月紀。疏云孝經援神契文春秋左傳序疏引孝經鉤命決春秋二尺四寸書之孝經。一尺二寸書之。疏云鄭注論語序以鉤命決云公羊序疏引鉤命決孔子在庶德無所施。功無所就。志在春秋。行在孝經。又禮記中庸注引孔子曰吾志在春秋行在孝經御覽六百十引鉤命決孝經者。篇題就號也。所以表指括意。序中書名。出義見道曰著。一字苞十八章。爲天地喉襟。道要德本。故挺以題符篇冠就。又曰曾子撰斯問曰。孝乎。文駁不同乎。乎一作何子曰。吾作孝經。以素王無爵之賞。斧鉞之誅。與先王以託權。目至德要道以題行。首仲尼以立情性。言子曰以開號。列曾子示撰。輔書詩以合謀。

〔公羊哀十四年疏引孝經說〕孔子曰。春秋屬商。孝經屬參。又引見哀十四年疏

〔公羊哀十四年疏引孝經說〕曰以匹夫徒步。以制正法。

〔論衡雷虛〕論語。迅雷風烈必變。禮記。有疾風迅雷甚雨則必變。雖夜必興。衣服冠而坐。子曰。天之與人猶父子。有父爲之變。子安能忽。故天變己亦宜變。順天時。示己不違也。

說文逸論語曰。玉粲之璱兮。其瑮猛也。

說文逸論語曰。如玉之瑩。

初學記二十七逸論語曰。玉十謂之區。治玉謂之琢。亦謂之雕。雙玉爲瑴。五瑴爲區。雕治璞也。瑴音角。瑳。玉色鮮白也。瑩。玉色也。瑛。玉光也。瓊。亦玉也。璿瑾瑜。美玉也。璑。三采玉也。玲瑲琤瑣瑝。玉聲也。璣。玉佩也。瑱。充耳也。璪。玉飾以水藻也。

御覽八百四引逸論語同

初學記二十七逸論語曰。璠璵。魯之寶玉也。孔子曰。美哉璠璵。遠而望之。奐若也。近而視之。瑟若也。一則理勝。

一則爭勝。

文選劉歆移書太常博士注引論語讖自衞反魯。删詩書修春秋。

文選齊安陸王碑文注引論語讖仲尼居鄉黨。卷懷道美。

說文孔子曰。一貫三爲王。

說文孔子曰。推十合一爲士

說文孔子曰。烏盱呼也。取其助气。故以爲烏呼。

說文孔子曰。牛羊之字。以形舉也。

說文孔子曰。黍可爲酒。禾入水也。

說文孔子曰。粟之爲言續也。

說文孔子曰。在人下。玉篇及徐鍇通論作人在下疑此倒故詰屈。

說文孔子曰。貉之爲言惡也。

說文孔子曰。視犬之字。如畫狗也。

說文孔子曰。狗叩也。叩气吠以守。

史記滑稽列傳孔子曰。六蓺於治一也。禮以節人。樂以發和。書以道事。詩以達意。易以神化。春秋以義。長短經正論引作以道義白虎通五經。孔子居周之末世。王道陵遲。禮義廢壞。强陵弱。衆暴寡。天子不敢誅。方伯不敢伐。閔道德之不行。故周流應聘。冀行其道德。自衛反魯。自知不用。故追定五經。以行其道。

論衡佚文。孝武皇帝封弟爲魯恭王。恭王壞孔子宅以爲宮。得佚尙書百篇。禮三百。春秋三十篇。論語二十一篇。漢書本傳入事證

孔子集語卷五

總校王詒壽　分校陳譔　汪學瀚校

孔子集語卷六

平津館原本

山東督糧道臣孫星衍撰

主德五

尚書大傳 武丁祭成湯有雉飛升鼎耳而雊武丁問諸祖己祖己曰雉者野鳥也不當升鼎今升鼎者欲爲用也無則遠方將有來朝者乎故武丁內反諸己以思先王之道三年編髮重譯來朝者六國孔子曰吾於高宗肜日見德之有報之疾也

尚書大傳略說 孔子曰心之精神是謂聖

史記補三皇本紀引韓詩自古封太山禪梁甫者萬有餘家仲尼觀之不能盡識

白虎通封禪孔子曰升泰山觀易姓之王可得而數者七十有餘

韓詩外傳三楚莊王寢疾卜之曰河爲祟大夫曰請用牲莊王曰止古者聖王之（津逮本作制）祭不過望濉漳江漢楚之望也寡人雖不得（津逮本作德）河非所獲罪也遂不祭三日而疾有瘳孔子聞之曰楚莊王之霸其有方矣制節守職反身不貳其霸不亦宜乎

〔說苑君道〕楚昭王有疾卜之曰河爲祟大夫請用三牲焉王曰止古者先王割地制土祭不過望江漢睢漳楚之望也禍福之至不是過也不穀雖不德河非所獲罪也遂不祭焉仲尼聞之曰昭王可謂知天道矣其不失國宜哉

〔韓詩外傳七〕孔子曰。明王有三懼。一曰處尊位而恐不聞其過。二曰得志而恐驕。三曰聞天下之至道而恐不能行。

〔大戴禮主言〕孔子閒居。曾子侍。孔子曰。參。今之君子。惟士與大夫之言之閒一作聞也其至於君子之言者甚希矣於乎吾主言其不出而死乎哀哉曾子起曰敢問何謂主言孔子不應曾子懼肅然摳衣下席曰弟子知其不孫也得夫子之閒也難是以敢問也孔子不應曾子懼退負序而立孔子曰參汝可語明主之道與曾子曰不敢以爲足也得夫子之閒也難是以敢問孔子曰吾語女道者所以明德也德者所以尊道也是故非德不尊非道不明雖有國馬不敎不服不可以取千里雖有博地衆民不以其地治之不可以霸主是故昔者明主

內修七教。外行三至。七教修焉。可以守。三至行焉。可以征。七教不修。雖守不固。三至不行。雖征不服。是故明主之守也。必折衝乎千里之外。其征也。衽席之上還師。是故內修七教而上不勞。外行三至而財不費。此之謂明主之道也。曾子曰。敢問不費不勞。可以爲明乎。孔子愀然揚麋（麋一作眉）曰。參。女以明主爲勞乎。昔者舜左禹而右皋陶。不下席而天下治。夫政之不中。君之過也。政之既中。令之不行。職事者之罪也。明主奚爲其勞也。昔者明主關譏而不征。市鄽而不稅。稅十取一。使民之力。歲不過三日。入山澤以時。有禁而無征。一作入山澤以時而不禁夫圭田無征此六者。取財之路也。明主舍其四者而節其二者。明主焉取其費也。曾子曰。敢問何謂七教。孔子曰。上敬老則下益孝。上順齒則下益悌。上樂施則下益諒。上親賢則下擇友。上好德則下不隱。一作上好諫則下隱慝上惡貪則下恥爭。上强果則下廉恥。民皆有別。則貞則正。亦不勞矣此謂七教。七教者。治民之本也。教定是正矣。上者民之表也。表正則何物不正。是故君先立於仁。則大夫忠而士信民敦工璞商愨女憧婦空空。七者。教之志也。七者布諸天下而不窕。內諸尋常之室而不塞。是故聖人等之以禮。立之以義。行之以順。而民棄惡也如灌。曾子曰。弟子則不足。道則至矣。孔子曰。參。姑止。又有焉。昔者明主之治民有法。必別地以州之。分屬而治之。然後賢民無所隱。暴民無所伏。使有司日省。如時考之。歲誘賢焉。則賢者親。不肖者懼。使之哀鰥寡。養孤獨。恤貧窮。誘孝悌。選賢舉能。此七者脩。則四海之內無刑民矣。上之親下也如腹心。則下之親上也如保子之見慈母也。上下之相親如此。然後令則從。施則行。因民既邇者說。遠者來懷然後布指知寸。布手知尺。舒肘知尋。十尋而索。百步而堵。三百步而里。千步而井。三井而句烈。三句烈而距。五十里而封。百里而有都邑。乃爲蓄積衣裘焉。使處者恤。行者有興（疑作與）亡。是以蠻夷諸夏雖衣冠不同。言語不合。莫不來至。朝覲於王。故曰。無市而民不乏。無刑而民不違。畢弋田獵之得。不以盈宮室也。徵斂於百姓。非以充府庫也。慢怛以補不足。禮節以損有餘。故曰。多信而寡貌。其禮可守。其信可復。其迹可履。其於信也。如四時春秋冬夏。其博有萬民也。如飢而食。如渴而飲。下土之人信之。夫暑熱凍寒。遠若邇。非道邇也。及其明德也。是以兵革不動而威。用利不施而親。此之謂明主之守也。折衝乎千里之外。此之謂也。曾子曰。敢問何謂三至。孔子曰。至禮不讓而天下治。至賞不費而天下之士說。至樂無聲而天下之民和。明主篤行三至。故天下之君可得而知也。天下之士可得而臣也。天下之民可得而用也。曾子曰。敢問何謂也。孔子曰。昔者明主以盡知天下良士之名。既知其名。又知其數。既知其數。又知其所在。明主因天下之爵。以尊天下之士。此之謂至禮不讓而天下治。因天下之祿。以富天下之士。此之謂至賞不費而天下之士說。天下之士說。則天下之明譽興。此之謂至樂無聲而天下之民和。故曰。所謂天下之至仁者。能合天下之至親者也。所謂天下之至知者。能用天下之至和者也。所謂天下之至明者。能選天下之至良者也。此三者咸通。然後可以征。是故仁者莫大於愛人。知者莫大於知賢。政者莫大於官賢。有土之君脩此三者。則四海之內拱而視。然後可以征。明主之所征。必道之所廢者也。彼廢道而不行。然後誅其君。致其征。弔其民。

而不奪其財也。故曰。明主之征也。猶時雨也。至則民說矣。是故行施彌博。得親彌衆。此之謂衽席之上乎還師。大戴依元刻本下同此

大戴禮五帝德宰我問於孔子曰。昔者予聞諸榮伊令史記索隱作言黄帝三百年。請問。黄帝者。史記索隱作何人邪。抑非人邪。二邪字史記索隱作也何以至於三百年乎。孔子曰。予。禹湯文武成王周公。可勝觀邪。一本作也夫黄帝尚矣。女何以爲先生難言之。宰我曰。上世之傳。隱微之說。卒業之辨。闇忽之意。非君子之道也。則予之問也固矣。孔子曰。黄帝少

典之子也。曰軒轅。生而神靈。弱而能言。幼而彗齊。長而敦敏。成而聰明。治五氣。設五量。撫萬民。度四方。教熊羆貔（御覽引下有貅字）豹虎。以與赤帝戰于版泉之野。三戰然後得行其志。黃帝黼黻衣。大帶黼裳。乘龍扆（御覽引作駕）雲。以順天地之紀。幽明之故。死生之說。存亡之難。時播百穀草木。故教化湻鳥獸昆蟲。歷離日月星辰。極畋土石金玉。勞（史記正義引作勞勤御覽作勞動）心力耳目。節用水火材物。生而民得其利百年。死而民畏其神百年。亡而民用其教百年。故曰三百年。宰我請問帝顓頊。孔子曰。五帝用說。三王用度。女欲一日辯聞古昔之說。躁哉予也。宰我曰昔者予也聞諸夫子曰。小子無有宿問。孔子曰。顓頊黃帝之孫。昌意之子也。曰高陽洪淵以有謀。疏通而知事。養材（史記索隱引作財）以任地。履時以象天。依鬼神以制義。治氣以教民。絜誠以祭祀。乘龍而至四海。北至于幽陵。南至于交趾。西濟于流沙。東至于蟠木。動靜之物。大小之神。日月所照。莫不祇（史記索隱引作砥）勵。宰我曰。請問帝嚳。孔子曰。元囂之孫。蟜極之子也。曰高辛。生而神靈。自言其名。博施利物。不於其身。聰以知遠。明以察微。順天之義。知民之急。仁而威。惠而信。脩身而天下服。取地之財而節用之。撫教萬民而利誨之。歷日月而迎送之。明鬼神而敬事之。其色郁郁。其德嶷嶷。史記索隱引郁作神嶷作俟其動也時。其服也士。春夏乘龍。秋冬乘馬。黃黼黻衣。執中而獲天下。日月所照。風雨所至。莫不從順。宰我曰。請問帝堯。孔子曰。高辛之子也。曰放勳。其仁如天。其知如神。就之如日。望之如雲。富而不驕。貴而不豫。黃黼黻衣。丹車白馬。伯夷主禮。龍夔教舞。舉舜彭祖而任之。四時先民治之。流共工于幽州。以變北狄。放驩兜于崇山。以變南蠻。殺王用度。女欲一日辯聞古昔之説。躁哉予也。宰我曰。昔者予也聞諸夫子曰。小子無有宿問。孔子曰。顓頊。黄帝之孫。昌意之子也。曰高陽。洪淵以有謀。疏通而知事。養材（史記索隱引作財）以任地。履時以象天。依鬼神以制義。治氣以教民。潔誠以祭祀。乘龍而至四海。北至于幽陵。南至于交趾。西濟于流沙。東至于蟠木。動靜之物。大小之神。日月所照。莫不祇（史記索隱引作砥）勵。宰我曰。請問帝嚳。孔子曰。元囂之孫。蟜極之子也。曰高辛。生而神靈。自言其名。博施利物。不於其身。聰以知遠。明以察微。順天之義。知孝友。敬政率經。其言不惑。其德不慝。舉賢而天下平。南撫交趾。大放鮮支渠廋氐。羌北山戎發息慎東長鳥夷羽民。舜之少也。惡顇勞苦。二十以孝聞乎天下。三十在位。嗣帝所。五十乃死。葬于蒼梧之野。宰我曰。請問禹。孔子曰。高陽之孫。鯀之子也。曰文命。敏給克濟。其德不回。其仁可親。其言可信。聲爲律。身爲度。稱以上士。亹亹穆穆。爲綱爲紀。巡九州。通九道。陂九澤。度九山。爲神主。爲民父母。左準繩。右規矩。履四時。據四海。平九州。戴九天。明耳目。治天下。舉皋陶與益。以贊其身。舉干戈。以征不

享不道無德之民。四海之內。舟車所至。莫不賓服。孔子
曰。予。大者如說民說至矣。予也非其人也。宰我曰。予也
不足誠也。敬承命矣。他日。宰我以語人。有為道諸夫子
之所。孔子曰。吾欲以顏色取人。於滅明邪改之。吾欲以
語言取人。於予邪改之。吾欲以容貌取人。於師邪改之。
宰我聞之。懼不敢見。

大戴禮虞戴德公曰。昔有虞。戴德何以。深慮何及。高舉
安取。子曰。君以聞之。唯丘無以更也。君之聞如未成也。
黃帝慕脩（一作循）之。曰。明法于天明。開施教于民。行此。以

上明于天化也。物必起。是故民命而弗改也。公曰。善哉。以天教于民。可以班乎。子曰。可哉。雖可而弗由此。以上知所以行斧鉞也。父之於子。天也。君之於臣。天也。有子不事父。有臣不事君。是非反天而到行邪。故有子不事父。不順。有臣不事君。必刃。順天作刑。地生庶物。是故聖人之教于民也。率天如祖地。能用民德。是以高舉不過天。深慮不過地。質知而好仁。能用民力。此三常之禮明而名不蹇。禮失則壞。名失則惛。是故上古不諱。正天名也。天子之宮四通。正地事也。天子御珽。諸侯御荼。大夫

服笏。正民德也。斂此三者而一舉之。戴天履地。以順民
事。天子告朔於諸侯。率天道而敬行之。以示威于天下
也。諸侯內貢於天子。率名斆地實也。是以不至必誅。諸
侯相見。卿爲介。以其教士畢行。使仁守會朝於天子。天
子以歲二月爲壇於東郊。建五色。設五兵。具五味。陳六
律。品奏五聲。聽明教。置離。抗大侯規鵠。豎物。九卿佐三
公。三公佐天子。天子踐位。諸侯各以其屬就位。乃升諸
侯。諸侯之教士。教士執弓挾矢。揖讓而升。履物以射其
地。心端容色正。時以斆伎。時有慶以地。不時有讓以地。

天下之有道也。有天子存。國之有道也。君得其正。家之不亂也。有仁父存。是故聖人之敎于民也。以其近而見者。稽其遠而明者。天事曰明。地事曰昌。人事曰比兩以慶。違此三者。謂之愚民。愚民曰姦。姦必誅。是以天下平而國家治。民亦無貸。居小不約。居大則治。衆則集。寡則繆。祀則得福。以征則服。此唯官民之上德也。公曰。三代之相授。必更制典物。道乎。子曰。否。猷德保。保惽乎前。以小繼大。變民示也。公曰。善哉。子之察。敎我也。子曰。丘於君。唯無言。言必盡。於他人則否。公曰。敎他人則如何。子曰。否。上則不能。昔商老彭及仲傀。政之教大夫。官之教士。技之教庶人。揚則抑。抑則揚。綴以德行。不任以言。庶人以言。猶以夏后之袝懷袍褐也。行不越境。公曰善哉。我則問政。子事教我。子曰。君問已參黃帝之制。制之大禮也。公曰。先聖之道。斯爲美乎。子曰。斯爲美。雖有美者必偏屬於斯。昭天之福。迎之以祥。作地之福。制之以昌。興民之德。守之以長。公曰。善哉。

大戴禮誥志。公曰。誥志無荒。以會民義。齋戒必敬。會時必節。犧牲必全。齊盛必潔。上下禋祀。外內無失節。其可以省怨遠災乎。子曰。上未知其可以省怨也。公曰。然則何以事神。子曰。以禮會時。夫民見其禮則上下援。援則樂。大訓作則上下不援不援則樂樂斯無憂。以此怨省而亂不作也。夫禮會其四時。四孟四季五牲五穀。順至必時其節也。曰未知其可以遠災也。公曰。然則為此何以。子曰。知仁合則天地成。天地成則庶物時。庶物時則民財敬。一作民欲財敬以時作。時作則節事。節事以動眾。動眾則有極。有極以使民則勸。勸則有功。有功則無怨。無怨則嗣世久。大訓重世久二字唯聖人。是故政以勝眾。非以陵眾。眾以勝事。

非以傷事。事以靖民。非以徵民。故地廣而民衆。非以爲
災。長之祿也。臣聞周太史曰。政不率天。下不由人。則凡
事易壞而難成。虞史伯夷曰。明。孟也。幽。幼也。明幽雌雄
也。雌雄迭興而順。至正之統也。日歸于西。起明于東。月
歸于東。起明于西。虞夏之歷。正建於孟春。於時冰泮發
蟄。百草權輿。瑞雉無釋。（史記作百草奮與秭鳩先滜）物乃歲俱生於
東。以順四時。卒于冬。萬。（一作分大訓作方）於時雞三號。卒明。載
于青色。撫十二月。節。卒于丑。日月成歲。歷再閏以順天
道。此謂歲虞汁月。（大訓無歲字）天曰作明。曰與維天是戴。地

曰作昌。曰與。維地是事。人曰作樂。曰與。維民是嬉。民之動能。不遠厥事。一作亨民之悲色。不遠厥德。此謂表裏。大訓作表裏裏表時合。物之所生。而蕃昌之道如此。天生物。地養物。物備興而時。大訓作日用常節。曰聖人。主祭于天。曰天子。天子崩。步于四川。大訓作伐于四山。卒葬曰帝。天作仁。地作富。人作治。樂治不倦。財富時節。是故聖人嗣則治。文王治以俟時。湯治以代亂。禹治以移衆。衆服。以立天下。堯貴以樂治時。舉舜。舜治以德使力。在國統民如恕。在家撫官而國。安之勿變。勸之勿沮。民咸廢惡如進良。上誘（大訓作撫）善而行罰。百姓盡於仁而遂安之。此古之明制之治天下也。仁者爲聖。貴次。力次。美次。射御次。古之治天下者必聖人。聖人有國。則日月不食。星辰不隕。（一本無隕字）勃（大訓作孛）海不運。河不滿溢。川澤不竭。山不崩解。陵不施谷。（一本無谷字）川浴（大訓作洛）不處。深淵不涸。於時龍至不閉。鳳降忘翼。鷙獸忘攫。爪鳥忘距。蜂蠆不螫嬰兒。蟁虻不食天駒。雒出服。河出圖。自上世以來。莫不降仁。國家之昌。國家之臧。信仁。是故不賞不罰。如民咸盡力。車不建戈。遠邇咸服。允使來往。他賓畢極。無怨無惡。率惟懿德。

此無空禮。無空名。賢人竝憂殘毒。大訓無毒字以時省。舉良良。舉善。善恤民使仁。日斆仁賓也。

大戴禮用兵公曰。用兵者。其由不祥乎。子曰。胡爲其不祥也。聖人之用兵也。以禁殘止暴於天下也。及後世貪者之用兵也。以刈百姓。危國家也。公曰。古之戎大訓作用兵何世安起。子曰。傷害之生久矣。與民皆生。公曰。蚩尤作兵與。子曰。否。蚩尤。庶人之貪者也。及利無義。不顧厥親。以喪厥身。蚩尤。惛欲而無厭者也。何器之能作。周禮疏引作何兵之能造蜂蠆挾螫而生。見害而校。以衛厥身者也。人生

有喜怒。故兵之作。與民皆生。聖人利用而彌之。亂人興
之喪厥身。詩云。魚在在藻。厥志在餌。鮮民之生矣。不如
死之久矣。校德不塞。嗣武于孫子。聖人愛百姓而憂海
內。及後世之人。思其德。必稱其仁。（大訓作人）故今之道堯舜
禹湯文武者。猶威致王。今若存。夫民思其德。必稱其人。
朝夕祝之。升聞皇天。上神歆焉。故永其世而豐其年也。
夏桀商紂羸（大訓作羸）暴於天下。暴極不辜。殺戮無罪。不祥
于天。粒食之民。布散厥親。疏遠國老。幼色是與而暴慢
是親。讒貸處穀。法言法行處辟。殀替天道。逆亂四時。禮

樂不行。而幼風是御。歷失制。攝提失方。鄒大無紀。（漢書作孟陬無紀）不告朔於諸侯。玉瑞不行。諸侯力政。不朝於天子。六蠻四夷交伐於中國。於是降之災。水旱臻焉。霜雪大滿。甘露不降。百草殨黃。五穀不升。民多夭疾。六畜餼眥。此太上之不論不議也。殀傷厥身。失墜天下。夫天下之報殃於無德者。必與其民。公懼焉曰。在民上者。可以無懼乎哉。

大戴禮少閒

公曰。今日少閒。我請言情於子。子愀然變色。遷席而辭曰。君不可以言情於臣。臣請言情於君。君

則不可。公曰。師之而不言情焉。其私不同。子曰。否。臣事
君而不言情於君則不臣。君而不言情於臣則不君。有
臣而不臣猶可。有君而不君。民無所錯手足。公曰。吾度
其上下咸通之權其輕重居之。準民之色目既見之。鼓
民之聲耳既聞之。動民之德。心既和之。通民之欲。兼而
壹之。愛民親賢而教不能。民庶說乎。子曰。說則說矣。可
以爲家。不可以爲國。公曰。可以爲家。胡爲不可以爲國。
國之民。家之民也。子曰。國之民。誠家之民也。然其名與
不可同也。同名同食曰同等。唯不同等。民以知極。故天

子昭有神於天地之間。以示威於天下也。諸侯脩禮。於
內。以事天子。大夫脩官守職。以事其君士脩四衛。執技
論力。以聽乎大夫。庶人仰視天文。俯視。地理。力時使。以
聽乎父母。此惟不同等。民以可治也。公曰。善哉。上與下
不同乎。子曰。將以時同。時不同。上謂之閑。下謂之多疾。
君時同於民。布政也。民時同於君。服聽也。上下相報。而
終於施。大猶已成。發其小者。遠猶已成。發其近者。將行
重器。先其輕者。先清而後濁者。天地也。天政曰正。地政
曰生。人政曰辯。苟本正則華英必得其節。以秀孚矣。此

官民之道也。公曰。善哉。請少復進焉。子曰。昔堯取人民大訓作以狀。舜取人以色。禹取人以言。湯取人以聲。文王取人以度。此四代五王之取人以治天下如此。公曰。嘻善之不同也。子曰。何謂其不同也。公曰。同乎。子曰。同。公曰人狀可知乎。子曰。不可知也。公曰。五王取人各有以舉之。胡爲人之不可知也。子曰。五王取人比而視相而望五王取人。各以己焉。是以同狀。公曰。以子相人何如。子曰。否。丘則不能五王取人。丘也傳聞之以委於君。丘則否能。亦又不能。公曰。我聞子之言始蒙矣。子曰。由君居

之。成於純。胡為其蒙也。雖古之治天下者。豈生於異州
哉。昔虞舜以天德嗣堯。布功散德制禮。朔方幽都來服。
南撫交趾。出入日月。莫不率俾。西王母來獻其白琯。粒
食之民。昭然明視。民明教。通于四海。海外肅慎北發渠
搜氐羌來服。舜有（大訓作崩）禹代興。禹卒受命。乃遷邑姚姓
于陳。作物配天。修德使力。民明教。通于四海。海之外肅
慎北發渠搜氐羌來服。禹崩。十有七世。乃有末孫桀即
位。桀不率先王之明德。乃荒耽于酒。淫泆于樂。德昏政
亂。作宮（一本有室字）高臺汙池土察。以民為虐。粒食之民惛

焉幾亡。乃有商履代典。商履循禮法。以觀天子。天子不說。則嫌於死。成湯卒受天命。不忍天下粒食之民刈戮。不得以疾死。故乃放移夏桀。散亡其佐。乃遷姒姓于杞。發厥明德。順民天心嗇地。作物配天。制典慈民。咸合諸侯。作八政。命於總章。服禹功以修舜緒。爲副于天。粒食之民。昭然明視。民明教。通于四海。海之外。肅愼北發渠搜氐羌來服。成湯卒崩。殷德小破。二十有二世。乃有武丁。即位。開先祖之府。取其明法。以爲君臣上下之節。殷民更眩。大訓作服近者說。遠者至。粒食之民。昭然明視。武丁

年大訓作卒崩。殷德大破。九世。乃有末孫紂卽位。紂不率先
王之明德。乃上祖夏桀行。荒耽於酒。淫佚於樂。德昏政
亂。作宮室高臺汙池土察。以爲民虐。粒食之民忽然幾
亡。乃有周昌霸諸侯以佐之。紂不說諸侯之聽於周昌。
則一作別嫌於死。乃退伐崇許魏。以客事天子。文王卒受
天命。作物配天。制無孔校作典用。行三明。親親尚賢。民明教
通于四海。海之外。肅愼北發渠搜氐羌來服。君其志焉。
或傒將至也。公曰。大哉。子之教我政也。列五王之德。煩
煩如繁諸乎。子曰。君無譽臣。臣之言未盡。請盡臣之言

君如財之。曰。於此有功匠焉。有利器焉。有措扶焉。以時令其藏必周密。發如用之。可以知古。可以察今。可以事親。可以事君。可用于生。又用之死。吉凶並興禍福相生。卒反生福。大德配天。公愀然其色曰。難立哉。子曰臣願君之立知如以觀聞也。（一作問觀）時天之氣。用地之財。以生殺於民。民之死不可以教。公曰。我行之。其可乎。子曰。唯此在君。君曰足。臣恐其不足。君曰不足。（一本下有臣恐其足四字）舉其前必舉其後。舉其左必舉其右。君既教矣。安能無善。公吁焉其色曰。大哉。子之教我制也。政之豐也。如未（一本）

作木之成也。子曰。君知未成。言未盡也。凡草木根鞁傷。則枝葉必偏枯。偏枯。是爲不實。穀亦如之。上失政。大及小人畜穀。公曰。所謂失政者。若夏商之謂乎。子曰。否。若夏商者。天奪之魄。不生德焉。公曰。然則何以謂失政。子曰。所謂失政者。疆蔓未虧。人民未變。鬼神未亡。水土未絪。糟者猶糟。實者猶實。玉者猶玉。血者猶血。酒者猶酒。優以繼湛。政出自家門。此之謂失政也。非天是反。人自一作是反。臣故曰君無言情於臣。君無假人器。君無假人名。公

公羊襄二十九年何休解詁孔子曰。三皇設言民不違。五帝畫象世順機。三王肉刑揆漸加。應世黠巧。姦僞多。疏云孝經說文

初學記九引七經義緯孔子曰。天子之德感天地洞八方。以化合神者稱皇。德合天者稱帝。德合仁義者稱王。

藝文類聚十一引帝王世紀孔子稱天子之德感天地洞八方是以化合神者稱皇德合天地者稱帝仁義合者稱王。又見御覽七十六

史記商君傳孔丘有言曰。推賢而戴者進。聚不肖而王

者退。

後漢書翟酺傳酺上疏孔子曰。吐珠於澤。誰能不含。注春秋保乾圖曰臣功大者主威侵權并族害已姦行吐珠於澤誰能不含

後漢書李雲傳雲上書孔子曰。帝者。諦也。注春秋運斗樞曰五帝修名立功修德成化統調陰陽招類使神故稱帝帝之言諦也鄭元注云審諦於物也

後漢書五行志注引魏志高堂隆對孔子曰。災者修類應行。精祲相感。以戒人君。

荀子王制孔子曰。大節是也。小節是也。上君也。大節是也。小節一出焉。一入焉。中君也。大節非也。小節雖是也。

吾無觀其餘矣。

荀子哀公魯哀公問舜冠於孔子。孔子不對。三問。不對。哀公曰。寡人問舜冠於子。何以不言也。孔子曰。古之王者。有務而拘領者矣。其政好生而惡殺焉。是以鳳在列樹。麟在郊野。烏鵲之巢可俯而窺也。君不此問而問舜冠。所以不對也。

荀子哀公魯哀公問於孔子曰。寡人生於深宮之中。長於婦人之手。寡人未嘗知哀也。未嘗知憂也。未嘗知勞也。未嘗知懼也。未嘗知危也。孔子曰。君之所問聖君之問也。丘。小人也。何足以知之。曰。非吾子。無所聞之也。孔子曰。君入廟門而右。登自阼階。仰視榱棟。俛見几筵。其器存。其人亡。君以此思哀。則哀將焉不至矣。君昧爽而櫛冠。平明而聽朝。一物不應。亂之端也。君以此思憂。則憂將焉不至矣。君平明而聽朝。日昃而退。諸侯之子孫必有在君之末庭者。君以此思勞。則勞將焉不至矣。君出魯之四門。以望魯四郊。亡國之虛則必有數蓋焉。君以此思懼。則懼將焉不至矣。且丘聞之。君者舟也。庶人者。水也。水則載舟。水則覆舟。君以此思危。則危將焉不至矣。

〔新序襍事四〕哀公問孔子曰寡人生乎深宮之中長於婦人之手寡人未嘗知哀也未嘗知憂也未嘗知勞也未嘗知懼也未嘗知危也孔子辟席曰吾君之問乃聖君之問也臣小人也何足以言之哀公曰否吾子就席微吾子無所聞之矣孔子就席曰然君入廟門升自阼階仰見榱棟俯見几筵其器存其人亡君以此思哀則哀將安不至矣君昧爽而櫛冠平旦而聽朝一物不應亂之端也君以此思憂則憂將安

不至矣君平旦而聽朝日昃而退諸侯之子孫必有在君之門庭者君以此思勞則勞將安不至矣君出魯之四門以望魯之四郊亡國之墟列必有數矣君以此思懼則懼將安不至矣丘聞之君者舟也庶人者水也水則載舟水則覆舟君以此思危則危將安不至矣夫執國之柄履民之上懔乎如以腐索御奔馬易曰履虎尾詩曰如履薄冰不亦危乎哀公再拜曰寡人雖不敏請事斯語矣

荀子哀公篇哀公問於孔子曰。紳委章甫。有益於仁乎。

孔子蹴然曰。君號然也。資衰苴杖者不聽樂。非耳不能聞也。服使然也。黼衣黻裳者不茹葷。非口不能味也。服使然也。且丘聞之好肆不守折。長者不爲市。竊其有益與其無益。君其知之矣。

羣書治要尸子治天下鄭簡公謂子產曰。飲酒之不樂。鐘鼓之不鳴。寡人之任也。國家之不乂。朝廷之不治。與諸侯交之不得志。子之任也。子產治鄭。國無盜賊。道無餓人。孔子曰。若鄭簡公之好樂。雖抱鐘而朝可也。

羣書治要尸子處道孔子曰。君者盂也。民者水也。盂方則水方。盂圓則水圓。上何好而民不從。
韓非子外儲說左上孔子曰爲人君者猶盂也民猶水也盂方水方盂圜水圜
御覽七十九引尸子子貢曰。古者黃帝四面信乎。孔子曰。黃帝取合己者四人。使治四方。不計而耕。不約而成。御覽三百六十五引作使治四方大有成功此之謂四面。
御覽四百九十引尸子魯哀公問孔子曰。魯有大忘徙而忘其妻。有諸。孔子曰。此忘之小者也。昔商紂有臣曰王子須務爲諂。使其君樂須臾之樂而忘終身之憂。

〔説苑敬慎〕魯哀公問孔子曰予聞忘之甚者徙而忘其妻有諸乎孔子對曰此非忘之甚者也忘之甚者忘其身哀公曰可得聞與對曰昔夏桀貴爲天子富有天下不修禹之道毀壞辟法裂絶世祀荒淫于樂沈酗于酒其臣有左師觸龍者諂諛不止湯誅桀左師觸龍者身死四支不同壇而居此忘其身者也哀公愀然變色曰善

〔御覽六百二十引尸子〕孔子謂子夏曰。汝知君子之爲君乎。子夏曰。魚失水則死。水失魚猶爲水也。孔子曰。商。

汝知之。按諸子彙函以爲尸子君治篇文

韓非子內儲說上七術 魯哀公問於孔子曰。鄙諺曰。莫衆而迷。今寡人舉事。與羣臣慮之。而國愈亂。其故何也。孔子對曰。明主之問臣。一人知之。一人不知也。如是者。明主在上。羣臣直議於下。今羣臣無不一辭同軌乎季孫者。舉魯國盡化爲一。君雖問境內之人。猶不免於亂也。

韓非子外儲說左上 晉文公攻原。裹十日糧。遂與大夫期十日。至原十日而原不下。擊金而退。罷兵而去。士有從原中出者。曰。原三日即下矣。羣臣左右諫曰。夫原之食竭力盡矣。君姑待之。公曰。吾與士期十日。不去是亡吾信也。得原失信。吾不為也。遂罷兵而去。原人聞曰。有君如彼其信也。可無歸乎。乃降公。衛人聞曰。有君如彼其信也。可無從乎。乃降公。孔子聞而記之。曰。攻原得衛者信也。

韓非子外儲說右上

堯欲傳天下於舜。鯀諫曰。不祥哉。孰以天下而傳之於匹夫乎。堯不聽。舉兵而誅殺鯀於羽山之郊。共工又諫曰。孰以天下而傳之於匹夫乎。堯不聽。又舉兵而誅共工於幽州之都。於是天下莫敢言無傳天下於舜。仲尼聞之曰。堯之知舜之賢。非其難者也。夫至乎誅諫者必傳之舜。乃其難也。一曰。不以其所疑敗其所察。則難也。

韓非子難一

歷山之農者侵畔。舜往耕焉。期年。甽畝正。河濱之漁者爭坻。舜往漁焉。期年。而讓長。東夷之陶者器苦窳。舜往陶焉。期年。而器牢。仲尼歎曰。耕漁與陶。非舜官也。而舜往爲之者。所以救敗也。舜其信仁乎。乃躬耕處苦而民從之。故曰。聖人之德化乎。

韓非子難一　晉文公將與楚人戰。召舅犯問之。曰。吾將與楚人戰。彼衆我寡。爲之柰何。舅犯曰。臣聞之。繁禮君子。不厭忠信。戰陳之閒。不厭詐僞。其詐之而已矣。文公辭舅犯。因召雍季而問之。曰。我將與楚人戰。彼衆我寡。爲之柰何。雍季對曰。焚林而田。偷取多獸。後必無獸。以詐遇民。偷取一時。後必無復。文公曰。善。辭雍季。以舅犯之謀與楚人戰。以敗之。歸而行爵。先雍季而後舅犯。羣臣曰。城濮之事。舅犯謀也。夫用其言而後其身。可乎。文公曰。此非君所知也。夫舅犯言。一時之權也。雍季言。

萬世之利也。仲尼聞之曰。文公之霸也。宜哉。旣知一時之權又知萬世之利。

呂氏春秋孝行覽義賞 昔晉文公將與楚人戰於城濮召咎犯而問曰楚衆我寡柰何而可咎犯對曰臣聞繁禮之君不足於文繁戰之君不足於詐君亦詐之而已文公以咎犯言告雍季雍季曰竭澤而漁豈不獲得而明年無魚焚藪而田豈不獲得而明年無獸詐僞之道雖今偷可後將無復非長術也文公用咎犯之言而敗楚人於城濮反而爲賞雍季在上左

右諫曰城濮之功咎犯之謀也君用其言而賞後其身或者不可乎文公曰雍季之言百世之利也咎犯之言一時之務也焉有以一時之務先百世之利者乎孔子聞之曰臨難用詐足以卻敵反而尊賢足以報德文公雖不終始足以霸矣

韓非子難二昔者文王侵盂克莒舉酆。三舉事而紂惡之。文王乃懼。請入洛西之地赤壤之國方千里。以請解炮烙之刑。天下皆說。仲尼聞之。曰。仁哉。文王。輕千里之國而請解炮烙之刑。智哉。文王。出千里之地而得天下之心。

呂氏春秋季春紀先己孔子見魯哀公。哀公曰。有語寡人曰。爲國家者。爲之堂上而已矣。寡人以爲迂言也。孔子曰。此非迂言也。丘聞之。得之於身者得之人。失之於身者失之人。不出於門戶而天下治者。其惟知反於己身者乎。

說苑政理衛靈公謂孔子曰有語寡人爲國家者謹之於廟堂之上而國家治矣其可乎孔子曰可愛人者則人愛之惡人者則人惡之知得之己者亦知得

之人所謂不出於環堵之室而知天下者知反之己者也

呂氏春秋貴直論過理糟丘酒池肉圃爲格雕柱而桔諸侯不適也刑鬼侯之女而取其環截涉者脛而視其髓殺梅伯而遺文王其醢不適也文王貌受以告諸侯作爲琁室築爲頃宮剖孕婦而觀其化殺比干而視其心不適也孔子聞之曰其竅通則比干不死矣夏商之之所以亡也

陸賈新語無爲孔子曰移風易俗豈家至之哉先之於

身而已矣。

淮南子齊俗訓 晉平公出言而不當。師曠舉琴而撞之。跌衽宮壁。左右欲塗之。平公曰。舍之。以此爲寡人失。孔子聞之。曰。平公非不痛其體也。欲來諫者也。

新序雜事四 晉人伐楚。三舍不止。大夫曰。請擊之。莊王曰。先君之時。晉不伐楚。及孤之身。而晉伐楚。是寡人之過也。如何其辱諸大夫也。大夫曰。先君之時。晉不伐楚。及臣之身。而晉伐楚。是臣之罪也。請擊之。莊王俛泣而起。拜諸大夫。晉人聞之。曰。君臣爭以過爲在己。且君下其臣猶如此。所謂上下一心。三軍同力。未可攻也。乃夜還師。孔子聞之。曰。楚莊王霸。其有方矣。下士以一言而敵還。以安社稷。其霸。不亦宜乎。詩曰。柔遠能邇。以定我王。此之謂也。

新序雜事五。哀公問於孔子曰。寡人聞之。東益宅不祥。信有之乎。孔子曰。不祥有五。而東益不與焉。夫損人而益己。身之不祥也。棄老取幼。家之不祥也。擇賢用不肖。國之不祥也。老者不教。幼者不學。俗之不祥也。聖人伏匿。天下之不祥也。故不祥有五。而東益不與焉。詩曰。各

敬爾儀天命不又未聞東益之與爲命也按家語與此同淮南子人間訓論衡四諱御覽百八十引風俗通亦有此說東皆作西

文選孫子荆爲石苞與孫皓書注引新序孔子曰聖人雖生異世相襲若規矩今新序無此文

說苑君道虞人與芮人質其成於文王入文王之境則見其人民之讓爲士大夫入其國則見其士大夫讓爲公卿二國者相謂曰其人民讓爲士大夫其士大夫讓爲公卿然則此其君亦讓爲天下而不居矣二國者未見文王之身而讓其所爭以爲閒田而反孔子曰大哉

文王之道乎。其不可加矣。不動而變。無爲而成。敬慎恭
已。而虞芮自平。故書曰。惟文王之敬忌。此之謂也。
〔說苑政理〕子貢問治民於孔子。孔子曰。懍懍焉如以腐
索御奔馬。子貢曰。何其畏也。孔子曰。夫通達之國皆人
也。以道導之則吾畜也。不以道導之則吾讎也。若何而
毋畏。
〔說苑政理〕仲尼見梁君。梁君問仲尼曰。吾欲長有國。吾
欲列都之得。吾欲使民安不惑。吾欲使士竭其力。吾欲
使日月當時。吾欲使聖人自來。吾欲使官府治。爲之柰

何。仲尼對曰。千乘之君。萬乘之主。問於臣者多矣。未嘗有如主君問臣之術也。然而盡可得也。臣聞之。兩君相親。則長有國。君惠臣忠。則列都之得。無殺不辜。毋釋罪人。則民不惑。益士祿賞。則竭其力。尊天敬鬼。則日月當時。善爲刑罰。則聖人自來。尚賢使能。則官府治。梁君曰。豈有不然哉。

說苑尊賢。齊景公問於孔子曰。秦穆公其國小。處僻而霸。何也。對曰。其國小而志大。雖處僻而其政中。其舉果。其謀和。其令不偷。親舉五羖大夫於係縲之中。與之語三日而授之政。以此取之。雖王可也。霸則小矣。

說苑尊賢篇哀公問於孔子曰。當今之時。君子誰賢。對曰。衛靈公。公曰。吾聞之。其閨門之內。姑姊妹無別。對曰。臣觀於朝廷。未觀於堂陛之間也。靈公之弟曰公子渠牟。其知足以治千乘之國。其信足以守之。而靈公愛之。又有士曰王林。國有賢人。必進而任之。無不達也。不能達。退而與分其祿。而靈公尊之。又有士曰慶足。國有大事。則進而治之。無不濟也。而靈公說之。史鰌去衛。靈公邸舍三月。琴瑟不御。待史鰌之入也而後入。臣是以知其賢也。

〔說苑正諫〕孔子曰。良藥苦於口利於病。忠言逆於耳利於行。故武王諤諤而昌。紂嘿嘿而亡。君無諤諤之臣。父無諤諤之子。兄無諤諤之弟。夫無諤諤之婦。士無諤諤之友。其亡可立而待。故曰。君失之臣得之。父失之子得之。兄失之弟得之。夫失之婦得之。士失之友得之。故無亡國破家。悖父亂子。放兄棄弟。狂夫淫婦。絕交敗友。

〔說苑權謀〕齊桓公將伐山戎孤竹。使人請助於魯。魯君進羣臣而謀。皆曰。師行數千里。入蠻夷之地。必不反矣。

於是魯許助之而不行。齊已伐山戎孤竹。而欲移兵於魯。管仲曰。不可。諸侯未親。今又伐遠而還誅近鄰。鄰國不親。非霸王之道。君之所得山戎之寶器者。中國之所鮮也。不可以不進周公之廟乎。桓公乃分山戎之寶獻之周公之廟。明年。起兵伐莒。魯下令丁男悉發五尺童子皆至。孔子曰。聖人轉禍爲福。報怨以德。此之謂也。

潛夫論慎微 仲尼曰。湯武非一善而王。桀紂非一惡而亡。故□代之廢興也。在其所積。積善多者。雖有一惡是謂誤失。未足以亡。積惡多者。雖有一善。是謂誤□。未足

以王

孔子曰。雖明天子。熒惑必謀。禍福之徵。慎察用之。

風俗通五

孔子曰。火上不可握。熒惑班變不可息。志帝應其脩無極。

孔子集語卷六終

總校王詒壽　分校沈琮寶　陳其榮　校

孔子集語卷七

平津館原本

山東督糧道臣孫星衍撰

臣術六

尚書大傳孔子曰。文王得四臣。丘亦得四友焉。自吾得回也。門人加親。是非胥附邪。自吾得賜也。遠方之士日至。是非奔輳邪。自吾得師也。前有輝。後有光。是非先後邪。自吾得由也。惡言不至于門。是非禦侮邪。按史記仲尼弟子傳作不入於耳。鹽鐵論作不入於門文王有四臣以免虎口。丘亦有四友以禦侮。

韓詩外傳五孔子侍坐於季孫。季孫之宰通曰。君使人假馬。其與之乎。皇侃論語疏七引乎上有不字孔子曰。吾聞君取於臣。謂之取。不曰假。季孫悟。告宰通曰。今以往。君有取。謂之取。無曰假。按又見新序襍事五

韓詩外傳七孔子曰。昔者周公事文王。行無專制。事無由己。身若不勝衣。言若不出口。有奉持於前。洞洞焉若將失之。可謂子矣。武王崩。成王幼。周公承文武之業。履天子之位。聽天子之政。征夷狄之亂。誅管蔡之罪。抱成王而朝諸侯。誅賞制斷。無所顧問。威動天地。振恐海內。

可謂能武矣。成王壯。周公致政。北面而事之。請然後行。無伐矜之色。可謂臣矣。故一人之身。能三變者。所以應時也。

〔韓詩外傳七〕子貢問大臣。子曰。齊有鮑叔。鄭有子皮。子貢曰。否。齊有管仲。鄭有東里子產。孔子曰。產薦也。（似當云管仲鮑叔薦也子產子皮薦也）子貢曰。然則薦賢賢於賢。曰。知賢智也。推賢。仁也。引賢。義也。有此三者。又何加焉。

〔說苑臣術〕子貢問孔子曰。今之人臣孰爲賢。孔子曰。吾未識也。往者齊有鮑叔。鄭有子皮。賢者也。子貢曰然則齊無筦仲鄭無子產乎子曰賜汝徒知其一不知其二汝聞進賢爲賢邪用力爲賢邪子貢曰進賢爲賢子曰然吾聞鮑叔之進管仲也聞子皮之進子產也未聞筦仲子產有所進也

〔劉子薦賢〕昔子貢問於孔子曰誰爲大賢子曰齊有鮑叔鄭有子皮子貢曰齊無管仲鄭無子產乎子曰吾聞進賢爲賢非賢爲不肖鮑叔薦管仲子皮薦子產未聞二子有所舉也

〔晏子春秋諫下〕晏子使于魯。比其反也。景公使國人起大臺之役。歲寒不已。凍餒之者鄉有焉。國人望晏子。晏子至。已復事。公乃坐。飲酒。樂。晏子曰。君若賜臣。臣請歌之。歌曰。庶民之言曰。凍水洗我。若之何。太上靡散我。若之何。歌終。喟然嘆而流涕。公就止之曰。夫子曷爲至此。殆爲大臺之役夫。寡人將速罷之。晏子再拜。出而不言。遂如大臺。執朴鞭其不務者。曰。吾細人也。皆有蓋廬。以辟燥濕。君爲一臺。而不速成。何爲。國人皆曰。晏子助天爲虐。晏子歸。未至。而君出令趣罷役。車馳而人趨。仲尼聞之。喟然歎曰。古之善爲人臣者。聲名歸之君。禍災歸之身。入則切磋其君之不善。出則高譽其君之德義。是以雖事惰君。能使垂衣裳朝諸侯。不敢伐其功。當此道者。其晏子是邪。

晏子春秋問下梁丘據問晏子曰。子事三君。君不同心。而子俱順焉。仁人固多心乎。晏子對曰。嬰聞之。順愛不懈。可以使百姓。強暴不忠。不可以使一人。一心可以事百君。三心不可以事一君。仲尼聞之曰。小子識之。晏子。以一心事百君者也。

晏子春秋襍上晏子使魯。仲尼使門弟子往觀。子貢反。

報曰。孰謂晏子習于禮乎。夫禮曰。登階不歷。堂上不趨。授玉不跪。今晏子皆反此。孰謂晏子習于禮者。晏子既已有事於魯君。退見仲尼。仲尼曰。夫禮。登階不歷。堂上不趨。授玉不跪。夫子反此乎。晏子曰。嬰聞兩楹之閒。君臣有位焉。君行其一。臣行其二。君之來遬。是以登階歷堂上趨以及位也。君授玉卑。故跪以下之。且吾聞之。大者不踰閑。小者出入可也。晏子出。仲尼送之以賓客之禮。不計之義。維晏子爲能行之。

（韓詩外傳四）晏子聘魯上堂則趨授玉則跪子貢怪

之問孔子曰晏子知禮乎今者晏子來聘魯上堂則趨授玉則跪何也孔子曰其有方矣待其見我我將問焉俄而晏子至孔子問之晏子對曰夫上堂之禮君行一臣行二今君行疾臣敢不趨乎今君之授幣也卑臣敢不跪乎孔子曰善禮中又有禮賜寡使也何足以識禮也詩曰禮儀卒度笑語卒獲晏子之謂也

晏子春秋外篇上仲尼曰。靈公汙。晏子事之以整齊。莊公壯。晏子事之以宣武。景公奢。晏子事之以恭儉。君子也。相三君而善不通下。晏子。細人也。晏子聞之。見仲尼曰。嬰聞君子有譏于嬰。是以來見。如嬰者。豈能以道食人者哉。嬰之宗族。待嬰而祀其先人者數百家。與齊國之閒士。待嬰而舉火者數百家。臣爲此仕者也。如臣者。豈能以道食人者哉。晏子出。仲尼送之以賓客之禮。再拜其辱。反命門弟子曰。救民之姓而不夸。行補三君而不有。晏子果君子也。

長短經懼誡引尸子。昔周公反政。孔子非之曰。周公其不聖乎。以天下讓。不爲兆人也。

〔三國志魏文帝紀注許芝奏引春秋大傳〕周公何以不之魯蓋以爲雖有繼體守文之君不害聖人受命而王周公反政尸子以爲孔子非之以爲周公不聖不爲兆民也

〔三國志魏文帝紀注輔國將軍等奏〕孔子曰周公其爲不聖乎以天下讓是天地日月輕去萬物也

〔韓非子外儲說右下〕衛君入朝於周。周行人問其號。對曰。諸侯辟疆。周行人郤之曰。諸侯不得與天子同號。衛君乃自更曰。諸侯燬。而後內之。仲尼聞之曰。遠哉禁偪。

虛名不以借人。況實事乎。

〔韓非子難一〕襄子圍於晉陽中。出圍。賞有功者五人。高赫爲賞首。張孟談曰。晉陽之事。赫無大功。今爲賞首。何也。襄子曰。晉陽之事。寡人國家危。社稷殆矣。吾羣臣無有不驕侮之意者。惟赫子不失君臣之禮。是以先之。仲尼聞之曰。善賞哉。襄子賞一人而天下爲人臣者不敢失禮矣。

〔呂氏春秋孝行覽義賞〕趙襄子出圍。賞有功者五人高赫爲首。張孟談曰。晉陽之中。赫無大功。賞而爲首何也襄子曰寡人之國危社稷殆身在憂約之中與寡人交而不失君臣之禮者惟赫吾是以先之仲尼聞之曰襄子可謂善賞矣賞一人而天下之爲人臣莫敢失禮

說苑復恩趙襄子見圍於晉陽罷圍賞有功之臣五人高赫無功而受上賞五人皆怒張孟談謂襄子曰晉陽之中赫無大功今與之上賞何也襄子曰吾在拘厄之中不失臣主之禮唯赫也子雖有功皆驕寡人與赫上賞不亦可乎仲尼聞之曰趙襄子可謂善

賞士乎賞一人而天下之人臣莫敢失君臣之禮矣

呂氏春秋孟春紀去私晉平公問於祁黃羊曰。南陽無令。其誰可而爲之。祁黃羊對曰。解狐可。平公曰。解狐非子之讎耶。對曰。君問可。非問臣之讎也。平公曰。善。遂用之。國人稱善焉。居有閒。平公又問祁黃羊曰。國無尉。其誰可而爲之。對曰。午可。平公曰。午非子之子耶。對曰。君問可。非問臣之子也。平公曰。善。又遂用之。國人稱善焉。孔子聞之曰。善哉。祁黃羊之論也。外舉不避讎。內舉不避子。祁黃羊可謂公矣。

呂氏春秋不苟論武王至殷郊。係墮。韓非子外儲說左下云文王伐崇至鳳黃虛韈繫解五人御於前。莫肯之爲。曰。吾所以事君者。非係也。武王左釋白羽。右釋黃鉞。勉而自爲係。孔子聞之曰。此五人者。之所以爲王者佐也。不肖主之所弗安也。故天子有不勝細民者。天下有不勝千乘者。

呂氏春秋士容論務大孔子曰。鷰爵爭善處於一屋之下。母子相哺也。區區焉相樂也。自以爲安矣。竈突決上棟焚。鷰爵顏色不變。是何也。不知禍之將及之也。不亦愚乎。爲人臣而免於鷰爵之智者寡矣。

〔鹽鐵論通有〕昔孫叔敖相楚。妻不衣帛。馬不秣粟。孔子曰。不可。大儉極下。此蟋蟀所爲作也。

〔鹽鐵論褒賢〕季孟之權。三桓之富。不可及也。孔子爲之曰。微。爲人臣。權均於君。富侔於國者。亡。

〔說苑臣術〕簡子有臣尹綽赦厥。簡子曰。厥愛我。諫我必不於衆人中。綽也不愛我。諫我必於衆人中。尹綽曰。厥也愛君之醜。而不愛君之過也。臣愛君之過。而不愛君之醜。孔子曰。君子哉。尹綽。而訾不譽也。

〔說苑復恩〕孔子曰。北方有獸。其名曰蟨。前足鼠。後足兔是獸也。甚矣其愛蛩蛩巨虛也。食得甘草。必齧以遺蛩蛩巨虛。蛩蛩巨虛見人將來。必負蟨以走。蟨非性之愛蛩蛩巨虛也。為其假足之故也。二獸者亦非性之愛蟨也。為其得甘草而遺之故也。夫禽獸昆蟲猶知比假而相有報也。況於士君子之欲興名利於天下者乎。

〔說苑尊賢〕介子推行年十五而相荆。仲尼聞之。使人往視還曰。廊下有二十五俊士。堂上有二十五老人。仲尼曰。合二十五人之智。智於湯武并二十五人之力。力於彭祖。以治天下。其固免矣。

〔說苑尊賢〕孔子閒居。喟然而歎曰。銅鞮伯華而無死。天下其有定矣。子路曰。願聞其爲人也何若。孔子曰。其幼也敏而好學。其壯也有勇而不屈。其老也有道而能以下人。子路曰。其幼也敏而好學則可。其壯也有勇而不屈則可。夫有道又誰下哉。孔子曰。由不知也。吾聞之。以衆攻寡而無不消也。以貴下賤無不得也。昔在周公旦。制天下之政而下士七十人。豈無道哉。欲得士之故也。夫有道而能下於天下之士。君子乎哉。

〔說苑正諫〕諫有五。一曰正諫。二曰降諫。三曰忠諫。四曰戇諫。五曰諷諫。孔子曰。吾從其諷諫矣乎。夫不諫則危君。固諫則危身。與其危君。寧危身。危身而終不用。則諫亦無功矣。智者度君權時。調其緩急而處其宜。上不敢危君。下不以危身。故在國而國不危。在身而身不殆。

〔白虎通諫諍〕孔子曰諫有五吾從諷之諫事君進思盡忠退思補過去而不訕諫而不露

〔說苑正諫〕楚昭王欲之荆臺游。司馬子綦進諫曰。荆臺之游。左洞庭之波。右彭蠡之水。南望獵山。下臨方淮。其樂使人遺老而忘死。人君游者盡以亡其國。願大王勿往游焉。王曰。荆臺乃吾地也。有地而游之。子何爲絕我游乎。怒而擊之。於是令尹子西駕安車四馬。徑於殿下曰。今日荆臺之游。不可不觀也。王登車而拊其背曰。荆臺之游。與子共樂之矣。步馬十里。引轡而止曰。臣不敢下車。願得有道。大王肎聽之乎。王曰。第言之。令尹子西曰。臣聞之爲人臣而忠其君者。爵祿不足以賞也。爲人臣而諛其君者。刑罰不足以誅也。若司馬子綦者。忠臣也。若臣者。諛臣也。願大王殺臣之軀。罰臣之家。而祿司馬子綦。王曰。若我能止聽公子。獨能禁我游耳。後世游

之。無有極時。奈何。令尹子西曰。欲禁後世易耳。願大王
山陵崩阤。爲陵於荆臺。未嘗有持鐘鼓管弦之樂而游
於父之墓上者也。於是王還車。卒不游荆臺。令罷先置
孔子從魯聞之曰。美哉令尹子西。諫之於十里之前。而
權之於百世之後者也。

說苑襍言。齊高廷問於孔子曰。廷不嚝山。不直地。衣蘘
提執。精氣以問事君之道。願夫子告之。孔子曰。貞以幹
之。敬以輔之。待人無倦。見君子則舉之。見小人則退之。
去爾惡心而忠與之。敏其行。修其禮。千里之外。親如兄

弟。若行不敏。禮不合。對門不通矣。

抱朴子外篇逸民昔顏回死。魯定公將躬弔焉。使人訪仲尼。仲尼曰。凡在邦內。皆臣也。定公乃升自東階。行君禮焉。

長短經臣術子貢曰。陳靈公君臣宣淫於朝。泄冶諫而殺之。是與比干同也。可謂仁乎。子曰。比干於紂親則叔父。官則少師。忠款之心在於存宗廟而已。故以必死爭之。冀身死之後。而紂悔寤。其本情在乎仁也。泄冶位爲下大夫。無骨肉之親。懷寵不去。以區區之一身。欲正一

國之淫昏。死而無益。可謂懷矣。詩云。民之多僻。無自立辟。其泄冶之謂乎。此見家語姑附載之

孔子集語卷七終

總校王詒壽　分校陳其榮
沈琮寶校

孔子集語卷八

平津館原本

山東督糧道臣孫星衍撰

交道七

韓詩外傳九孔子出游少原之野。有婦人中澤而哭。其音甚哀。孔子怪之。（此二字舊脫據文選陸士衡連珠注引補御覽五十五引亦同）使弟子問焉。曰。夫人何哭之哀。婦人對曰。（舊本無對字據文選注增）鄉者刈蓍薪。（文選注下有而字）亡吾蓍簪。吾是以哀也。弟子曰。（文選御覽俱作孔子曰）刈蓍薪而亡蓍簪。有何悲焉。婦人曰。非傷亡簪也。蓋不忘故也。（蓋字文選御覽俱作吾所以悲者六字御覽六百八十八引亦同）

韓詩外傳九

子路曰。人善我。我亦善之。人不善我。我不善之。子貢曰。人善我。我亦善之。人不善我。我則引之進退而已耳。顏回曰。人善我。我亦善之。人不善我。我亦善之。三子所持各異。問於夫子。夫子曰。由之所言。（一本作持）蠻貊之言也。賜之所言。朋友之言也。回之所言。親屬之言也。

韓詩外傳十

顏淵問於孔子曰。淵願貧如富。賤如貴。無勇而威。與士交通。終身無患難。亦且可乎。孔子曰。善哉回也。夫貧而如富。其知足而無欲也。賤而如貴。其讓而有禮也。無勇而威。其恭敬而不失於人也。終身無患難。其擇言而出之也。若同者。其至乎。雖上古聖人亦如此而已。

（荀子王霸）孔子曰。審吾所以適人。適人之所以來我也。

（荀子堯問）子貢問於孔子曰。賜爲人下而未知也。孔子曰。爲人下者。其猶土也。深抇之而得甘泉焉。樹之而五穀蕃焉。草木殖焉。禽獸育焉。生則立焉。死則入焉。多其功而不息。爲人下者。其猶土也。

（韓詩外傳七）孔子閒居子貢侍坐請問爲人下之道

柰何孔子曰善哉爾之問也爲人下其猶土乎子貢未達孔子曰夫土者掘之得甘泉焉樹之得五穀焉草木植焉鳥獸魚鱉遂焉生則立焉死則入焉多功不言賞世不絕故曰能爲下者其惟土乎子貢曰賜雖不敏請事斯語

〈説苑臣術〉子貢問孔子曰賜爲人下而未知所以爲人下之道也孔子曰爲人下者其猶土乎種之則五穀生焉掘之則甘泉出焉草木植焉禽獸育焉生人立焉死人入焉多其功而不言爲人下者其猶土乎

羣書治要尸子明堂孔子曰。大哉河海乎。下之也。夫河下天下之川。故廣。人下天下之士。故大。

羣書治要尸子處道仲尼曰。得之身者得之民。失之身者失之民。不出於戶而知天下。不下其堂而治四方。知反之於己者也。按薛據集語作孔子曰惡人者人惡之知得之己者亦知得之人所謂不出環堵之室而知天下者知反之己者也

說苑敬慎孔子見羅者。其所得者皆黃口也。孔子曰。黃口盡得。大爵獨不得。何也。羅者對曰。黃口從大爵者不得。大爵從黃口者可得。孔子顧謂弟子曰。君子慎所從。

不得其人則有羅網之患。

〔說苑·襍言〕曾子曰。吾聞夫子之三言。未之能行也。夫子見人之一善而忘其百非。是夫子之易事也。夫子見人有善若己有之。是夫子之不爭也。聞善必躬親行之。然後道之。是夫子之能勞也。夫子之能勞也。夫子之不爭也。夫子之易事也。吾學夫子之三言而未能行。

〔說苑·襍言〕孔子將行。無蓋。弟子曰。子夏有蓋。可以行。孔子曰。商之爲人也。甚短於財。吾聞與人交者。推其長者。違其短者。故能久長矣。

說苑雜言子路行。辭於仲尼曰。敢問新交取親若何。言寡可行若何。長爲善士而無犯若何。仲尼曰。新交取親。其忠乎。言寡可行。其信乎。長爲善士而無犯。其禮乎。

說苑雜言孔子曰。以富貴爲人下者。何人不與。以富貴敬愛人者。何人不親。衆言不逆。可謂知言矣。衆嚮之。可謂知時矣。

說苑雜言孔子曰。夫富而能富人者。欲貧而不可得也。貴而能貴人者。欲賤而不可得也。達而能達人者。欲窮而不可得也。

說苑襍言仲尼曰。非其地而樹之。不生也。非其人而語之。弗聽也。得其人如聚沙而雨之。非其人如聚聾而鼓之。

說苑襍言孔子曰。船非水不可行。水入船中。則其沒也。故曰。君子不可不嚴也。小人不可不閉也。薛據集語作閑也

說苑襍言孔子曰。依賢固不困。依富固不窮。馬跰一作蛙折而復行者何。以輔足衆也。

說苑襍言孔子曰。不知其子。視其所友。不知其君。視其所使。又曰。與善人居。如入蘭芷之室。久而不聞其香。則

與之化矣。與惡人居。如入鮑魚之肆。久而不聞其臭。亦
與之化矣。
中論貴驗 孔子曰。居而得賢友。福之次也。

孔子集語卷八終

總校王詒壽 分校陳識 汪學瀚校

孔子集語卷九

平津館原本

山東督糧道臣孫星衍撰

論人八

〔繹史九十五引尚書大傳〕東郭子思問於子貢曰。夫子之門何其襍也。子貢曰。夫隱栝之旁多枉木。良醫之門多疾人。砥礪之旁多頑鈍。夫子聞之曰。修道以俟天下。來者不止。是以襍也。

〔說苑襍言〕東郭子惠問於子貢曰夫子之門何其襍也子貢曰夫隱栝之旁多枉木良醫之門多疾人砥

礪之旁多頑鈍夫子修道以俟天下來者不止是以

襍也

【毛詩巷伯傳】昔者顏叔子獨處于室。鄰之釐婦又獨處于室。夜。暴風雨至而室壞。婦人趨而至。顏叔子納之。而使執燭。放乎旦而蒸盡。縮屋而繼之。自以爲辟嫌之不審矣。若其審者。宜若魯人然。魯人有男子獨處于室。鄰之釐婦又獨處于室。夜。暴風雨至而室壞。婦人趨而託之。男子閉戶而不納。婦人自牖與之言曰。子何爲不納我乎。男子曰。吾聞之也。男子不六十不閒居。今子幼。吾亦幼。不可以納子。婦人曰。子何不若柳下惠。然嫗不逮門之女。國人不稱其亂。男子曰。柳下惠固可。吾固不可。吾將以吾不可。學柳下惠之可。孔子曰。欲學柳下惠者未有似於是者也。後漢崔駰傳注引韓詩外傳亦有此文今外傳無

韓詩外傳一 荆伐陳。陳西門壞。因其降民使脩之。孔子過而不式。子貢執轡而問曰。禮過三人則下。二人則式。今陳之脩門者衆矣。夫子不爲式。何也。孔子曰。國亡而弗知。不智也。知而不爭。非忠也。亡而不死。非勇也。脩門者雖衆。不能行一於此。吾故弗式也。

〔說苑立節〕楚伐陳陳西門燔因使其降民修之孔子過之不軾子路曰禮過三人則下車過二人則軾今陳修門者人數衆矣夫子何爲不軾孔子曰丘聞之國亡而不知不智知而不爭不忠忠而不死不廉今陳修門者不行一于此丘故不爲軾也

〔韓詩外傳二〕子路與巫馬期薪於緼丘之下。陳之富人有處師氏者。脂車百乘。觴於緼丘之上。子路與（當作謂）巫馬期曰。使子無忘子之所知。亦無進子之所能。得此富。終身無復見夫子。子爲之乎。巫馬期喟然仰天而歎。

然投鎌於地曰。吾嘗聞之夫子。勇士不忘喪其元。志士
仁人不忘在溝壑。子不知予與。試予與。意者。其志與。子
路心慚。故負薪先歸。孔子曰。由來。何爲偕出而先返也。
子路曰。向也。由與巫馬期薪於韞丘之下。陳之富人有
處師氏者。脂車百乘。觴於韞丘之上。由謂巫馬期曰。使
子無忘子之所知。亦無進子之所能。得此富。終身無復
見夫子。子爲之乎。巫馬期喟然仰天而歎。闟然投鎌於
地。曰。吾嘗聞之夫子。勇士不忘喪其元。志士仁人不忘
在溝壑。子不知予與。試予與。意者。其志與。由也心慚。故

先貧薪歸。孔子援琴而彈。詩曰。肅肅鴇羽。集于苞栩。王事靡盬。不能蓺稷黍。父母何怙。悠悠蒼天。曷其有所。予道不行邪。使汝願者。

韓詩外傳二孔子曰。士有五。有埶尊貴者。有家富厚者。有資勇悍者。有心智惠者。有貌美好者。此下本皆衍一有字埶尊貴者。不以愛民行義理。而反以暴敖。家富厚者。不以振窮救不足。而反以侈靡無度。資勇悍者。不以衛上攻戰。而反以侵陵私鬭。心智惠者。不以端計數。而反以事姦飾詐。貌美好者。不以統朝涖民。而反以蠱女從欲。此五者。所謂士失其美質者也。

韓詩外傳三舜生於諸馮。遷於負夏。卒於鳴條。東夷之人也。文王生於岐周。卒於畢郢。西夷之人也。地之相去也。千有餘里。世之相後也。千有餘歲。然得志行乎中國。若合符節。孔子曰。先聖後聖。其揆一也。

韓詩外傳四孔子見客。薛據集語引作孔子適衛衛使見客客去。顔淵曰。薛曰上有問字客。仁也。薛下有乎字孔子曰。恨兮其心。顙兮其口。仁則薛作即吾不知也。言之所聚也。薛無五字顔淵蹙然變色曰。良玉度尺。雖有十仞之土。不能掩其光。良珠度寸。雖有百仞之水。不能掩其瑩。薛作其氣夫形。體也。色。心也。薛作夫形體之包心也閔閔乎其薾也。苟有溫良在中。薛作苟有溫瑩良在其中則倉睫著薛作見之矣。瑕疵在中。薛中上有其字則倉睫不能匿之。薛作亦不能匿也詩曰。鼓鐘于宮。聲聞于外。薛下有言有諸中必形諸外也九字

御覽五百十引高士傳客有候孔子者顏淵問曰客何人也孔子曰賓兮法兮吾不測也夫良玉徑尺雖十仞之土不能掩其光明瑑徑寸雖有函丈之石不能戢其曜苟縕矣自厚容止可知矣

韓詩外傳七孔子游於景山之上。子路子貢顏淵從。孔

子曰。君子登高必賦。小子願者何。言其願。丘將啟汝。子路曰。由願奮長戟。盪三軍。乳虎在後。仇敵在前。蠡躍蛟奮。進救兩國之患。孔子曰。勇士哉。子貢曰。兩國構難。壯士列陳。塵埃張天。張一作漲 賜不持一尺之兵。一斗之糧。解兩國之難。用賜者存。不用賜者亡。孔子曰。辯士哉。顏回不願。孔子曰。回何不願。顏淵曰。二子已願。故不敢願。孔子曰。不同意。各有事焉。回其願。丘將啟汝。顏淵曰。願得小國而相之。主以道制。臣以德化。君臣同心。外內相應。列國諸侯。莫不從義嚮風。壯者趨而進。老者扶而至。教行乎百姓。德施乎四蠻。莫不釋兵。輻輳乎四門。天下咸獲永寧。蝖飛蠕動。各樂其性。進賢使能。各任其事。於是君綏於上。臣和於下。垂拱無爲。動作中道。從容得禮。言仁義者賞。言戰鬬者死。則由何進而救。賜何難之解。孔子曰。聖士哉。大人出。小人匿。聖者起。賢者伏。回與執政。則由賜焉施其能哉。

〔韓詩外傳九〕孔子與子貢子路顔淵游於戎山之上孔子喟然歎曰二三子各言爾志予將覽焉由爾何如對曰得白羽如月赤羽如日（或作朱）擊鐘鼓者上聞

於天下槊於地使將而攻之惟由爲能孔子曰勇士
哉賜爾何如對曰得素衣縞冠使於兩國之間不持
尺寸之兵升斗之糧使兩國相親如弟兄孔子曰辯
士哉回爾何如對曰鮑魚不與蘭茝同笥而藏桀紂
不與堯舜同時而治二子已言回何言哉孔子曰回
有鄙之心顏淵曰願得明王聖主爲之相使城郭不
治溝池不鑿陰陽和調家給人足鑄庫兵以爲農器
孔子曰大士哉由來區區汝何攻賜來便便汝何使
願得之冠疑爲子宰焉

說苑指武孔子北游東上農山子路子貢顏淵從焉
孔子喟然歎曰登高望下使人心悲二三子者各言
爾志丘將聽之子路曰願得白羽若月赤羽若日鐘
鼓之音上聞乎天旌旗翩翻下蟠於地由且舉兵而
擊之必也攘地千里獨由能耳使夫二子爲我從焉
孔子曰勇哉士乎憤憤者乎子貢曰賜也願齊楚合
戰於莽洋之野兩壘相當旌旗相望塵埃相接接戰
搆兵賜願著縞衣白冠陳說白刃之閒解兩國之患
獨賜能耳使夫二子者爲我從焉孔子曰辯哉士乎

僊僊者乎顔淵獨不言孔子曰回來若獨何不願乎顔淵曰文武之事二子已言之回何敢與焉孔子曰若鄙心不與焉第言之顔淵曰回聞鮑魚蘭芷不同篋而藏堯舜桀紂不同國而治二子之言與回言異回願得明王聖主而相之使城郭不脩溝池不越鍛劍戟以爲農器使天下千歲無戰鬭之患如此則由何憤憤而擊賜又何僊僊而使乎孔子曰美哉德乎姚姚者乎子路舉手問曰願聞夫子之意孔子曰吾所願者顔氏之計吾願負衣冠而從顔氏子也

大戴禮哀公問五義傳哀公問於孔子曰。吾欲論吾國之士。與之爲政。何如者取之。孔子對曰。生乎今之世。志古之道。居今之俗。服古之服。舍此而爲非者。不亦鮮乎。哀公曰。然則今夫章甫句屨紳帶而搢笏者。此皆賢乎。孔子曰。否。不必然。今夫端衣元裳冕而乘路者。志不在於食葷。斬衰菅屨杖而歠粥者。志不在於飲食。故生乎今之世。志古之道。居今之俗。服古之服。舍此而爲非者。雖有。不亦鮮乎。哀公曰。善。何如則可謂庸人矣。孔子對曰。所謂庸人者。口不能道善言。而志不邑邑。不能選賢

人善士而託其身焉。以爲己憂。動行不知所務。止力不
知所定。日選於物。不知所貴。從物而流。不知所歸。五鑿
爲政。心從而壞。若此。則可謂庸人矣。哀公曰。善。何如則
可謂士矣。孔子對曰。所謂士者。雖不能盡道術。必有所
由焉。雖不能盡善盡美。必有所處焉。是故知不務多。而
務審其所知。行不務多。而務審其所由。言不務多。而務
審其所謂。知既知之。行既由之。言既順之。若夫性命肌
膚之不可易也。富貴不足以益。貧賤不足以損。若此。則
可謂士矣。哀公曰。善。何如則可謂君子矣。孔子對曰。所

謂君子者。躬行忠信。其心不買。買當爲惪形近而譌荀子作言忠信而心不德買與置形亦相近故元本又譌作置仁義在己。而不害不志。一本作如一本作自强不息問志廣博。而色不伐。思慮明達。而辭不爭。君子猶然如將可及也。而不可及也。如此。可謂君子矣。哀公曰。善。敢問何如可一本無可字謂賢人矣。孔子對曰。所謂賢人者。好惡與民同情。取舍與民同統。行中矩繩。而不傷於本。言足法於天下。而不害於其身。躬爲匹夫而願富貴。爲諸侯而無財。一本財上有宛字荀子作富有天下而無宛財布施天下而不病貧如此。則可謂賢人矣。哀公曰。善。敢問何如可謂聖人矣。孔子對曰。所謂聖人者。知通乎大道。應變而不窮。能測萬物之情性者也。大道者。所以變化而凝成萬物者也。情性也者。所以理然不然取舍者也。故其事大。配乎天地。參乎日月。襍於雲蜺。總要萬物。穆穆純純。其莫之能循。若天之司。莫之能職。百姓淡然。不知其善。若此。則可謂聖人矣。哀公曰。善。孔子出。哀公送之。

〔荀子哀公〕魯哀公問於孔子曰吾欲論吾國之士與之治國敢問何如之邪孔子對曰生今之世志古之道居今之俗服古之服舍此而爲非者不亦鮮乎哀

公曰然則夫章甫約屨紳而搢笏者此賢乎孔子對曰不必然夫端衣元裳絻而乘路者志不在於食葷斬衰菅屨杖而啜粥者志不在於酒肉生今之世志古之道居今之俗服古之服舍此而爲非者雖有不亦鮮乎哀公曰善孔子曰人有五儀有庸人有士有君子有賢人有大聖哀公曰敢問何如斯可謂庸人矣孔子對曰所謂庸人者口不能道善言心不知色色不知選賢人善士託其身焉以爲己憂勤行不知所務止交不知所定日選擇於物不知所貴從物如

流不知所歸五鑿爲正心從而壞如此則可謂庸人矣哀公曰善敢問何如斯可謂士矣孔子對曰所謂士者雖不能盡道術必有率也雖不能徧美善必有處也是故知不務多務審其所知言不務多務審其所謂行不務多務審其所由故知既已知之矣言既已謂之矣行既已由之矣則若性命肌膚之不可易也故富貴不足以益也卑賤不足以損也如此則可謂士矣哀公曰善敢問何如斯可謂君子矣孔子對曰所謂君子者言忠信而心不德仁義在身而色不

伐思慮明通而辭不爭故猶然如將可及者君子也

哀公曰善敢問何如斯可謂賢人矣孔子對曰所謂

賢人者行中規繩而不傷於本言足法於天下而不

傷於身富有天下而無怨財布施天下而不病貧如

此則可謂賢人矣哀公曰善敢問何如斯可謂大聖

矣孔子對曰所謂大聖者知通乎大道應變而不窮

辨乎萬物之情性者也大道者所以變化遂成萬物

也情性者所以理然不取舍也是故其事大辨乎天

地明察乎日月總要萬物於風雨繆繆肫肫其事不

可循若天之嗣其事不可識百姓淺然不識其鄰若此則可謂大聖矣哀公曰善

〔大戴禮衛將軍文子〕衛將軍文子問於子貢曰。吾聞夫子之施教也。先以詩。世道者孝悌。說之以義。而觀諸體。成之以文德。蓋受教者七十有餘人。聞之。孰爲賢也。子貢對。辭以不知。文子曰。吾子學焉。何謂不知也。子貢對曰。賢人無妄。知賢則難。故君子曰。智莫難於知人。此以難也。文子曰。若夫知賢。人莫不難。吾子親游焉。是敢問也。子貢對曰。夫子之門人。蓋三就焉。賜有逮及焉。有未及焉。不得辯知也。文子曰。吾子之所及。請問其行也。子貢對曰。夙興夜寐。諷誦崇禮。行不貳過。稱言不苟。是顏淵之行也。孔子說之以詩。詩云。媚茲一人。應侯順德。永言孝思。孝思惟則。故國一逢有德之君。世受顯命。不失厥名。以御于天子以申之。在貧如客。使其臣如藉。不遷怒。不探怨。不錄舊罪。是冉雍之行也。孔子曰。有土君子。有眾使也。有刑用也。然後怒。匹夫之怒。惟以亡其身。詩云。靡不有初。鮮克有終。以告之。不畏強禦。不侮矜寡。其言曰性。都其富哉。任其戎。是仲由之行也。夫子未知以文也。詩云。受小共大共。共一作拱爲下國恂蒙。何天之寵。傅奏其勇。夫强乎武哉。文不勝其質。恭老恤孤。不忘賓旅。好學省物而不懃。是冉求之行也。孔子因而語之曰。好學則智。恤孤則惠。恭老則近禮。克篤恭以天下。其稱之也。宜爲國老。志通而好禮。擯相兩君之事。篤雅其有禮節也。是公西赤之行也。孔子曰。禮儀三百。可勉能也。威儀三千。則難也。公西赤問曰。何謂也。孔子曰。貌以擯禮。禮以擯辭。是之謂也。主人聞之以成。孔子之語人也。曰。當賓客之事則通矣。謂門人曰。二三子欲學賓客之禮者。於赤也。滿而不滿。實如虛。通之如不及。先生難之。不學其貌。竟其德。敦其言。於人也。無所不信。其橋大人也。常以皓皓。是以眉壽。是曾參之行也。孔子曰。孝德之始也。弟。德之序也。信。德之厚也。忠。德之正也。參也中夫四德者矣哉。以此稱之也。業功不伐。貴位不善。不侮可侮。不佚可佚。不敖無告。是顓孫之行也。孔子言之曰。其不伐。則猶可能也。其不弊百姓者。則仁也。詩云。愷悌君子。民之父母。夫子以其仁爲大也。學以深。厲以斷。送迎必敬。上友下交。銀手如斷。是卜商之行也。孔子曰。詩云式夷式己。無小人殆。而商也。其可謂不險也。貴之不喜賤之不怒。苟於民利矣。廉於其事上也。以佐其下。是澹臺滅明之行也。孔子曰。獨貴獨富。君子恥之。夫也中之矣。先成其慮。及事而用之。是故不忘。是言偃之行也。孔子曰。欲能則學。欲知則問。欲善則訊。欲給則豫。當是如偃也得之矣。獨居思仁。公言言義。其聞之詩也。一日三復白圭之玷。是南宮縚之行也。夫子信其仁。以爲異姓。自見孔子。入戶未嘗越屨。往來過人不履影。開蟄不殺。方長不折。執親之喪。未嘗見齒。是高柴之行也。孔子曰。高柴執親之喪。則難能也。開蟄不殺。則天道也。方長不折。則恕也。恕則仁也。湯恭以恕。是以日躋也。此賜之所親睹也。吾子有命而訊。賜則不足以知賢。文子曰。吾聞之也。國有道則賢人興焉。中人用焉。百姓歸焉。若吾子之語審茂。則一諸侯之相也。亦未逢明君也。子貢既與衛將軍文子言。適魯。見孔子曰衛將軍問二三子之行於賜也。不一而三。賜也辭不獲命。以所見者對矣。未知中否。請嘗以告。孔子曰。言之。子貢以其質告。孔子既聞之。笑曰。賜。汝偉爲知人。賜。子貢對曰。賜也焉能知人。此賜之所親覩也。孔子曰。是汝所親也。吾語女耳之所未聞。目之所未見。思之所未至。智之所未及者乎。子貢曰。賜得則願聞之也。孔子曰。不克不忌。不念舊惡。蓋伯夷叔齊之行也。晉平公問於祁傒曰。羊舌大夫。晉國之良大夫也。其行如何。祁傒對。辭曰。不知也。公曰。吾聞女少長乎其所。女其閹知之。祁傒對曰。其幼也恭而遜。耻而不使其過宿也。其爲侯大夫也。悉善而謙。其端也。其爲公車尉也。信而好直。其功也。至於其爲和容也。溫良而好禮。博聞而時出。其志也。公曰。鄉者問女。女何曰弗知也。

祁傒對曰。每位改變。未知所止。是以不知。蓋羊舌大夫

之行也。畏天而敬人。服義而行信。孝乎父而恭於兄。好

從善而斆往。蓋趙文子之行也。其事君也。不敢愛其死。

然亦不忘其身。謀其身。不遺其友。君陳則進。不陳則行

而退。蓋隨武子之行也。其爲人之淵泉也。多聞而難誕

也。不內辭足以沒世。國家有道。其言足以生。國家無道。

其默足以容。蓋桐提伯華之行也。外寬而內直。自設於

隱栝之中。直己而不直於人。以善存。亡汲汲。蓋遽伯玉

之行也。孝子慈幼。允德稟義。約貨去怨。蓋柳下惠之行

也。其言曰。君雖不諒於臣。臣不可以不量於君。是故君擇臣而使之。臣擇君而事之。有道順君。無道橫命。晏平仲之行也。德恭而行信。終日言不在尤之内。在尤之外。貧而樂也。蓋老萊子之行也。易行以俟天命。居下位而不援其上。觀於四方也。不忘其親。苟思其親。不盡其樂。以不能學爲己終身之憂。蓋介山子推（史記仲尼弟子列傳作子然裴駰引亦作子然）之行也。

羣書治要尸子勸學　孔子曰自娛於檃栝之中直己而不直人以善廢而不邑邑蘧伯玉之行也

（穀梁成五年傳）梁山崩。壅遏河三日不流。晉君召伯尊而問焉。伯尊來。遇輦者。輦者不辟。使車右下而鞭之。輦者曰。所以鞭我者。其取道遠矣。伯尊下車而問焉。曰。子有聞乎。對曰。梁山崩。壅遏河三日不流。伯尊曰。君爲此召我也。爲之柰何。輦者曰。天有山。天崩之。天有河。天壅之。雖召伯尊。如之何。伯尊由忠問焉。輦者曰。君親素縞。帥羣臣而哭之。既而祠焉。斯流矣。伯尊至。君問之曰。梁山崩。壅遏河三日不流。爲之柰何。伯尊曰。君親素縞。帥羣臣而哭之。既而祠焉。斯流矣。孔子聞之曰。伯尊其無續乎。擬書也。

韓詩外傳八，梁山崩晉君召大夫伯宗道逢輦者以其輦服（晉語五云遇大車當道而覆）伯宗使其右下欲鞭之輦者曰君趨道豈不遠矣不知事而行可乎伯宗喜問其居曰絳人也伯宗曰子亦有聞乎曰梁山崩壅河顧三日不流是以召子伯宗曰如之何曰天有山天崩之天有河天壅之伯宗將如之何伯宗私問之曰君其率羣臣素服而哭之既而祠焉河斯流矣伯宗問其姓名弗告伯宗到君問伯宗以其言對於是君素

服率羣臣而哭之既而祠焉河斯流矣君問伯宗何以知之伯宗不言受輦者詐以自知孔子聞之曰伯宗其無後攘人之善

魯語下公父文伯退朝。朝其母。其母方績。文伯曰。以歜之家而主猶績。懼忓季孫之怒也。其以歜爲不能事主乎。其母歎曰。魯其亡乎。使僮子備官而未之聞耶。居吾語汝。昔聖王之處民也。擇瘠土而處之。勞其民而用之。故長王天下。夫民勞則思。思則善心生。逸則淫。淫則忘善。忘善則惡心生。沃土之民不材。淫也。瘠土之民莫不嚮義。勞也。是故天子大采朝日。與三公九卿祖識地德。日中考政。與百官之政事。師尹維旅牧相宣序民事。少采夕月。與太史司載糾虔天刑。日入監九御。使潔奉禘郊之粢盛。而後即安。諸侯朝修天子之業命。晝考其國職。夕省其典刑。夜儆百工。使無慆淫。而後即安。卿大夫朝考其職。晝講其庶政。夕序其業。夜庀其家事。而後即安。士朝而受業。晝而講貫。夕而習復。夜而計過無憾。而後即安。自庶人以下。明而動。晦而休。無日以怠。王后親織元紞。公侯之夫人加之以紘綖。卿之內子爲大帶。命

婦成祭服。列士之妻加之以朝服。自庶士以下。皆衣其
夫。社而賦事。蒸而獻功。男女效績。愆則有辟。古之制也。
君子勞心。小人勞力。先王之訓也。自上以下。誰敢淫心
舍力。今我寡也。爾又在下位。朝夕處事。猶恐忘先人之
業。況有怠惰。其何以避辟。吾冀而朝夕修我曰。必無廢
先人。爾今曰。胡不自安。以是承君之官。余懼穆伯之絕
嗣也。仲尼聞之曰。弟子志之。季氏之婦不淫矣。
魯語下。公父文伯之母。季康子之從祖叔母也。康子往
焉。闕門與之言。皆不踰閾。祭悼子。康子與焉。酢不受。徹

俎不宴。宗不具。不繹。繹不盡飫則退。仲尼聞之。以爲別於男女之禮矣。

魯語下 公父文伯卒。其母戒其妾曰。吾聞之。好內女死之。好外士死之。今吾子夭死。吾惡其以好內聞也。二三婦之辱共先者祀。請無瘠色。無洵涕。無掐膺。無憂容。有降服。無加服。從禮而靜。是昭吾子也。仲尼聞之曰。女知莫若婦。男知莫若夫。公父氏之婦。智也夫。欲明其子之令德。

魯語下 公父文伯之母朝哭穆伯。而暮哭文伯。仲尼聞之曰。季氏之婦。可謂知禮矣。愛而無私。上下有章。

晏子春秋諫上景公之時。雨雪三日而不霽。公衣狐白之裘。坐堂側陛。晏子入見立有間。公曰。怪哉雨雪三日而天不寒。晏子對曰。天不寒乎。公笑。晏子曰。嬰聞古之賢君。飽而知人之飢。溫而知人之寒。逸而知人之勞。今君不知也。公曰。善。寡人聞命矣。乃令出裘發粟。與飢寒。令所睹于塗者。無問其鄉。所睹于里者。無問其家。循國計數。無言其名。士既事者兼月。疾者兼歲。孔子聞之曰。晏子能明其所欲。景公能行其所善也。

晏子春秋諫下　景公之嬖妾嬰子死。公守之。三日不食。膚著於席不去。左右以復。而君無聽焉。晏子入復曰。有術客與醫俱言曰。聞嬰子病死。願請治之。公喜。遽起曰。病猶可爲乎。晏子曰。客之道也。以爲良醫也。請嘗試之。君請屏。潔沐浴飲食。閒病者之宫。彼亦將有鬼神之事焉。公曰。諾。屏而沐浴。晏子令棺人入斂。已斂。而復曰。醫不能治病。已斂矣。不敢不以聞。公作色不悦曰。夫子以醫命寡人而不使視。將斂而不以聞。吾之爲君。名而已矣。晏子曰。君獨不知死者之不可以生邪。嬰聞之。君正

臣從謂之順。君僻臣從謂之逆。今君不道順而行僻。從
邪者邇。導害者遠。讒諛萌通。而賢良廢滅。是以諂諛繁
於閒。邪行交於國也。昔吾先君桓公用管仲而霸。嬖乎
豎刁而滅。今君薄於賢人之禮。而厚嬖妾之哀。且古聖
王畜私不傷行。斂死不失愛。送死不失哀。行傷則溺己。
愛失則傷生。哀失則害性。是故聖王節之也。卽畢殮。不
留生事。棺椁衣衾。不以害生養。哭泣處哀。不以害生道。
今朽尸以留生。廣愛以傷行。修哀以害性。君之失矣。故
諸侯之賓客慙入吾國。本朝之臣慙守其職。崇君之行。

不可以尊民。從君之欲。不可以持國。且嬰聞之。朽而不殮。謂之僇尸。臭而不收。謂之陳胔。反明王之性。行百姓之誹。而內嬖妾於僇胔。此之爲不可。公曰。寡人不識。請因夫子而爲之。晏子復曰。國之士大夫。諸侯四鄰賓客。皆在外。君其哭而節之。仲尼聞之曰。星之昭昭。不若月之曀曀。小事之成。不若大事之廢。君子之非。賢於小人之是也。其晏子之謂歟。

晏子春秋襍上。晉平公欲伐齊。使范昭往觀焉。景公觴之。飲酒。酣。范昭曰。請君之棄鐏。公曰。酌寡人之鐏。進之于客。范昭已飲。晏子曰。徹罇。更之。罇觶具矣。范昭佯醉。不悅而起舞。謂太師曰。能為我調成周之樂乎。吾為子舞之。太師曰。冥臣不習。范昭趨而出。景公謂晏子曰。晉大國也。使人來將觀吾政。今子怒大國之使者。將柰何。晏子曰。夫范昭之為人也。非陋而不知禮也。且欲試吾君臣。故絕之也。景公謂太師曰。子何以不為客調成周之樂乎。太師對曰。夫成周之樂。天子之樂也。調之必人主舞之。今范昭人臣。欲舞天子之樂。臣故不為也。范昭歸。以報平公曰。齊未可伐也。臣欲試其君。而晏子識之。

臣欲犯其禮。而太師知之。仲尼聞曰。夫不出于尊俎之閒。而知千里之外。其晏子之謂也。可謂折衝矣。而太師其與焉。

〔韓詩外傳八〕晉平公使范昭觀齊國之政景公錫之宴晏子在前范昭趨曰願君之倅樽以爲壽景公顧左右曰酌寡人樽獻之客范昭飲晏子對曰徹去樽范昭不說起舞顧太師曰子爲我奏成周之樂願舞太師對曰盲臣不習范昭起出門景公謂晏子曰夫晉天下大國也使范昭來觀齊國之政今子怒大國

之使者將柰何晏子曰范昭之爲人也非陋而不知禮也是欲試吾君嬰故不從於是景公召太師而問之曰范昭使子奏成周之樂何故不調對如晏子於是范昭歸報平公曰齊未可幷也吾試其君晏子知之吾犯其樂太師知之孔子聞之曰善乎晏子不出俎豆之閒折衝千里

〔新序襍事一〕晉平公欲伐齊使范昭往觀焉景公賜之酒酣范昭曰願請君之樽酌公曰酌寡人之樽進之於客范昭已飲晏子曰徹樽更之樽觶具矣范昭

佯醉不悅而起舞謂太師曰能爲我調成周之樂乎吾爲子舞之太師曰冥臣不習范昭趨而出景公謂晏子曰晉大國也使人來將觀吾政也今子怒大國之使者將奈何晏子曰夫范昭之爲人非陋而不識禮也且欲試吾君臣故絕之也景公謂太師曰子何以不爲客調成周之樂乎太師對曰夫成周之樂天子之樂也若調之必人主舞之今范昭人臣也而欲舞天子之樂臣故不爲也范昭歸以告平公曰齊未可伐也臣欲試其君而晏子識之臣欲犯其禮而太

師知之仲尼聞之曰夫不出於樽俎之間而知千里之外其晏子之謂乎可謂折衝矣而太師其與焉

晏子春秋襍上

晏子居晏桓子之喪麤斬衰苴絰帶杖菅屨食粥居倚廬寢苫枕草其家老曰非大夫喪父之禮也晏子曰唯卿爲大夫曾子以聞孔子孔子曰晏子可謂能遠害矣不以已之是駮人之非遜辭以避咎義也夫

荀子大略

子謂子家駒續然大夫不如晏子晏子功用之臣也不如子產子產惠人也不如管仲管仲之爲人

力功不力義。力知不力仁。野人也。不可以爲天子大夫。

荀子子道子路問於孔子曰。魯大夫練而牀。禮邪。夫子曰。吾不知也。子路出。謂子貢曰。吾以夫子爲無所不知。夫子徒有所不知。子貢曰。汝何問哉。子路曰。由問魯大夫練而牀。禮邪。夫子曰。吾不知也。子貢曰。吾將爲汝問之。子貢問曰。練而牀。禮邪。孔子曰。非禮也。子貢出。謂子路曰。汝謂夫子爲有所不知乎。夫子徒無所不知。汝問非也。禮。居是邑不非其大夫。

荀子哀公魯哀公問於孔子曰。請問取人。孔子對曰。無取健。無取詌。家語作鉗無取口啍。健。貪也。詌。亂也。口啍。誕也。故弓調而後求勁焉。馬服而後求良焉。士信慤而後求知能焉。士不信慤而有多知能。譬之其豺狼也。不可以身尒也。語曰。桓公用其賊。文公用其盜。故明主任計不信怒。闇主信怒不任計。計勝怒者强。怒勝計者亡。

韓詩外傳四哀公問取人孔子曰無取健無取佞無取口讒健驕也佞諂也讒誕也故弓調然後求勁焉馬服然後求良焉士信慤而後求知焉士不信焉又多知譬之豺狼其難以身近也周書曰爲虎傅翼也

不亦殆乎
〔說苑尊賢〕哀公問於孔子曰人何若而可取也孔子對曰無取拑者無取健者毋取口銳者哀公曰何謂也孔子曰拑者大給利不言盡用健者必欲兼人不可以爲法也口銳者多誕而寡信後恐不驗也夫弓矢和調而後求其中焉馬愨愿順然後求其良材焉人必忠信重厚然後求其知能焉今人有不忠信重厚而多知能如此人者譬猶豺狼與不可以身近也是故先其仁信之誠者然後親之於是有知能者然

後任之故曰親仁而使能夫取人之術也觀其言而察其行夫言者所以抒其胷而發其情者也能行之士必能言之是故先觀其言而揆其行雖有姦軌之人無以逃其情矣哀公曰善

列子天瑞孔子游於太山。見榮啟期行乎郕之野。鹿裘帶索鼓琴而歌。孔子問曰先生所以樂。何也。對曰吾樂甚多。天生萬物。唯人爲貴。而吾得爲人。是一樂也。男女之別。男尊女卑。故以男爲貴。吾既得爲男矣。是二樂也。人生有不見日月不免襁褓者。吾既已行年九十矣。是三樂也。貧者。士之常也。死者。人之終也。處常得終。當何憂哉。孔子曰。善乎。能自寬者也。

〔御覽三百八十三引新序〕孔子見宋榮啟期老白首衣弊服鼓琴自樂孔子問曰先生老而窮何樂也啟期曰吾有三樂天生萬物以人爲貴吾得爲人一樂也人生以男爲貴吾得爲男二樂也人生命有夭傷吾年九十歲是三樂也貧者士之常死者人之終居常以守終何不樂乎按今本佚此文

〔說苑襍言〕孔子見榮啟期衣鹿皮裘鼓瑟而歌孔子

問曰先生何樂也對曰吾樂甚多天生萬物唯人爲貴吾既已得爲人是一樂也人以男爲貴吾既已得爲男是爲二樂也人生不免襁褓吾年已九十五是三樂也夫貧者士之常也死者民之終也處常待終當何憂乎

列子說符

趙襄子使新穉穆子攻翟勝之取左人中人使遽人（一本此下有來字）謁之襄子方食而有憂色左右曰一朝而兩城下此人之所喜也今君有憂色何也襄子曰夫江河之大也不過三日飄風暴雨不終朝日中不須

臾。今趙氏之德行無所施於積。一朝而兩城下。亡其及我哉。孔子聞之曰。趙氏其昌乎。

（呂氏春秋慎大覽）趙襄子攻翟勝老人中人使使者來謁之襄子方食摶飯有憂色左右曰一朝而兩城下此人之所以喜也今君有憂色何襄子曰江河之大也不過三日飄風暴雨日中不須臾今趙氏之德行無所於積一朝而兩城下亡其及我乎孔子聞之曰趙氏其昌乎

（淮南子道應訓）趙襄子攻翟而勝之尤人終人使者

來謁之襄子方將食而有憂色左右曰一朝而兩城下此人之所喜也今君有憂色何也襄子曰江河之大也不過三日飄風暴雨日中不須臾今趙氏之德行無所積今一朝兩城下亡其及我乎孔子聞之曰趙氏其昌乎

莊子列禦寇孔子曰。凡人心險於山川難於知天。天猶有春秋冬夏旦暮之期。人者厚貌深情。故有貌愿而益。有長若不肖。有順懁而達。有堅而縵。有緩而釬。故其就義若渴者。其去義若熱。故君子遠使之而觀其忠。近使之而觀其敬。煩使之而觀其能。卒然問焉而觀其知。急與之期而觀其信。委之以財而觀其仁。告之以危而觀其節。醉之以酒而觀其側。襍之以處而觀其色。九徵至。不肖人得矣。

御覽九百十五引莊子老子見孔子。從弟子五人。問曰。前爲誰。對曰。子路。勇且多力。其次子貢爲智。曾子爲孝。顏回爲仁。子張爲武。老子歎曰。吾聞南方有鳥名鳳凰。其所居也。積石千里。河水出下。鳳凰居止。天爲生食。其樹名瓊枝。高百仞。以璆琳琅玕爲實。天又爲生離朱一人。三頭遞起。以伺琅玕。鳳鳥之文。戴聖嬰仁。右智左賢。

按今本無此文當是佚篇

韓非子說林下孔子謂弟子曰。孰能導子西之釣名也。子貢曰。賜也能。乃導之。不復疑也。孔子曰。寬哉不被于利。絜哉民性有恆。曲爲曲。直爲直。孔子曰。子[朱本孔子曰提行]西不免白公之難。子西死焉。

韓非子外儲說左下管仲相齊。曰。臣貴矣。然而臣貧。桓公曰。使子有三歸之家。曰。臣富矣。然而臣卑。桓公使立於高國之上。曰。臣尊矣。然而臣疏。乃立爲仲父。孔子聞而非之曰。泰侈偪上。一曰。仲父出。朱蓋青衣。置鼓而歸。庭有陳鼎。家有三歸。孔子曰。良大夫也。其侈偪上。

韓非子顯學孔子曰。以容取人乎。失之子羽。以言取人乎。失之宰予。

薛據集語引說苑子曰以容取人失之子羽以言取人失之宰予澹臺子羽君子之容也與之久處而言不充其貌宰予之辭雅而文也與之久處而智不充其辯按今本無此文韓非子澹臺子羽六句在孔子曰以容取人之上不以爲孔子語也

御覽四百六十九引王孫子趙簡子獵於晉陽之山。之山二字從御覽八百三十二引補撫轡而歎。董安于曰。今游獵樂也。而主君歎。敢問何故也。故字從八百三十二引補簡子曰。汝不知也。吾效廄養食穀之馬以千數。合宮養多力之士。本作奉多力之書從八百三十二引改四百二亦引作士日數百。欲以獵獸也。吾憂鄰國吾字從四百二引補養賢以獵吾也。孔子聞之曰。簡子知所歎也。

呂氏春秋。恃君覽知分。荊有次非者。得寶劍于干遂。還反涉江。至於中流。有兩蛟夾繞其船。次非謂舟人曰。子嘗見兩蛟繞船能兩活者乎。船人曰。未之見也。次非攘臂祛衣。拔寶劍曰。此江中之腐肉朽骨也。棄劍以全己。

余𡖋㱽焉。於是赴江刺蛟。殺之而復上。船舟中之人皆得活。荆王聞之。仕之執圭。孔子聞之曰。夫善哉。不以腐肉朽骨而棄劍者。其𡖋非之謂乎。

淮南子道應訓荆有佽非得寶劍於干隊還反度江至於中流陽侯之波兩蛟俠繞其船佽非謂枻船者曰嘗有如此而得活者乎對曰未嘗見也於是佽非瞋目勃然攘臂拔劍曰武士可以仁義之禮說也不可劫而奪也此江中之腐肉朽骨棄劍而已余有奚㱽焉赴江刺蛟遂斷其頭船中人盡活風波畢除荆

爵爲執圭孔子聞之曰夫善載腐肉朽骨棄劒者佚
非之謂乎

呂氏春秋恃君覽召類士尹池爲荆使於宋。司城子罕觴之。南家之牆犫於前而不直。西家之潦。徑（一作注）其宮而不止。士尹池問其故。司城子罕曰。南家工人也。爲鞔百也。吾將徙之。其父曰。吾恃爲鞔以食三世矣。今徙之。是宋國之求鞔者不知吾處也。吾將不食。願相國之憂吾不食也。爲是故吾弗徙也。西家高。吾宮庳。潦之經吾宮也利。故弗禁也。士尹池歸荆。荆王適興兵而攻宋。士尹池諫於荆王曰。宋不可攻也。其主賢。其相仁。賢者能得民。仁者能用人。荆國攻之。其無功而爲天下笑乎。故釋宋而攻鄭。孔子聞之曰。夫修之於廟堂之上。而折衝乎千里之外者。其司城子罕之謂乎。

〔新序刺奢〕士尹池爲荆使於宋司城子罕止而觴之南家之牆擁於前而不直西家之潦經其宮而不止士尹池問其故子罕曰南家工人也爲鞔者也吾將徙之其父曰吾恃爲鞔已食三世矣今徙是宋邦之求鞔者不知吾處也吾將不食願相國之憂吾不食

也爲是故吾不徙西家高吾宮卑潦之經吾宮也利爲是故不禁也士尹池歸荆適興兵欲攻宋士尹池諫於王曰宋不可攻也其主賢其相仁賢者得民仁者能用人攻之無功爲天下笑楚釋宋而攻鄭孔子聞之曰夫修之於廟堂之上而折衝於千里之外者司城子罕之謂也

呂氏春秋恃君覽觀表郈成子爲魯聘於晉過衛右宰穀臣止而觴之陳樂而不樂酒酣而送之以璧顧反過而弗辭其僕曰鄉者右宰穀臣之觴吾子也甚歡今侯

渫過而弗辭。郈成子曰。夫止而觴我。與我歡也。陳樂而不樂。告我憂也。酒酣而送我以璧。寄之我也。若由是觀之。衞其有亂乎。倍衞三十里。聞甯喜之難作。右宰穀臣死之。還車而臨。三舉而歸。至。使人迎其妻子。隔宅而異之。分祿而食之。其子長而反其璧。孔子聞之曰。夫智可以微謀。仁可以託財者。其郈成子之謂乎。

呂氏春秋慎行論求人。晉人欲攻鄭。令叔向聘焉。視其有人與無人。子產爲之詩曰。子惠思我。褰裳涉洧。子不思我。豈無他士。叔向歸曰。鄭有人。子產在焉。不可攻也。

秦荆近。其詩有異心。不可攻也。晉人乃輟攻鄭。孔子曰。詩云。無競惟人。子產一稱而鄭國免。

鹽鐵論大論 孔子曰。進見而不以能往者。非賢士才女也。一本無才女二字

新序襍事四 鄭人游于鄉校。以議執政之善否。然明謂子產曰。何不毀鄉校。子產曰。胡爲。夫人朝夕游焉。以議執政之善否。其所善者。吾將行之。其所惡者。吾將改之。是吾師也。如之何毀之。吾聞爲國忠信以損怨。不聞作威以防怨。譬之若防川也。大決所犯。傷人必多。吾不能

救也。不如小決之使導。吾聞而藥之也。然明曰。蔑也乃今知吾子之信可事也。小人實不材。若果行此其鄭國實賴之。豈惟二三臣。仲尼聞是語也。曰。以是觀之人謂子產不仁吾不信也。

新序刺奢。魯孟獻子聘于晉。韓宣子觴之。三徙鍾石之懸。不移而具。獻子曰。富哉家。宣子曰。子之家孰與我家富。獻子曰。吾家甚貧。惟有二士。曰顏回茲無靈者。使吾邦家安平。百姓和協。惟此二者耳。吾盡於此矣。客出。宣子曰。彼君子也。以畜（今本作以養從宋本及御覽四百七十二引改）賢爲富。我鄙人也。以鍾石金玉爲富。孔子曰。孟獻子之富。可著於春秋。

說苑立節曾子衣敝衣以耕。魯君使人往致邑焉。曰請以此修衣。曾子不受。反復往。又不受。使者曰。先生非求於人。人則獻之。奚爲不受。曾子曰。臣聞之。受人者畏人。予人者驕人。縱子有賜不我驕也。我能勿畏乎。終不受。孔子聞之曰。參之言。足以全其節也。

說苑復恩東閭子嘗富貴而後乞。人問之曰。公何爲如是。曰。吾自知。吾嘗相六七年。未嘗薦一人也。吾嘗富三千萬者再。未嘗富一人也。不知七出身之咎然也。孔子曰。物之難矣。小大多少。各有怨惡。數之理也。人而得之。在於外假之也。

說苑善說子路問於孔子曰。管仲何如人也。子曰。大人也。子路曰。昔者管子說襄公。襄公不說。是不辯也。欲立公子糾而不能。是無能也。家殘於齊而無憂色。是不慈也。桎梏而居檻車中無慙色。是無愧也。事所射之君。是不貞也。召忽死之。管子不死。是無仁也。夫子何以大之。子曰。管仲說襄公。襄公不說。管子非不辯也。襄公不知說也。欲立子糾而不能。非無能也。不遇時也。家殘於齊而無憂色。非不慈也。知命也。桎梏居檻車而無慙色。非無愧也。自裁也。事所射之君。非不貞也。知權也。召忽死之。管子不死。非無仁也。召忽者。人臣之材也。不死則三軍之虜也。死之則名聞天下。夫何爲不死哉。管子者。天子之佐。諸侯之相也。死之則不免爲溝中之瘠。不死則功復用於天下。夫何爲死之哉。由汝不知也。

說苑權謀。孔子問漆雕馬人曰。子事臧文仲武仲孺子容。三大夫者。孰爲賢。漆雕馬人對曰。臧氏家有龜焉。名曰蔡。文仲立三年爲一兆焉。武仲立三年爲二兆焉。孺子容立三年爲三兆焉。馬人見之矣。若夫三大夫之賢不賢。馬人不識也。孔子曰。君子哉漆雕氏之子。其言人之美也。隱而顯。其言人之過也。微而著。故智不能及明不能見得無數卜乎。

說苑權謀。中行文子出亡至邊。從者曰。爲此嗇夫者君人也。胡不休焉。且待後車者。文子曰。異日吾好音。此子遺吾琴。吾好佩。又遺吾玉。是不非吾過者也。自容於我者也。吾恐其以我求容也。遂不入。後車入門。文子問嗇

夫之所在執而殺之仲尼聞之曰中行文子背道失義以亡其國然後得之猶活其身道不可遺也若此

説苑襍言孔子曰回若有君子之道四强於行已弱於受諫怵於待祿慎於持身

説苑襍言仲尼曰史鰌有君子之道三不仕而敬上不祀而敬鬼直能曲於人

説苑襍言孔子曰丘死之後商也日益賜也日損商也好與賢己者處賜也好說不如己者

潛夫論志氏姓周靈王之太子晉幼有成德聰明博達

溫恭敦敏。穀雒水鬬。將毀王宮。欲壅之。太子晉諫。以爲不順天心。不若修政。晉平公使叔譽聘於周。見太子。與之言。五稱而三窮。逡巡而退。歸告平公曰。太子晉行年十五。而譽弗能與言。君請事之。平公遣師曠見太子晉。太子晉與言。師曠服德。深相結也。乃問師曠曰。吾聞太師能知人年之長短。師曠對曰。女色赤白。女聲清汗。火色不壽。晉曰。然。吾後三年將上賓於帝。女愼無言。殃將及女。其後三年而太子死。孔子聞之曰。惜夫殺吾君也。

〔繹史九十五引留青日札〕公冶長貧而閒居。無以給食。

其雀飛鳴其舍。呼之曰。公冶長。公冶長。南山有箇虎馱羊。爾食肉。我食腸。當亟取之勿彷徨。子長如其言。往取食之。及亡羊者迹之。得其角。乃以爲偷。訟之魯君。魯君不信鳥語。逮繫之獄。孔子素知之。爲之白于魯君。亦不解也。於是歎曰。雖在縲絏之中。非其罪也。未幾。子長在獄舍。雀復飛鳴其上。呼之曰。公冶長。公冶長。齊人出師侵我疆。沂水上。嶧山旁。當亟禦之勿彷徨。子長介獄吏白之魯君。魯君亦勿信也。姑如其言。往迹之。則齊師果將及矣。急發兵應敵。遂獲大勝。因釋公冶長而厚賜之。

欲爵為大夫。辭不受。蓋恥因禽語以得祿也。後世遂廢其學。皇侃論語義疏引論釋云公冶長從衛還魯行至二堺上聞鳥相呼往清溪食死人肉須臾見一老嫗當道而哭冶長問之嫗曰兒前日出行于今不反當是已死亡不知所在冶長曰向聞鳥相呼往清溪食肉恐是嫗兒也嫗往看即得其兒也已死即嫗告村司村司問嫗從何得知之嫗曰見冶長道如此村官曰冶長不殺人何緣知之因錄冶長付獄主問冶長何以殺人冶長曰解鳥語不殺人主曰當試之若必解鳥語便相放也若不解當令償死駐冶長在獄六十日卒日有雀子緣獄柵上相呼嘖嘖唶唶冶長含笑吏啟主冶長笑雀語是似解鳥語主教問冶長雀何所道而笑之冶長曰雀鳴嘖嘖唶唶白蓮水邊有車翻覆黍粟牡牛折角收斂不盡相呼往啄獄主未信遣人往看果如其言後又解豬及燕語屢驗於是得放

孔子集語卷九終

總校王詒壽 分校章乃錫
陳　謨　校

孔子集語卷十

平津館原本

山東督糧道臣孫星衍撰

論政九

尚書大傳子曰。古之聽民者。察貧窮。哀孤獨矜寡。宥老幼。不肖無告。有過必赦。小罪勿增。大罪勿累。老弱不受刑。有過不受罰。故老而受刑謂之悖。弱而受刑謂之剋。不赦有過謂之賊。逆率過以小謂之枳。故與其殺不辜。寧失有罪。與其增以有罪。（本無以字據御覽六百五十二引補）寧失過以有赦。

尚書大傳孔子如衛。人謂曰。公甫不能聽訟。子曰。非公甫之不能聽獄也。公甫之聽獄也。有罪者懼。無罪者恥。民近禮矣。

尚書大傳子曰。聽訟雖得其指。必哀矜之。死者不可復生。斷者不可復續也。書曰。哀矜折獄。

尚書大傳子曰。吳越之俗。男女同川而浴。其刑重而不勝。由無禮也。中國之教。內外有分。男女不同椸枷。不同巾櫛。其刑重而勝。由有禮也。語曰。夏后不殺不刑。罰有罪而民不輕犯。死罰二千饌。末句據史記平準書索隱引補

尚書大傳子曰。今之聽民者。求所以殺之。古之聽民者。求所以生之不得其所以生之之道。乃刑殺君與臣會焉。聽民漢書刑法志作聽獄

尚書大傳孔子曰。古之刑者省之。今之刑者繁之。其敎古者有禮然後有刑。是以刑省也。今也反是。無禮而齊之以刑。是以繁也。書曰。伯夷降典禮折民以刑。謂有禮然後有刑也。又曰。茲殷罰有倫。今也反是。諸侯不同聽每君異法。聽無有倫。是故法之難也。

後漢五行志注引尚書大傳鄭注孔子說春秋曰。政以

不由王出。不得爲政。則王君出政之號也。

韓詩外傳二 高牆豐上激下。未必崩也。降雨興。流潦至。則崩必先矣。草木根荄淺。未必撅也。飄風興。暴雨墜。則撅必先矣。君子居是邦也。不崇仁義。尊賢臣。以理萬物。未必亡也。一旦有非常之變。諸侯交爭。人趨車馳。迫然禍至。乃始憂愁。乾喉焦脣。仰天而歎。庶幾乎望其安也。不亦晚乎。孔子曰。不愼其前而悔其後。嗟乎。雖悔無及矣。

說苑建本 豐牆墝下未必崩也流行潦至壞必先矣

樹本淺根垓不深未必橛也飄風起暴雨至拔必先矣君子居於是國不崇仁義不尊賢臣未必亾也然一旦有非常之變車馳人走指而禍至乃始乾喉燋脣仰天而嘆庶幾焉天其救之不亦難乎孔子曰不慎其前而悔其後雖悔無及矣

韓詩外傳二。傳曰。孔子云。美哉。顏無父之御也。馬知後有輿而輕之。知上有人而愛之。馬親其正。而愛其事。如使馬能言。彼將必曰。樂哉。今日之騶也。至於顏淪少衰矣。馬知後有輿而輕之。知上有人而敬之。馬親其正。而敬其事。如使馬能言。彼將必曰。騶來。其人之使我也。至於顔夷而衰焉。馬知後有輿而重之。知上有人而畏之。馬親其正。而畏其事。如使馬能言。彼將必曰。騶來。騶來。女不騶。彼將殺女。故御馬有法矣。御民有道矣。法得則馬和而歡。道得則民安而集。詩曰。執轡如組。兩驂如舞。此之謂也。

韓詩外傳三

傳曰。宋大水。魯人弔之曰。天降淫雨。害於粢盛。延及君地。以憂執政。使臣敬弔。宋人應之曰。寡人不仁。齋戒不修。使民不時。天加以災。又遺君憂。拜命之辱。孔子聞之。曰。宋國。其庶幾矣。弟子曰。何謂。孔子曰。昔桀紂不任其過。其亡也忽焉。成湯文王知任其過。其興也勃焉。過而改之。是不過也。宋人聞之。乃夙興夜寐。弔死問疾。戮力宇內。三歲。年豐政平。

韓詩外傳六 子路治蒲三年。孔子過之。入境而善之。曰。由恭敬以信矣。入邑。曰。善哉。由忠信以寬矣。至庭。曰。善哉。由明察以斷矣。子貢執轡而問曰。夫子未見由而三稱善。可得聞乎。孔子曰。入其境。田疇甚易。（此二字本脫，據文選籍田賦注引補）草萊甚辟。此恭敬以信。故民盡力。入其邑。墉屋甚

尊。樹木甚茂。此忠信以寬。其民不偷。入其庭。甚閑。此明察以斷。故民不擾也。〔韓詩外傳八〕

子賤治單父。其民附。孔子曰。告丘之所以治之者。對曰。不齊時發倉廩。振困窮。補不足。孔子曰。是小人附耳。未也。對曰。賞有能。招賢才。退不肖。孔子曰。是士附耳。未也。對曰。所父事者三人。所兄事者五人。所友者十有二人。所師者一人。孔子曰。所父事者三人。（據說苑脫一句）所兄事者五人。足以教弟矣。所友者十有二人。足以袪壅蔽矣。所師者一人。足以慮無失策。舉無敗功矣。惜乎。不齊爲之大。功乃與堯舜參矣。

說苑政理　孔子謂宓子賤曰子治單父而衆說語丘所以爲之者曰不齊父其父子其子恤諸孤而哀喪紀孔子曰善小節也小民附矣猶未足也曰不齊也所父事者三人所兄事者五人所友者十一人孔子曰父事三人可以教孝矣兄事五人可以教弟矣友十一人可以教學矣中節也中民附矣猶未足也曰此地民有賢於不齊者五人不齊事之皆敎不齊所以治之術孔子曰欲其大者乃於此在矣昔者堯舜

清微其身以聽觀天下務來賢人夫舉賢者百福之宗也而神明之主也不齊之所治者小也不齊所治者大其與堯舜繼矣

大戴禮子張問入官子張問入官於孔子。孔子曰。安身取譽爲難也。子張曰。安身取譽如何。孔子曰。有善勿專。教不能勿搢。己過勿發。失言勿踦。不善辭勿遂。行事勿留。君子入官。自行此六路者。則身安譽至而政從矣。且夫忿數者。獄之所由生也。距諫者。慮之所以塞也。慢易者。禮之所以失也。墮怠者。時之所以後也。奢侈者。財之所以不足也。專者。事之所以不成也。歷者。獄之所由生也。君子入官。除七路者。則身安譽至而政從矣故君子南面臨官大城而公治之。精知而略行之。合是忠信考是大倫。存是美惡。而進是利。而除是害。而無求其報焉。而民情可得也。故臨之無抗民之志。勝之無犯民之言。量之無狡民之辭。養之無擾於時。愛之勿寬於刑。言（一作若）此則身安譽至而民自得也。故君子南面臨官。所見邇。故明不可蔽也。所求邇。故不勞而得也。所以治者約。故不用衆而譽至也。法象在內故不遠。源泉不竭故天下積也。而木不寡短長。人得其量。故治而不亂。故六者貫乎心。藏乎志。形乎色。發乎聲。若此。則身安而譽至。而民自得也。故君子南面臨官。不治則亂至。亂至則爭。爭之至又反於亂。是故寬裕以容其民。慈愛以優柔之。而民自得也已。故躬行者。政之始也。調悅者。情之道也。善政行易則民不怨。言調悅則民不辨法。仁在身則民顯以佚之也。財利之生徵（一作微）矣。貪以不得。善政必簡矣。苟以亂之。善言必聽矣。詳以失之。規諫日至。煩以不聽矣。言之善者。在所日聞。行之善者。在所能爲。故上者。民之儀也。有司執政。民之表也。邇臣便辟者。羣臣僕之倫也。故儀不正則民失嚮。表弊則百姓亂。邇臣便辟不正廉。而羣臣服汙矣。故不可不慎乎三倫矣。故君子脩身。反道察說。而邇道之服存焉。是故夫工女必自擇絲麻。良工必自擇齎材。賢君良上必自擇左右始。故佚諸取人。勞於治事。勞於取人。佚於治事。故君子欲譽則謹其所便。欲名。則謹於左右。故上者辟如緣木者。務高而畏下者滋甚。六馬之離。必於四面之衢。民之離道。必於上之佚政也。故上者尊嚴而絕。百姓者卑賤而神。民而愛之則存。惡之則亡也。故君子南面臨官。貴而不驕。富恭有本能圖。脩業居久而譚。情邇暢而及乎遠。察一而關于多。一物治而萬物不亂者。以身爲本者也。故君子莅民。不可以不知民之性。達諸民之情。旣知其以生有習。然後民特從命也。故世舉則民親之。政均則民無怨。故君子莅民。不臨以高。不道以遠。不責民之所不能。今臨之明王之成功。則民嚴而不迎也。道以數年之業。則民疾。疾則辟矣。故古者冕而前旒。所以蔽明也。統（元本作紸玉篇引作黈說文紞冕冠塞耳者則統即紞之誤）絖塞耳。所以弇聰也。故水至清則無魚。人至察則無徒。故枉而直之。使自得之。優而柔之。使自求之。揆而度之。使自索之。民有小罪。必以其善以赦其過。如死使之生。其善也。是以上下親而不離。故惠者。政之始也。政不正則不可敎也。不習。則民不可使也。故君子欲言之見信也者。莫若先虛其內也。欲政之速行也者。莫若以身先之也。欲民之速服也者。莫若以道御之也。故不先以身。雖行必鄰矣。不以道御之。雖服必强矣。故非忠信。則無可以取親於百姓矣。外內不相應。則無可以取信者矣。四者治民之統也。

大戴禮千乘公曰。千乘之國。受命於天子。通其四疆。教其書社。循其灌廟。建其宗主。設其四佐。列其五官。處其朝市。爲仁如何。子曰。不仁國不化。公曰。何如之謂仁。子曰。不淫於色。子曰。立妃設如太廟然。乃中治。中治不相陵。不相陵斯庶嬪遵。遵則事上靜。靜斯潔信在中。朝大夫必愼以恭。出會謀事必敬以愼。言長幼小大必中度。此國家之所以崇也。立子設如一本無如字宗社。宗社先示威。威明顯見。辨爵集德。是以母弟官子咸有臣志。莫敢援於外。大夫中婦私謁不行。此所以使五官治執事政也。夫政以教百姓。百姓齊以嘉善。故蠱佞不生。此之謂良民。國有道則民昌。此國家之所以大遂也。卿設如大門。大門顯美。小大尊卑中度。開明閉幽內祿出災以順天道。近者閑焉。遠者稽焉。君發禁宰（大訓此下有受字）而行之以時。通于地。散布于小。理天之災祥。地寶豐省。及民共饗其祿。共任其災。此國家之所以和也。國有四輔。輔卿也。卿設如四體。毋易事。毋假名。毋重食。凡事。尚賢進能使知事。爵不世。能（大訓此下有官字）之不愆。凡民。戴名以能食力以時成。以事立。此所以使民讓也。民咸孝弟而安讓。

此以怨省而亂不作也。此國之所以長也。下無用。則國
家富。上有義。則國家治。長有禮。則民不爭。立有神。則國
家敬。兼而愛之。則民無怨心。以爲無命。則民不偷。昔者
先王立此六者而樹之德。此國家之（一本無之字）所以茂也。
設其四佐而官之。司徒典春。以教民之不則時。不若不
令。成長幼老疾孤寡。以時通于四壃。有闔而不通。有煩
而不治。則民不樂生。不利衣食。凡民之藏貯以及山川
之神明加于民者。發圖（一作國）功謀。齋戒必敬。會時必節。
日歷巫祝。執伎以守官。俟命而作。祈王年。禱民命及畜

穀蜚征庶虞草。方春三月。緩施生育。動作百物。於時有事。享于皇祖皇考。朝孤子八人。以成春事。司馬司夏。以教士車甲。凡士執伎論功。修四衛。强股肱。質射御。才武聰慧。治衆長卒。所（大訓作可）以爲儀綴於國。出可以爲率。誘於軍旅。四方諸侯之遊士。國中賢餘秀興閱焉。方夏三月。養長秀。蕃庶物。於時有事。享于皇祖皇考。爵士之有慶者七人。以成夏事。司寇司秋。以聽獄訟。治民之煩亂。執權變民中。凡民之不刑。崩本以要閒作起不敬。以欺惑憧愚。作於財賄六畜五穀曰盜。誘居室家有君子曰義。子女專。曰嫉。飭五兵及木石曰賊。以中情出。小曰間。大曰講。利辭以亂屬。曰讒。以財投長曰貸。凡犯天子之禁。陳刑制辟。以追國民之不率上教者。國大訓作圖夫是故一家三夫道行。三人飲食哀樂平。無獄。方秋三月。收斂以時。於時有事。嘗新于皇祖皇考。食農夫九人。以成秋事。司空司冬。以制度制地事。準揆山林。規表衍沃。畜水行衰御覽作表濯御覽作灌浸。以節四時之事。治地遠近。以任民力。以節民食。太古食壯之食。攻老之事。公曰。功事不少而餱糧不多乎。子曰。太古之民。秀長以壽者。食也。在今之民。羸醜以齒者。事也。太古無游民。食節事時。民各安其居。樂其宮室。（宮室二字大訓作官）服事信上。上下交信。地移民在。今之世上治不平。民治不和。百姓不安其居。不樂其宮。（大訓作官）老疾用財。壯狡用力。於茲民游。薄事貪食。於茲民憂。古者殷書爲成男成女名屬升于公門。此以氣食得節。作事得時。勸有功。夏服君事不及暍。冬服君事不及凍。是故年穀不成。天之飢饉。道無殣者。在今之世男女屬散。名不升于公門。此以氣食不節。作事不成。（大訓作時）天之飢饉。於時委民。不得以疾死。是故立民之居。必于中國之休地。因寒暑之和。六畜育焉。五穀宜焉。辨輕重。制剛柔。和五味。以節食時事。東辟之民曰夷。精以僥。至于大遠。有不火食者矣。南辟之民曰蠻。信以朴。至于大遠。有不火食者矣。西辟之民曰戎。勁以剛。至于大遠。有不火食者矣。北辟之民曰狄。肥以戾。至于大遠。有不火食者矣。及中國之民曰五方之民。有（大訓上有咸字）安民。（大訓作居）和味。咸有實用利器。知通之。信令之。及量地度居。邑有城郭。立朝市。地以度邑。以度民。以觀安危。距封後利。先慮久固。依固可守。爲奥可久。能節四時之事。霜露時降。

方冬三月。草木落。庶虞藏。五穀必畜于倉。於時有事。蒸于皇祖皇考。息國老六人以成冬事。民咸知孤寡之必不失也。咸知有大功之必進等也。咸知用勞力之必以時息也。推而內之水火。入也弗之顧矣。而況有强適在前。有君長正之者乎。公曰。善哉。

大戴禮四代　公曰。四代之政刑。論其明者可以爲法乎。子曰。何哉。四代之政刑。皆可法也。公曰。以我行之。其可乎。子曰。否。不可。臣願君之立知而以觀聞也。四代之政刑。君若用之。則緩急將有所不節。不節。君將約之。約之卒將棄法。棄法是無以爲國家也。公曰。巧匠輔繩而斲。胡爲其棄法也。子曰。心未之度。習未之狎。此以數踰而棄法也。夫規矩準繩鈞衡。此昔者先王之所以爲天下也。小以及大。近以知遠。今日行之。可以知古。可以察今。其此邪。水火金木土穀。此謂六府。廢一不可。進二不可。民並用之。今日行之。可以知古。可以察今。其此邪。昔夏商之未興也。伯夷謂此二帝之眇。公曰。長國治民恆幹。論政之大體以教民辨。歷大道以時地性。興民之陽德以教民事。上服周室之典以順事天子。脩政勤禮以交諸侯。大節無廢。小眇其後乎。子曰。否。不可後也。詩云。東有開明。於時鷄三號。以興庶虞。庶虞動。蜚征作。嗇民執功。百草咸淯。地傾水流之。是以天子盛服朝日于東堂。以教敬示威于天下也。是以祭祀昭有神明。燕食昭有慈愛。宗廟之事昭有義。率禮朝廷。昭有五官。無廢甲冑之戒。昭果毅以聽。天子曰崩。諸侯曰薨。大夫曰卒。士曰不祿。庶人曰死。昭哀。哀愛無失節。是以父慈子孝。兄愛弟敬。此昔先王之所先施於民也。君而後此。則爲國家失本矣。公曰。善哉。子察教我也。子曰。鄉也君之言善。執國之節也。君先眇而後善。中備以君子言。可以知古。可以察今。奂然而興民壹始。公曰。是非吾言也。吾一聞於師也。子吁焉其色曰。嘻。君行道矣。公曰。道邪。子曰。道也。公曰。吾未能知人。未能取人。子曰。君何爲不觀器視才。公曰。視可明乎。子曰。可以表儀。公曰。願學之。子曰。平原大藪。瞻其草之高豐茂者。必有怪鳥獸居之。且草可財也。如艾而夷之。其地必宜五穀。高山多林。必有怪虎豹蕃孕焉。深淵大川必有蛟龍焉。民亦如之。君察之。可以見器見才矣。公曰。吾猶未也。子曰。羣然。戚（大訓作威）然。頤然。

睪然。踖然。柱然。抽然。首然。僉然。湛然。淵淵然。淑淑然。齊齊然。節節然。穆穆然。皇皇然。見才色脩聲不視聞。怪物恪命不改志。舌不更氣。君見之舉也。得之取也。有事事也。事必與食。食必與位。無相越踰。昔虞舜天德嗣堯。取相十有六人如此。公曰。嘻。美哉。子道廣矣。曰。由德徑徑。吾恐惛而不能用也。何以哉。公曰。請問圖德何尚。子曰。聖。知之華也。知。仁之實也。仁。信之器也。信。義之重也。義。利之本也。委利生孽。公曰。嘻。言之至也。道天地以民輔之。聖人何尚。子曰。有天德。有地德。有人德。此謂三德。三德率行。乃有陰陽。陽曰德。陰曰刑。公曰。善哉。再聞此矣。
陽德何出。子曰。陽德出禮。禮出刑。刑出慮。慮則節事於
近。而揚聲於遠。公曰。善哉。載事何以。子曰。德以監位。位
以充局。局以觀功。功以養民。民於此乎上。公曰。祿不可
後乎。子曰。食爲味。味爲氣。氣爲志。發志爲言。發言定名。
名以出信。信載義而行之。祿不可後也。公曰。所謂民與
天地相參者。何謂也。子曰。天道以視。地道以履。人道以
稽。廢一曰失統。恐不長饗國。公愀然其色。子曰。君藏玉。
惟慎用之。雖慎敬而勿愛。民亦如之。執事無貳。五官有

差。喜無並愛。卑無加尊。淺無測深。小無招大。此謂楣機。
楣機賓薦不蒙。昔舜徵薦此道於堯。堯親用之。不亂上
下。公曰。請問民徵。子曰。無以爲也。難行。公曰。願學之幾
必能。子曰。貪於味不讓。妨於政。願富不久。妨於政。慕寵
假貴。妨於政。治民惡衆。妨於政。爲父不慈。妨於政。爲子
不孝。妨於政。大縱耳目。妨於政。好色失志。妨於政。好見
小利。妨於政。變從無節。妨於政。撓弱不立。妨於政。剛毅犯神。妨
於政。鬼神過節。妨於政。幼勿與衆。克勿與比。依勿與謀。
放勿與游。徼勿與事。臣聞之弗慶。大訓作薦非事君也。君聞

之弗用。以亂厥德。臣將慶（大訓作薦）其簡者。蓋人有可知者焉。貌色聲衆有美焉。必有美質在其中者矣。貌色聲衆有惡焉。必有惡質在其中者矣。此者。伯夷之所後出也。子曰。伯夷建國建政。脩（一作循）國脩政。公曰。善哉。

〔大戴禮小辯〕公曰。寡人欲學小辯。以觀於政。其可乎。子曰。否。不可。社稷之主愛日。日不可得。學不可以辯。是故昔者先王學齊大道。以觀於政。天子學樂辯風。制禮以行政。諸侯學禮辯官政。以行事。以尊事天子。大夫學德別義。矜行以事君。士學順辯言以遂志。庶人聽長辯禁。

農以行力。如此猶恐不濟。奈何其小辯乎。公曰。不辯則何以為政。子曰。辯而不小。夫小辯破言。小言破義。小義破道。道小不通。通道必簡。是故循弦以觀於樂。足以辯風矣。爾雅以觀於古。足以辯言矣。傳言以象反舌皆至。可謂簡矣。夫道不簡則不行。不行則不樂。夫亦固十棋之變。由不可既也。而況天下之言乎。曰微子之言吾壹樂辯言。子曰。辯言之樂。不若治政之樂。辯言之樂不下席。治政之樂皇於四海。夫政善則民說。民說則歸之如流水。親之如父母。諸侯初入而後臣之。安用辯言。公曰。

然則吾何學而可。子曰。（此下有行字）大訓禮樂而力。忠信其君。其習可乎。公曰。多與我言忠信而不可以入患。子曰。毋乃既明忠信之備。而口倦其君。則不可而有。明忠信之備。而又能行之。則可立待也。君朝而行忠信。百官承事。忠滿於中而發於外。刑於民而放於四海。天下其孰能患之。公曰。請學忠信之備。子曰。唯社稷之主實知忠信。若臣也。綴學之徒。安知忠信。公曰。非吾子問之而焉也。子三辭。將對。公曰。彊避。子曰。彊侍臣聞大道不隱。臣言之。君發之於朝。行之於國。一國之人莫不知何一之彊辟。臣聞之忠有九知。知忠必知中。知中必知恕。知恕必知外。知外必知德。知德必知政。知政必知官。知官必知事。知事必知患。知患必知備。若動而無備。患而弗知。死亾而弗知。安與知忠信。內思畢必戴校作心曰。中以應實曰知恕。內恕　度曰知外。外內參意曰知德。德以柔政曰知政。正義辯方曰知官。官治物則曰知事。事戒不虞曰知備。毋患曰樂。樂義曰終。

淮南子泰族訓孔子曰小辯破言小利破義小藝破道小見不達達必簡一本達字不重一本作大禮必簡河以逶蛇故

能遠山以陵遲故能高陰陽無爲故能和道以優柔故能化

〔魯語下〕季康子欲以田賦。使冉有訪諸仲尼。仲尼不對。私於冉有曰。求。來。女不聞乎。先王制土。籍田以力。而砥其遠邇。賦里以入。而量其有無。任力以夫。而議其老幼。於是乎有鰥寡孤疾。有軍旅之出則徵之。無則已。其歲收。田一井。出稯禾秉芻缶米。不是過也。先王以爲足。若子季孫欲其法也。則有周公之籍矣。若犯法。則苟而賦。又何訪焉。

春秋繁露王道臧孫辰請糴于齊。孔子曰。君子爲國必有三年之積。一年不熟乃請糴。失君之職也。

春秋繁露身之養重於義仲尼曰。國有道。雖加刑也。無刑。國無道。雖殺之。不可勝也。

白虎通三教引樂稽燿嘉顏回尙當作問三教。變虞夏何如。曰。教者。所以追補敗政。靡弊溷濁。謂之治也。舜之承堯無爲易也。

漢書刑法志孔子曰。古之知法者能省刑。本也。今之知法者不失有罪。末矣。又曰。今之聽獄者。求所以殺之。古

之聽獄者。求所以生之。案今之聽獄四句即前尚書大傳文

晏子春秋問上景公問于晏子曰。爲政何患。晏子對曰。患善惡之不分。公曰。何以察之。對曰。審擇左右。左右善。則百僚各得其所宜。而善惡分。孔子聞之曰。此言也信矣。善進。則不善無由入矣。不善進。則善無由入矣。

說苑政理齊侯問於晏子曰爲政何患對曰患善惡之不分公曰何以察之對曰審擇左右左右善則百僚各得其所宜而善惡分孔子聞之曰此言也信矣善言進則不善無由入矣不進善言則善無由入矣

荀子正論孔子曰。天下有道。盜其先變乎。
荀子宥坐孔子爲魯司寇。有父子訟者。孔子拘之。三月
不別。其父請止。孔子舍之。季孫聞之。不悅。曰。是老也欺
予。語予曰。爲國家必以孝。今殺一人以戮不孝。又舍之。
冉子以告。孔子慨然歎曰。嗚呼。上失之。下殺之。其可乎。
不教其民而聽其獄。殺不辜也。三軍大敗。不可斬也。獄
犴不治。不可刑也。罪不在民故也。嫚令謹誅。賊也。令有
時。斂也無時。暴也。不教而責成功。虐也。已此三者。然後
刑可即也。書曰。義刑義殺。勿庸以即。予維曰未有順事。

言先教也。故先王既陳之以道。上先服之。若不可。尚賢以綦之。若不可。廢不能以單之。綦三年而百姓往矣。邪民不從。然後俟之以刑。則民知罪矣。詩曰。尹氏太師。維周之氐。秉國之均。四方是維。天子是庳。卑民不迷。是以威厲而不試。刑錯而不用。此之謂也。今之世則不然。亂其教。繁其刑。其民迷惑而陷焉。陷或作墮則從而制之。是以刑彌繁而邪不勝。三尺之岸。而虛車不能登也。百仞之山。任負登車焉。何則。陵遲故也。數仞之牆。而民不踰也。百仞之山。而豎子馮而游焉。陵遲故也。今夫世之陵遲

亦久矣。而能使民勿踰乎。詩曰。周道如砥。其直如矢。君
子所履。小人所視。眷焉顧之。潸然出涕。豈不哀哉。詩曰。
瞻彼日月。悠悠我思。道之云遠。曷云能來。子曰伊稽首
不其有來乎。

韓詩外傳三傳曰魯有父子訟者康子欲殺之孔子
曰未可殺也夫民父子訟之爲不義久矣是則上失
其道上有道是人亡矣訟者聞之請無訟康子曰治
民以孝殺一不義以僇不孝不亦可乎孔子曰否不
教而聽其獄殺不辜也三軍大敗不可誅也獄讞不

治不可刑也上陳之教而先服之則百姓從風矣邪行不從然後俟之以刑則民知罪矣夫一仞之牆民不能踰百仞之山童子登遊焉陵遲故也今其仁義之陵遲久矣能謂民無踰乎詩曰俾民不迷昔之君子道其百姓不使迷是以威厲而刑措不用也故形（本或作刑）其仁義謹其教道使民目晰焉而見之使民耳晰焉而聞之使民心晰焉而知之則道不迷而民志不惑矣詩曰示我顯德行故道義不易民不由也禮樂不明民不見也詩曰周道如砥其直如矢言其易

也君子所履小人所視言其明也睠言顧之潸焉出涕哀其不聞禮教而就刑誅也夫散其本教而待之刑辟猶決其牢而發以毒矢也亦不哀乎故曰未可殺也昔者先王使民以禮譬之如御也刑者鞭策也今猶無轡銜而鞭策以御也欲馬之進則策其後欲馬之退則策其前御者以勞而馬亦多傷矣今猶此也上憂勞而民多罹刑詩曰人而無禮胡不遄死為上無禮則不免乎患為下無禮則不免乎刑上下無禮胡不遄死康子避席再拜曰僕雖不敏請承此語

矣孔子退朝門人子路難曰父子訟道邪孔子曰非
也子路曰然則夫子胡爲君子而免之也孔子曰不
戒責成害也慢令致期暴也不教而誅賊也君子爲
政避此三者且詩曰載色載笑匪怒伊教
說苑政理魯有父子訟者康子曰殺之孔子曰未可
殺也夫民不知子父訟之不善者久矣是則上過也
上有道是人亡矣康子曰夫治民以孝爲本今殺一
人以戮不孝不亦可乎孔子曰不孝而誅之（辥據集語引作
不孝者不教而誅之）是虐殺不辜也三軍大敗不可誅也獄訟

不治不可刑也上陳之教而先服之則百姓從風矣躬行不從而后俟之以刑則民知罪矣夫一仞之牆民不能踰百仞之山童子升而遊焉陵遲故也今是仁義之陵遲久矣能謂民弗踰乎詩曰俾民不迷昔者君子導其百姓不使迷是以威厲而不至刑錯而不用也於是訟者聞之乃請無訟

長短經政體孔子曰上失其道而殺其下非禮也故三軍大敗不可斬獄犴不知不可刑何也上教之不行罪不在人故也夫慢令謹誅賊也徵斂無時暴也

不誠責成虐也政無此三者然後刑即可也陳道德
以先服之猶不可則尚賢以勸之又不可則廢不能
以憚之而猶有邪人不從化者然後待之以刑矣

御覽六百三十三引慎子孔子云有虞氏不賞不罰夏
后氏賞而不罰殷人罰而不賞周人罰且賞罰禁也賞
使也

羣書治要尸子發蒙孔子曰臨事而懼希不濟

韓非子內儲說上七術魯人燒積澤天北風火南倚恐
燒國哀公懼自將衆輒救火者左右無人盡逐獸而火

不救。乃召問仲尼。仲尼曰。夫逐獸者樂而無罰。救火者苦而無賞。此火之所以無救也。哀公曰。善。仲尼曰。事急。不及以賞。救火者盡賞之。則國不足以賞於人。請徒行罰。藝文類聚八十引作請從行罰哀公曰。善。於是仲尼乃下令曰。不救火者。比降北之罪。逐獸者。比入禁之罪。令下未遍而火已救矣。

〈韓非子外儲說左下〉孔子相衛。弟子子皐為獄吏。刖人足。所刖者守門。人有惡孔子於衛君者。曰。尼欲作亂。衛君欲執孔子。孔子走。弟子皆逃。子皐從出門。刖危引之而逃之門下室中。吏追不得。夜半。子皋問跀危曰。吾不能虧主之法令而親刖子之足。是子報仇之時也。而子何故乃肯逃我。我何以得此於子。跀危曰。吾斷足也。固吾罪當之。不可奈何。然方公之獄治臣也。公傾側法令。先後臣以言。欲臣之免也。甚。而臣知之。及獄決罪定。公憱然不說。形于顏色。臣見又知之。非私臣而然也。夫天性仁心固然也。此臣之所以說而德公也。

〈韓非子外儲說左下〉孔子曰。善爲吏者樹德。不能爲吏者樹怨。槩者。平量者也。吏者。平法者也。治國者。不可失平也。

說苑至公子羔爲衛政刖人之足衛之君臣亂子羔走郭門郭門閉刖者守門曰於彼有缺子羔曰君子不踰曰於彼有竇子羔曰君子不遂曰於此有室子羔入追者罷子羔將去謂刖者曰吾不能虧損主之法令而親刖子之足吾在難中此乃子之報怨時也何故逃我刖者曰斷足固我罪也無可奈何君之治臣也傾側法令先後臣以法欲臣之免於法也臣知之獄決罪定臨當論刑君愀然不樂見於顔色臣又

知之君豈私臣哉天生仁人之心其固然也此臣之所以脫君也孔子聞之曰善爲吏者樹德不善爲吏者樹怨公行之也其子羔之謂歟

韓非子外儲說左下

仲尼曰與其使民諂下也寧使民諂上

韓非子外儲說右上

季孫相魯子路爲郈令魯以五月起衆爲長溝當此之時子路以其私秩粟爲漿飯要作溝者於五父之衢而飡之孔子聞之使子貢往覆其飯擊毀其器曰魯君有民子奚爲乃飡之子路怫然怒攘

肱而入請曰、夫子疾由之爲仁義乎、所學於夫子者仁義也。仁義者。與天下共其所有而同其利者也。今以由之秩粟而飡民。不可何也。孔子曰。由之野也。吾以女知之。女徒未及也。女故如是之不知禮也。女之飡之。爲愛之也。夫禮。天子愛天下。諸侯愛竟內。大夫愛官職。士愛其家。過其所愛曰侵。今魯君有民而子擅愛之。是子侵也。不亦誣乎。言未卒。而季孫使者至。讓曰。肥也起民而使之。先生使弟子令徒役而飡之。將奪肥之民邪。孔子駕而去魯。

水經濟水注引韓子曰魯以仲夏起長溝子路爲蒲宰以私粟饋衆孔子使子貢毀其器

焉

〔說苑臣術〕子路爲蒲令備水災與民春脩溝瀆爲人煩苦故予人一簞食一壺漿孔子聞之使子貢復之子路忿然不悅往見夫子曰由也以暴雨將至恐有水災故與人脩溝瀆以備之而民多匱於食故與人一簞食一壺漿而夫子使賜止之何也夫子止由之行仁也夫子以仁教而禁其行仁也由也不受子曰爾以民爲餓何不告於君發倉廩以給食之而汝以私饋之是汝不明君之惠見汝之德義也速已則可

矣否則爾之受罪不久矣子路心服而退也

韓非子難三葉公子高問政於仲尼。仲尼曰。政在說近而來遠。哀公問政於仲尼。仲尼曰。政在選賢。齊景公問政於仲尼。仲尼曰。政在節財。三公出。子貢問曰。三公問夫子政一也。夫子對之不同。何也。仲尼曰。葉都大而國小。民有背心。故曰政在說近而來遠。魯哀公有大臣三人。外障距諸侯四鄰之士。內比周而以愚其君。使宗廟不埽除。社稷不血食者。必是三臣也。故曰政在選賢。齊景公築雍門。爲路寢。一朝而以三百乘之家賜者三。故曰政在節財。
〔尚書大傳略說〕子貢曰葉公問政于夫子子曰政在
附近而來遠魯哀公問政子曰政在于論臣齊景公
問政子曰政在于節用三君問政夫子應之不同然
則政有異乎夫子曰荆之地廣而都狹民有離志焉
故曰在于附近而來遠哀公有臣三人內比周以惑
其君外障距諸侯賓客以蔽其明故曰政在論臣齊
景公奢于臺榭淫于苑囿五官之樂不解一旦賜人
百乘之家者三故曰節用

說苑政理子貢曰葉公問政於夫子夫子曰政在附近而來遠魯哀公問政於夫子夫子曰政在於諭臣齊景公問政於夫子夫子曰政在於節用三君問政於夫子夫子應之不同然則政有異乎孔子曰夫荆之地廣而都狹民有離志焉故曰在於附近而來遠哀公有臣三人內比周公以惑其君外障距諸侯賓客以蔽其明故曰政在諭臣齊景公奢於臺榭淫於苑囿五官之樂不解一旦而賜人百乘之家者三故曰政在於節用此三者政也詩不云乎亂離斯瘼爰

其適歸此傷離散以爲亂者也匪其止共惟王之卭
此傷姦臣蔽主以爲亂者也相亂蔑資曾莫惠我師
此傷奢侈不節以爲亂者也察此三者之所欲政其
同乎哉

呂氏春秋先識覽察微 魯國之法。魯人爲人臣妾於諸侯。有能贖之者。取其金於府。子貢贖魯人於諸侯。來而讓不取其金。孔子曰。賜失之矣。自今以往。魯人不贖人矣。取其金則無損於行。不取其金則不復贖人矣。

呂氏春秋先識覽察微 子路撜溺者。其人拜之以牛。子路受之。孔子曰。魯人必撜溺者矣。孔子見之以細觀化遠也。

淮南子道應訓 魯國之法魯人爲人妾於諸侯有能贖之者取金於府子貢贖魯人於諸侯來而辭不受金孔子曰賜失之矣夫聖人之舉事也可以移風易俗而受教順可施後世非獨以適身之行也今國之富者寡而貧者衆贖而受金則爲不廉不受金則不復贖人自今以來魯人不復贖於諸侯矣

淮南子齊俗訓 子路撜溺而受牛謝孔子曰魯國必

好救人於患子贛贖人而不受金於府孔子曰魯國不復贖人矣子路受而勸德子贛讓而止善孔子之明以小知大以近知遠通於論者也

說苑政理魯國之法魯人有贖臣妾於諸侯者取金於府子貢贖人於諸侯而還其金孔子聞之曰賜失之矣聖人之舉事也可以移風易俗而教導可施於百姓非獨適其身之行也今魯國富者寡而貧者衆贖而受金則爲不廉不受則後莫復贖自今以來魯人不復贖矣

呂氏春秋審行覽具備宓子賤治亶父。恐魯君之聽說人。而令已不得行其術也。將辭而行。請近吏二人於魯君。與之俱至於亶父。邑吏皆朝。宓子賤令吏二人書。吏方將書。宓子賤從旁時掣搖其肘。吏書之不善。則宓子賤爲之怒。吏甚患之。辭而請歸。宓子賤曰。子之書甚不善。子勉歸矣。二吏歸報於君。曰。宓子不可爲書。君曰何故。吏對曰。宓子使臣書。而掣搖臣之肘。書惡而有甚怒。吏皆笑宓子。此臣所以辭而去也。魯君太息而歎曰。宓子以此諫寡人之不肖也。寡人之亂子。而令宓子不得

行其術。必數有之矣。微二人。寡人幾過。遂發所愛。而令
之亶父。告宓子曰。自今以來。亶父非寡人之有也。子之
有也。有便於亶父者。子決為之矣。五歲而言其要。宓子
敬諾。乃得行其術於亶父。三年。巫馬旗短褐衣敝裘。而
往觀化於亶父。見夜漁者。得則舍之。巫馬旗問之曰。漁
為得也。今子得而舍之。何也。對曰。宓子不欲人之取小
魚也。所舍者。小魚也。巫馬旗歸。告孔子曰。宓子之德至
矣。使小民闇行。若有嚴刑於旁。敢問宓子何以至於此。
孔子曰。丘嘗與之言曰。誠乎此者刑乎彼。宓子必行此

術於亶父也。

〈新序雜事二〉魯君使宓子賤爲單父宰，子賤辭去，因請借善書者二人，使書憲書教品，魯君與之。至單父，使書，子賤從旁引其肘，書醜則怒之，欲好書則又引之。書者患之，請辭而去，歸以告魯君。魯君曰：子賤苦吾擾之，使不得施其善政也。乃命有司無得擅徵發單父。單父之化大治，故孔子曰：君子哉子賤，魯無君者，斯安取斯？美其德也。

〈淮南子道應訓〉季子治亶父三年，而巫馬期絻衣短

褐易容貌往觀化焉見夜魚釋之巫馬期問焉一本無焉
字曰凡子所爲魚者欲得也今得而釋之何也漁者
對曰季子不欲人取小魚也所得者小魚是以釋之
巫馬期歸以報孔子曰季子之德至矣使人闇行若
有嚴刑在其側者季子何以至於此孔子曰丘嘗問
之以治言曰誠於此者刑於彼季子必行此術也辭據
集語引此而節其文云見
韓非子今韓非子無此文
水經泗水注宓子賤之治也孔子使巫馬期觀政入
其境見夜漁者問曰子得魚輒放何也曰小者吾大

夫欲長育之故也子聞之曰誠彼刑此子賤得之善矣惜哉不齊所治者小也

鹽鐵論憂邊孔子曰。不通於論者難於言治道不同者不相與謀。

新序雜事五孔子北之山戎氏。有婦人哭於路者。其哭甚哀。孔子立輿而問曰。曷爲哭哀至於此也。婦人對曰。往年虎食我夫。今虎食我子。是以哀也。孔子曰。嘻。若是則曷爲不去也。曰。其政平。其吏不苛。吾以是不能去也。孔子顧子貢曰。弟子記之。夫政之不平而吏苛。乃甚於

虎狼矣。詩云。降喪饑饉。斬伐四國。夫政不平也。乃斬伐
四國。而況二人乎。其不去宜哉。
論衡遭虎 孔子行魯林中婦人哭甚哀使子貢問之
何以哭之哀也曰去年虎食吾夫今年食吾子是以
哭哀也子貢曰若此何不去也對曰吾善其政之不
苛吏之不暴也子貢還報孔子孔子曰弟子識諸苛
政暴吏甚於虎也
說苑建本 子貢問爲政。孔子曰。富之。既富乃教之也此
治國之本也。

說苑政理　齊桓公出獵。逐鹿而走入山谷之中。見一老公而問之曰。是爲何谷。對曰。爲愚公之谷。桓公曰。何故。對曰。以臣名之。桓公曰。今視公之儀狀。非愚人也。何爲以公名。對曰。臣請陳之。臣故畜牸牛生子而大。賣之而買駒。少年曰。牛不能生馬。遂持駒去。傍鄰聞之。以臣爲愚。故名此谷爲愚公之谷。桓公曰。公誠愚矣。夫何爲而與之。桓公遂歸。明日朝。以告管仲。管仲正衿再拜曰。此夷吾之愚也。使堯在上。咎繇爲理。安有取人之駒者乎。若有見暴如是叟者。又必不與也。公知獄訟之不正。故與之耳。請退而脩政。孔子曰。弟子記之。桓公。霸君也。管仲。賢佐也。猶有以智爲愚者也。况不及桓公管仲者也。

說苑政理。魯哀公問政於孔子。對曰。政有使民富且壽。哀公曰。何謂也。孔子曰。薄賦斂則民富。無事則遠罪。遠罪則民壽。公曰。若是則寡人貧矣。孔子曰。詩云。凱悌君子。民之父母。未見其子富而父母貧者也。

說苑政理。宓子賤爲單父宰。辭於夫子。夫子曰。毋迎而距也。毋望而許也。許之則失守。距之則閉塞。譬如高山深淵。仰之不可極。度之不可測也。子賤曰。善。敢不承命乎。

說苑政理孔子弟子有孔蔑者與宓子賤皆仕。孔子往過孔蔑。問之曰。自子之仕者。何得何亡。孔蔑曰。自吾仕者。未有所得。而有所亡者三。曰。王事若襲。學焉得習。以是學不得明也。所亡者一也。奉祿少。鬻鬻不足及親戚。親戚益疏矣。所亡者二也。公事多急。不得弔死視病。是以朋友益疏矣。所亡者三也。孔子不說。而復往見子賤曰。自子之仕。何得何亡。子賤曰。自吾之仕。未有所亡。而所得者三。始誦之文。今履而行之。是學日益明也。所得者一也。奉祿雖少鬻。鬻得及親戚。是以親戚益親也。所得者二也。公事雖急。夜勤。弔死視病。是以朋友益親也。所得者三也。孔子謂子賤曰。君子哉若人。君子哉若人。魯無君子者。斯焉取斯。

說苑政理子路治蒲。見於孔子曰。由願受教。孔子曰。蒲多壯士。又難治也。然吾語汝。恭以敬。可以攝勇。寬以正。可以容眾。恭以潔。可以親上。按史記仲尼弟子傳作恭以敬可以執勇寬以正可以比眾恭正以靜可以報上

說苑政理子貢爲信陽令。辭孔子而行。孔子曰。力之順

之。因子之時。無奪無伐。無暴無盜。子貢曰。賜少日事君子。君子固有盜者邪。孔子曰。夫以不肖伐賢。是謂奪也。以賢伐不肖。是謂伐也。緩其令。急其誅。是謂暴也。取人善以自爲己。是謂盜也。君子之盜豈必當財幣乎。吾聞之曰。知爲吏者。奉法利民。不知爲吏者。枉法以侵民。此皆怨之所由生也。臨官莫如平。臨財莫如廉。廉平之守。不可攻也。匿人之善者。是謂蔽賢也。揚人之惡者。是謂小人也。不內相教而外相謗者。是謂不足親也。言人之善者。有所得而無所傷也。言人之惡者。無所得而有所傷也。故君子慎言語矣。毋先己而後人。擇言出之。令口如耳。

說苑政理孔子見季康子。康子未說。孔子又見之。宰子曰。吾聞之夫子曰。王公不聘不動。今吾子之見司寇也少數矣。孔子曰。魯國以眾相陵。以兵相暴之日久矣。而有司不治。聘我者其孰大乎。於是魯人聞之曰。聖人將治。可以不先自爲刑罰乎。自是之後。國無爭者。孔子謂弟子曰。違山十里。蟪蛄之聲猶尚存耳。政事無如膺之矣。

續博物志十 孔子曰違山十里蟪蛄之聲猶在於耳

政事惡譁而善肅古微書引詩含神霧孔子歌云違山十里蟪蛄之聲尚猶在耳政尚靜而惡譁也

說苑尊賢 齊桓公使管仲治國。管仲對曰。賤不能臨貴。桓公以爲上卿而國不治。桓公曰。何故。管仲對曰。貧不能使富。桓公賜之齊國市租一年而國不治。桓公曰。何故。對曰。疏不能制親。桓公立以爲仲父齊國大安而遂霸天下。孔子曰。管仲之賢不得此三權者。亦不能使其君南面而霸矣。

傷也。故君子慎言語矣。毋先己而後人。擇言出之。令口如耳。

說苑政理 孔子見季康子。康子未說。孔子又見之。宰予曰。吾聞之夫子曰。王公不聘不動。今吾子之見司寇也少數矣。孔子曰。魯國以衆相陵。以兵相暴之日久矣。而有司不治。聘我者其孰大乎。於是魯人聞之曰。聖人將治。可以不先自爲刑罰乎。自是之後。國無爭者。孔子謂弟子曰。違山十里。蟪蛄之聲猶尚存耳。政事無如膺之矣。

說苑雜言 孔子曰。鞭朴之子。不從父之教。刑戮之民不從君之政。言疾之難行。故君子不急斷。不意使。以爲亂源。

中論慎所從 孔子曰。知不可由。斯知所由矣。

金樓子立言下 子曰。滌盃而食。洗爵而飲。可以養家客。未可以饗三軍。兕虎在後。隋珠在前。弗及掇珠。先避後患。聞雷掩耳。見電瞑目。耳聞所惡。不如無聞。目見所惡。不如無見。火可見而不可握。水可循而不可毀。故有象之屬。莫貴於火。有形之類。莫尊於水。身曲影直者。未之聞也。用百人之所能。則百人之力舉。譬若伐樹而引其本。千枝萬葉。莫能弗從也。

亢倉子農道孔子之言。冬飽則身溫。夏飽則身涼。

孔子集語卷十終

總校王詒壽分校張景雲金肇麒校

孔子集語卷十一　平津館原本

山東督糧道臣孫星衍撰

博物十

（魯語下）季桓子穿井。獲如土缶。其中有羊焉。使問之仲尼曰。吾穿井而獲狗。何也。對曰。以丘之所聞。羊也。丘聞之。木石之怪曰夔蝄蜽。水之怪曰龍罔象。土之怪曰羵羊。

（說苑辨物）季桓子穿井得土缶中有羊以問孔子言得狗孔子曰以吾所聞非狗乃羊也木之怪夔罔兩

水之怪龍罔象土之怪羵羊也非狗也桓子曰善哉

（搜神記十二）季桓子穿井獲如土缶其中有羊焉使問之仲尼曰吾穿井而獲狗何耶對曰以丘所聞羊也丘聞之木石之怪夔蝄蜽水之怪龍罔象土中之怪曰賁羊

（初學記七引韓詩外傳）魯哀公使人穿井三月不得泉得一玉羊哀公甚懼孔子聞之曰水之精爲玉土之精爲羊此羊肝乃土爾哀公使人殺羊其肝即土也（今外傳無）

文選齊故安陸王碑注引韓詩外傳孔子曰水之精爲玉老蒲爲葦願無怪之今外傳無

御覽九百二引韓詩外傳魯哀公使人穿井三月不得泉得一玉羊焉公以爲祥使祝鼓舞之欲上於天羊不能上孔子見公曰水之精爲玉土之精爲羊願無怪之此羊肝土也公使殺之視肝即土矣今外傳無

魯語下吳伐越墮會稽獲骨焉節專車吳子使來好聘且問之仲尼曰無以吾命賓發幣於大夫及仲尼仲尼爵之既徹俎而宴客執骨而問曰敢問骨何爲大仲尼

曰。臣聞之。昔禹致羣神於會稽之山。防風氏後至。禹殺而戮之。其骨節專車。此爲大矣。客曰。敢問誰守爲神。仲尼曰。山川之靈。足以紀綱天下者。其守爲神。社稷之守者爲公侯。皆屬於王者。客曰。防風何守也。仲尼曰。汪芒氏之君也。守封嵎之山者也。爲漆姓。在虞夏商爲汪芒氏。於周爲長狄。今爲大人。客曰。人長之極幾何。仲尼曰。僬僥氏長三尺。短之至也。長者不過十。數之極也。

（說苑辨物）吳伐越隳會稽得骨專車使使問孔子曰骨何者最大孔子曰禹致羣臣會稽山防風氏後至

禹殺而戮之，其骨節專車，此爲大矣。使者曰：誰爲神？孔子曰：山川之靈足以紀綱天下者，其守爲神；社稷爲公侯；山川之祀爲諸侯，皆屬於王者。曰：防風氏何守？孔子曰：汪芒氏之君，守封嵎之山者也，其神爲釐姓，在虞夏爲防風氏，商爲汪芒氏，於周爲長狄氏，今謂大人。使者曰：人長幾何？孔子曰：僬僥氏三尺，短之至也；長者不過十，數之極也。使者曰：善哉聖人也。

魯語下　仲尼在陳。有隼集于陳侯之庭而死。楛矢貫之石砮。其長尺有咫。陳惠公使人以隼如仲尼之館問之。

仲尼曰。隼之來也遠矣。此肅慎氏之矢也。昔武王克商。通道于九夷百蠻。使各以其方賄來貢。使無忘職業。於是肅慎氏貢楛矢石砮。其長尺有咫。先王欲昭其令德之致遠也。以示後人。使永監焉。故銘其栝曰。肅慎氏之貢矢。以分大姬。配虞胡公而封諸陳。古者分同姓以珍玉。展親也。分異姓以遠方之職貢。使無忘服也。故分陳以肅慎氏之貢。君若使有司求諸故府。其可得也。使求得之金櫝。如之。

〔說苑辨物〕仲尼在陳有隼集于陳侯之廷而死楛矢

貫之石砮矢長尺而咫陳侯使問孔子孔子曰隼之來也遠矣此肅愼氏之矢也昔武王克商通道九夷百蠻使各以其方賄來貢思無忘職業於是肅愼氏貢楛矢石砮長尺而咫先王欲昭其令德之致故銘其栝曰肅愼氏貢楛矢以勞大姬配虞胡公而封諸陳分同姓以珍玉展親也分别姓以遠方職貢使無忘服也故分陳以肅愼氏之矢試求之故府果得焉

初學記十六引晏子春秋齊景公爲大鐘將懸之仲尼伯常騫晏子三人俱來朝。皆曰鐘將毁。撞之果毁。公召三子問之。晏子曰。鐘大非禮。御覽五百七十五引作鐘大不以禮是以曰將毀。御覽作故曰將毀下皆作故曰仲尼曰。鐘大懸下。其氣不得上薄。御覽無不得是以曰將毀。伯常騫曰。今日庚申。雷日也。陰莫勝於雷。是以曰將毀。按今本晏子無

說苑辨物。楚昭王渡江。有物大如斗。直觸王舟。止於舟中。昭王大怪之。使聘問孔子。孔子曰。此名萍實。令剖而食之。惟霸者能獲之。此吉祥也。其後齊有飛鳥一足來下。止于殿前。舒翅而跳。齊侯大怪之。又使聘問孔子。孔子曰。此名商羊。急告民趣治溝渠。天將大雨。於是如之。

天果大雨。諸國皆水。齊獨以安。孔子歸。弟子請問孔子。曰。異哉。群據集語引作異時小兒謠曰。楚王渡江得萍實。大如拳。赤如日。剖而食之美如蜜。此楚之應也。兒又有兩兩相牽。屈一足而跳曰。天將大雨。商羊起舞。今齊獲之亦其應也。夫謠之後。未嘗不有應隨者也。故聖人非獨守道而已也。睹物記也。即得其應矣。

論衡明雩孔子出。使子路齎雨具。有頃。天果大雨。子路問其故。孔子曰。昨暮月離于畢。後日。月復離畢。孔子出。子路請齎雨具。孔子不聽。出。果無雨。子路問其故。孔子曰。昔日月離其陰。故雨。昨暮月離其陽。故不雨。

論衡卜筮魯將伐越。筮之。得鼎折足。子貢占之。以爲凶。何則。鼎而折足。行用足。故謂之凶。孔子占之。以爲吉。曰。越人水居。行用舟。不用足。故謂之吉。魯伐越。果克之。

論衡實知孔子未嘗見狌狌。至輒能名之。然而孔子名狌狌。聞昭人之歌。

繹史孔子類記四引衡波傳有鳥九尾。孔子與子夏見之。人以問。孔子曰。鶬也。子夏曰。何以知之。孔子曰。河上之歌云。鶬兮鶬兮。逆毛衰兮。一身九尾長兮。

廣韵十三末䳒字注引韓詩孔子渡江見之異衆莫能名孔子嘗聞河上人歌曰鴶兮䳒兮逆毛衰兮一身九尾長兮鶬䳒也

北戶錄上引白澤圖鬼車昔孔子子夏所見故歌之其圖九首

虞世南撰夫子廟堂碑辨飛龜於石函。事詳雜事篇 抱朴子辨問

孔子集語卷十一終

總校王詒壽 分校張景雲 金肇麟 校

孔子集語卷十二

平津館原本

山東督糧道臣孫星衍撰

事譜十一上

詩商頌序疏引世本宋湣公生弗甫何。弗甫何生宋父。宋父生正考甫。正考甫生孔父嘉。爲宋司馬。華督殺之。而絕其世。其子木金父降爲士。木金父生祁父。祁父生防叔。爲華氏所逼。奔魯。爲防大夫。故曰防叔。防叔生伯夏。伯夏生叔梁紇。叔梁紇生仲尼。（左傳桓元年疏引作孔父嘉生木金父木金父生祁父其子奔魯爲防叔防叔生伯夏伯夏生叔梁紇叔梁紇生仲尼省文）

潛夫論志氏姓　閔公子弗父何生宋父，宋父生世子，世子生正考父，正考父生孔父嘉，孔父嘉生子木金父，木金父降爲士，故曰滅於宋。金父生祁父，祁父生防叔，防叔爲華氏所偪，出奔魯，爲防大夫，故曰防叔。防叔生伯夏，伯夏生叔梁紇，爲鄹大夫，故曰鄹叔紇，生孔子。

續博物志二　孔子生於魯襄公二十二年。（按公羊穀梁皆謂生於襄二十一年，此本史記孔子世家。）

韓詩外傳二　孔子遭齊程本子於郯之閒。（初學記十七引作孔子遇齊遇程本子於郯郯之間御覽八百十八引作孔子之齊遇程本子於譚郯之間傾蓋而語終日。有間。初學記引作甚說顧子路曰。由。來取二字本脫從初學記補束帛十匹。以贈先生。子路不對。有間。又顧謂曰。取謂字取字本脫從趙本補束帛十匹。以贈先生。子路率爾而對曰。昔者由也聞之於夫子。士不中道相見。女無媒而嫁者。君子不行也。孔子曰。夫詩不云乎。野有蔓草。零露漙兮。有美一人。青揚宛兮。邂逅相遇。適我願兮。且夫齊程本子。天下之賢士也。吾於是而不贈。終身不之見也。大德不踰閑。小德出入可也。

說苑尊賢孔子之郯遭程子於塗傾蓋而語終日有閒顧子路曰取束帛一以贈先生子路不對有閒又顧曰取束帛一以贈先生子路屑然對曰由聞之也士不中而見御覽四百二引作士不中閒而見注云中閒謂紹介也女無媒而嫁君子不行也孔子曰由詩不云乎野有蔓草零露漙兮有美一人清揚婉兮邂逅相遇適我願兮今程子天下之賢士也於是不贈終身不見大德毋踰閑小德出入可也

子華子子華子反自郯遭孔子於塗傾蓋相顧相語

終日甚相懽也孔子命子路曰取束帛以贈先生子路屑然而對曰由聞之士不中閒見女嫁無媒君子不以交禮也子曰固哉由也詩不云乎有美一人清揚婉兮邂逅相遇適我願兮今程子天下之賢士也於斯不贈則終身弗能見也小子行之

高士傳孔子年十七遂適周見老聃。水經渭水注引同按莊子天運孔子行年五十有一南之沛見老聃史記孔子世家載適周事在年三十之前索隱引莊子下復再言十七諸說不同宜從史記

莊子外篇天道孔子西藏書於周室。子路謀曰。由聞周

之徵藏史有老聃者。免而歸居。夫子欲藏書。則試往因焉。孔子曰。善。往見老聃。而老聃不許。於是繙十二經以說。老聃中其說。曰。大謾。願聞其要。孔子曰。要在仁義。老聃曰。請問。仁義。人之性邪。孔子曰。然。君子不仁則不成。不義則不生。仁義。眞人之性也。又將奚爲矣。老聃曰。請問。何謂仁義。孔子曰。中心物愷。兼愛無私。此仁義之情也。

〈說苑敬愼〉孔子之周。觀於太廟。右陛之前。有金人焉。三緘其口而銘其背曰。古之愼言人也。戒之哉。戒之哉。無多言。多言多敗。無多事。多事多患。安樂必戒。無行所悔。勿謂何傷。其禍將長。勿謂何害。其禍將大。勿謂何殘。其禍將然。勿謂莫聞。天妖伺人。熒熒不滅。炎炎奈何。涓涓不壅。將成江河。緜緜不絕。將成網羅。青青不伐。將尋斧柯。誠不能慎之。禍之根也。曰是何傷。禍之門也。强梁者不得其死。好勝者必遇其敵。盜怨主人。民害其貴。君子知天下之不可蓋也。故後之下之。使人慕之。執雌持下。莫能與之爭者。人皆趨彼。我獨守此。衆人惑惑。我獨不從。內藏我知。不與人論技。我雖尊高。人莫害我。夫江河長百谷者。以其卑下也。天道無親。常與善人。戒之哉。戒之哉。孔子顧謂弟子曰。記之。此言雖鄙。而中事情。詩曰。戰戰兢兢。如臨深淵。如履薄冰。行身如此。豈以口遇禍哉。

說苑雜言　孔子曰。自季孫之賜我千鍾而友益親。自南宮項叔之乘我車也。而道加行。故道有時而後重。有勢而後行。微夫二子之賜。丘之道幾於廢也。

荀子宥坐　孔子觀於魯桓公之廟。有欹器焉。孔子問於守廟者曰。此爲何器。守廟者曰。此蓋爲宥坐之器。孔子曰。吾聞宥坐之器者。虛則欹。中則正。滿則覆。孔子顧謂弟子曰。注水焉。弟子挹水而注之。中而正。滿而覆。虛而欹。孔子喟然而歎曰。吁。惡有滿而不覆者哉。子路曰。敢問持滿有道乎。孔子曰。聰明聖知。守之以愚。功被天下。守之以讓。勇力撫世。守之以怯。富有四海。守之以謙。此所謂挹而損之之道也。

（韓詩外傳三）孔子觀於周廟有欹器焉孔子問於守廟者曰此謂何器也對曰此葢爲宥坐之器孔子曰聞宥坐器滿則覆虛則欹中則正有之乎對曰然孔

子使子路取水試之滿則覆中則正虛則欹孔子喟然而歎曰嗚呼惡有滿而不覆者哉子路曰敢問持滿有道乎孔子曰持滿之道抑而損之子路曰損之有道乎孔子曰德行寬裕者守之以恭土地廣大者守之以儉祿位尊盛者守之以卑人眾兵强者守之以畏聰明睿知者守之以愚博聞强記者守之以淺夫是之謂抑而損之

淮南子道應訓孔子觀桓公之廟有器焉謂之宥巵孔子曰善哉子（一本作乎）得見此器顧曰弟子取水水至

灌之其中則正其盈則覆孔子造然革容曰善哉持盈者乎子貢在側曰請問持盈曰益（一本作挹）而損之曰何謂益而損之曰夫物盛而衰樂極而悲日中而移月盈而虧是故聰明睿知守之以愚多聞博辯守之以陋（一本作儉）武力毅勇守之以畏富貴廣大守之以儉（一本作陋）德施天下守之以讓此五者先王所以守天下而弗失也反此五者未嘗不危也

〔說苑敬慎〕孔子觀於周廟而有欹器焉孔子問守廟者曰此爲何器對曰蓋爲宥坐之器孔子曰吾聞宥

坐之器滿則覆虛則欹中則正有之乎對曰然孔子使子路取水而試之滿則覆中則正虛則欹孔子喟然歎曰嗚呼惡有滿而不覆者哉子路曰敢問持滿有道乎孔子曰持滿之道挹而損之子路曰損之有道乎孔子曰高而能下滿而能虛富而能儉貴而能卑智而能愚勇而能怯辯而能訥博而能淺明而能闇是謂損而不極能行此道唯至德者及之易曰不損而益之故損自損而終故益

呂氏春秋離俗覽舉難季孫氏刼公家孔子欲諭術則

見外。於是受養而便說魯國以聲。孔子。御覽九百三十引重孔子字

曰。龍食乎清而游乎清。螭食乎清而游乎濁。魚食乎濁而游乎濁。今巳上不及龍。下不若魚。巳其螭邪。

論衡龍虛孔子曰龍食於清游於清龜食於清游於濁魚食於濁游於清巳上不及龍下不爲魚中止其龜與

說苑脩文孔子至齊郭門之外。遇一嬰兒挈一壺。相與俱行。其視精。其心正。其行端。孔子謂御曰。趣驅之趣驅之。韶樂方作。孔子至彼。聞韶。三月不知肉味。

晏子春秋外篇下　仲尼游齊。見景公。景公曰。先生奚不見寡人宰乎。仲尼對曰。臣聞晏子事三君而得順焉。是有三心。所以不見也。仲尼出。景公以其言告晏子。晏子對曰。不然。嬰爲三心。三君爲一心。故三君皆欲其國之安。是以嬰得順也。嬰聞之。是而非之。非而是之。猶非也。孔丘必據處此一心矣。

晏子春秋外篇下　仲尼之齊。見景公而不見晏子。子貢曰。見君不見其從政者。可乎。仲尼曰。吾聞晏子事三君而順焉。吾疑其爲人。晏子聞之。曰。嬰則齊之世民也。不維其行。不識其過。不能自立也。嬰聞之。有幸見愛。無幸見惡。誹譽（一本作謗）為類。聲響相應。見行而從之者也。嬰聞之。以一心事三君者。所以順焉。以三心事一君者。不順焉。今未見嬰之行。而非其順也。嬰聞之。君子獨立不慙于影。獨寢不慙于魂。孔子拔樹削跡。不自以為辱。窮陳蔡。不自以為約。非人不得其故。是猶澤人之非斤斧。山人之非網罟也。出之其口。不知其困也。始吾望傳（一本作儒下同）而貴之。今吾望傳而疑之。仲尼聞之。曰。語有之。言發于邇。不可止于遠也。行存于身。不可掩于眾也。吾竊議晏子而不中夫人之過。吾罪幾矣。臣聞君子過人以爲友。不及人以爲師。今臣失言于夫子。譏之。是吾師也。因宰我而謝焉。然仲尼見之。

說苑權謀

孔子與齊景公坐。左右白曰。周使來言周廟燔。齊景公出問曰。何廟也。孔子曰。是釐王廟也。景公曰。何以知之。孔子曰。詩云。皇皇上帝。其命不忒。天之與人必報有德。禍亦如之。夫釐王變文武之制而作元黃宮室。輿馬奢侈。不可振也。故天殃其廟。是以知之。景公曰。天何不殃其身。曰。天以文王之故也。若殃其身。文王之祀無乃絕乎。故殃其廟。以章其過也。左右入報曰。周釐王廟也。景公大驚。起。再拜曰。善哉。聖人之智。豈不大乎。

晏子春秋外篇下仲尼之齊。見景公。景公說之。欲封之以爾稽。以告晏子。晏子對曰。不可。彼浩裾自順。不可以教下。好樂綏一作緩于民。不可使親治。立命而建事。不可使守職。厚葬破民貧國。久喪道哀費日。不可使子民。行之難者在內。而傳者無其外。故異于服。勉于行。一作不容可以道眾而馴百姓。自大賢之滅。周室之卑也。威儀加多。而民行滋薄。聲樂繁充。而世德滋衰。今孔丘盛聲樂以侈世。飾絃歌鼓舞以聚徒。繁登降之禮。趨翔之節以觀衆。博學不可以儀世。勞思不可以補民。兼　不能殫其教。當年不能究其禮。積財不能贍其樂。繁飾邪術以營世君。盛爲聲樂以淫愚其民。其道也。不可以示世。其教也。不可以導民。今欲封之。以移齊國之俗。非所以道衆存民也。公曰。善。於是厚其禮而留其封。敬見不問其道。仲尼乃行。

〔墨子非儒下〕孔丘之齊見景公景公說欲封之以尼谿以告晏子晏子曰不可夫儒浩居而自順者也不

可以教下好樂而淫人不可使親治立命而怠事不可使守職宗（史記孔叢作宗）喪循哀不可使慈民機服勉容不可使導眾孔丘盛容修飾以蠱世弦歌鼓舞以聚徒繁登降之禮以示儀務趨翔之節以勸眾儒學不可使議世勞思不可以補民絫壽不能盡其學當年不能行其禮積財不能贍其樂繁飾邪術以營世君盛為聲樂以淫遇民其道不可以期世其學不可以導眾今君封之以利齊俗非所以導國先眾公曰善於是厚其禮留其封敬見而不問其道孔丘乃恚怒

於景公與晏子乃樹鴟夷子皮於田常之門告南郭惠子以所欲爲歸於魯孔叢子詰墨夫樹人爲信已也記曰孔子適齊惡陳常而終不見常病之亦惡孔子交相惡而又任事其然矣記又曰陳常弑其君孔子齋戒沐浴而朝請討之觀其終不樹子皮審矣

呂氏春秋離俗覽高義孔子見齊景公。景公致廩丘以爲養。孔子辭不受。入謂弟子曰。吾聞君子當功以受祿。今說景公。景公未之行而賜之廩丘。其不知丘亦甚矣。令弟子趣駕而行。

淮南子氾論訓下孔子辭廩丘終不盜刀鉤

【說苑立節】孔子見齊景公景公致廩丘以為養孔子辭不受出謂弟子曰吾聞君子當功以受祿今說景公景公未之行而賜我廩丘其不知丘亦甚矣遂辭而行

【韓詩外傳八】傳曰。予小子使爾繼邵公之後。受命者必以其祖命之。孔子為魯司寇。命之曰。宋公之子弗甫有孫。魯孔丘。命爾為司寇。孔子曰。弗甫敦及厥辟將不堪。公曰。不妄。

【御覽二百八引符子】魯侯欲以孔丘為司徒將召三

桓議之乃謂左丘明曰寡人欲以孔子爲司徒而授以魯政焉寡人將欲詢諸三子左丘明曰孔丘其聖人與夫聖人任政過者離位焉君雖欲謀其將弗合乎魯侯曰吾子奚以知之丘明曰周人有愛裘而好珍羞欲爲千金之裘而與狐謀其皮欲具少牢之珍而與羊謀其羞言未卒狐相率逃於重邱之下羊相呼藏於深林之中與聖人十年不制一裘五年不具一牢何者周人之謀失之矣今君欲以孔丘爲司徒召三桓而議之亦與狐謀裘與羊謀羞哉於是魯侯

遂不與三桓謀而召孔丘爲司徒

呂氏春秋孝行覽遇合孔子周流海內。再干世主。如齊至衞。所見八十餘君。委質於弟子者三千人。達徒七十人。萬乘之主得一人用可爲師。不於無人。以此游僅至於魯司寇。

荀子儒效仲尼將爲司寇。沈猶氏不敢朝飲其羊。公慎氏出其妻。慎潰氏踰境而徙。魯之粥牛馬者不豫賈。必蚤正以待之者也。居於闕黨。闕黨之子弟罔不分有親者取多。孝悌以化之也。

新序雜事二 魯有沈猶氏者旦飲羊飽之以欺市人公慎氏有妻而淫慎潰氏奢侈驕佚魯市之鬻牛馬善豫賈孔子將爲魯司寇沈猶氏不敢朝飲其羊公慎氏出其妻慎潰氏踰境而徙魯之鬻馬牛不豫賈布正以待之也既爲司寇季孟墮郈費之城齊人歸所侵魯之地由積正之所致也

呂氏春秋先識覽樂成 孔子始用於魯。魯人鷖誦之曰。麛裘而鞞。投之無戾。鞞而麛裘。投之無郵。用三年。男子行乎塗右。女子行乎塗左。財物之遺者。民莫之舉。

〈淮南子泰俗訓〉孔子爲魯司寇。道不拾遺。市賈不豫賈。田漁皆讓長。而斑白不負戴。非法之所能致也。

〈公羊定十年解詁〉頰谷之會。齊侯作侏儒之樂。欲以執定公。孔子曰。匹夫而熒惑於諸侯者誅。於是誅侏儒。首足異處。齊侯大懼。曲節從教。疏云晏子春秋文按今本晏子無

〈穀梁定十年傳〉頰谷之會。孔子相焉。兩君就壇。兩相相揖。齊人鼓譟而起。欲以執魯君。孔子歷階而上。不盡一等。而視歸乎齊侯。曰。兩君合好。夷狄之民何爲來。爲命司馬止之。齊侯逡巡而謝曰。寡人之過也。退而屬其二

三大夫曰。夫人率其君與之行古人之道。二三子獨率我而入夷狄之俗。何爲。罷會。齊人使優施舞於魯君之幕下。孔子曰。笑君者罪當死。使司馬行法焉。首足異門而出。齊人來歸鄆讙龜陰之田者。蓋爲此也。

陸賈新語辨惑

魯定公之時與齊侯會於夾谷孔子行相事兩君升壇兩相處下而相揖君臣之禮濟濟備焉齊人鼓譟而起欲執魯公孔子歷階而上不盡一等而立謂齊侯曰兩君合好以禮相率以樂相化臣聞嘉樂不野合犧象之薦不下堂夷狄之民何求

爲命司馬請止之定公曰諾齊侯逡巡而避席曰寡人之過退而自責大夫罷會齊人使優旃儛於魯公之幕下傲戲欲候魯君之隙以執定公孔子嘆曰君辱臣當死使司馬行法斬焉首足異門而出於是齊人瞿然而恐君臣易操不安其故行乃歸魯四邑之侵地終無乘魯之心

公羊定十二年解詁郈叔孫氏所食邑費季氏所食邑二大夫宰吏數叛患之以問孔子孔子曰陪臣執國命采長數叛者坐邑有城池之固家有甲兵之藏故也季

氏說其言而墮之。疏云春秋說

春秋繁露五行相勝火者。司馬也。司馬爲讒。反言易辭以譖愬人。內離骨肉之親。外疏忠臣。賢聖旋亡。讒邪日昌。魯上大夫季孫是也。專權擅勢。薄國威德。反以怠惡譖愬其羣臣。劫惑其君。孔子爲魯司寇。據義行法。季孫自消墮費郈城兵甲有差。夫火者大朝。有讒邪熒惑其君。執法誅之。執法者水也。故曰水勝火。

春秋繁露五行相生北方者。水。執法。司寇也。司寇尚禮。君臣有位。長幼有序。朝廷有爵。鄉黨以齒。升降揖讓。般伏拜謁。折旋中矩。立而磬折。拱則抱鼓。執衡而藏。至清廉平。賂遺不受。請謁不聽。據法聽訟。無有所阿。孔子是也。爲魯司寇。斷獄屯屯。與眾共之。不敢自專。是死者不恨。生者不怨。

鹽鐵論 備胡 孔子仕於魯前仕三月及齊平後仕三月及鄭平務以德安近而綏遠當此之時魯無敵國之謀鄰境之患彊臣變節而忠順故季柏（柏伯古字通）隳其都城大國畏義而合好齊人來歸鄆讙龜陰之田

說苑 至公 孔子爲魯司寇聽獄必師斷敦敦然皆立

然後君子進曰某子以爲何若某子以爲云云又曰某子以爲何若某子曰云云辯矣然後君子幾當從某子云云乎以君子之知豈必待某子之云云然後知所以斷獄哉君子之敬讓也文辭有可與人共之者君子不獨有也

荀子宥坐孔子爲魯攝相。朝七日而誅少正卯。門人進問曰。夫少正卯。魯之聞人也。夫子爲政而始誅之。得無失乎。孔子曰。居。吾語汝其故。人有惡者五而盜竊不與焉。一曰心達而險。二曰行辟而堅。三曰言僞而辯。四曰記醜而博。五曰順非而澤。此五者。有一於人。則不得免於君子之誅。而少正卯兼有之。故居處足以聚徒成羣。言談足以飾邪營衆。彊足以反是獨立。此小人之桀雄也。不可不誅也。是以湯誅尹諧。文王誅潘止。周公誅管叔。太公誅華仕。管仲誅付里乙。子產誅鄧析史付。此七子者。皆異世同心。不可不誅也。詩曰。憂心悄悄。慍于羣小。小人成羣。斯足憂矣。

尹文子聖人孔丘攝魯相七日而誅少正卯門人進問曰夫少正卯魯之聞人也夫子爲政而先誅得無

失乎孔子曰居吾語汝其故人有惡者五而竊盜姦私不與焉一曰心達而險二曰行僻而堅三曰言僞而辯四曰彊記而博五曰順非而澤此五者有一於人則不免君子之誅而少正卯兼有之故居處足以聚徒成羣言談足以飾邪熒衆彊記足以反是獨立此小人雄桀也不可不誅也是以湯誅尹諧文王誅潘正太公誅華士管仲誅付里乙子產誅鄧析史付此六子者異世而同心不可不誅也詩曰憂心悄悄慍于羣小小人成羣斯足畏也

［淮南子汜論訓下］孔子誅少正卯而魯國之邪塞

［説苑指武］孔子爲魯司寇七日而誅少正卯於東觀之下門人聞之趨而進至者不言其意皆一也子貢後至趨而進曰夫少正卯者魯國之聞人矣夫子始爲政何以先誅之孔子曰賜也非爾所及也夫王者之誅有五而盜竊不與焉一曰心辨而險二曰言僞而辯三曰行辟而堅四曰志愚而博五曰順非而澤此五者皆有辨知聰達之名而非其眞也苟行以僞則其知足以移衆强足以獨立此姦人之雄也不可

不誅夫有五者之一則不免於誅今少正卯兼之是以先誅之也昔者湯誅蠋沐太公誅潘阯管仲誅史附里子産誅鄧析此五子未有不誅也所謂誅之者非爲其晝則攻盜暮則穿窬也皆傾覆之徒也此固君子之所疑愚者之所惑也詩云憂心悄悄慍于羣小此之謂矣

論衡講瑞 子貢事孔子一年自謂過孔子二年自謂與孔子同三年自知不及孔子當一年二年之時未知孔子聖也三年之後然乃知之以子貢知孔子三

年乃定世儒無子貢之才其見聖人不從之學任會卒之祝無三年之接自謂知聖誤矣少正卯在魯與孔子並孔子之門三盈三虛唯顏淵不去顏淵獨知孔子聖也夫門人去孔子歸少正卯不徒不能知孔子之聖又不能知少正卯門人皆惑子貢曰夫少正卯魯之聞人也子爲政何以先之孔子曰賜退非爾所及

劉子心隱少正卯在魯與孔子同時孔子門人三盈三虛唯顏淵不去獨知聖人之德也夫門人去仲尼

而叛少正卯非不知仲尼之聖亦不知少正卯之佞

子貢曰少正卯魯之聞（程本作文）人也夫子爲政何以先之子曰賜也還（程子無還字）非爾所及也夫少正卯心逆而險行辟而堅言僞而辯詞鄙而博順非而澤有此五僞（程本作爲）而亂聖人以子貢之明而不能見知人之難也

韓非子內儲說下　仲尼爲政於魯。道不拾遺。齊景公患之。黎且謂景公曰。去仲尼猶吹毛耳。君何不迎之以重祿高位。遺哀公（後漢馮衍傳注引作魯公）以女樂以驕榮其意。哀公新樂之。必怠於政。仲尼必諫。諫而不聽。必輕絶於魯。景公曰。善。乃令黎且以女樂六遺哀公。哀公樂之。果怠於政。仲尼諫。不聽。去而之楚。

〔晏子春秋外篇下〕仲尼相魯景公患之謂晏子曰鄰國有聖人敵國之憂也今孔子相魯若何晏子對曰君其勿憂彼魯君弱主也孔子聖相也君不如陰重孔子設以相齊孔子强諫而不聽必驕魯而有齊君勿納也夫絶于魯無主于齊孔子困矣居朞年孔子去魯之齊景公不納故困于陳蔡之閒

陸賈新語辨惑孔子遭君暗臣亂。衆邪在位。政道隔於三家。仁義閉於公門。故作公陵之歌。傷無權力於世。

琴操龜山操者。孔子所作也。齊人饋女樂。季桓子受之。魯君閉門不聽朝。當此之時。季氏專政。上僭天子。下畔大夫。賢聖斥逐。讒邪滿朝。孔子欲諫不得。退而望魯。魯有龜山蔽之。辟季氏於龜山。託勢位於斧柯。季氏專政。猶龜山蔽魯也。傷政道之陵遲。閔百姓不得其所。欲誅季氏。而力不能。於是援琴而歌云。予欲望魯兮。龜山蔽之。手無斧柯。奈龜山何。

孔子集語卷十二終

總校王詒壽分校

張景雲
金肇麟 校

孔子集語卷十三

平津館原本

山東督糧道臣孫星衍撰

事譜十一下

韓詩外傳五孔子抱聖人之心彷徉乎道德之域逍遥乎無形之鄉倚天理觀人情明終始知得失故興仁義厭勢利以持養之于時周室微王道絶諸侯力政强劫弱衆暴寡百姓靡安莫之紀綱禮儀廢壞人倫不理於是孔子自東自西自南自北匍匐救之

韓詩外傳六孔子行簡子將殺陽虎孔子似之帶甲以

圍孔子。舍子路。慍怒。奮戟將下。孔子止之。曰。由。何仁義之寡裕也。夫詩書之不習。禮樂之不講。是丘之罪也。若吾非陽虎。而以我爲陽虎。則非丘之罪也。命也。我歌。子和若。當作由歌子和若 子路歌。孔子和之。三終而圍罷。

〈莊子外篇秋水〉孔子遊於匡。宋人圍之數匝。而弦歌不輟。子路入見曰。何夫子之娛也。孔子曰。來。吾語女。我諱窮久矣。而不免。命也。求通久矣。而不得。時也。當堯舜而天下無窮人。非知得也。當桀紂而天下無通人。非知失也。時勢適然。夫水行不避蛟龍者。漁父之勇也陸行不避兕虎者獵夫之勇也白刃交於前視死若生者烈士之勇也知窮之有命知通之有時臨大難而不懼者聖人之勇也由處矣吾命有所制矣無幾何將甲者進辭曰以爲陽虎也故圍之今非也請辭而退

說苑雜言孔子之宋匡簡子將殺陽虎孔子似之甲士以圍孔子之舍子路怒奮戟將下鬬孔子止之曰何仁義之不免俗也夫詩書之不習禮樂之不脩也是丘之過也若似陽虎則非丘之罪也命也夫由歌

吾和汝子路歌孔子和之三終而甲罷

〈琴操〉孔子尼者。孔子使顏淵執轡。到匡郭外。顏淵舉策指匡穿垣曰。往與陽虎正從此入。匡人聞其言。孔子貌似陽虎。告匡君曰。往者陽虎今復來至。乃率衆圍孔子。數日不解。弟子皆有飢色。於是孔子仰天而嘆曰。君子固亦窮乎。子路聞孔子之言悲感。悖然大怒。張目奮劍。聲如鐘鼓。顧謂二三子曰。使吾有此尼也。孔子曰。由來。今汝欲鬭名。爲戮我於天下。爲汝悲歌而感之。汝皆和我。由等唯唯。孔子乃引琴而歌。音曲甚哀。有暴風擊拒。

軍士僵仆。於是匡人乃知孔子聖人。瓦解而去。

呂氏春秋慎大覽貴因 孔子道彌子瑕見釐夫人。因也。

淮南子泰族訓 孔子欲行王道東西南北七十說而無所偶故因衛夫人彌子瑕而欲通其道

鹽鐵論論儒 孔子適衛因嬖臣彌子瑕以見衛夫人子路不說

藝文類聚六十七引典略 孔子返衛。衛夫人南子使人謂之曰。四方君子之來者。必見寡小君。孔子不得已見之。夫人在錦帷中。孔子北面稽首。夫人自帷中（御覽七百作幕）

中再拜。環珮之聲璆然。御覽作璆璆然

呂氏春秋恃君覽召類。趙簡子將襲衛。使史默往睹之。期以一月。六月而後返。趙簡子曰。何其久也。史默曰。謀利而得害。猶弗察也。今蘧伯玉爲相。史鰌佐焉。孔子爲客。子貢使令於君前。甚聽。易曰。渙其羣。元吉。渙者。賢也。羣者。衆也。元者。吉之始也。渙其羣元吉者。其佐多賢也。簡子按兵而不動。

鹽鐵論論儒。孔子能方不能圓。故飢于黎丘。

藝文類聚三十引典略。孔子過宋。與弟子習禮於樹下。

御覽五百二十三引宋司馬桓魋使人拔其樹。去適於
典略作於大樹下
野。御覽作去適鄭
韓詩外傳九。孔子出衛疑當作鄭之東門。逆姑布子卿。曰二
三子引車避。有人將來。必相我者也。志之。姑布子卿亦
曰。二三子引車避。有聖人將來。孔子下步。姑布子卿迎
而視之五十步。從而望之五十步。顧子貢曰。是何爲者
也。子貢曰。賜之師也。所謂魯孔丘也。姑布子卿曰。是魯
孔丘歟。吾固聞之。子貢曰。賜之師何如。姑布子卿曰。得
堯之顙。舜之目。禹之頸。皋陶之喙。從前視之。盎盎乎似

有王者。從後視之。高肩弱脊。此惟不及四聖者也。子貢吁然。姑布子卿曰。子何患焉。汙面而不惡。葭喙而不藉。遠而望之。羸乎若喪家之狗。子何患焉。子貢以告孔子。孔子無所辭。獨辭喪家之狗耳。曰。丘何敢乎。子貢曰。汙面而不惡。葭喙而不藉。賜以知之矣。不知喪家狗。何足辭也。子曰。賜。汝獨不見夫喪家之狗歟。既斂而椁。布器而祭。顧望無人。意欲施之。上無明王。下無賢士方伯。王道衰。政教失。强陵弱。衆暴寡。百姓縱心。莫之綱紀。是以固以丘爲欲當之者也。丘何敢乎。

〈白虎通·壽命〉夫子過鄭與弟子相失獨立郭門外或謂子貢曰東門有一人其頭似堯其頸似臯繇其肩似子產然自要以下不及禹三寸傫傫如喪家之狗子貢以告孔子孔子喟然而笑曰形狀末也如喪家之狗然哉乎然哉乎

〈論衡·骨相〉孔子適鄭與弟子相失孔子獨立鄭東門鄭人或問子貢曰東門有人其頭似堯其項若臯陶肩類子產然自腰以下不及禹三寸儽儽若喪家之狗子貢以告孔子孔子欣然笑曰形狀末也如喪家

狥然哉然哉

三國魏劉廙傳注引新序趙簡子欲專天下。謂其相曰。趙有犢犨。晉有鐸鳴。魯有孔丘。吾殺三人者。天下可王也。於是乃召犢犨鐸鳴而問政焉。已即殺之。使使者聘孔子於魯。以胖牛肉迎於河上。使者謂船人曰。孔子即上船。中河必流御覽八百六十三引作安流而殺之。孔子至。使者致命。進胖牛之肉。孔子仰天而歎曰。美哉水乎。洋洋乎。使丘不濟此水者。命也夫。子路趨而進曰。敢問何謂也。孔子曰。夫犢犨鐸鳴。晉國之賢大夫也。趙簡子未得意之時。須而後從政。及其得意也。殺之。黃龍不反於涸澤。鳳凰不離其尉羅。故刳胎焚林。則麒麟不臻。覆巢破卵。則鳳皇不翔。竭澤而漁。則龜龍不見。鳥獸之於不仁。猶知避之。況丘乎。故虎嘯而谷風起。龍興而景雲見。擊庭鐘於外。而黃鐘應於內。夫物類之相感。精神之相應。若響之應聲。影之象形。故君子違傷其類者。今彼已殺吾類矣。何爲之此乎。於是遂回車不渡而還。按今本新序無

說苑權謀趙簡子曰晉有澤鳴犢犨曾有孔丘吾殺此三人則天下可圖也於是乃召澤鳴犢犨任之以

政而殺之使人聘孔子於魯孔子至河臨水而觀曰
美哉水洋洋乎丘之不濟於此命也夫子路趨進曰
敢問奚謂也孔子曰夫澤鳴犢犨晉國之賢大夫也
趙簡子之未得志也與之同聞見及其得志也殺之
而後從政故丘聞之刳胎焚夭則麒麟不至乾澤而
漁蛟龍不游覆巢毀卵則鳳凰不翔丘聞之君子重
傷其類者也

琴操將歸操者孔子之所作也趙簡子循執玉帛以
聘孔子孔子將往未至渡狄水聞趙殺其賢大夫竇

鳴犢喟然而嘆之曰夫趙之所以治者鳴犢之力也殺鳴犢而聘余何丘之往也夫燔林而田則麒麟不至覆巢破卵則鳳凰不翔鳥獸尚惡傷類而況君子哉於是援琴而鼓之云翱翔於衛復我舊居從吾所好其樂只且

〔水經河水注五〕昔趙鞅殺鳴犢仲尼臨河而歎自是而返曰丘之不濟命也夫琴操以爲孔子臨狄水而歌矣曰狄水衍兮風揚波船楫顛倒更相加博物志又見續博物志八繹史孔子類記一引水經注孔子適趙臨河不濟歎而作歌曰秋風衍兮風揚波舟楫顛倒更相加

歸來歸來胡爲斯

〈莊子雜篇寓言〉莊子謂惠子曰。孔子行年六十而六十化。始時所是。卒而非之。未知今之所謂是之非五十九非也。惠子曰。孔子勤志服知也。莊子曰。孔子謝之矣。而其未之嘗言。孔子云。夫受才乎大本。復靈以生。鳴而當律。言而當法。利義陳乎前。而好惡是非。直服人之口而已矣。使人乃以心服。而不敢蘁立。定天下之定。已乎已乎。吾且不得及彼乎。

〈墨子耕柱〉葉公子高問政於仲尼曰。善爲政者若之何。

仲尼對曰。善爲政者。遠者近之。而舊者新之。
〈莊子內篇人間世〉葉公子高將使於齊。問於仲尼曰。王使諸梁也甚重。齊之待使者蓋將甚敬而不急。匹夫猶未可動也。而況諸侯乎。吾甚慄之。子嘗語諸梁也曰。凡事若小若大。寡不道以懽成。事若不成。則必有人道之患。事若成。則必有陰陽之患。若成若不成而後無患者。唯有德者能之。吾食也執粗而不臧。爨無欲凊之人。今吾朝受命而夕飲冰。我其內熱與。吾未至乎事之情。而既有陰陽之患矣。事若不成。必有人道之患。是兩也。爲人臣者不足以任之。子其有以語我來。仲尼曰。天下有大戒二。其一命也。其一義也。子之愛親。命也。不可解於心。臣之事君。義也。無適而非君也。無所逃於天地之間。是之謂大戒。是以夫事其親者。不擇地而安之。孝之至也。夫事其君者。不擇事而安之。忠之盛也。自事其心者。哀樂不易施乎前。知其不可奈何而安之若命。德之至也。爲人臣子者。固有所不得已。行事之情而忘其身。何暇至於悅生而惡死。夫子其行可矣。丘請復以所聞。凡交近則必相靡以信。遠則必忠之以言。言必或傳之。夫傳兩喜兩怒之言。天下之難者也。夫兩喜必多溢美之言。兩怒必多溢惡之言。凡溢之類妄。妄則其信之也莫。莫則傳言者殃。故法言曰。傳其常情。無傳其溢言。則幾乎全。且以巧鬭力者。始乎陽。常卒乎陰。泰至則多奇巧。以禮飲酒者。始乎治。常卒乎亂。泰至則多奇樂。凡事亦然。始乎諒。常卒乎鄙。其作始也簡。其將畢也必巨。言者風波也。行者實喪也。夫風波易以動。實喪易以危。故忿設無由。巧言偏辭。獸死不擇音。氣息茀然。於是並生心厲。剋核太至。則必有不肖之心應之。而不知其然也。苟爲不知其然也。孰知其所終。故法言曰。無遷令。無勸成。過度益也。遷令勸成殆事。美成在久。惡成不及改。可不愼與。且夫乘物以遊心。託不得已以養中。至矣。何作爲報也。莫若爲致命。此其難者。

荀子宥坐

孔子南適楚。厄於陳蔡之閒。七日不火食。藜羹不糂。弟子皆有飢色。子路進問之曰。由聞之。爲善者天報之以福。爲不善者天報之以禍。今夫子累德積義懷美。行之日久矣。奚居之隱也。孔子曰。由不識。吾語汝。汝以知者爲必用邪。王子比干不見剖心乎。汝以忠者爲必用邪。關龍逄不見刑乎。汝以爲諫者爲必用邪。伍子胥不磔姑蘇東門外乎。夫遇不遇者。時也。賢不肖者。材也。君子博學深謀不遇時者多矣。由是觀之。不遇世者衆矣。何獨丘也哉。夫芷蘭生於深林。非以無人而不芳。君子之學。非爲通也。爲窮而不困。憂而意不衰也。知禍福終始而心不惑也。夫賢不肖者。材也。爲不爲者。人也。遇不遇者。時也。死生者。命也。今有其人不遇其時。雖賢。其能行乎。苟遇其時。何難之有。故君子博學深謀脩身端行以俟其時。孔子曰。由。居。吾語汝。昔晉公子重耳霸心生於曹。越王句踐霸心生於會稽。齊桓公小白霸心生於莒。故居不隱者思不遠。身不佚者志不廣。女庸安知吾不得之桑落之下。

〔韓詩外傳七〕孔子困於陳蔡之閒卽三經之席七日不食藜羹不糝弟子有飢色讀書習禮樂不休子路進諫曰爲善者天報之以福爲不善者天報之以賊今夫子積德累仁爲善久矣意者尙有遺行乎（本作意者當遺行乎據文選對楚王問辯命論兩注引改）奚居之隱也孔子曰由來汝小人也未講於論也居吾語汝子以知者爲無罪乎

則王子比干何爲剖心而死子以義者爲聽乎則伍子胥何爲抉目而縣吴東門子以廉者爲用乎則伯夷叔齊何爲餓於首陽之山子以忠者爲用乎則鮑叔何爲而不用葉公子高終身不仕鮑焦抱木而泣子推登山而燔故君子博學深謀不遇時者衆矣豈獨丘哉賢不肖者材也遇不遇者時也今無有時賢安所用哉故虞舜耕於歷山之陽立爲天子其遇堯也傅說負土而版築以爲大夫其遇武丁也伊尹固有莘氏僮也負鼎操俎調五味而立爲相其遇湯也

呂望行年五十賣食棘津年七十屠於朝歌九十乃爲天子師則遇文王也管夷吾束縛自檻車以爲仲父則遇齊桓公也百里奚自賣五羊之皮爲秦伯牧牛舉爲大夫則遇秦繆公也虞丘於天下脫文（於上有以）爲令尹讓於孫叔敖則遇楚莊王也伍子胥前功多後戮死非知有盛衰也前遇闔閭後遇夫差也夫驥罷鹽車此非無形容也莫知之也使驥不得伯樂安得千里之足造父亦無千里之手矣夫蘭茝生於茂林之中深山之間人莫見之故不芬夫學者非爲通

也爲窮而不困憂而志不衰先知禍福之始而心無惑焉故聖人隱居深念獨聞獨見夫舜亦賢聖矣南面而治天下惟其遇堯也使舜居桀紂之世能自免於刑戮之中則爲善矣亦何位之有桀殺關龍逢紂殺王子比干當此之時豈關龍逢無知而王子比干不慧乎哉此皆不遇時也故君子務學脩身端行而須其時者也子無惑焉

說苑雜言孔子困於陳蔡之閒居環堵之内席三經之席七日不食藜羹不糝弟子皆有飢色讀詩書治

禮不休子路進諫曰凡人爲善者天報以福爲不善者天報以禍今先生積德行爲善久矣意者尚有遺行乎奚居隱也孔子曰由來汝不知坐吾語汝子以夫知者爲無不知乎則王子比干何爲剖心而死以諫者爲必聽邪伍子胥何爲抉目於吳東門子以廉者爲必用乎伯夷叔齊何爲餓死於首陽山之下子以忠者爲必用乎則鮑莊何爲而肉枯荆公子高終身不顯鮑焦抱木而立枯介子推登山焚死故夫君子博學深謀不遇時者衆矣豈獨丘哉賢不肖者才

也爲不爲者人也遇不遇者時也死生者命也有其
才不遇其時雖才不用苟遇其時何難之有故舜耕
歷山而逃於河畔立爲天子則其遇堯也傅說負壤
土釋版築而立佐天子則其遇武丁也伊尹有莘氏
媵臣也負鼎俎調五味而佐天子則其遇成湯也呂
望行年五十賣食於棘津行年七十屠牛朝歌行年
九十爲天子師則其遇文王也管夷吾束縛膠目居
檻車中自車中起爲仲父則其遇齊桓公也百里奚
自賣取五羊皮伯氏牧羊以爲卿大夫則其遇秦穆

公也沈尹名聞天下以爲令尹而讓孫叔敖則其遇楚莊王也伍子胥前多功後戮死非其智益衰也前遇闔閭後遇夫差也夫驥厄罷鹽車非無驥狀也夫世莫能知也使驥得王良造父驥無千里之足乎芝蘭生深林非爲無人而不香故學者非爲通也爲窮而不困也憂而不衰也此知禍福之始而心不惑也聖人之深念獨知獨見舜亦賢聖矣南面治天下唯其遇堯也使舜居桀紂之世能自免刑戮固可也又何官得治乎夫桀殺關龍逄而紂殺王子比干當是

時豈關龍逢無知而比干無惠哉此桀紂無道之世
然也故君子疾學脩身端行以須其時也
（說苑雜言）孔子遭難陳蔡之境絶糧弟子皆有飢色
孔子歌兩柱之閒子路入見曰夫子之歌禮乎孔子
不應曲終而曰由君子好樂爲無驕也小人好樂爲
無懾也其誰知之子不我知而從我者乎子路不說
援干而舞三終而出及至七日孔子脩樂不休子路
慍見曰夫子之脩樂時乎孔子不應樂終而曰由昔
者齊桓霸心生于莒句踐霸心生于會稽晉文霸心

生于驪氏故居不幽則思不遠身不約則智不廣庸知而不遇之於是與明日免於尼子貢執轡曰二三子從夫子而遇此難也其不可忘已孔子曰惡是何也語不云乎三折肱而成良醫夫陳蔡之閒丘之幸也二三子從丘者皆幸人也吾聞人君不困不成王列士不困不成行昔者湯困於呂文王困於羑里秦穆公困於殽齊桓困於長句句踐困於會稽晉文困於驪氏夫困之爲道從寒之及煖煖之及寒也唯賢者獨知而難言之也易曰困亨貞大人吉無咎有言

不信聖人所與人難言信也

〔莊子雜篇讓王〕孔子窮於陳蔡之閒。七日不火食。藜羹不糝。顏色甚憊。而弦歌於室。顏回釋菜。子路子貢相與言曰。夫子再逐於魯。削迹於衞。伐樹於宋。窮於商周。圍於陳蔡。殺夫子者無罪。藉夫子者無禁。弦歌鼓琴。未嘗絶音。君子之無恥也若此乎。顏回無以應。入告孔子。孔子推琴喟然而嘆曰。由與賜細人也。召而來。吾語之。子路子貢入。子路曰。如此者可謂窮矣。孔子曰。是何言也。君子通於道之謂通。窮於道之謂窮。今丘抱仁義之道。

以遭亂世之患。其何窮之爲。故內省而不窮於道。臨難而不失其德。天寒既至。霜雪既降。吾是以知松柏之茂也。陳蔡之隘。於丘其幸乎。孔子削然反琴而弦歌。子路扢然執干而舞。子貢曰。吾不知天之高也。地之下也。古之得道者。窮亦樂。通亦樂。所樂非窮通也。道德於此。則窮通爲寒暑風雨之序矣。故許由娛於潁陽。而共伯得乎共首。

〈呂氏春秋孝行覽慎人〉孔子窮於陳蔡之間七日不嘗食藜羹不糝宰予備矣孔子弦歌於室顏回擇菜

於外子路與子貢相與而言曰夫子逐於魯削迹於衛伐（一作拔）樹於宋窮於陳蔡殺夫子者無罪藉夫子者不禁夫子弦歌鼓舞未嘗絶音蓋君子之無所醜也若此乎顔回無以對入以告孔子孔子愀然推琴喟然而嘆曰由與賜小人也召吾語之子路與子貢入子貢曰如此者可謂窮矣孔子曰是何言也君子達於道之謂達窮於道之謂窮今丘也拘仁義之道以遭亂世之患其所也何窮之謂故内省而不疚於道臨難而不失其德大寒既至霜雪既降吾是以知

松柏之茂也昔桓公得之莒文公得之曹越王得之會稽陳蔡之尼於匡其幸乎孔子烈然返瑟而弦子路抗然執干而舞子貢曰吾不知天之高也不知地之下也古之得道者窮亦樂達亦樂所樂非窮達也道得於此則窮達一也爲寒暑風雨之序矣故許由虞乎穎陽而共伯得乎共首

風俗通七 孔子困於陳蔡之閒七日不嘗粒藜羹不糁而猶絃琴於室顏回擇菜於戶外子路子貢相與言曰夫子逐於魯削迹於衞拔樹於宋今復見尼於

此殺夫子者無罪藉夫子者不禁夫子絃歌鼓儛未
嘗絶音蓋君子之無恥也若此乎顔淵無以對以告
孔子孔子恬然推琴喟然而嘆曰由與賜小人也召
吾語之子路與子貢入子路曰如此可謂窮矣夫子
曰由是何言也君子通於道之謂通窮於道之謂窮
今丘抱仁義之道以遭亂世之患其何窮之爲故內
省不疚於道臨難而不失其德大寒既至霜雪既降
吾是以知松柏之茂也昔者桓公得之莒文公得之
曹越得之會稽陳蔡之戹於丘其幸乎

〔莊子外篇山木〕孔子窮於陳蔡之閒。七日不火食。左據槁木。右擊槁枝。而歌猋氏之風。有其具而無其數。有其聲而無宮角。木聲與人聲。犁然有當於人之心。顏回端拱還目而窺之。仲尼恐其廣己而造大也。愛己而造哀也。曰。回。無受天損易。無受人益難。無始而非卒也。人與天一也。夫今之歌者其誰乎。回曰。敢問無受天損易。仲尼曰。飢渴寒暑。窮桎不行。天地之行也。運物之泄也。言與之偕遊之謂也。爲人臣者。不敢去之。執臣之道猶若是。而況乎所以待天乎。何謂無受人益難。仲尼曰。始用四達。爵祿並至而不窮。物之所利。乃非己也。吾命有在外者也。君子不爲盜。賢人不爲竊。吾若取之何哉。故曰。鳥莫知於鷾鴯。目之所不宜處。不給視。雖落其實。棄之而走。其畏人也。而襲諸人閒。社稷存焉爾。何謂無始而非卒。仲尼曰。化其萬物而不知其禪之者。焉知其所終。焉知其所始。正而待之而已耳。何謂人與天一邪。仲尼曰。有人天也。有天亦天也。人之不能有天。性也。聖人晏然體逝而終矣。

（墨子非儒）孔丘窮於陳蔡之閒藜羹不糂十日子路

爲享豚孔丘不問肉之所由來而食號（褫字之誤孔叢作剝）人衣以酤酒孔丘不問酒之所由來而飲哀公迎孔丘席不端弗坐割不正弗食子路進請曰何其與陳蔡反也孔丘曰來吾語汝曩與女爲苟生今與女爲苟義

呂氏春秋審分覽任數孔子窮乎陳蔡之閒。藜羹不斟。七日不嘗粒。晝寢。顏回索米。得而爨之。幾熟。孔子望見顏回攫其甑中而食之。選閒食熟。謁孔子而進食。孔子佯爲不見之。孔子起曰。今者夢見先君。食潔而後饋。顏回對曰。不可。嚮者煤室御覽八百三十八引作炲煤入甑中。棄食不祥。回攫而飯之。孔子歎曰。所信者目也。而目猶不可信。所恃者心也。而心猶不足恃。弟子記之。知人固不易矣。

〔論衡知實〕顏淵炊飯塵落甑中欲置之則不清投地則棄飯掇而食之孔子望見以爲竊食

〔說苑貴德〕孔子之楚。有漁者獻魚甚强。孔子不受。獻魚者曰。天暑。遠市賣之不售。思欲棄之。不若獻之君子。孔子再拜受。使弟子埽除將祭之。弟子曰。夫人將棄之。今吾子將祭之。何也。孔子曰。吾聞之。務施而不腐餘財者。

聖人也。今受聖人之賜。可無祭乎。

説苑雜言楚昭王召孔子。將使執政而封以書社七百。子西謂楚王曰。王之臣用兵有如子路者乎。使諸侯有如宰予者乎。長官五官有如子貢者乎。昔文王處酆。武王處鎬。酆鎬之閒。百乘之地。伐上殺主。立爲天子。世皆曰聖。王今以孔子之賢而有書社七百里之地。而三子佐之。非楚之利也。楚王遂止。

莊子內篇人閒世孔子適楚。楚狂接輿遊其門曰。鳳兮鳳兮。何如德之衰也。來世不可待。往世不可追也。天下有道。聖人成焉。天下無道。聖人生焉。方今之時。僅免刑焉。福輕乎羽。莫之知載。禍重乎地。莫之知避。已乎已乎。臨人以德。殆乎殆乎。畫地而趨。迷陽迷陽。無傷吾行。吾行郤曲。無傷吾足。山木自寇也。膏火自煎也。桂可食。故伐之。漆可用。故割之。人皆知有用之用。而莫知無用之用也。

琴操猗蘭操者。孔子所作也。孔子歷聘諸侯。諸侯莫能任。自衛反魯。過隱谷之中。見薌蘭獨茂。喟然嘆曰。夫蘭當爲王者香。今乃獨茂。與衆草爲伍。譬猶賢者不逢時。

與鄙夫爲倫也。乃止車援琴鼓之云。習習谷風。以陰以雨。之子于歸。遠送于野。何彼蒼天。不得其所。逍遙九州。無所定處。世人闇蔽。不知賢者。年紀逝邁。一身將老。自傷不逢時。托辭於薌蘭云。

「越絕書七」昔者。陳成恒相齊簡公。欲爲亂。憚齊邦鮑晏。故徙其兵而伐魯。魯君憂也。孔子患之。乃召門人弟子而謂之曰。諸侯有相伐者尚恥之。今魯父母之邦也。丘墓存焉。今齊將伐之。可無一出乎。顔淵辭出。孔子止之。子路辭出。孔子止之。子貢辭出。孔子遣之。

吳越春秋夫差內傳 十三年齊大夫陳成恒欲弑簡公陰憚齊國鮑晏故前興兵伐魯魯君憂之孔子患之召門人而謂之曰諸侯有相伐者丘嘗恥之夫魯父母之國也丘墓在焉今齊將伐之子無意一出耶子路辭出孔子止之子張子石請行孔子弗許子貢辭出孔子遣之

越絕書外傳本事 子貢與夫子坐。告夫子曰。太宰死。夫子曰。不可也。如是者再。子貢再拜而問。何以知之。夫子曰。天生宰嚭者。欲以亡吳。吳今未亡。宰何病乎。後人來

言不死

淮南子人間訓昔者。衛君朝於吳。吳王囚之。欲流之於海。說者冠蓋相望而弗能止。魯君聞之。撤鐘鼓之縣。縞素而朝。仲尼入見。曰。君胡爲有憂色。魯君曰。諸侯無親。以諸侯爲親。大夫無黨。以大夫爲黨。今衛君朝於吳王。吳王囚之。而欲流之於海。孰衛君之仁義而遭此難也。吾欲免之而不能。爲柰何。仲尼曰。若欲免之。則請子貢行。魯君召子貢。授之將軍之印。子貢辭曰。貴無益於解患。在所由之道。斂躬而行。至於吳。見太宰嚭。太宰嚭甚說之。欲薦之於王。子貢曰。子不能行說于王。奈何吾因子也。太宰嚭曰。子焉知子（一作嚭）之不能也。子貢曰。衛君之來也。衛國之半曰。不若朝於晉。其半曰。不若朝於吳。然衛君以爲吳可以歸骸骨也。故束身以受命。今子受衛君而囚之。又欲流之於海。是賞言朝於晉者。而罰言朝於吳也。且衛君之來也。諸侯皆以爲耆龜兆。今朝於吳而不利。則皆移心於晉矣。子欲成伯王之業。不亦難乎。太宰嚭入復之於王。王報出令於百官曰。比十日而衛君之禮不具者死。子貢可謂知所以說矣。

史記衛世家孔子聞衛亂。曰。嗟乎。柴也其來乎。由也其死矣。

御覽八百六十五引風俗通子路感雷精而生尚剛好勇死衛人醢之孔子覆醢每聞雷聲惻怛耳

拾遺記二孔子相魯之時。有神鳳游集。至哀公之末。不復來翔。故云。鳳鳥不至。可爲悲矣。

初學記二十九引孝經右契（御覽八百八十九引作左契）孔子夜夢豐沛邦有赤烟氣起。顏回子夏侶往觀之。驅車到楚西北范氏之廟。見芻兒摭麟。傷其前左足。束薪而覆之。孔子曰。兒。來。汝姓爲誰。曰。吾姓爲赤松。子時橋。事類賦二十注引孝經援神契作字時僑名受紀。孔子曰。汝豈有所見乎。吾所見一禽。如麕羊頭。頭上有角。其末有肉。方以是西走。孔子發薪下麟視。孔子而往。事類賦注作孔子發薪下麟視之無孔子而往四字麟蒙其耳。吐三卷書。孔子精而讀之。

〔搜神記八〕魯哀公十四年孔子夜夢三槐之間豐沛之邦有赤氤氣起乃呼顏淵子夏同往觀之驅車到楚西北范氏街見芻兒打麟傷其左前足束薪而覆之孔子曰兒來汝姓爲誰兒曰吾姓爲赤松名時喬

字受紀孔子曰汝豈有所見乎兒曰吾所見一禽如
麕羊頭頭上有角其末有肉方以是西走孔子曰天
下已有主也爲赤劉陳項爲輔五星入井從歲星兒
發薪下麟示孔子孔子趨而往麟向孔子蒙其耳吐
三卷圖廣三寸長八寸每卷二十四字其言赤劉當
起曰周亡赤氣起火曜興玄丘制命帝卯金

拾遺記三周靈王立二十一年孔子生於魯襄公之
世夜有二蒼龍自天而下來附徵在之房因夢而生
孔子有二神女擎香露於空中而來以沐浴徵在天

帝下奏鈞天之樂列於顔氏之房空中有聲言天感生聖子故降以和樂笙鏞之音異於俗世也又有五老列於徵在之庭則五星之精也夫子未生時有麟吐玉書於闕里人家文云水精之子孫衰周而素王故二龍繞室五星降庭徵在賢明知爲神異乃以繡紱繫麟角信宿而麟去相者云夫子係殷湯水德而素王至敬王之末魯定公十四年魯人鉏商田得麟以示夫子繫角之紱尚猶在焉夫子知命之將終乃抱麟解紱涕泗滂沲且麟出之時及解紱之歲垂百

年矣

藝文類聚十引琴操魯哀公十四年。西狩。薪者獲麟。擊之。傷其左足。將以示孔子。孔子道與相逢見。俛而泣。抱麟曰。爾孰爲來哉。孰爲來哉。反袂拭面。乃歌曰。唐虞世兮麟鳳遊。今非其時來何求。麟兮麟兮我心憂。仰視其人。龍顏日月。當作角 夫子奉麟之口。須臾取三卷圖。一爲赤伏。劉季興爲王。二爲周滅。夫子將終。三爲漢制造作孝經。夫子還謂子夏曰。新王將起。其如得麟者。

御覽二十一又七百二十四引公孫尼子孔子有疾。哀公使醫視之。醫曰。子居處飲食何如。孔子曰。丘春居葛室。夏居密陽。秋不風。冬不煬。飲食不遣。飲酒不勤。醫曰。是良藥也。

繹史孔子類記四引莊子孔子病。子貢出卜。孔子曰。吾坐席不敢先。居處若齋。飲食若祭。吾十之久矣。

論衡別通孔子病。商瞿卜期日中。孔子曰。取書來。比至日中何事乎。

劉子崇學宣尼臨沒。手不釋卷。

水經注二十五引春秋說題辭孔子卒。以所受黃玉葬

魯城北。御覽八百四引同又白虎通崩薨引檀弓曰孔子卒以所受魯君之璜玉葬魯城北今檀弓無此文

論衡紀妖孔子當泗水而葬。泗水卻流。

御覽五百六十引皇覽冢墓記魯大夫叔梁紇冢。在魯國東陽聚安泉東北八十五步。名曰防冢。民傳曰。防墳于防。地微高。孔子冢魯城北便門外南去城十里。冢營方百畝。冢南北廣十步。東西十步。繹史引作十三步高丈二尺。冢爲祠壇。繹史作冢前以瓴甓爲祠壇方六尺。與地方平。無祠堂。繹史作與地平本無祠堂冢塋中樹以百數。皆異種。魯人世世皆無能

名其樹者。民傳云。孔子弟子異國人。各持其國樹來種之。繹史此下有其樹作枌雒離女貞五味毚檀之樹孔子塋中不生荊棘及刺人草。伯魚冢孔子冢東邊。與孔子竝大小相望。子思冢在孔子冢南。亦大小相望。水經注二十五泗水引皇覽云弟子各以四方奇木來植故多異樹不生棘木刺草

金樓子志怪孔子冢在魯城北塋中樹以百數皆異種魯人世世無能名者傳言孔子弟子旣皆異國之人各持其國樹來種之孔子塋中至今不生荊棘草木

宮。漢書魯恭王傳恭王初好治宮室。壞孔子舊宅以廣其宮。聞鐘磬琴瑟之音。遂不敢復壞。於其壁中得古文經傳。

水經注二十五泗水廟屋三間。夫子在西間東向。顏母在中間南向。夫人隔東一間東向。夫人夫子當作牀前有石硯一枚。作甚朴。云平生時物也。

孔子集語卷十三終　總校王詒壽分校張景雲金肇麒校

孔子集語卷十四

山東督糧道臣孫星衍撰

雜事十二

禮記檀弓疏引論語撰考讖叔梁紇與徵在禱尼丘山。感黑龍之精以生仲尼。

藝文類聚八十八引春秋演孔圖孔子母徵在游大冢（事類賦注二十五御覽九百五十五與此同三百六十一作大澤）之陂。睡夢黑帝使請與己交語曰。女乳必於空桑之中。覺則若感。生丘於空桑之中。

〈後漢班固傳〉下注引演孔圖孔子。母徵在夢感黑帝而生。故曰元聖。

〈論衡實知〉孔子生不知其父。若母匿之。吹律自知殷宋大夫子氏之世也。御覽十六引論衡曰孔子吹律自知殷之苗裔

〈御覽三百七十一引演孔圖〉孔胸文曰。制作定世符運。

〈御覽三百七十七引演孔圖〉孔子長十尺。大九圍。坐如蹲龍。立如牽牛。就之如昴。望之如斗。

〈御覽三百六十七引孝經援神契〉孔子海口。言若含澤。

〈御覽三百六十七引孝經鉤命決〉仲尼舌理七重。陳重

授度。

御覽三百六十八引鉤命決仲尼斗脣。吐敎陳机授度。

御覽三百六十八引鉤命決夫子駢齒。注象鉤星也。

御覽三百六十八引鉤命決夫子輔喉。

御覽三百七十引鉤命決仲尼虎掌。是謂威射。

御覽三百七十一引鉤命決仲尼龜脊。

御覽三百七十一引論語摘輔象孔子胷應矩。是謂儀古。

荀子非相仲尼長。

荀子非相仲尼之狀面如蒙倛。

白虎通姓名孔子首類魯國尼丘山。故名爲丘。

論衡骨相孔子反羽。又講瑞篇孔子反宇。又劉子命相篇孔子返宇

御覽六百九十八引論語隱義注孔子至蔡。解於客舍。夜有人取孔子一隻屐去。盜者置屐于受盜家。孔子屐長一尺四寸。與凡人屐異。

路史後紀十注引世本圩頂。反首張面。

路史後紀十一生而⿰彳頁頂。故名丘。而字仲尼。四十有九表。陡創谷竅參臂駢脅。要大十圍。長九尺有六寸。時謂長

八。

〔戰國策七〕甘羅曰。夫項橐生七歲而爲孔子師。

〔淮南子修務訓〕夫項託七歲爲孔子師孔子有以聽其言也

〔淮南子說林訓高誘注〕項託年七歲窮難孔子而爲之作師

〔論衡實知〕夫項託年七歲教孔子

〔御覽四百四引春秋後語〕甘羅曰夫項橐十歲爲孔子師

呂氏春秋仲春紀當染孔子學於老聃孟蘇夔靖叔。
白虎通辟雍孔子師老聃（又見潛夫論讚學）
說苑尊賢鮑龍跪石而登嵯。孔子爲之下車。
劉子知人鮑龍跪石而吟仲尼爲之下車
晏子春秋問上故臣聞仲尼居處惰倦。廉隅不正。則季
次原憲侍。氣鬱而疾。志意不通。則仲由卜商侍。德不盛。
行不厚。則顔回騫雍侍。
聖賢羣輔錄廣博物志二十引尸子仲尼志意不立
子路侍儀服不修公西華侍禮不習子貢侍辭不辯

坐我侍亾忽古今顏回侍節小物冉伯牛侍曰吾以
夫六子自勵也

韓詩外傳九傳曰。孔子過康子。子張子夏從。孔子入坐。
二子相與論。終日不決。子夏辭氣甚溢。顏色甚變。子張
曰。子亦聞夫子之議論邪。徐言誾誾。威儀翼翼。後言先
默。得之推讓。巍巍乎。蕩蕩乎。道有歸矣。小人之論也。專
意自是。言人之非。瞋目搤腕。疾言噴噴。口沸目赤。一幸
得勝。疾笑嗌嗌。威儀固陋。辭氣鄙俗。是以君子賤之也。
賈子容經子路見孔子之背。磬折舉哀。曰。唯由也見。孔

子聞之。曰。由也。何以遺亾也。

列子說符孔子之勁。能拓國門之關。而不肎以力聞。

呂氏春秋愼大覽愼大孔子之勁舉國門之關而不肎以力聞（薛據集語引作孔子之勁能拓國門之關勇復孟諸足蹀狡兔不以力聞）

淮南子道應訓孔子勁杓國門之關而不肎以力聞

淮南子主術訓下孔子之通智過於萇宏勇服於孟賁足躡於郊菟力招城關能亦多矣然而勇力不聞伎巧不知專行孝（一作敎）道以成素王事亦鮮矣春秋二百四十二年亾國五十二弒君三十六采善鉏醜

以成王道論亦博矣然而圍於匡顏色不變弦歌不徹臨死亾之地犯患難之危據義行理而志不懾一作攝分亦明矣然而爲魯司寇聽獄必爲斷作爲春秋不道鬼神不敢專已

呂氏春秋審分覽不二 孔子貴仁。

淮南子修務訓 孔子無黔突。

劉子惜時 仲尼栖栖突不暇黔

論衡須頌 孔子顯三累之行。

論衡幸遇 魯城門久朽欲頓。孔子過之。趨而疾行。左右曰。久矣。孔子曰。惡其久也。孔子戒愼已甚。如過遭壞。可謂不幸也。故孔子曰。君子有不幸而無有幸。小人有幸而無不幸。

論衡言毒孔子見陽虎。却行白汗交流。

御覽六十三引論語比考讖水名盜泉。仲尼不漱。注曰。夫子教于洙泗之閒。今于城北二水之中。卽夫子領徒之所也。

文選陸機猛虎行注引尸子孔子至於勝母暮矣而不宿過於盜泉渴矣而不飲惡其名也

〔說苑說叢〕水名盜泉孔子不飲

〔後漢鍾離意傳〕孔子忍渴於盜泉之水

〔呂氏春秋孝行覽遇合〕文王嗜昌蒲菹。孔子聞而服之。縮頞而食之。三年然後勝之。

〔論衡語增〕傳語曰。文王飲酒千鍾。孔子百觚。

〔列子說符〕宋人有好行仁義者。三世不懈。家無故黑牛生白犢。以問孔子。孔子曰。此吉祥也。以薦上帝。居一年。其父無故而盲。其牛又復生白犢。其父又復令其子問孔子。其子曰。前問之而失明。又何問乎。父曰。聖人之言。

先迮後合。其事未究。姑復問之。其子又復問孔子。孔子曰。吉祥也。復教以祭。其子歸致命。其父曰。行孔子之言也。居一年。其子又無故而盲。其後楚攻宋。圍其城。民易子而食之。析骸而炊之。丁壯者皆乘城而戰。死者大半。此人以父子有疾皆免。及圍解而疾俱復。

北堂書鈔百三十七引韓詩外傳孔子使子貢爲其不來。孔子占之遇鼎。謂弟子曰。古之遇鼎皆言無足而不來。顏回掩口而笑。孔子曰。回也。何哂乎。曰。回謂賜必來。孔子曰。何如也。回對曰。乘舟而來矣。賜果至矣。陳禹謨本作孔子使子貢適齊久而未回孔子占之遇鼎謂弟子曰占之遇鼎無足而不來顏回掩口而笑孔子曰回也何哂曰回謂賜必來孔子曰如何對曰小而鼎無足必乘舟而來矣賜果至　按今本外傳無此文

藝文類聚七十一引衝波傳孔子使子貢久而不來孔子謂弟子占之遇鼎皆言無足不來顏回掩口而笑子曰回也哂謂賜來也曰無足者乘舟而來至矣清旦朝子貢果至驗如顏回之言御覽七百二十八引衝波傳略同按薛據集語引呂氏春秋亦載此事今本無之薛蓋誤

說苑辨物孔子晨立堂上。聞哭者聲音甚悲。孔子援琴而鼓之。其音同也。孔子出。而弟子有吒者。問誰也。曰回也。孔子曰。回何爲而吒。回曰。今者有哭者其音甚悲。非獨哭死。又哭生離者。孔子曰。何以知之。回曰。似完山之鳥。孔子曰。何如。回曰。完山之鳥生四子。羽翼已成。乃離四海。哀鳴送之。爲是往而不復返也。孔子使人問哭者。哭者曰。父死家貧賣子以葬之。將與其別也。孔子曰。善哉。聖人也。

〔莊子雜篇外物〕宋元君夜半而夢人被髮闚阿門。曰。予自宰路之淵。予爲清江使河伯之所。漁者余且得予。元君覺。使人占之。曰。此神龜也。君曰。漁者有余且乎。左右曰。有。君曰。令余且會朝。明日余且朝。君曰。漁何得。對曰。
且之網得白龜焉。箕圓五尺。君曰。獻若之龜。龜至。君再
欲殺之。再欲活之。心疑。卜之。曰。殺龜以卜吉。乃刳龜。七
十二鑽而無遺筴。仲尼曰。神龜能見夢於元君。而不能
避余且之網。知能七十二鑽而無遺筴。而不能避刳腸
之患。如是則知有所困。神有所不及也。
史記褚少孫補龜筴傳。孔子聞之曰。神龜知吉凶。而骨
直空枯。日爲陽德而君於天下。辱於三足之烏。月爲刑
而相佐。見食於蝦蟆。蝟辱於鵲。騰蛇之神而殆於即且。

竹外有節理。中直空虛。松柏爲百木長。而守門閭。日辰不全。故有孤虛。黄金有疵。白玉有瑕。事有所疾。亦有所徐。物有所拘。亦有所據。罔有所數。亦有所疏。人有所貴。亦有所不如。何可而適乎。物安可全乎。天尚不全。故世爲屋。不成三瓦而居之。以應之天。天下有階。物不全乃生也。

春秋繁露山川頌 孔子曰。山川神祇。立寶藏。殖器用。資曲直。含大者可以爲宫室臺榭。小者可以爲舟輿浮濟。大者無不中。小者無不入。持斧則斫。折鐮（疑當作持鐮 古文苑作折）

錄則艾。生人立。禽獸伏。死人入。多其功而不言。是以君
子取譬也。
說苑脩文孔子見子桑伯子。子桑伯子不衣冠而處。弟
子曰。夫子何爲見此人乎。曰。其質美而無文。吾欲說而
文之。孔子去。子桑伯子門人不說。曰。何爲見孔子乎。曰。
其質美而文繁。吾欲說而去其文。
說苑反質仲尼問於老聃曰。甚矣。道之於今難行也。吾
比執道委質以當世之君。而不我受也。道之於今難行
也。老子曰。夫說者流於聽。言者亂於辭。如此二者。則道

不可委矣。

中論審大臣 魯人見仲尼之好讓而不爭也。亦謂之無能。

韓詩外傳一 孔子南游適楚。至於阿谷之隧。有處子佩瑱而浣者。孔子曰。彼婦人其可與言矣乎。抽觴以授子貢曰。善爲之辭。以觀其語。子貢曰。吾北鄙之人也。將南之楚。逢天之暑。思心潭潭。願乞一飲。以表我心。婦人對曰。阿谷之隧。隱曲之汜。其水載清載濁。流而趨海。欲飲則飲。何問婦人乎。御覽七十四引作何問於婢子受子貢觴。迎流而挹之。奐然而棄之。促流而挹之。奐然而溢之。坐置之沙上。曰。禮固不親授。子貢以告。孔子曰。丘知之矣。抽琴去其軫。以授子貢。曰。善爲之辭。以觀其語。子貢曰。嚮子之言穆如清風。不悖我語。和暢我心。於此有琴而無軫。願借子以調其音。婦人對曰。吾鄙野之人也。僻陋而無心。五音不知。安能調琴。子貢以告。孔子曰。丘知之矣。抽絺綌五兩以授子貢。曰。善爲之辭。以觀其語。子貢曰。吾北鄙之人也。將南之楚。於此有絺綌五兩。吾不敢以當子身。敢置之水浦。婦人對曰。客之行。差遲乖人。御覽八百十九作行客之人嗟然永久分其資財。棄之野鄙。吾年甚少。何敢受子。子不早去。今竊有狂夫守之者矣。

〔列女傳辯通〕阿谷處女者阿谷之隧浣者也孔子南游過阿谷之隧見處子佩璜而浣孔子謂子貢曰彼浣者其可與言乎抽觴以授子貢曰爲之辭以觀其志子貢曰我北鄙之人也自北徂南將欲之楚逢天之暑我思譚譚願乞一飲以伏我心處子曰阿谷之隧隱曲之地其水一清一濁流入於海欲飲則飲何問乎婢子授子貢觴迎流而挹之投而棄之從流而

挹之滿而溢之跪置沙上曰禮不親授子貢還報其
辭孔子曰丘已知之矣抽琴去其軫以授子貢曰爲
之辭子貢往曰嚮者聞子之言穆如清風不拂不寤
私復我心有琴無軫願借子調其音處子曰我鄙野
之人也陋固無心五音不知安能調琴子貢以報孔
子孔子曰丘已知之矣過賢則賓抽絺綌五兩以授
子貢曰爲之辭子貢往曰我北鄙之人也自北徂南
將欲之楚有絺綌五兩非敢以當子之身也願注之
水旁處子曰行客之人嗟然永久分其資財棄於野

鄙妾年甚少何敢受子子不早命竊有狂夫名之者矣子貢以告孔子孔子曰丘已知之矣斯婦人達於人情而知禮

楚辭七諫路室之女方桑兮孔子過之以自侍王逸注言孔子出游過於客舍其女方采桑一心不視喜其貞信故以自侍

北堂書鈔一百六引琴操孔子游於𦙶山見取薪而哭長梓上有孤鵜乃承而歌之陳禹謨本作孔子遊於山隅見梓樹上有孤鵜乃承而歌之

藝文類聚三十四引琴操孔子遊於泰山。見薪者哭。甚哀。孔子問之。薪者曰。吾自傷。故哀爾。

繹史孔子類記四引吳越春秋夫差聞孔子至吳。微服觀之。或人傷其指。王怒欲索。或而誅之。子胥諫。乃止。今本無

吳越春秋句踐伐吳外傳十越王既已誅忠臣。霸於關東。從瑯琊起觀臺。周七里。以望東海。死士八千人。戈船三百艘。居無幾。躬求賢士。孔子聞之。從弟子奉先王雅琴禮樂奏於越。越王乃被唐夷之甲。帶步光之劍。杖屈

盧之矛。出死士以三百人爲陳關下。孔子有頃到。越王曰。唯。唯夫子何以教之。孔子曰。丘能述五帝三王之道。故奏雅琴以獻之大王。越王喟然嘆曰。越性脆而愚。水行山處。以船爲車。以檝爲馬。往若飄風。去則難從。說兵敢死。越之常也。夫子何說而欲教之。孔子不答。因辭而去。

越絶書八句踐伐吳霸關東從瑯琊起觀臺周九里以望東海死士八千人戈船三百艘居無幾躬求賢聖孔子從弟子七十人奉先王雅琴治禮往奏句踐

乃身被賜一作陽又音唐夷之甲帶步光之劒杖物盧之矛出死士三百人爲陣關下孔子有頃到越越王曰唯唯夫子何以教之孔子對曰臣能述五帝三王之道故奏雅琴至大王所句踐喟然嘆曰夫越性脆而愚水行而山處以船爲車以楫爲馬往若飄風去則難從鋭兵任死越之常性也夫子異則不可於是孔子辭弟子莫能從乎

繹史孔子類記一引衛波傳孔子去衛適陳。途中見二女采桑。子曰。南枝窈窕北枝長。荅曰。夫子游陳必絶糧。

九曲明珠穿不得。著來問我采桑娘。夫子至陳。大夫發兵圍之。令穿九曲珠乃釋其厄。夫子不能。使回賜返問之。其家謬言女出外。以一瓜獻二子。子貢曰。瓜子在內也。女乃出。語曰。用蜜塗珠。絲將繫蟻。蟻將繫絲。如不肯過。用烟燻之。子依其言。乃能穿之。於是絕糧七日。

搜神記十九 孔子厄於陳。弦歌於館中。夜有一人長九尺餘。著皂衣。高冠。大咤。聲動左右。子貢進。問何人邪。便提子貢而挾之。子路引出。與戰於庭。有頃。未勝。孔子察之。見其甲車閒時時開如掌。孔子曰。何不探其甲車。引而奮登。子路引之。沒手仆於地。乃是大鯷魚也。長九尺餘。孔子曰。法苑珠林變化篇太平廣記四百六十八引作孔子歎曰此物也。何爲來哉。吾聞物老則羣精依之。因衰而至。此其來也。豈以吾遇厄絶糧。從者病乎。夫六畜之物。及龜蛇魚鼈草木之屬。久者神皆憑依。能爲妖怪。故謂之五酉。五酉者。五行之方。皆有其物。酉者。老也。物老則爲怪。珠林及廣記引物老上有故字殺之則已。夫何患焉。或者天之未喪斯文。以是繫子之命乎。不然。何爲至於斯也。弦歌不輟。子路烹之。其味滋病者興。明日遂行。

金樓子雜記上　孔子出游於山。使子路取水。逢虎於水。與戰。攬尾得之。納於懷中。取水還。問孔子曰。上士殺虎如之何。子曰。上士殺虎持虎頭。中士殺虎如之何。子曰。中士殺虎持虎耳。又問。下士殺虎如之何。子曰。下士殺虎捉虎尾。子路出尾棄之。復懷石盤曰。夫子知虎在水。而使我取水。是欲殺我也。乃欲殺夫子。問。上士殺人如之何。曰。用筆端。中士殺人如之何。曰。用語言。下士殺人如之何。曰。用石盤。子路乃棄盤而去。御覽八百九十二引作乃棄石盤而行繹史孔子類記四引吳越春秋禹治洪水至牧德之山見神人焉謂禹曰勞子之形役子之慮以治洪水無乃怠乎我有靈寶五符以役蛟龍水豹因授禹而誡之曰事畢可祕於靈山禹成功後藏于洞庭苞山之穴至吳王闔閭之時有龍威丈人得符獻之吳王以示羣臣皆莫能識乃令齎符以問孔子曰吳王閑居有赤烏銜此書以至王所莫辨其文故令遠問孔子曰昔禹治水於牧德之山遇神人授以靈寶五符後藏洞庭之苞山君王所得無乃是乎赤烏之事丘所未聞（今本所無恐馬氏誤引）

（抱朴子內篇辨問）靈寶經有正機平衡飛龜授袟三篇皆仙術也吳王伐石以治宮室而於合石之中得紫文金簡之書不能讀之使使者持以問仲尼而欺仲尼曰吳王閑居有赤雀銜書以置殿上不知其義故遠諮呈仲尼以視之曰此乃靈寶之方長生之法禹之所服隱在水邦年齊天地朝於紫庭者也禹將仙化封之名山石函之中乃今赤雀銜之殆天授也（繹史孔子類記四引靈寶要略）昔太上以靈寶五篇眞文以授帝嚳帝嚳將仙封之於鍾山至夏禹巡狩

度弱水登鍾山遂得是文後復封之包山洞庭之室吳王闔閭出游包山見一人自言姓山名隱居闔閭扣之乃入洞庭取素書一卷呈闔閭其文不可識令人齎之問孔子孔子曰丘聞童謡曰吳王出游觀震湖龍威丈人山隱居北上包山入靈墟乃入洞庭竊禹書天地大文不可舒此文長傳百六初若強取出喪國廬閭乃尊事之

〔御覽四十六引吳地記〕包山在縣西一百三十里中有洞庭深遠世莫能測吳王使靈威丈人入洞穴十

七日不能盡因得玉葉上刻靈寶二卷使示孔子云禹之書也

御覽一百五十七引東觀漢記鮑永字君長爲魯郡太守。時彭豐等不肯降。後孔子闕里無故荆棘自闢。從講室埽除至孔里。永異之。召郡府謂曰。方今尼急而闕里無故自滌。意豈夫子欲令太守大行饗誅無狀也。修學校理請豐等會。手格殺之。

御覽九百二十二引崔鴻十六國春秋北涼錄昔魯人有浮海而失津者。至於亶州。見仲尼及七十子游于海中。與魯人一體杖。令閉目乘之。使歸告魯侯。築城以備寇。魯人出海。投杖水中。乃龍也。具以狀告。魯侯不信。俄而。羣燕數萬。銜土培城。魯侯乃大城曲阜。迄而齊寇至。攻魯不克而還。

孔子集語卷十四終

總校王詒壽分校王彥起陳銛校

孔子集語卷十五

山東督糧道臣孫星衍撰

遺讖十三

周易乾鑿度孔子曰。洛書摘亡辟曰。建紀者歲也。成姬倉有命在河聖。孔表雄德。庶人受命握麟徵。

周易乾鑿度孔子曰。推即位之術。乾坤三。上中下。坤變初六復。曰正陽。在下爲聖人。故一聖。二庸。三君子。四庸五聖。六庸。七小人。八君子。九小人。十君子。十一小人。十二君子。十三聖人。十四庸人。十五君子。十六庸人。十七聖人。十八庸人。十九小人。二十君子。二十一小人。二十二君子。二十三小人。二十四君子。二十五聖人。二十六庸人。二十七君子。二十八庸人。二十九聖人。三十庸人。三十一小人。三十二君子。三十三小人。三十四君子。三十五小人。三十六君子。三十七聖人。三十八庸人。三十九君子。四十小人。四十一聖人。四十二庸人。孔子曰。極至德之世。不過此。乾三十二世消。坤三十六世消。代聖人者仁。繼之者庸人。仁世淫。庸世狠。二陰之精射三陽。當卦自歸。知命守錄其可防。鈎鈐解。命圖與。孔子曰。已文以候。授明之出。莫能雍。

周易乾鑿度孔子曰。復十八世消。以三六也。臨十二世消。以二六也。泰三十世消。以二九二六也。大壯二十四世消。以二九一六也。夬三十二世消。以三九一四也。

周易乾鑿度孔子曰。姤一世消。无所據也。遁一世消。據不正也。否十世消。以二五也。觀二十世消。以二五四六也。當有誤剝十二世消。以三四也。

周易乾鑿度孔子軌以七百六十爲世軌者。堯以甲子受天元爲推術。七往六來。八往九來。七爲世軌者。文王推爻。四乃術數。

、周易乾鑿度、孔子曰。以爻正月。爲享國數。存六期者。天子欲求水旱之厄。以位入軌年數。除軌竿盡則厄所遭也。甲乙爲饑。丙丁爲旱。戊己爲中興。庚辛爲兵。壬癸爲水。臥筭爲年。立筭爲日。必除先入軌年數。水旱兵饑得矣。如是。乃救災度厄矣。陽之法。

、周易乾鑿度、孔子曰。天之將降嘉瑞應。文選李康運命論注引作聖人受命瑞應先見於河河水清。三日青。四日青變爲赤。御覽八百七十三引作河水清變爲白白變爲赤赤變爲黑。黑變爲黃。各各三日。河中水安井。天乃清明。圖乃見。見必南向。仰天言。見三日以三日。見六日以六日。見九日以九日。見十二日以十二日。見十五日以十五日。見皆言其餘日。

周易乾鑿度孔子曰。帝德之應。洛水先溫。九日後。五日變爲五色。元黃天地之靜。書見矣。負圖出午。聖人見五日以五日。見十日以十日。見十五日以十五日。見二十日以二十日。見二十五日以二十五日。見三十日以三十日。

周易乾鑿度孔子曰。君子亦於靜若龍而无角。河二月

清。二日白。二日赤。二日黑。二日黃。蚍見水中。用日也。一
日辰爲法。以一辰二辰。以三辰。以四五辰。以六七辰以
八九辰。以十辰。以十一辰。以十二辰。夜不可見。水中赤。
煌煌如火英。圖書蚍皆然也

〔周易乾鑿度〕孔子曰。復表曰角。臨表龍顏。泰表載干。大
壯表握訴龍角大唇。夬表升骨履文。姤表耳參漏足履
王知多權。遯表日角連理。否表二好文。觀表出準虎。剝
表重童。明歷元。此皆律歷運期相一匡之神也。欲所按
合誠。洛書靈準聽曰。氣五。機七。八合。提九。爻結八九七。

十二錄。圖起初世者戲也。姬通紀。河圖龍出。洛書龜子。
演亦八者。七九也。始倉甄節五七。受命數運。不俗守錄。
以爻第相改。七九度變。命失寶合。七八八名。畢升漸喜。
六十四精聖。性象有錄。第以所變畢動。動日者提。不者
殆。易物之慎。命不在仵者。竊横者。距命曆掘執并投者。
上契輔摘。推失排䌌者。咸名紀所錯。中與用材毀萯。五
行旋代。出輔運。相拒與更用事。終始相誅。期有從至。有
餘運。有託除。要有知衡。合七八以視旋機審矣。
〔周易乾鑿度〕孔子曰。至德之數。先立木金水火土德。合

三百四歲。五德備。凡一千五百二十歲。大終復初。其求
金木水火土德。日名之法。道一紀七十六歲。因而四之。
爲三百四歲。以一歲三百六十五日四分乘之。凡爲十
一萬一千三十六。以甲爲法除之餘三十六。以三十六
甲子始數立。立算皆爲甲。旁算亦爲甲。以日次次之母
算者。乃木金火水土德之日也。德益三十六。五德而止。
六日名。甲子木德。主春。春生。三百四歲。庚子金德。主秋。
成收。三百四歲。丙子火德。主夏。長。三百四歲。壬子水德
主冬、藏。三百四歲。戊子土德。主季夏。致養。三百四歲。六

子德四正。四正子午卯酉也。而期四時。凡一千五百二十歲。終一紀。五德者。所以立尊號。論天弗。志長久。周易乾鑿度孔子曰。巨挾錄讖。論國定符。以春秋西狩。題劍表命。予亦握嬉帝之十二。當興平嗣出妃妾。妾得亂。不勤竭承維表循符。當至者塞。政在樞。害時失命欵壽。以符瑞伏代災七錄。握藉成年。劉衰期凶粉候。脩身練鞅。郵專兑。兑德始剋。免延期。自然之䵢。推引相拘。沮思愈知命不或世帝思圖也。夫天道三微而成一著。三著而體成。

〈易緯通卦驗〉孔子曰。太皇之先與燿合。元精五帝期以序七神。天地成位。君臣道生。君五期。輔三名。以建德通萬靈。遂皇始出握機矩。表計宜。其刻曰蒼牙（古微書引作蒼渠）通靈昌之成。孔演命明道經。燧人之皇沒。虙戲生。本尙芒芒。開矩聽。八蒼靈唯精。不慎明之。害類遠振。擅度出表。挺後名知。命陳效睹。三萬一千一終。一名虙方牙蒼精。作易無書以畫序。

〈易緯通卦驗〉孔子表洛書摘亡辟曰。亡秦者胡也。丘以推秦。白精也。其先星感河出圖。挺白。以胡誰亡。胡之名。

行之名。行之萌。秦為赤軀。非命王。故帝表有七五命七以永慶王。以火代黑。黑畏黃精之起。因威萌。虙羲作易。仲。仲命德維紀衡。周文增通八八之節。轉序三百八十四爻。以繫王命之瑞。謀三十五君。常其一也。興亡殊方。各有其祥。封于泰山。禪于梁陰。易姓之起。刻石明號。已表大命謀天皇。巽奎坤艮。出亡興之衡。仲者帝命所保。行文出加政。撥臣陽候七。陰候八。皆行子午。視卯酉相違遠。期衡。六千三百變。非摘亡據興。盡在文昌所會。增卦爻。可以先知珍瑞之類。妭孽之將。審其繫象。通神明明者類。視七若九。八卦以推七九之微。錄圖準命略爲世。題萌表試。故十二月十二日。改八風二十四炁。其相應之驗。猶響之應人動作言語也。故正其本而萬物理。失之毫釐。差以千里。

易緯辨終備孔子表河圖皇參持曰。天以斗視日發明。皇以戲招。始掛八卦談。

易緯是類謀孔子演曰。天子亡徵九。聖人起。有八符。運之以斗。稅之以昴。五七布舒。河出錄圖。雒授變書。

文選漢高祖功臣頌注引尚書琁璣鈐孔子曰。五帝出。

受錄圖。又齊安陸王碑文注引作籙圖

隸釋史晨祠孔廟碑引尚書考靈燿巨生倉際。觸期稽度。爲赤制。故作春秋。以明文命。綴紀撰書。修定禮義。

文選齊安陸王碑文注引春秋元命包孔子曰。扶桑者。日所出。房所立。其耀盛。蒼神用事。精感姜原。卦得震。震者動而光。故知周蒼代殷者。爲姬昌。人形龍顏。長大精翼日。衣青光。

公羊哀十四年解詁得麟之後。天下血書魯端門。曰。趨作法。孔聖沒。周姬亡。彗東出。秦政起。胡破術。書紀散。孔不絶。子夏明日往視之。血書飛爲赤烏。化爲白書。署曰。

演孔圖。中有作圖制法之狀。疏云演孔圖文

御覽八百四又九百十四引春秋演孔圖孔子論經有烏化爲書。孔子奉以告天。赤爵集水經注二十五泗水引作銜書上。化爲黃玉。刻曰。孔提命。作應法。爲赤制。藝文類聚九十引此下有雀集二字

藝文類聚九十八引演孔圖趣作法聖没周姬亡彗東出秦政胡破術書記散孔不絶此魯端門血書十三年冬有星孛東方說題曰麟德之月天當有血書

端門子夏至期往視逢一郎言門有血書往寫之血

蜚鳥化爲帛烏消書出署曰演孔圖

御覽六百六引演孔圖孔子曰。丘作春秋。天授演孔圖。中有大玉刻一版曰。琁璣一低一昂是七期。驗敗毀滅之徵也。

御覽八十四引春秋感精符孔子按錄書。含觀五常英。人知姬昌爲蒼帝精。

北堂書鈔八十五拜揖引孝經右契制作孝經。道備。使七十二弟子向北辰星而磬折。使曾子抱河洛。事北面。

孔子衣絳單衣。向北辰星而拜者也。

事類賦十五注引孝經援神契孔子制作孝經使七十二子向北辰磬折使曾子抱河洛事北向孔子搢縹筆衣絳單衣向北辰而拜

搜神記八孔子修春秋制孝經既成齋戒向北辰而拜告備於天乃洪鬱起白霧摩地赤虹自上而下（舊作白虹從初學記二御覽十四又八百五事類賦九引改）化爲黄玉長三尺上有刻文孔子跪受而讀之曰寶文出劉季握卯金刀在軫北字禾子天下服

宋書符瑞志孔子作春秋制孝經既成使七十二弟子向北辰星磬折而立使曾子抱河洛事北向孔子齋戒向北辰而拜告備於天曰孝經四卷春秋河洛凡八十一卷謹已備天乃洪鬱起白霧摩地赤虹自上下化爲黃玉長三尺上有刻文孔子跪受而讀之曰寶文出劉季握卯金刀在軫北字禾子天下服

隸釋史晨祠孔廟碑引孝經援神契曰立制命帝卯行。

御覽六百十引孝經中契。曰學孝經。文成道立。齊以白天。則玄雲踊、紫宮開。北門角亢星北落司命。天使書題

號孝經篇。雲神星裳。孔丘知元。今使陽衢乘紫麟。下告
地主要道之君。後年麟至。口吐圖文。北落郎服書魯端
門。隱形不見。子夏往觀。寫得十七字。餘字滅。消文其餘。
飛爲赤鳥。翔靡青雲。

文選曹顏遠思友人詩注又劉歆移書讓太常博士注
引論語崇爵讖子夏六十四人。共撰仲尼微言。以當素
王。

御覽二百七引論語摘輔像仲尼爲素王。顏淵爲司徒。

御覽五引論語讖仲尼曰。吾聞堯率舜等遊首山。觀河

渚。有五老遊河渚。一老曰。河圖將來告帝期。二老曰。河圖將來告帝謀。三老曰。河圖將來告帝書。四老曰。河圖將來告帝圖。五老曰。河圖將來告帝符。符一作 龍銜玉苞金泥玉檢封盛書。五老飛爲流星。上入昴。文選宣德皇后令注引作龍銜玉苞刻版題命可卷金泥玉檢封書成知我者重瞳黃姚視五老飛爲流星上入昴

御覽八十一引論語撰考讖堯舜昇登首山觀河渚有五老遊于河渚相謂曰河圖將來告帝期五老流星上昴有須赤龍負玉苞舒圖出堯與大舜等共發曰帝當樞百則禪虞堯喟然嘆曰咨爾舜天之歷數

在爾躬

〔論衡實知〕孔子將死。遺讖書曰。不知何一男子。自謂秦始皇。上我之堂。踞我之牀。顛倒我衣裳。至沙丘而亡。又曰。董仲舒亂我書。又書曰。亡秦者胡也。

〔後漢郎顗傳顗對尚書曰〕孔子曰。漢三百載。計歷改憲。劉攽曰計當作斗

〔三國志魏文紀注引孔子玉版〕定天下者。魏公子桓。許芝奏引春秋玉版讖曰代赤眉者魏公子

〔後漢鍾離意傳注引意別傳〕意爲魯相。到官。出私錢萬

三千文。付户曹孔訢修夫子車。身入廟。拭机席劍履。男子張伯除堂下草。土中得玉璧七枚。伯懷其一。以六枚白意。意令主簿安置几前。孔子教授堂下牀首有懸甕。意召孔訢問。此何甕也。對曰。夫子甕也。背有丹書。人莫敢發也。意曰。夫子聖人。所以遺甕。欲以懸示後賢。因發之。中得素書。文曰。後世修吾書。董仲舒。護吾車。拭吾履。發吾笥。會稽鍾離意。璧有七。張伯藏其一。意即召問伯。果服焉。御覽八百七引及搜神記二作意即召問伯璧有七何藏一邪伯叩頭出之上文皆同

（續漢郡國志注補引鍾離意别傳）意省堂有孔子小

車乘皆朽敗意自耀俸雇漆膠之直請魯民治之及護几席劒履後得甕中素書曰護吾履鍾離意

（續漢郡國志注補引漢晉春秋）鍾離意相魯見仲尼廟頹毀會諸生於廟中慨然嘆曰蔽芾甘棠勿翦勿伐況見聖人廟乎遂躬留治之周觀輿服之在焉自仲尼以來莫之開也意發視之得古文策書曰亂吾書董仲舒治吾堂鍾離意璧有七張伯懷其一意尋案未了而卒張伯者治中庭治地得六璧上之意曰此有七何以不遂伯懼探璧懷中魯咸以爲神

水經注二十五泗水魯人藏孔子所乘車于廟中是
顔路所請者也獻帝時遇火燒之永平中鍾離爲魯
相到官出私錢萬三千文付戶曹孔訢治夫子車身
入廟拭几席劍履男子張伯除堂下草土中得玉璧
七枚伯懷其一以六枚白意意令主簿安置几前孔
子寢堂牀首有懸甕意召孔訢問何等甕也對曰夫
子甕也背有丹書人勿敢發也意曰夫子聖人所以
遺甕欲以懸示後賢耳發之中得素書文曰後世修
吾書董仲舒護吾車拭吾履發吾笥會稽鍾離意璧

有七張伯藏其一意即召問伯果服焉

孔子集語卷十五終

總校王詒壽分校王彦起 陳銛校

孔子集語卷十六

山東督糧道臣孫星衍撰

寓言十四上

御覽八百十八引韓詩外傳孔子顏淵登魯泰山。望吳閶門。淵曰。見一匹練。前有生藍。子曰。白馬藍芻也。今外傳本無

御覽八百九十七引論衡儒書稱孔子與顏淵俱登魯東山望吳閶門謂曰爾何見一匹練前生藍孔子曰噫此白馬蘆芻使人視之果然

〔論衡書虚〕傳書或言顔淵與孔子俱上魯太山孔子東南望吴閶門外有繫白馬引顔淵指以示之曰若見吴閶門乎顔淵曰見之孔子曰門外何有曰有如繫練之狀孔子撫其目而止之因與俱下下而顔淵髮白齒落遂以病死葢以精神不能若孔子彊力自極精華竭盡故夭死

〔續博物志七〕顔淵與孔子俱上泰山東南望吴昌門外孔子見白馬引顔淵指之若見吴昌門乎顔淵曰見之有繫練之狀孔子撫其目而止之顔淵髮白齒

落遂以病死蓋精力不及聖人而強役之也

列子天瑞林類年且百歲。底春被裘。拾遺穗於故畦。竝歌竝進。孔子適衛。望之於野。顧謂弟子曰。彼叟可與言者。試往訊之。子貢請行。逆之壠端。面之而歎曰。先生曾不悔乎。而行歌拾穗。林類行不留。歌不輟。子貢叩之不已。乃仰而應曰。吾何悔邪。子貢曰。先生少不勤行。長不競時。老無妻子。死期將至。亦有何樂而拾穗行歌乎。林類笑曰。吾之所以爲樂。人皆有之。而反以爲憂。少不勤行。長不競時。故能壽若此。老無妻子。死期將至。故能樂若此。子貢曰。壽者人之情。死者人之惡。子以死爲樂。何也。林類曰。死之與生。一往一反。故死於是者。安知不生於彼。故吾知其不相若矣。吾又安知營營而求生非惑乎。亦又安知吾今之死不愈昔之生乎。子貢聞之。不喻其意。還以告夫子。夫子曰。吾知其可與言。果然。然彼得之而不盡者也。

〔列子黄帝〕范氏有子曰子華。善養私名。舉國服之。有寵於晉君。不仕而居三卿之右。目所偏視。晉國爵之。口所偏肥。晉國黜之。游其庭者侔於朝。子華使其俠客以智鄰相攻。彊弱相淩。雖傷破於前。不用介意。終日夜以此爲戲樂。國殆成俗。禾生子伯。范氏之上客。出行。經坰外。宿於田更商丘開之舍。中夜。禾生子伯二人相與言子華之名勢。能使存者亡。亡者存。富者貧。貧者富。商丘開先窘於飢寒。潛於牖北聽之。因假糧荷畚之子華之門。子華之門徒皆世族也。縞衣乘軒。緩步闊視。顧見商丘開年老力弱。面目黎黑。衣冠不檢。莫不眲之。既而狎侮欺詒。攩㧖挨抌。亡所不爲。商丘開常無慍容。而諸客之技單。憊於戲笑。遂與商丘開俱乘高臺。於衆中漫言曰。

有能自投下者賞百金。衆皆競應。商丘開以爲信然。遂先投下。形若飛鳥。揚於地。骪骨無碼。范氏之黨以爲偶然。未詎怪也。因復指河曲之淫隈曰。彼中有寶珠。泳可得也。商丘開復從而泳之。既出。果得珠焉。衆昉同疑。子華昉令豫肉食衣帛之次。俄而范氏之藏大火。子華曰。若能入火取錦者。從所得多少賞若。商丘開往無難色。入火往還。埃不漫。身不焦。范氏之黨以爲有道。乃共謝之曰。吾不知子之有道而誕子。吾不知子之神人而辱子。子其愚我也。子其聾我也。子其盲我也。敢問其道。商丘聞曰。吾亡道。雖吾之心。亦不知所以。雖然。有一於此。試與子言之。曩子二客之宿吾舍也。聞譽范氏之勢。能使存者亡。亡者存。富者貧。貧者富。吾誠之無二心。故不遠而來。及來。以子黨之言皆實也。唯恐誠之之不至。行之之不及。不知形體之所措。利害之所存也。心一而已。物無迕者。如斯而已。今昉知子黨之誕我。我內藏猜慮。外矜觀聽。追幸昔日之不焦溺也。怛然內熱。惕然震悸矣。水火豈復可近哉。自此之後。范氏門徒遇乞兒馬醫。弗敢辱也。必下車而揖之。宰我聞之。以告仲尼。仲尼曰。

汝弗知乎。夫至信之人。可以感物也。動天地。感鬼神。橫
六合。而無逆者。豈但履危險入水火而已哉。商丘開信
僞物猶不逆。況彼我皆誠哉。小子識之。
列子黃帝顏回問乎仲尼曰。吾嘗濟乎觴深之淵矣。津
人操舟若神。吾問焉。曰。操舟可學邪。曰。可。能游者可教
也。善游者數能。乃若夫没人。則未嘗見舟而謖操之也。
吾問焉。而不告。敢問何謂也。仲尼曰。譆。吾與若玩其文
也久矣。而未達其實。而固且道與。能遊者可教也。輕水
也。善游者之數能也。忘水也。乃若夫没人之未嘗見舟

而謖操之也。彼視淵若陵。視舟之覆猶其車却也。覆却
萬物方陳乎前而不得入其舍。惡往而不暇。以瓦摳者
巧。以鉤摳者憚。以黃金摳者惛。巧一也。而有所矜。則重
外也。凡重外者拱內。

（莊子外篇達生）顏回問仲尼曰吾嘗濟乎觴深之淵
津人操舟若神吾問焉曰操舟可學邪曰可善游者
數能若乃夫沒人則未嘗見舟而便操之也吾問焉
而不吾告敢問何謂也仲尼曰善游者數能忘水也
若乃夫沒人之未嘗見舟而便操之也彼視淵若陵

視舟之覆猶其車卻也覆卻萬方陳乎前而不得入其舍惡往而不暇以瓦注者巧以鉤注者憚以黃金注者殙其巧一也而有所矜則重外也凡外重者內拙

列子黃帝孔子觀於呂梁。懸水三十仞。流沫三十里。黿鼉魚鱉之所不能游也。見一丈夫游之。以為有苦而欲死者也。使弟子並流而承之。數百步而出。被髮行歌。而游於棠行。棠行一本作塘下 孔子從而問之曰。呂梁懸水三十仞。流沫三十里。黿鼉魚鱉所不能游。向吾見子蹈之。以爲有苦而欲死者。使弟子竝流將承子。子出而被髮行歌。吾以子爲鬼也。察子。則人也。請問蹈水有道乎。曰。亡。吾無道。吾始乎故。長乎性。成乎命。與齊俱入。與汩皆出。從水之道而不爲私焉。此吾所以蹈之也。孔子曰。何謂始乎故。長乎性。成乎命也。曰。吾生於陵而安於陵。故也。長於水而安於水。性也。不知吾所以然而然。命也。

〔莊子外篇達生〕孔子觀於呂梁縣水三十仞流沫四十里黿鼉魚鼈之所不能游也見一丈夫游之以爲有苦而欲死也使弟子竝流而拯之數百步而出被

髮行歌而游於塘下孔子從而問焉曰吾以子爲鬼
察子則人也請問蹈水有道乎曰亡吾無道吾始乎
故長乎性成乎命與齊俱入與汩偕出從水之道而
不爲私焉此吾所以蹈之也孔子曰何謂始乎故長
乎性成乎命曰吾生於陵而安於陵故也長於水而
安於水性也不知吾所以然而然命也

列子黃帝仲尼適楚。出於林中。見痀僂者承蜩。猶掇之
也。仲尼曰。子巧乎。有道邪。曰。我有道也。五六月。纍垸二
而不墜。則失者錙銖。纍三而不墜。則失者十一。纍五而

不墜。猶掇之也。吾處也。若橛株駒。吾執臂若槁木之枝。雖天地之大。萬物之多。而唯蜩翼之知。吾不反側。不以萬物易蜩之翼。何爲而不得。孔子顧謂弟子曰。用志不分。乃凝於神。其痀僂丈人之謂乎。丈人曰。汝逢衣徒也。亦何知問是乎。脩汝所以。而後載言其上。

莊子外篇達生仲尼適楚出於林中見痀僂者承蜩猶掇之也仲尼曰子巧乎有道邪曰我有道也五六月累丸二而不墜則失者錙銖累三而不墜則失者十一累五而不墜猶掇之也吾處身也若厥株拘吾

執臂也若槁木之枝雖天地之大萬物之多而唯蜩
翼之知吾不反不側不以萬物易蜩之翼何爲而不
得孔子顧謂弟子曰用志不分乃凝於神其痀僂丈
人之謂乎

列子黄帝趙襄子率徒十萬狩於中山。藉仍燔林。扇赫
百里。有一人從石壁中出。隨烟燼上下。眾謂鬼物。火過。
徐行而出。若無所經涉者。襄子怪而留之。徐而察之。形
色七竅。人也。氣息聲音。人也。問奚道而處石。奚道而入
火。其人曰。奚物而謂石。奚物而謂火。襄子曰。而嚮之所

出者。石也。而嚮之所入者。火也。其人曰。不知也。魏文侯聞之。問子夏曰。彼何人哉。子夏曰。以商所聞夫子之言。和者大同於物。物無得傷閡者。游金石。蹈水火。皆可也。文侯曰。吾子奚不爲之。子夏曰。刳心去智。商未之能。雖然。試語之有暇矣。文侯曰。夫子奚不爲之。子夏曰。夫子能之而能不爲者也。文侯大說。

列子周穆王宋陽里華子中年病忘。朝取而夕忘。夕與而朝忘。在塗則忘行。在室則忘坐。今不識先後。不識今闔室毒之。謁史而卜之。弗占。謁巫而禱之。弗禁。謁醫而攻之。弗已。魯有儒生自媒能治之。華子之妻子以居產之半請其方。儒生曰。此固非卦兆之所占。非祈請之所禱。非藥石之所攻。吾試化其心。變其慮。庶幾其瘳乎。於是試露之。而求衣。饑之。而求食。幽之。而求明。儒生欣然告其子曰。疾可已也。然吾之方密。傳世不以告人。試屏左右。獨與居室七日。從之。莫知其所施爲也。而積年之疾一朝都除。華子既悟。迺大怒。黜妻罰子。操戈逐儒生。宋人執而問其以。華子曰。曩吾忘也。蕩蕩然不覺天地之有無。今頓識既往。數十年來存亡得失哀樂好惡擾擾萬緒起矣。吾恐將來之存亡得失哀樂好惡之亂吾心如此也。須臾之亡。可復得乎。子貢聞而怪之。以告孔子。孔子曰。此非汝所及乎。顧謂顏囘記之。

列子仲尼

仲尼閒居。子貢入侍。而有憂色。子貢不敢問。出告顏囘。顏囘援琴而歌。孔子聞之。果召囘入。問曰。若奚獨樂。囘曰。夫子奚獨憂。孔子曰。先言爾志。曰。吾昔聞之夫子曰。樂天知命故不憂。囘所以樂也。孔子愀然有閒。曰。有是言哉。汝之意失矣。此吾昔日之言爾。請以今言爲正也。汝徒知樂天知命之無憂。未知樂天知命有憂之大也。今告若其實。脩一身。任窮達。知去來之非我。亡變亂於心慮。爾之所謂樂天知命之無憂也。曩吾脩詩書。正禮樂。將以治天下。遺來世。非但脩一身治魯國而已。而魯之君臣日失其序。仁義益衰。情性益薄。此道不行一國與當年。其如天下與來世矣。吾始知詩書禮樂無救於治亂。而未知所以革之之方。此樂天知命者之所憂。雖然。吾得之矣。夫樂而知者。非古人之謂樂知也。無樂無知。是眞樂眞知。故無所不樂。無所不知。無所不憂。無所不爲。詩書禮樂。何棄之有。革之何爲。顔回北面拜手曰。回亦得之矣。出告子貢。子貢茫然自失。歸家淫思七日。不寢不食。以至骨立。顔回重往喻之。乃反丘門。弦歌誦書。終身不輟。

列子仲尼、陳大夫聘魯。私見叔孫氏。叔孫曰。吾國有聖人。曰。非孔丘耶。曰。是也。何以知其聖乎。叔孫氏曰。吾常聞之顔回曰。孔丘能廢心而用形。陳大夫曰。吾國亦有聖人。子弗知乎。曰。聖人孰謂。曰。老聃之弟子有亢倉子者。得聃之道。能以耳視而目聽。魯侯聞之大驚。使上卿厚禮而致之。亢倉子應聘而至。魯侯卑辭請問之。亢倉子曰。傳之者妄。我能視聽不用耳目。不能易耳目之用。魯侯曰。此增異矣。其道奈何。寡人終願聞之。亢倉子曰。我體合於心。心合於氣。氣合於神。神合於無。其有介然之有。唯然之音。雖遠在八荒之外。近在眉睫之內。來干我者。我必知之。乃不知是我七孔四支之所覺。心腹六藏之所知。其自知而已矣。魯侯大悅。他日以告仲尼。仲尼笑而不答。商太宰見孔子曰。丘聖者歟。孔子曰。聖則丘何敢。然則丘博學多識者也。商太宰曰。三王聖者歟。孔子曰。三王善任智勇者。聖則丘不知。曰。五帝聖者歟。

孔子曰。五帝善任仁義者。聖則丘弗知。曰。三皇聖者歟。
孔子曰。三皇善任因時者。聖則丘弗知。商太宰大駭曰。
然則孰者爲聖。孔子動容有間。曰。西方之人有聖者焉。
不治而不亂。不言而自信。不化而自行。蕩蕩乎民無能
名焉。丘疑其爲聖。弗知眞爲聖歟。眞不聖歟。商太宰嘿
然心計曰。孔丘欺我哉。

（韓非子說林上）子圉見孔子於商太宰孔子出子圉
入請問客太宰曰吾已見孔子則視子猶蚤蝨之細
者也吾今見之於君子圉恐孔子貴於君也因請太

宰曰君（本作已從宋本改）已見孔子孔子亦將視子猶蚤蝨

也太宰因弗復見也

列子湯問孔子東游。見兩小兒辯鬬。問其故。一兒曰。我以日始出時去人近。而日中時遠也。一兒以日初出遠。而日中時近也。一兒曰。日初出大如車蓋。及日中。則如盤盂。此不爲遠者小而近者大乎。一兒曰。日初出滄滄涼涼。及其日中如探湯。此不爲近者熱而遠者涼乎。孔子不能決也。兩小兒笑曰。孰爲汝多知乎。

金樓子立言上孔子東游見兩小兒相鬬一兒曰我

以日初出去人近一兒曰日中近一兒曰日初出如車蓋至中裁如盤盂豈不近者大遠者小一兒曰日初出滄滄涼涼至日中有如探湯此非遠者涼近者熱耶孔子亦不知日中天而小落扶桑而大

列子說符孔子自衛反魯。息駕乎河梁而觀焉。有懸水三十仞。圜流九十里。魚鱉弗能游。黿鼉弗能居。有一丈夫方將厲之。孔子使人竝涯止之。曰。此懸水三十仞。圜流九十里。魚鱉弗能游。黿鼉弗能居也。意者難可以濟乎。丈夫不以錯意。遂度而出。孔子問之曰。巧乎。有道術乎。所以能入而出者。何也。丈夫對曰。始吾之入也。先以忠信。及吾之出也。又從以忠信。忠信錯吾軀於波流。而吾不敢用私。所以能入而復出者。以此也。孔子謂弟子曰。二三子識之。水且猶可以忠信誠身親之。而況人乎。

〔說苑雜言〕孔子觀於呂梁懸水四十仞環流九十里魚鼈不能過黿鼉不敢居有一丈夫方將涉之孔子使人竝崖而止之曰此懸水四十仞圜流九十里魚鼈不敢過黿鼉不敢居意者難可濟也丈夫不以錯意遂渡而出孔子問子巧乎且有道術乎所以能入

而出者何也丈夫對曰始吾入先以忠信吾之出也又從以忠信忠信錯吾軀於波流而吾不敢用私吾所以能入而復出也孔子謂弟子曰水而尚可以忠信義久而身親之況於人乎

【列子說符】白公問孔子曰。人可與微言乎。孔子不應。白公問曰。若以石投水。何如。孔子曰。吳之善沒者能取之。曰。若以水投水。何如。孔子曰。淄澠之合。易牙嘗而知之。白公曰。人故不可與微言乎。孔子曰。何爲不可。唯知言之謂者乎。夫知言之謂者。不以言言也。爭魚者濡。逐獸

者趨。非樂之也。故至言去言。至爲無爲。夫淺知之所爭

者末矣。白公不得已。遂死於浴室。

呂氏春秋審應覽精諭白公問於孔子曰人可與微

言乎孔子不應白公曰若以石投水奚若孔子曰沒

人能取之白公曰若以水投水奚若孔子曰淄澠之

合者易牙嘗而知之白公曰然則人不可與微言乎

孔子曰胡爲不可唯知言之謂者爲可耳

淮南子道應訓白公問於孔子曰人可以微言孔子

不應白公曰若以石投水中何如曰吳越之善沒者

能取之矣曰若以水投水何如孔子曰菑澠之水合易牙嘗而知之白公曰然則人固不可與微言乎孔子曰何謂不可誰知言之謂者乎夫知言之謂者不以言言也爭魚者濡逐獸者趨非樂之者也一本無者字故至言去言至爲無爲夫淺知之所爭者末矣白公不得也故死於浴室

莊子內篇人間世顏回見仲尼請行。曰。奚之。曰。將之衛。曰。奚爲焉。曰。回聞衛君。其年壯。其行獨。輕用其國。而不見其過。輕用民死。死者以國量乎澤若蕉。民其無如矣。

回嘗聞之夫子曰。治國去之。亂國就之。醫門多疾。願以所聞思其所行。（明本無所行二字）則庶幾其國有瘳乎。仲尼曰。譆。若往而殆刑耳。（明本作若殆往而行耳）夫道不欲雜。雜則多。多則擾。擾則憂。憂而不救。古之至人。先存諸己而後存諸人。所存於己者未定。何暇至於暴人之所行。且若亦知夫德之所蕩而知之所爲出乎哉。德蕩乎名。知出乎爭。名也者相軋也。知也者爭之器也。二者凶器。非所以盡行也。且德厚信矼。未達人氣。名聞不爭。未達人心。而彊以仁義繩墨之言術（明本作衒）暴人之前者。是以人惡有其美也。命之曰菑人。菑人者人必反菑之。若殆爲人菑夫。且苟爲悅賢而惡不肖。惡用而求有以異。若唯無詔。王公必將乘人而鬭其捷。而目將熒之。而色將平之。口將營之。容將形之。心且成之。是以火救火。以水救水。名之曰益多。順始無窮。若殆以不信厚言。必死於暴人之前矣。且昔者桀殺關龍逢。紂殺王子比干。是皆脩其身以下傴拊人之民。以下拂其上者也。故其君因其脩以擠之。是好名者也。昔者堯攻叢枝胥敖。禹攻有扈。國爲虛厲。身爲刑戮。其用兵不止。其求實無已。是皆求名實者

也。而獨不聞之乎。名實者聖人之所不能勝也。而況若
乎。雖然。若必有以也。嘗以語我來。顏回曰。端而虛。勉而
一。則可乎。曰。惡。惡可。夫以陽爲充孔揚。采色不定。常人
之所不違。因案人之所感。以求容與其心。名之曰日漸
之德不成。而況大德乎。將執而不化。外合而內不訾。其
庸詎可乎。然則我內直而外曲。成而上比。內直者與天
爲徒。與天爲徒者。知天子之與己。皆天之所子。而獨以
己言蘄乎而人善之。蘄乎而人不善之邪。若然者。人謂
之童子。是之謂與天爲徒。外曲者與人之爲徒也。擎跽

曲拳人臣之禮也。人皆爲之。吾敢不爲邪。爲人之所爲者。人亦無疵焉。是之謂與人爲徒。成而上比者。與古爲徒。其言雖教。讁之實也。古之有也。非吾有也。若然者。雖直不爲病。是之謂與古爲徒。若是則可乎。仲尼曰。惡惡可。大多政法而不諜。雖固亦無罪。雖然。止是耳矣。夫胡可以及化。猶師心者也。顏回曰。吾無以進矣。敢問其方。仲尼曰。齋。吾將語若。有而爲之。其易邪。易之者皞天不宜。顏回曰。回之家貧。唯不飲酒不茹葷者數月矣。若此則可以爲齋乎。曰。是祭祀之齋。非心齋也。回曰。敢問心齋。仲尼曰。若一志。無聽之以耳。而聽之以心。無聽之以心。而聽之以氣。聽止於耳。心止於符。氣也者虛而待物者也。唯道集虛。虛者心齋也。顏回曰。回之未始得使。實自回也。得使之也。未始有回也。可謂虛乎。夫子曰。盡矣。吾語若。若能入遊其樊。而無感其名。入則鳴。不入則止。無門無毒。一宅而寓於不得已。則幾矣。絕迹易。無行地難。為人使易以偽。為天使難以偽。聞以有翼飛者矣。未聞以無翼飛者也。聞以有知知者矣。未聞以無知知者也。瞻彼闋者。明本作闔者虛室生白。吉祥止止。夫且不止。是之謂坐馳。夫徇耳目內通。而外於心知。鬼神將來舍。而況人乎。是萬物之化也。禹舜之所紐也。伏羲几蘧之所行終。而況散焉者乎。

莊子內篇德充符

魯有兀者王駘。從之遊者。與仲尼相若。常季問於仲尼曰。王駘兀者也。從之遊者與夫子中分魯。立不教。坐不議。虛而往。實而歸。固有不言之教。無形而心成者邪。是何人也。仲尼曰。夫子聖人也。丘也直後而未往耳。丘將以爲師。而況不若丘者乎。奚假魯國。上將引天下而與從之。常季曰。彼兀者也。而王先生。其

與庸亦遠矣。若然者。其用心也。獨若之何。仲尼曰。死生
亦大矣。而不得與之變。雖天地覆墜。亦將不與之遺。審
乎無假。而不與物遷。命物之化。而守其宗者也。常季曰。
何謂也。仲尼曰。自其異者視之。肝膽楚越也。自其同者
視之。萬物皆一也。夫若然者。且不知耳目之所宜。而遊
心乎德之和。物視其所一。而不見其所喪。視喪其足。猶
遺土也。常季曰。彼爲己。以其知得其心。以其心得其常
心。物何爲最之哉。仲尼曰。人莫鑑於流水。而鑑於止水。
唯止能止衆止。受命於地。唯松柏獨也在。冬夏青青。受

命於天。唯舜獨也正。在萬物之首。明本無在萬物之首五字幸能正
生。以正眾生。夫保始之徵。不懼之實。勇士一人。雄入於
九軍。將求名而能自要者。而猶若是。而況官天地。府萬
物。直寓六骸。象耳目。一知之所知。而心未嘗死者乎。彼
且擇日而登假。人則從是也。彼且何肯以物爲事乎。

莊子內篇德充符

魯有兀者叔山無趾。踵見仲尼。仲尼
曰。子不謹前。既犯患若是矣。雖今來何及矣。無趾曰。吾
唯不知務而輕用吾身。吾以是亡足。今吾來也。猶有尊
足者存。吾是以務全之也。夫天無不覆。地無不載。吾以

夫子爲天地。安知夫子之猶若是也。孔子曰。丘則陋矣。
夫子胡不入乎。請講以所聞。無趾出。孔子曰。弟子勉之。
夫無趾兀者也。猶務學以復補前行之惡。而況全德之
人乎。無趾語老聃曰。孔丘之於至人。其未邪。彼何賓賓
以學子爲。彼且蘄以諔詭幻怪之名聞。不知至人之以
是爲己桎梏邪。老聃曰。胡不直使彼以死生爲一條。以
可不可爲一貫者。解其桎梏。其可乎。無趾曰。天刑之安
可解。

莊子內篇德充符 魯哀公問於仲尼曰。衞有惡人焉。曰

哀駘它。丈夫與之處者。思而不能去也。婦人見之。請於
父母曰。與人爲妻。寧爲夫子妾者。十數（明本作數十）而未止
也。未嘗有聞其唱者也。常和人而已矣。（明本無人字）無君人
之位。以濟乎人之死。無聚祿以望人之腹。又以惡駭天
下。和而不唱。知不出乎四域。且而雌雄合乎前。是必有
異乎人者也。寡人召而觀之。果以惡駭天下。與寡人處。
不至以月數。而寡人有意乎其爲人也。不至乎期年。而
寡人信之。國無宰。而寡人傳國焉。悶然而後應。氾而若
辭。寡人醜乎。卒授之國。無幾何也。去寡人而行。寡人卹

焉。若有亡也。若無與樂是國也。是何人者也。仲尼曰。丘也嘗使於楚矣。適見豘（明本作豘）子食於其死母者。少焉眴若。皆棄之而走。不見己焉爾。不得類焉爾。所愛其母者。非愛其形也。愛使其形者也。戰而死者。其人之葬也。不以翣資。刖者之屨。無爲愛之。皆無其本矣。爲天子之諸御。不爪翦。不穿耳。取妻者止於外。不得復使。形全猶足以爲爾。而況全德之人乎。今哀駘它未言而信。無功而親。使人授己國。唯恐其不受也。是必才全而德不形者也。哀公曰。何謂才全。仲尼曰。死生存亡。窮達貧富。賢與不肖。毁譽。飢渴。寒暑。是事之變。命之行也。日夜相代乎前。而知不能規乎其始者也。故不足以滑和。不可入於靈府。使之和豫通而不失於兌。使日夜無郤。而與物爲春。是接而生時乎（明本作於）心者也。是之謂才全。何謂德不形。曰。平者水停之盛也。其可以爲法也。內保之而外不蕩也。德者成和之脩也。德不形者。物不能離也。哀公異日以告閔子曰。始也吾以南面而君天下。執民之紀而憂其死。吾自以爲至通矣。今吾聞至人之言。恐吾無其實。輕用吾身而亡吾國。吾與孔丘。非君臣也。德友而已矣。

莊子內篇大宗師子桑戶孟子反子琴張。三人相與友。曰。孰能相與於無相與。相爲於無相爲。孰能登天遊霧。撓挑無極。相忘以生。無所終窮。三人相視而笑。莫逆於心。遂相與友。莫然有間。而子桑戶死。未葬。孔子聞之。使子貢往待事焉。或編曲。或鼓琴。相和而歌。曰。嗟來桑戶兮。嗟來桑戶乎。而已反其眞。而我猶爲人猗。子貢趨而進。曰。敢問臨尸而歌。禮乎。二人相視而笑。曰。是惡知禮意。子貢反。以告孔子。曰。彼何人者邪。脩行無有。而外其形骸。臨尸而歌。顔色不變。無以命之。彼何人者邪。孔子曰。彼遊方之外者也。而丘遊方之内者也。外内不相及。而丘使汝往弔之。丘則陋矣。彼方且與造物者爲人。而遊乎天地之一氣。彼以生爲附贅縣疣。以死爲決疣潰癰。夫若然者。又惡知死生先後之所在。假於異物。託於同體。忘其肝膽。遺其耳目。反覆終始。不知端倪。芒然彷徨乎塵垢之外。逍遥乎無爲之業。彼又惡能憒憒然爲世俗之禮。以觀衆人之耳目哉。子貢曰。然則夫子何方之依。曰。丘。天之戮民也。雖然。吾與汝共之。子貢曰。敢問

其方。孔子曰。魚相造乎水。人相造乎道。相造乎水者。穿
池而養給。相造乎道者。無事而生定。故曰。魚相忘乎江
湖。人相忘乎道術。子貢曰。敢問畸人。曰。畸人者。畸於人
而侔於天。故曰。天之小人。人之君子。人之君子。天之小
人也。

莊子內篇大宗師顏回問仲尼曰。孟孫才其母死。哭泣
無涕。中心不慼。居喪不哀。無是三者。以善處喪明本無處字
蓋魯國。固有無其實而得其名者乎。回壹怪之。仲尼曰。
夫孟孫氏盡之矣。進於知矣。唯簡之而不得。夫已有所

簡矣。孟孫氏不知所以生。不知所以死。不知就先。不知就後。若化爲物。以待其所不知之化已乎。且方將化。惡知不化哉。方將不化。惡知已化哉。吾特與汝其夢未始覺者邪。且彼有駭形而無損心。有旦宅而無情死。孟孫氏特覺人哭亦哭。是自其所以乃。崔本作惡且也相與吾之耳矣。庸詎知吾所謂吾之乎。且汝夢爲鳥而厲乎天。夢爲魚而沒於淵。不識今之言者。其覺者乎。其夢者乎。造適不及笑。獻笑不及排。安排而去化。乃入於寥天一。

莊子內篇大宗師顏回曰。回益矣。仲尼曰。何謂也。曰。回

忘仁義矣。曰。可矣。猶未也。它日復見。曰。回益矣。曰。何謂
也。曰。回忘禮樂矣。曰。可矣。猶未也。它日復見。曰。回益矣。
曰。何謂也。曰。回坐忘矣。仲尼蹵然曰。何謂坐忘。顏回曰。
墮枝體。黜聰明。離形去知。同於大通。此謂坐忘。仲尼曰。
同則無好也。化則無常也。而果其賢乎。丘也請從而後
也。

淮南子道應訓顏回謂仲尼曰回益矣仲尼曰何謂
也曰回忘禮樂矣仲尼曰可矣猶未也異日復見曰
回益矣仲尼曰何謂也曰回忘仁義矣仲尼曰可矣

猶未也異日復見曰回坐忘矣仲尼造然曰何謂坐
忘顔回曰墮支體黜聰明離形去知洞於化通是謂
坐忘仲尼曰洞則無善也化則無常矣而夫子薦賢
丘請從之後

莊子外篇天地夫子問于老聃曰。有人治道若相放。可不可。然不然。辯者有言曰。離堅白若縣寓。若是則可謂聖人乎。老聃曰。是胥易技係勞形怵心者也。執狸之狗（狸一作留）成思。猨狙之便自山林來。丘。予告若而所不能聞與而所不能言。凡有首有趾無心無耳者衆。有形者與無形無狀而皆存者。盡無。其動止也。其死生也。其廢起也。此又非其所以也。有治在人。忘乎物。忘乎天。其名爲忘已。忘已之人。是之謂入於天。

莊子外篇天地子貢南遊於楚。反於晉。過漢陰。見一丈人方將爲圃畦。鑿隧而入井。抱甕而出灌。搰搰然用力甚多而見功寡。子貢曰。有械於此。一日浸百畦。用力甚寡而見功多。夫子不欲乎。爲圃者仰而視之。曰。柰何。曰。鑿木爲機。後重前輕。挈水若抽。數如泆湯。其名爲槔。爲圃者忿然作色而笑曰。吾聞之吾師。有機械者必有機

事。有機事者必有機心。機心存於胷中。則純白不備。純
白不備。則神生不定。神生不定者。道之所不載也。吾非
不知。羞而不爲也。子貢瞞然慙。俯而不對。有閒。爲圃者
曰。子奚爲者邪。曰。孔丘之徒也。爲圃者曰。子非夫博學
以擬聖。於于以蓋衆。獨絃哀歌以賣名聲於天下者乎。
汝方將忘汝神氣。墮汝形骸。而庶幾乎。而身之不能治。
而何暇治天下乎。子往矣。無乏吾事。子貢卑陬失色。頊
頊然不自得。行三十里而後愈。其弟子曰。向之人何爲
者邪。夫子何故見之變容失色。終日不自反邪。曰。始吾

以爲天下一人耳。不知復有夫人也。吾聞之夫子。事求
可。功求成。用力少見功多者。聖人之道。今徒不然。執道
者德全。德全者形全。形全者神全。神全者。聖人之道也。
託生與民竝行。而不知其所之。汒乎湻備哉。功利機巧。
必忘夫人之心。若夫人者。非其志不之。非其心不爲。雖
以天下譽之。得其所謂。謷然不顧。以天下非之。失其所
謂。儻然不受。天下之非譽。無益損焉。是謂全德之人哉。
我之謂風波之民。反於魯。以告孔子。孔子曰。彼假脩渾
沌氏之術者也。識其一不知其二。治其內而不治其外。

夫明白入素。無爲復朴。體性抱神。以遊世俗之間者。汝將固驚邪。且渾沌氏之術。予與汝何足以識之哉。

莊子外篇天運孔子西遊於衛。顏淵問師金曰。以夫子之行爲奚如。師金曰。惜乎。而夫子其窮哉。顏淵曰。何也。師金曰。夫芻狗之未陳也。盛以篋衍。巾以文繡。尸祝齊戒以將之。及其已陳也。行者踐其首脊。蘇者取而爨之而已。將復取而盛以篋衍。巾以文繡。遊居寢臥其下。彼不得夢。必且數眯焉。今而夫子亦取先王已陳芻狗。取弟子遊居寢臥其下。故伐樹於宋。削迹於衛。窮於商周。

是非其夢邪。圍於陳蔡。七日不火食。死生相與鄰。是非其眯邪。夫水行莫如用舟。而陸行莫如用車。以舟之可行於水也。而求推之於陸。則沒世不行尋常。古今非水陸與。周魯非舟車與。今蘄行周於魯。是猶推舟於陸也。勞而無功。身必有殃。彼未知夫無方之傳。應物而不窮者也。且子獨不見夫桔槔者乎。引之則俯。舍之則仰。彼人之所引。非引人也。故俯仰而不得罪於人。故夫三皇五帝之禮義法度。不矜於同。而矜於治。故譬三皇五帝之禮義法度。其猶柤梨橘柚邪。其味相反。而皆可於口。

故禮義法度者。應時而變者也。今取猨狙而衣以周公之服。彼必齕齧挽裂盡去而後慊。觀古今之異。猶猨狙之異乎周公也。故西施病心而矉其里。其里之醜人見而美之。歸亦捧心而矉其里。其里之富人見之。堅閉門而不出。貧人見之。挈妻子而去之走。彼知美矉而不知矉之所以美。惜乎。而夫子其窮哉。

孔子集語卷十六終

總校王詒壽　分校王彥起　陳銛　校

孔子集語卷十七

山東督糧道臣孫星衍撰

寓言十四下

莊子外篇天運孔子行年五十有一而不聞道。乃南之沛見老聃。老聃曰。子來乎。吾聞子北方之賢者也。子亦得道乎。孔子曰。未得也。老子曰。子惡乎求之哉。曰。吾求之於度數。五年而未得也。老子曰。子又惡乎求之哉。曰。吾求之於陰陽。十有二年而未得。老子曰。然。使道而可獻。則人莫不獻之於其君。使道而可進。則人莫不進之於其親。使道而可以告人。則人莫不告其兄弟。使道而可以與人。則人莫不與其子孫。然而不可者。無他也。中無主而不止。外無正而不行。由中出者。不受於外。聖人不出。由外入者。無主於中。聖人不隱。名。公器也。不可多取。仁義。先王之蘧廬也。止可以一宿。而不可久處。覯而多責。古之至人。假道於仁。託宿於義。以遊逍遙之墟。食於苟簡之田。立於不貸之圃。逍遙無爲也。苟簡易養也。不貸無出也。古者謂是采眞之遊。以富爲是者不能讓祿。以顯爲是者不能讓名。親權者不能與人柄。操之則

慄。舍之則悲。而一無所鑒以闚其所不休者。是天之戮
民也。怨恩取與。諫敎生殺。八者正之器也。唯循大變無
所湮者。爲能用之。故曰。正者正也。其心以爲不然者。天
門弗開矣。孔子見老聃而語仁義。老聃曰。夫播糠眯目。
則天地四方易位矣。蚊虻噆膚。則通昔不寐矣。夫仁義
憯然。乃憤吾心。亂莫大焉。吾子使天下無失其朴。吾子
亦放風而動。揔德而立矣。又奚傑然若負建鼓而求亡
子者邪。夫鵠不日浴而白。烏不日黔而黑。黑白之朴。不
足以爲辯。名譽之觀。不足以爲廣。泉涸。魚相與處於陸。

相呴以濕。相濡以沫。不若相忘於江湖。孔子見老聃歸。
三日不談。弟子問曰。夫子見老聃。亦將何規哉。孔子曰。
吾乃今於是乎見龍。龍合而成體。散而成章。乘乎雲氣
而養乎陰陽。予口張而不能嗋。予又何規老聃哉。子貢
曰。然則人固有尸居而龍見。雷聲而淵默。發動如天地
者乎。賜亦可得而觀乎。遂以孔子聲見老聃。老聃方將
倨堂而應微。曰。予年運而往矣。子將何以戒我乎。子貢
曰。夫三王五帝之治天下不同。其係聲名一也。而先生
獨以爲非聖人。如何哉。老聃曰。小子少進。子何以謂不

同。對曰。堯授舜。舜授禹。禹用力而湯用兵。文王順紂而不敢逆。武王逆紂而不肯順。故曰不同。老聃曰。小子少進。余語汝三王五帝之治天下。黃帝之治天下。使民心一。民有其親死不哭。而民不非也。堯之治天下。使民心親。民有爲其親殺其殺。而民不非也。舜之治天下。使民心競。民孕婦十月生子。子生五月而能言。不至乎孩而始誰。則人始有夭矣。禹之治天下。使民心變。人有心而兵有順。殺盜非殺。人自爲種而天下耳。是以天下大駭。儒墨皆起。其作始有倫。而今乎婦女何言哉。余語汝三皇五帝之治天下。名曰治之。而亂莫甚焉。三皇之知。上悖日月之明。下睽山川之精。中墮四時之施。其知憯於厲蠆之尾。鮮規之獸。莫得安其性命之情者。而猶自以爲聖人。不可恥乎。其無恥也。子貢蹵蹵然立不安。孔子謂老聃曰。丘治詩書禮樂易春秋六經。自以爲久矣。孰知其故矣。以奸者七十二君。論先王之道而明周召之迹。一君無所鉤用。甚矣。夫人之難說也。道之難明邪。老子曰。幸矣。子之不遇治世之君也。夫六經。先王之陳迹也。豈其所以迹哉。今子之所言。猶迹也。夫迹。履之所出而迹豈履哉。夫白鶂之相視。眸子不運而風化。蟲雄鳴於上風。雌應於下風而化。（一本作而風化）類自爲雌雄。故風化。性不可易。命不可變。時不可止。道不可壅。苟得於道。無自而不可。失焉者。無自而可。孔子不出。三月復見。曰丘得之矣。烏鵲孺。魚傅沫。細要者化。有弟而兄啼。久矣夫丘不與化爲人。不與化爲人。安能化人。老子曰。可。丘得之矣。

〔史記老莊申韓列傳〕孔子適周將問禮於老子老子曰子所言者其人與骨皆已朽矣獨其言在耳且君

子得其時則駕不得其時則蓬累而行吾聞之良賈深藏若虛君子盛德容貌若愚去子之驕氣與多欲態色與淫志是皆無益於子之身吾所以告子若是而已孔子去謂弟子曰鳥吾知其能飛魚吾知其能游獸吾知其能走走者可以爲罔游者可以爲綸飛者可以爲矰至於龍吾不能知其乘風雲而上天吾今日見老子其猶龍邪

論衡龍虛孔子曰游者可爲網飛者可爲矰至於龍也吾不知其乘風雲上升今日見老子其猶龍乎

【論衡知實】孔子曰。游者可爲綸。走者可爲矰。至於龍吾不知乘雲風上升。今日見老子。其猶龍耶。

【莊子外篇至樂】顏淵東之齊。孔子有憂色。子貢下席而問曰。小子敢問。回東之齊。夫子有憂色。何邪。孔子曰。善哉汝問。昔者管子有言。丘甚善之。曰。褚小者不可以懷大。綆短者不可以汲深。夫若是者。以爲命有所成而形有所適也。夫不可損益。吾恐回與齊侯言堯舜黃帝之道。而重以燧人神農之言。彼將內求於己而不得。不得則惑。人惑則死。且汝獨不聞邪。昔者海鳥止於魯郊。魯侯御而觴之于廟。奏九部以爲樂。具太牢以爲膳。鳥乃眩視憂悲。不敢食一臠。不敢飲一杯。三日而死。此以己養養鳥也。非以鳥養養鳥也。夫以鳥養養鳥者。宜栖之深林。遊之壇陸。浮之江湖。食之鰌鰷。隨行列而止。委蛇而處。彼惟人言之惡聞。奚以夫譊譊。爲乎咸池九韶之樂。張之洞庭之野。鳥聞之而飛。獸聞之而走。魚聞之而下入。人卒聞之。相與還而觀之。魚處水而生。人處水而死。彼必相與異其好惡。故異也。故先聖不一其能。不同其事。名止於實。義設於適。是之謂條達而福持。

〔莊子外篇達生〕仲尼曰。無入而藏。無出而陽。柴立其中央。三者若得。其名必極。夫畏塗者。十殺一人。則父子兄弟相戒也。必盛卒徒而後敢出焉。不亦知乎。人之所取畏者。衽席之上。飲食之閒。而不知爲之戒者。過也。

〔莊子外篇山木〕孔子圍於陳蔡之閒。七日不火食。太公任往弔之曰。子幾死乎。曰。然。子惡死乎。曰。然。任曰。予嘗言不死之道。東海有鳥焉。名曰意怠。其爲鳥也。翂翂翐翐。而似無能。引援而飛。迫脅而棲。進不敢爲前。退不敢爲後。食不敢先嘗。必取其緒。是故其行列不斥。而外人卒不得害。是以免於患。直木先伐。甘井先竭。子其意者。飾知以驚愚。修身以明汙。昭昭乎如揭日月而行。故不免也。昔吾聞之大成之人曰。自伐者無功。功成者墮。名成者虧。孰能去功與名而還與衆人。道流而不明居得行而不名處。純純常常。乃比於狂。削迹捐勢。不爲功名。是故無責於人。人亦無責焉。至人不聞。子何喜哉。孔子曰。善哉。辭其交遊。去其弟子。逃於大澤。衣裘褐。食杼栗。入獸不亂羣。入鳥不亂行。鳥獸不惡。而況人乎。

莊子外篇山木 孔子問子桑雽曰。吾再逐於魯。伐樹於宋。削迹於衛。窮於商周。圍於陳蔡之間。吾犯此數患。親交益疏。徒友益散。何與。子桑雽曰。子獨不聞假人之亡與。林回棄千金之璧。負赤子而趨。或曰。爲其布與。赤子之布寡矣。爲其累與。赤子之累多矣。棄千金之璧。負赤子而趨。何也。林回曰。彼以利合。此以天屬也。夫以利合者。迫窮禍患害相棄也。以天屬者。迫窮禍患害相收也。夫相收之與相棄亦遠矣。且君子之交淡若水。小人之交甘若醴。君子淡以親。小人甘以絕。彼無故以合者。則無故以離。孔子曰。敬聞命矣。徐行翔佯而歸。絕學捐書。

弟子無益於前。其愛益加進。

莊子外篇田子方溫伯雪子適齊。舍於魯。魯人有請見之者。溫伯雪子曰。不可。吾聞中國之君子。明乎禮義而陋於知人心。吾不欲見也。至於齊。反舍於魯。是人也又請見。溫伯雪子曰。往也蘄見我。今也又蘄見我。是必有以振我也。出而見客。入而歎。明日見客。又入而歎。其僕曰。每見之客也。必入而歎。何邪。曰。吾固告子矣。中國之民。明乎禮義而陋乎知人心。昔之見我者。進退一成規。一成矩。從容一若龍。一若虎。其諫我也似子。其道我也似父。是以歎也。仲尼見之而不言。子路曰。吾子欲見溫伯雪子久矣。見之而不言。何邪。仲尼曰。若夫人者。目擊而道存矣。亦不可以容聲矣。

呂氏春秋審應覽精諭孔子見溫伯雪子不言而出子貢曰夫子之欲見溫伯雪子好矣今也見之而不言其故何也孔子曰若夫人者目擊而道存矣不可以容聲矣

莊子外篇田子方顏淵問於仲尼曰。夫子步亦步。夫子趨亦趨。夫子馳亦馳。夫子奔逸絕塵。而回瞠若乎後矣。

夫子曰。回。何謂邪。曰。夫子步亦步也。夫子言亦言也。夫
子趨亦趨也。夫子辯亦辯也。夫子馳亦馳也。夫子言道。
回亦言道也。及奔逸絕塵而回瞠若乎後者。夫子不言
而信。不比而周。無器而民蹈乎前。而不知所以然而已
矣。仲尼曰。惡。可不察與。夫哀莫大於心死。而人死亦次
之。日出東方而入於西極。萬物莫不比方。有目有趾者。
待是而後成功。是出則存。是入則亡。萬物亦然。有待也
而死。有待也而生。吾一受其成形。而不化以待盡。效物
而動。日夜無隙。而不知其所終。薰然其成形。知命不能

規乎其前。丘以是日徂。吾終身與汝交一臂而失之。可不哀與。汝殆著乎吾所以著也。彼已盡矣。而汝求之以爲有。是求馬於唐肆也。吾服汝也甚忘。汝服吾也亦甚忘。雖然。汝奚患焉。雖忘乎故吾。吾有不忘者存。

〔淮南子齊俗訓〕孔子謂顏回曰吾服汝也忘而汝服於我也亦忘雖然汝雖忘乎吾猶有不忘者存

〔論衡自然〕孔子謂顏淵曰吾服汝忘也汝之服於我亦忘也

〔莊子外篇田子方〕孔子見老聃。老聃新沐。方將被髮而

乾。慹然似非人。孔子便而待之。少焉見曰。丘也眩與。其
信然與。向者先生形體掘若槁木。似遺物離人而立於
獨也。老聃曰。吾遊於物之初。孔子曰。何謂邪。曰。心困焉
而不能知。口辟焉而不能言。嘗爲汝議乎其將。至陰肅
肅。至陽赫赫。肅肅出乎天。赫赫發乎地。兩者交通成和。
而物生焉。或爲之紀而莫見其形。消息滿虛。一晦一明。
日改月化。日有所爲而莫見其功。生有所乎萌。死有所
乎歸。始終相反乎無端。而莫知乎其所窮。非是也。且孰
爲之宗。孔子曰。請問遊是。老聃曰。夫得是。至美至樂也。

得至美而遊乎至樂。謂之至人。孔子曰。願聞其方。曰。草食之獸不疾易藪。水生之蟲不疾易水。行小變而不失其大常也。喜怒哀樂不入於胷次。夫天下也者萬物之所一也。得其所一而同焉。則四支百體將為塵垢。而死生終始將為晝夜。而莫之能滑。而況得喪禍福之所介乎。棄隸者若棄泥塗。知身貴於隸也。貴在於我而不失於變。且萬化而未始有極也。夫孰足以患心。已為道者解乎此。孔子曰。夫子德配天地。而猶假（明本作假）至言以修心。古之君子。孰能脫焉。老聃曰。不然。夫水之於汋也。無爲而才自然矣。至人之於德也。不修而物不能離焉。若天之自高。地之自厚。日月之自明。夫何修焉。孔子出以告顔回。曰。丘之於道也。其猶醯雞與。微夫子之發吾覆也。吾不知天地之大全也。

莊子外篇田子方文王觀於臧。見一丈夫釣。而其釣莫釣。非持其釣有釣者也。常釣也。文王欲舉而授之政。而恐大臣父兄之弗安也。欲終而釋之。而不忍百姓之無天也。於是旦而屬諸大夫曰。昔者寡人夢見良人。黑色而髯。乘駁馬而偏朱蹄。號曰。寓而政於臧丈人。庶幾乎民有瘳乎。諸大夫蹵然曰。先君王也。文王曰。然則卜之。
諸大夫曰。先君之命王。其無宅。又何卜焉。遂迎臧丈人
而授之政。典法無更。偏令無出。三年。文王觀於國。則列
士壞植散羣。長官者不成德。斔斛不敢入於四境。列士
壞植散羣。則尚同也。長官者不成德。則同務也。斔斛不
敢入於四境。則諸侯無二心也。文王於是焉以爲太師。
北面而問曰。政可以及天下乎。臧丈人昧然而不應。泛
然而辭。朝令而夜遁。終身無聞。顏淵問於仲尼曰。文王
其猶未邪。又何以夢爲乎。仲尼曰。默。汝無言。夫文王盡

之也。而又何論刺焉。彼直以循斯須也。

莊子外篇田子方
田子方侍坐於魏文侯

肩吾問於孫叔敖曰。子三爲令尹而不榮華。三去之而無憂色。吾始也疑子。今視子之鼻間栩栩然。子之用心獨奈何。孫叔敖曰。吾何以過人哉。吾以其來不可卻也。其去不可止也。吾以爲得失之非我也。而無憂色而已矣。我何以過人哉。且不知其在彼乎。其在我乎。其在彼邪亡乎我。在我邪亡乎彼。方將躊躇。方將四顧。何暇至乎人貴人賤哉。仲尼聞之曰。古之眞人。知者不得說。美人不得濫。盜人不得劫。伏戲黃帝不得友。死生亦大矣。而無變乎已。況爵祿乎。若然者。其神經乎大山而無介。入乎淵泉而不濡。處卑細而不憊。充滿天地。旣以與人已愈有。

莊子外篇知北遊孔子問於老聃曰。今日晏閒。敢問至道。老聃曰。汝齊戒疏瀹而心。澡雪而精神。掊擊而知。夫道窅然難言哉。將爲汝言其崖略。夫昭昭生於冥冥。有倫生於無形。精神生於道。形本生於精。而萬物以形相生。故九竅者胎生。八竅者卵生。其來無迹。其往無崖。無門無房。四達之皇皇也。邀於此者。四枝彊。思慮恂達。耳目聰明。其用心不勞。其應物無方。天不得不高。地不得不廣。日月不得不行。萬物不得不昌。此其道與。且夫博之不必知。辯之不必慧。聖人以斷之矣。若夫益之而不加益。損之而不加損者。聖人之所保也。淵淵乎其若海。巍巍乎其終則復始也。運量萬物而不匱。則君子之道。彼其外與。萬物皆往資焉而不匱。此其道與。中國有人焉。非陰非陽。處於天地之間。直且爲人。將反於宗。自本觀之。生者喑醷物也。雖有壽夭。相去幾何。須臾之說也。奚足以爲堯桀之是非。果蓏有理。人倫雖難。所以相齒。

聖人遭之而不違。過之而不守。調而應之。德也。偶而應
之。道也。帝之所興。王之所起也。人生天地之閒。若白駒
之過郤。忽然而已。注然勃然。莫不出焉。油然漻然。莫不
入焉。已化而生。又化而死。生物哀之。人類悲之。解其天
弢。墮其天袠。紛乎宛乎。魂魄將往。乃身從之。乃大歸乎。
不形之形。形之不形。是人之所同知也。非將至之所務
也。此眾人之所同論也。彼至則不論。論則不至。明見無
值。辯不若默。道不可聞。聞不若塞。此之謂大得。
莊子外篇知北遊。冉求問於仲尼曰。未有天地可知邪。

仲尼曰。可。古猶今也。冉求失問而退。明日復見曰。昔者
吾問未有天地可知乎。夫子曰。可。古猶今也。昔者吾昭
然。今日吾昧然。敢問何謂也。仲尼曰。昔之昭然也。神者
先受之。今之昧然也。且又不爲神者求邪。無古無今。無
始無終。未有子孫而有子孫。可乎。冉求未對。仲尼曰。已
矣。未應矣。不以生生死。不以死死生。死生有待邪。皆有
所一體。有先天地生者物邪。物物者非物。物出不得先
物也。猶其有物也無已。聖人之愛人也終無已者。亦乃
取於是者也。

莊子外篇知北遊顏淵問乎仲尼曰。回嘗聞諸夫子曰。
無有所將。無有所迎。回敢問其遊。仲尼曰。古之人外化
而內不化。今之人內化而外不化。與物化者一不化者
也。安化安不化。安與之相靡。必與之莫多。狶韋氏之囿。
黃帝之圃。有虞氏之宮。湯武之室。君子之人若儒墨者
師。故以是非相韲也。而況今之人乎。聖人處物不傷物。
不傷物者物亦不能傷也。唯無所傷者。爲能與人相將
迎。山林與。皐壤與。使我欣欣然而樂與。樂未畢也哀又
繼之。哀樂之來。吾不能禦。其去弗能止。悲夫。世人直謂

物逆旅耳。夫知遇而不知所不遇。知能能而不能所不
能。無知無能者。固人之所不免也。夫務免乎人之所不
免者。豈不亦悲哉。至言去言。至爲去爲。齊知之所知。則
淺矣。

莊子雜篇徐無鬼仲尼之楚。楚王觴之。孫叔敖執爵而
立。市南宜僚受酒而祭。曰。古之人乎。於此言已。曰。丘也
聞不言之言矣。未之嘗言。於此乎言之。市南宜僚弄丸。
而兩家之難解。孫叔敖甘寢秉羽。而郢人投兵。丘願有
喙三尺。彼之謂不道之道。此之謂不言之辯。故德總乎

道之所一。而言休乎知之所不知。至矣道之所一者。德不能同也。知之所不能知者。辯不能舉也。名若儒墨而凶矣。故海不辭東流。大之至也。聖人幷包天地。澤及天下。而不知其誰氏。是故生無爵。死無謚。實不聚。名不立。此之謂大人。狗不以善吠爲良。人不以善言爲賢。而況爲大乎。夫爲大不足以爲大。而況爲德乎。夫大備矣莫大天地。然奚求爲而大備矣。知大備者。無求。無失。無棄。不以物易己也。反己而不窮。循古而不摩。大人之誠。

莊子雜篇則陽

孔子之楚。舍於蟻丘之漿。其鄰有夫妻

臣妾登極者。子路曰。是稯稯何爲者邪。仲尼曰。是聖人僕也。是自埋於民。自藏於畔。其聲銷。其志無窮。其口雖言。其心未嘗言。方且與世違。而心不屑與之俱。是陸沈者也。是其市南宜僚邪。子路請往召之。孔子曰。已矣。彼知丘之著於己也。知丘之適楚也。以丘爲必使楚王之召己也。彼且以丘爲佞人也。夫若然者。其於佞人也。羞聞其言。而況親見其身乎。而何以爲存。子路往視之。其室虛矣。

〔莊子雜篇則陽〕仲尼問於太師大弢伯常騫狶韋曰。夫衛靈公飲酒湛樂。不聽國家之政。田獵畢弋。不應諸侯之際。其所以爲靈公者何邪。大弢曰是因是也。伯常騫曰。夫靈公有妻三人。同濫而浴。史鰌奉御而進所。搏幣而扶翼。其慢若彼之甚也。見賢人若此其肅也。是其所以爲靈公也。狶韋曰。夫靈公也死。卜葬於故墓不吉。卜葬於沙丘而吉。掘之數仞。得石槨焉。洗而視之。有銘焉。曰。不馮其子。靈公奪而埋之。一本作奪而里之夫靈公之爲靈也久矣。之二人何足以識之。

莊子雜篇外物。老萊子之弟子出薪。遇仲尼。反以告曰。

有人於彼。修上而趍下。末僂而後耳。視若營四海。不知
其誰氏之子。老萊子曰。是丘也。召而來。仲尼至。曰。丘去
汝躬矜與汝容知。斯為君子矣。仲尼揖而退。蹙然改容
而問曰。業可得進乎。老萊子曰。夫不忍一世之傷。而驁
萬世之患。抑固窶邪。亡其畧弗及邪。惠以歡為驁。終身
之醜。中民之行進焉耳。相引以名。相結以隱。與其譽堯
而非桀。不如兩忘而閉其所譽。反無非傷也。動無非邪
也。聖人躊躇以興事。以每成功。柰何哉。其載焉終矜爾。
莊子雜篇盜跖孔子與柳下季為友。柳下季之弟。名曰

盜跖。盜跖從卒九千人。橫行天下。侵暴諸侯。穴室樞戶。驅人牛馬。取人婦女。貪得忘親。不顧父母兄弟。不祭先祖。所過之邑。大國守城。小國入保。萬民苦之。孔子謂柳下季曰。夫爲人父者。必能詔其子。爲人兄者。必能教其弟。若父不能詔其子。兄不能教其弟。則無貴父子兄弟之親矣。今先生世之才士也。弟爲盜跖。爲天下害而弗能教也。丘竊爲先生羞之。丘請爲先生往說之。柳下季曰。先生言爲人父者必能詔其子。爲人兄者必能教其弟。若子不聽父之詔。弟不受兄之教。雖今先生之辯。將柰之何哉。且跖之爲人也。心如涌泉。意如飄風。强足以距敵。辯足以飾非。順其心則喜。逆其心則怒。易辱人以言。先生必無往。孔子不聽。顏回爲馭。子貢爲右。往見盜跖。盜跖乃方休卒徒大山之陽。膾人肝而餔之。孔子下車而前。見謁者曰。魯人孔丘。聞將軍高義。敬再拜謁者。謁者入通。盜跖聞之大怒。目如明星。髮上指冠。曰。此夫魯國之巧僞人孔丘非邪。爲我告之。爾作言造語。妄稱文武。冠枝木之冠。帶死牛之脅。多辭謬說。不耕而食。不織而衣。搖脣鼓舌。擅生是非。以迷天下之主。使天下學

士不反其本。妄作孝弟。而微倖於封侯富貴者也。子之
罪大極重。疾走歸。不然。我將以子肝益晝餔之膳。孔子
復通曰。丘得幸於季。願望履幕下。謁者復通。盜跖曰使
來前。孔子趨而進。避席反走。再拜盜跖。盜跖大怒兩展
其足。案劍瞋目。聲如乳虎。曰。丘來前。若所言順吾意則
生。逆吾心則死。孔子曰。丘聞之。凡天下有三德。生而長
大。美好無雙。少長貴賤見而皆悅之。此上德也。知維天
地。能辯諸物。此中德也。勇悍果敢。聚衆率兵。此下德也。
凡人有此一德者。足以南面稱孤矣。今將軍兼此三者。

身長八尺二寸。面目有光。脣如激丹。齒如齊貝。音中黃鍾。而名曰盜跖。丘竊爲將軍恥不取焉。將軍有意聽臣。臣請南使吳越。北使齊魯。東使宋衛。西使晉楚。使爲將軍造大城數百里。立數十萬戶之邑。尊將軍爲諸侯。與天下更始。罷兵休卒。收養昆弟。其祭先祖。此聖人才士之行。而天下之願也。盜跖大怒曰。丘來前。夫可規以利而可諫以言者。皆愚陋恆民之謂耳。今長大美好人見而說之者。此吾父母之遺德也。丘雖不吾譽。吾獨不自知邪。且吾聞之。好面譽人者。亦好背而毀之。今丘告我以大城衆民。是欲規我以利。而恆民畜我也。安可長久也。城之大者。莫大乎天下矣。堯舜有天下。子孫無置錐之地。湯武立爲天子。而後世絕滅。非以其利大故邪。且吾聞之。古者禽獸多而人民少。於是皆巢居以避之。晝拾橡栗。暮棲木上。故命之曰有巢氏之民。古者民不知衣服。夏多積薪。冬則煬之。故命之曰知生之民。神農之世。卧則居居。起則于于。民知其母。不知其父。與麋鹿共處。耕而食。織而衣。無有相害之心。此至德之隆也。然而黄帝不能致德。與蚩尤戰於涿鹿之野。流血百里。堯舜作。立羣臣。湯放其主。武王殺紂。自是之後。以强陵弱。以衆暴寡。湯武以來。皆亂人之徒也。今子修文武之道。掌天下之辯。以教後世。縫衣淺帶。矯言僞行。以迷惑天下之主。而欲求富貴焉。盜莫大於子。天下何故不謂子爲盜丘。而乃謂我爲盜跖。子以甘辭說子路而使從之。使子路去其危冠。解其長劍。而受教於子。天下皆曰。孔丘能止暴禁非。其卒之也。子路欲殺衞君而事不成。身菹於衞東門之上。是子教之不至也。子自謂才士聖人邪。則再逐於魯。削蹟於衞。窮於齊。圍於陳蔡。不容身於天

下。子教子路菹此患。上無以爲身。下無以爲人。子之道
豈足貴邪。世之所高。莫若黄帝。黄帝尚不能全德。而戰
涿鹿之野。流血百里。堯不慈。舜不孝。禹偏枯。湯放其主。
武王伐紂。文王拘羑里。此六子者。世之所高也。孰論之。
皆以利惑其眞。而强反其情性。其行乃甚可羞也。世之
所謂賢士。伯夷叔齊。伯夷叔齊辭孤竹之君。而餓死於
首陽之山。骨肉不葬。鮑焦飾行非世。抱木而死。申徒狄
諫而不聽。負石自投於河。爲魚鼈所食。介子推至忠也。
自割其股以食文公。文公後背之。子推怒而去。抱木而

燔死。尾生與女子期於梁下。女子不來。水至不去。抱梁柱而死。此四者。無異於磔犬流豕操瓢而乞者。皆離名輕死。不念本養壽命者也。世之所謂忠臣者。莫若王子比干伍子胥。子胥沈江。比干剖心。此二子者。世謂忠臣也。然卒爲天下笑。自上觀之。至于子胥比干。皆不足貴也。丘之所以說我者。若告我以鬼事。則我不能知也。若告吾以人事者。不過此矣。皆吾所聞知也。今吾告子以人之情。目欲視色。耳欲聽聲。口欲察味。志氣欲盈。人上壽百歲。中壽八十。下壽六十。除病瘦死喪憂患。其中開口而笑者。一月之中。不過四五日而已矣。天與地無窮。人死者有時。操有時之具。而託於無窮之間。忽然無異騏驥之馳過隙也。不能悅其志意。養其壽命者。皆非通道者也。丘之所言。皆吾之所棄也。亟去走歸。無復言之。子之道狂狂伋伋詐巧虛僞事也。非可以全眞也。奚足論哉。孔子再拜趨走。出門上車。執轡三失。目芒然無見。色若死灰。據軾低頭。不能出氣。歸到魯東門外。適遇柳下季。柳下季曰。今者闕然數日。不見車馬有行色。得微往見跖邪。孔子仰天而歎曰。然。柳下季曰。跖得無逆汝意若前乎。孔子曰。然。丘所謂無病而自灸也。疾走料虎頭。編虎須。幾不免虎口哉。

莊子雜篇漁父孔子遊乎緇帷之林。休坐乎杏壇之上。弟子讀書。孔子弦歌鼓琴。奏曲未半。有漁父者。下船而來。須眉交白。被髮揄袂。行原以上。距陸而止。左手據膝。右手持頤。以聽曲終。而招子貢子路。二人俱對。客指孔子曰。彼何爲者也。子路對曰。魯之君子也。客問其族。子路對曰。族孔氏。客曰。孔氏者何治也。子路未應。子貢對曰。孔氏者。性服忠信。身行仁義。飾禮樂。選人倫。上以忠於世主。下以化於齊民。將以利天下。此孔氏之所治也。又問曰。有土之君與。子貢曰。非也。侯王之佐與。子貢曰。非也。客乃笑而還。行言曰。仁則仁矣。恐不免其身。苦心勞形。以危其眞。嗚呼。遠哉其分於道也。子貢還報孔子。孔子推琴而起。曰。其聖人與。乃下求之。至於澤畔。方將杖拏而引其船。顧見孔子。還鄉而立。孔子反走。再拜而進。客曰。子將何求。孔子曰。曩者先生有緒言而去。丘不肖。未知所謂。竊待於下風。幸聞咳唾之音。以卒相丘也。客曰。嘻。甚矣。子之好學也。孔子再拜而起。曰。丘少而修學。以至于今六十九歲矣。無所得聞至教。敢不虛心。客曰。同類相從。同聲相應。固天之理也。吾請釋吾之所有。而經子之所以。子之所以者人事也。天子諸侯大夫庶人。此四者自正。治之美也。四者離位。而亂莫大焉。官治其職。人憂其事。乃無所陵。故田荒室露。衣食不足。徵賦不屬。妻妾不和。長少無序。庶人之憂也。能不勝任。官事不治。行不清白。羣下荒怠。功美不有。爵祿不持。大夫之憂也。廷無忠臣。國家昏亂。工技不巧。貢職不美。春秋後倫。不順天子。諸侯之憂也。陰陽不和。寒暑不時。以傷庶物。諸侯暴亂。擅相攘伐。以殘民人。禮樂不節。財用窮匱。人倫不飭。百姓淫亂。天子有司之憂也。今子既上無君侯有司之勢。而下無大臣職事之官。而擅飾禮樂。選人倫以化齊民。不泰多事乎。且人有八疵。事有四患。不可不察也。非其事而事之謂之總。莫之顧而進之謂之佞。希意道言謂之諂。不擇是非而言謂之諛。好言人之惡謂之讒。析交離親謂之賊。稱譽詐僞以敗惡人謂之慝。不擇善否。兩容顏適。偷拔其所欲。謂之險。此八疵者。外以亂人。內以傷身。君子不友。明君不臣。所謂四患者。好經大事。變更身常。以挂功名。謂之叨。專知擅事。侵人自用。謂之貪。見過不更。聞諫愈甚。謂之很。人同於己則可。不同於己。雖善不善。謂之矜。此四患也。能去八疵。無行四患。而始可敎已。孔子愀然而歎。再拜而起。曰。丘再逐於魯。削迹於衞。伐樹於宋。圍於陳蔡。丘不知所失而離此四謗者。何也。客悽然變容曰。甚矣。子之難悟也。人有畏影惡迹而去之走者。舉足愈數而迹愈多。走愈疾而影不離身。自以爲尚遲。疾走不休。絶力而死。不知處陰以休影。處靜以息迹。愚亦甚矣。子審仁義之間。察同異之際。觀動靜之變。適受與之度。理好惡之情。和喜怒之節。而幾於不免矣。謹修而身。慎守其眞。還以物與人。則無所累矣。今不修之身而求之人。不亦外乎。孔子愀然曰。請問何謂眞。客曰。眞者。精誠之至也。不精不誠。不能動人。故強哭者雖悲不哀。強怒者雖嚴不威。強親者雖笑不和。眞悲無聲而哀。眞怒未發而威。眞親未笑而和。眞在內者。神動於外。是所以貴眞也。其用於人理也。事親則慈孝。事君則忠貞。飲酒則歡樂。處喪則悲哀。忠貞以功爲主。飲酒以樂爲主。處喪以哀爲主。事親以適爲主。功成之美。無一其迹矣。事親以適。不論所以矣。飲酒以樂。不選其具矣。處喪以哀。無問其禮矣。禮者。世俗之所爲也。眞者。所以受於天也。自然不可易也。故聖人法天貴眞。不拘於俗。愚者反此。不能法天。而恤於人。不知貴眞。祿祿而受變於俗。故不足。惜哉。子之蚤湛於人僞。明本無人字而晚聞大道也。孔子又再拜而起。曰。今者丘得遇一作過也。若天幸然。先生不羞而比之服役。而身教之。敢問舍所在。請因受業而卒學大道。客曰。吾聞之。可與往者。與之至於妙道。不可與往者。不知其道。愼勿與之身乃無咎。子勉之。吾去子矣。吾去子矣。乃刺船而去。延緣葦間。顏淵還車。子路受綏。孔子不顧。待水波定。不聞拏音。而後敢乘。子路旁車而問曰。由得爲役久矣。未嘗見夫子遇人如此其威也。萬乘之主。千乘之君。見夫子未嘗不分庭伉禮。夫子猶有倨傲之容。今漁父杖拏逆立。而夫子曲要磬折。再拜而應。得無太甚乎。門人皆怪夫子矣。漁父何以得此乎。孔子伏軾而歎曰。甚矣由之難化也。湛於禮義有間矣。而樸鄙之心至今未去。進吾語汝。夫遇長不敬。失禮也。見賢不尊。不仁也。彼非至仁。

不能下人。下人不精。不得其眞。故長傷身。惜哉。不仁之於人也。禍莫大焉。而由獨擅之。且道者。萬物之所由也。庶物失之者死。得之者生。爲事逆之則敗。順之則成。故道之所在。聖人尊之。今漁父之於道。可謂有矣。吾敢不敬乎。

莊子雜篇列禦寇。魯哀公問於顏闔曰。吾以仲尼爲貞幹。國其有瘳乎。曰。殆哉汲乎。明本作圾乎仲尼方且飾羽而畫。從事華辭。以支爲旨。忍性以視民。而不知不信。受乎心。宰乎神。夫何足以上民。彼宜女與。予頤與。誤而可矣。

令使民離實學僞。非所以視民也。爲後世慮。不若休之。難治也。施於人而不忘。非天布也。商賈不齒。雖以士齒之。神者弗齒。爲外刑者。金與木也。爲內刑者。動與過也。宵人之離外刑者。金木訊之。注同又作訊 離內刑者。陰陽食之。夫免乎外內之刑者。唯眞人能之。

釋史孔子類記四引莊子孔子舍於沙丘。見主人曰辯士也。子路曰。夫子何以識之。曰。其口窮踦。其鼻空大。其服博。其睫流。其舉足也高。其踐地也深。鹿合而牛舍。今本無韓非子內儲說上殷之法刑弃灰於街者。子貢以爲重。問之仲尼。仲尼曰。知治之道也。夫弃灰於街必掩（史記李斯傳正義引作必燔）人。掩人人必怒。怒則鬭。鬭必三族相殘也。此三族之道也。雖刑之可也。且夫重罰者人之所惡也。而無弃灰人之所易也。使人行之所易。而無離所惡。此治之道。一曰殷之法弃灰于公道者斷其手。子貢曰。弃灰之罪輕。斷手之罰重。古人何太毅也。曰。無弃灰所易也。斷手所惡也。行所易不關所惡。故人以爲易。故行之。

公孫龍子跡府楚王張繁弱之弓。載忘歸之矢。以射蛟兕於雲夢之圃而喪其弓。左右請求之。王曰。止。楚人遺弓。楚人得之。又何求焉。仲尼聞之曰。楚王仁義而未遂也。亦曰人亡弓人得之而已。何必楚。

〔呂氏春秋孟春紀貴公〕荆人有遺弓者而不肯索曰荆人遺之荆人得之又何索焉孔子聞之曰去其荆而可矣

〔說苑至公〕楚共王出獵而遺其弓左右請求之共王曰止楚人遺弓楚人得之又何求焉仲尼聞之曰惜乎其不大亦曰人遺弓人得之而已何必楚也

呂氏春秋孝行覽必己孔子行道而息。馬逸食人之稼。野人取其馬。子貢請往說之。畢辭。野人不聽。有鄙人始事孔子者曰。請往說之。因謂野人曰。子不耕於東海。吾不耕於西海也。吾馬何得不食子之禾。其野人大說。相謂曰。說亦皆如此其辯也。獨如嚮之人。解馬而與之。

淮南子人間訓孔子行遊馬失食農夫之稼野人怒取馬而繫之子貢往說之卑辭而不能得也孔子曰夫以人之所不能聽說人譬以太牢享野獸以九部樂飛鳥也予之罪也非彼人之過也乃使馬圉往說

之至見野人曰子耕於東海至於西海吾馬之失安得不食子之苗野人大喜解馬而與之

論衡自然宋人或刻木爲楮葉三年乃成。孔子曰。使地三年乃成一葉。則萬物之有葉者寡矣。案列子說符亦有此語

御覽六百十六引神仙傳孔子讀書老子見而問曰。是何書也。曰。禮也。聖人亦讀之。老子云。聖人可也。汝曷爲復讀之。

孔子集語卷十七終　總校王詒壽　分校王彥起　陳銘同校

《孔子集語》簡體標點

孙氏孔子集语序

《孔子集语》者，阳湖孙观察星衍字伯渊所撰也。孔子修百王之道以诏来者，六经而外，传记百家所载微言大义，足以羽仪经业、导扬儒风者，往往而有。其纂辑成书者，梁武帝《孔子正言》二十卷、王勃《次论语》十卷，皆不存。见存杨简《先圣大训》十卷、薛据《孔子集语》二卷、潘士达《论语外篇》二十卷，而薛书最显，不免挂漏。近人曹廷栋，又为《孔子逸语》十卷，援稽失实，不足论。

嘉庆辛未岁，观察引疾归田，惜儒书之阙失，乃博搜群籍，综核异同，增多薛书六七倍，而仍名之为《孔子集语》者，识所缘起也。其纂辑大例，《易十翼》、《礼小戴记》、《春秋左氏传》、《孝经》、《论语》、《孟子》，举世诵习，不载。《家语》、《孔丛子》，有成书专行，不载。《史记》孔子世家、弟子传易检，亦不载。其余群经传注、秘纬、诸史、诸子，以及唐宋人类书，巨篇只句毕登，无所去取，皆明言出处篇卷。或疑文脱句，酌加按语，或一事而彼此互见，且五六见，得失短长，可互证得之。

逾年，初稿成。又二年，属其友人乌程严可均，略仿《说苑》体裁，理而董之。覆检群书，是正讹字，更移次第，增益阙遗，为十四篇：劝学第一，孝本第二，五性第三，六艺第四，主德第五，臣术第六，交道第七，论人第八，论政第九，博物第十，事谱第十一，杂事第十二，遗谶第十三，寓言第十四。篇各为卷，六艺、事谱、寓言卷大，分为上下，以十四篇为十七卷。劝学等篇，与正经相表里。遗谶不醇，寓言盖依托。乃雕版于金陵，公诸后世。

——严可均为之序

孔子集语表

山东督粮道臣孙星衍稽首顿首上言，臣所撰《孔子集语》十四篇成，谨奉表上进者。伏以黄颛授道，丹书备北面之仪；河洛浮图，元扈有东巡之典。盖折衷侯诸至圣，而稽古所以同天。钦惟我皇上雅咏宗经，临雍尊圣。如天荡荡，尧本难名；犹日孜孜，禹思闻善。刍荛之所必采，谟训况有明征。昔在孔子，微言大义，史氏有将绝之虞；性道文章，及门有难闻之叹。故易翼、麟书而外，纬候载其遗言；《孝经》、《论语》之余，子史传其佚说。吾无隐尔，绝贤哲之赞词；天何言哉，托素王之眇论。而籍亡七国，书散嬴秦，畏钻仰之高坚，孰网罗其放失？

臣拜恩绣斧，承乏奎娄。慕礼器而升堂，历岁时以载笔。识大识小，一话一言，靡不综其异同，征其典据。撞钟以莛，冀有余音；集腋成裘，多存粹白。其六经所载，谨避雷同；三家传讹，悉加雠正。或有寓言依托，小说流传，恐鱼目之混珠，窥豹斑而拨雾。醇疵不杂，仿晏婴内外之编；事类相从，比《说苑》区分之目。视宋臣薛据之帙，采获加多；勘曹氏廷栋之书，增删期当。昔方言属草，有子骏之旁求；封禅留书，因所忠而奏上。臣职容专达，病久罢闲，附阙里之上公，述圣门之祖德。恭呈乙览，或为座侧之资；广布儒林，聊比壁中之简。臣无任屏营惶恐，瞻天望阙，踊跃欢忭。

谨因衍圣公臣庆镕，奉表恭进以闻。

孔子集语篇目

卷一 劝学一

《尚书大传·略说》 子曰：「君子不可以不学，见人不可以不饬。不饬无貌，无貌不敬，不敬无礼，无礼不立。夫远而有光者，饬也；近而逾明者，学也。譬之如圩邪，水潦集焉，菅蒲生焉。从上观之，谁知其非源水也！」

《大戴礼·劝学》 孔子曰：「野哉！君子不可以不学，见人不可以不饰。不饰无貌，无貌不敬，不敬无礼，无礼不立。夫远而有光者，饰也；近而逾明者，学也。譬之如污邪，水潦灟焉，莞蒲生焉。从上观之，谁知其非源泉也！」

《说苑·建本》 孔子曰：「鲤，君子不可以不学，见人不可以不饰。不饰则无根，无根则失理，失理则不忠，不忠则失礼，失礼则不立。夫远而有光者，饰也；近而逾明者，学也。譬之如污池，水潦注焉，菅蒲生之。从上观之，知其非源也。」

《韩诗外传》一 孔子曰：「君子有三忧：弗知，可无忧与？知而不学，可无忧与？学而不行，可无忧与？」

《韩诗外传》六 子曰：「不学而好思，虽知不广矣；学而慢其身，虽学不尊矣；不以诚立，虽立不久矣；诚未著而好言，虽言不信矣。美材也，而不闻君子之道。隐小物以害大物者，灾必及身矣。」

《韩诗外传》六 孔子曰：「可与言终日而不倦者，其惟学乎！其身体不足观也，勇力不足惮也，族姓不足称也，宗祖不足道也，而可以闻于四方而昭于诸侯者，其惟学乎！」

《说苑·建本》 孔子曰：「可以与人终日而不倦者，其惟学乎！其身体不足观也，其勇力不足惮也，其先祖不足称也，其族姓不足道也，然而可以开四方而昭于诸侯者，其惟学乎！」

《韩诗外传》八 孔子燕居，子贡摄齐而前曰：「弟子事夫子有年矣，才竭而智罢，振于学问，不敢复进，请一休焉。」孔子曰：「赐也，欲焉休乎？」曰：「赐欲休于事君。」孔子曰：「《诗》云：『夙夜匪懈，以事一人。』为之若此，其不易也，若之何其休也！」曰：「赐欲休于事父。」孔子曰：「《诗》云：『孝子不匮，永锡尔类。』为之若此，其不易也，如之何其休也！」曰：「赐欲休于事兄弟。」孔子曰：「《诗》云：『妻子好合，如鼓瑟琴。兄弟既翕，和乐且耽。』为之若此，其不易也，如之何其休也！」曰：「赐欲休于耕田。」孔子曰：「《诗》云：『昼尔于茅，宵尔索绹，亟其乘屋，其始播百谷。』为之若此，其不易也，若之何其休也！」子贡曰：「君子亦有休乎？」孔子曰：「阖棺兮乃止播兮，不知其时之易迁兮。

此之谓君子所休也。」

《**荀子·大略**》子贡问于孔子曰：「赐倦于学矣，愿息事君。」孔子曰：「《诗》云：『温恭朝夕，执事有恪。』事君难，事君焉可息哉！」「然则赐愿息事亲。」孔子曰：「《诗》云：『孝子不匮，永锡尔类。』事亲难，事亲焉可息哉！」「然则赐愿息于妻子」。孔子曰：「《诗》云：『刑于寡妻，至于兄弟，以御于家邦。』妻子难，妻子焉可息哉！」「然则赐愿息于朋友。」孔子曰：「《诗》云：『朋友攸摄，摄以威仪。』朋友难，朋友焉可息哉！」「然则赐愿息耕。」孔子曰：「《诗》云：『昼尔于茅，宵尔索绹，亟其乘屋，其始播百谷。』耕难，耕焉可息哉！」「然则赐无息者乎？」孔子曰：「望其圹，皋如也，巅如也，鬲如也，此则知所息矣。」子贡曰：「大哉死乎！君子息焉，小人休焉。」

《**列子·天瑞**》子贡倦于学，告仲尼曰：「愿有所息。」仲尼曰：「生无所息。」子贡曰：「然则赐息无所乎？」仲尼曰：「有焉耳！望其圹，睪如也，宰如也，坟如也，鬲如也，则知所息矣。」子贡曰：「大哉死乎！君子息焉，小人伏焉。」仲尼曰：「赐，汝知之矣。人胥知生之乐，未知生之苦；知老之惫，未知老之佚；知死之恶，未知死之息也。」

《**大戴礼·劝学**》孔子曰：「吾尝终日思矣，不如须臾之所学；吾尝跂而望之，不如升高而博见也。升高而招，非臂之长也，而见者远；顺风而呼，非声加疾也，而闻者著。假车马者，非利足也，而致千里；假舟楫者，非能水也，而绝江海。君子之性，非异也，而善假于物也。」

《**荀子·宥坐**》孔子曰：「吾有耻也，吾有鄙也，吾有殆也。幼不能强学，老无以教之，吾耻之；去其故乡，事君而达，卒遇故人，曾无旧言，吾鄙之；与小人处者，吾殆之也。」

《**荀子·宥坐**》孔子曰：「如垤而进，吾与之；如丘而止，吾已矣。」今学曾未如疣赘，则具然欲为人师。

《**荀子·宥坐**》子贡观于鲁庙之北堂，出而问于孔子曰：「向者，赐观于太庙之北堂，吾亦未辍，还复瞻被九盖皆继，彼有说邪？匠过绝邪？」孔子曰：「太庙之堂亦尝有说，官致良工，因丽节文。非无良材也，盖曰贵文也。」

《**荀子·子道**》子路问于孔子曰：「君子亦有忧乎？」孔子曰：「君子，其未得也，则乐其意；既已得之，又乐其治。是以有终身之乐，无一日之忧。小人，其未得也，则忧不得；既已得之，又恐失之。是以有终身之忧，无一日之乐也。」

《**说苑·杂言**》子路问孔子曰：「君子亦有忧乎？」孔子曰：「无也。君子之修其行，未得，则乐其意；既已得，又乐其知。是以有终身之乐，无一日之忧。小人则不然，其未之得，则忧不得；既已得之，又恐失之。是以有终日之忧，无一日之乐。」

《荀子·法行》 孔子曰：「君子有三思，而不可不思也：少而不学，长无能也；老而不教，死无思也；有而不施，穷无与也。是故君子少思长则学，老思死则教，有思穷则施。」

《御览》六百七引《慎子》 孔子曰：「丘少而好学，晚而闻道。此以博矣。」

《群书治要》《尸子·劝学》 夫子曰：「车，唯恐地之不坚也；舟，唯恐水之不深也。有其器，则以人之难为易；夫道，以人之难为易也。」

《群书治要》《尸子·处道》 孔子曰：「欲知则问，欲能则学，欲给则豫，欲善则肄。国乱则择其邪人去之，则国治矣；胸中乱，则择其邪欲而去，则德正矣。」

《意林》一引《尸子》 孔子云：「诵诗读书，与古人居；读书诵诗，与古人谋。」

《庄子·杂篇·让王》 孔子谓颜回曰：「回！来。家贫居卑，胡不仕乎？」颜回对曰：「不愿仕。回有郭外之田五十亩，足以给飦粥；郭内之田十亩，足以为丝麻；鼓琴，足以自娱；所学夫子之道者，足以自乐也。回不愿仕。」孔子愀然变容曰：「善哉！回之意。丘闻之，知足者，不以利自累也；审自得者，失之而不惧；行修于内者，无位而不怍。丘诵之久矣，今于回而后见之，是丘之得也。」

《吕氏春秋·季春纪·尊师》 子贡问孔子曰：「后世将何以称夫子？」孔子曰：「吾何足以称哉！勿已者，则好学而不厌，好教而不倦，其惟此邪！」

《淮南子·要略》 孔子修成康之道，述周公之训，以教七十子。使服其衣冠，修其篇籍，故儒者之学生焉。

《说苑·建本》 孔子谓子路曰：「汝何好？」子路曰：「好长剑。」孔子曰：「非此之问也。请以汝之所能，加之以学，岂可及哉！」子路曰：「学亦有益乎？」孔子曰：「夫人君无谏臣则失政，士无教友则失德；狂马不释其策，操弓不返于檠；木受绳则直，人受谏则圣；受学重问，孰不顺成；毁仁恶士，且近于刑。君子不可以不学。」子路曰：「南山有竹，弗揉自直，斩而射之，通于犀革。又何学为乎？」孔子曰：「括而羽之，镞而砥砺之，其入不益深乎？」子路拜曰：「敬受教哉！」

《说苑·建本》 子路问于孔子曰：「请释古之学，而行由之意，可乎？」孔子曰：「不可。昔者，东夷慕诸夏之义，有女，其夫死，为之内私婿，终身不嫁。不嫁则不嫁矣，然非贞节之义也。苍梧之弟，娶妻而美好，请与兄易。忠则忠矣，然非礼也。今子欲释古之学，而行子之意，庸知子用非为是，用是为非乎？不顺其初，虽欲悔之，难哉！」

《**说苑·贵德**》子路持剑，孔子问曰：「由安用此乎？」子路曰：「善古者固以善之，不善古者固以自卫。」孔子曰：「君子以忠为质，以仁为卫，不出环堵之内，而闻千里之外。不善，以忠化寇，暴以仁围，何必持剑乎！」子路曰：「由也请摄齐以事先生矣。」

《**中论·治学**》孔子曰：「弗学何以行？弗思何以得？小子勉之，斯可以为人师矣。」

《**中论·修本**》孔子曰：「弟子勉之！汝毋自舍，人犹舍汝，况自舍乎！人违汝其远矣。」

《**中论·修本**》孔子谓子张曰：「师，吾欲闻彼将以改此也；闻彼而不改，此虽闻何益？」

《**中论·修本**》孔子曰：「小人何以寿为？一日之不能善矣，久恶，恶之甚也。」

卷二　孝本二

《**尚书大传**》孔子对子张曰：「男子三十而娶，女子二十而嫁。女二十而通织纴绩纺之事，黼黻文章之美；不若是，则上无以孝于舅姑，下无以事夫养子也。舜，父顽母嚚，不见室家之端，故谓之鳏。」

《**尚书大传**》《书》曰：「高宗梁闇，三年不言。何为梁闇也？」传曰：「高宗居凶庐，三年不言，此之谓梁闇。」子张曰：「何为也？」孔子曰：「古者君薨，世子听于家宰三年，不敢服先王之服，履先王之位而听焉。以民臣之义，则不可一日无君矣；不可一日无君，犹不可一日无天也。以孝子之隐乎，则孝子三年弗居矣。故曰：『义者，彼也；隐者，此也。』远彼而近此，则孝子之道备矣。」

《**韩诗外传**》八　曾子有过，曾皙引杖击之。仆地，有间乃苏，起曰：「先生得无病乎？」鲁人贤曾子，以告夫子。夫子告门人：「参！来。汝不闻昔者舜为人子乎？小棰则待笞，大杖则逃。索而使之，未尝不在侧；索而杀之，未尝可得。今汝委身以待暴怒，拱立不去，非王者之民，其罪何如？」

《**说苑·建本**》曾子芸瓜而误斩其根，曾皙怒，援大杖击之。曾子仆地，有顷苏，蹶然而起，进曰：「曩者参得罪于大人，大人用力教参，得无疾乎？」退屏，鼓琴而歌，欲令曾皙听其歌声，令知其平也。孔子闻之，告门人曰：「参！来。勿内也。」曾子自以无罪，使人谢孔子。孔子曰：「汝闻瞽瞍有子，名曰舜。舜之事父也，索而使之，未尝不在侧；求而杀之，未尝可得。

小棰则待，大棰则走，以逃暴怒也。今子委身以待暴怒，立体而不去，杀身以陷父不义。不孝孰是大乎？汝非天子之民邪？杀天子之民，罪奚如？」

《**韩诗外传**》**九**　孔子行，闻哭声甚悲。孔子曰：「驱驱，前有贤者。」至，则皋鱼也。被褐拥镰，哭于道傍。孔子辟车与之言曰：「子非有丧，何哭之悲也？」皋鱼曰：「吾失之三矣：少而学，游诸侯，以后吾亲，失之一也；高尚吾志，间吾事君，失之二也；与友厚而小绝之，失之三也。树欲静而风不止，子欲养而亲不待也。往而不可追者，年也；去而不可得见者，亲也。吾请从此辞矣。」立槁而死。孔子曰：「弟子诫之，足以识矣。」于是门人辞归而养亲者，十有三人。

《**说苑·敬慎**》　孔子行游中路，闻哭者声，其音甚悲。孔子曰：「驱之！驱之！前有异人音。」少进，见之，丘吾子也。拥镰带索而哭。孔子辟车而下问曰：「夫子非有丧也，何哭之悲也？」丘吾子对曰：「吾有三失。」孔子曰：「愿闻三失。」丘吾子对曰：「吾少好学问，周遍天下，还后吾亲亡，一失也；事君奢骄，谏不遂，是二失也；厚交友而后绝，三失也。树欲静乎风不定，子欲养乎亲不待。往而不来者，年也；不可得再见者，亲也。请从此辞。」则自刎而死。孔子曰：「弟子记之，此足以为戒也。」于是弟子归养亲者十三人。

《**韩诗外传**》**十**　太王亶父有子，曰太伯、仲雍、季历。历有子，曰昌。太伯知太王贤昌，而欲季为后也。太伯去之吴。太王将死，谓曰：「我死，汝往让两兄，彼即不来，汝有义而安。」太王薨，季之吴告伯仲，伯仲从季而归。群臣欲伯之立季，季又让。伯谓仲曰：「今群臣欲我立季，季又让，何以处之？」仲曰：「刑有所谓矣，要于扶微者，可以立季。」季遂立，而养文王，文王果受命而王。孔子曰：「太伯独见，王季独知；伯见父志，季知父心。故太王、太伯、王季，可谓见始知终，而能承志矣。」

《**大戴礼·曾子立孝**》　子曰：「可人也，吾任其过；不可人也，吾辞其罪。」《诗》云：「有子七人，莫慰母心」，子之辞也。「夙兴夜寐，无忝尔所生」，言不自舍也。不耻其亲，君子之孝也。

《**大戴礼·曾子大孝**》　乐正子春下堂而伤其足，伤瘳，数月不出，犹有忧色。门弟子问曰：「夫子伤足瘳矣，数月不出，犹有忧色，何也？」乐正子春曰：「善，如尔之问也。吾闻之曾子，曾子闻诸夫子，曰：『天之所生，地之所养，人为大矣。父母全而生之，子全而归之，可谓孝矣；不亏其体，可谓全矣。』故君子顷步之不敢忘也。今予忘夫孝之道矣，子是以有忧色。」

《**吕氏春秋·孝行览**》　乐正子春下堂而伤足，瘳而数月不出，犹有忧色。门人问之曰：「夫子下堂而伤足，瘳而数月不出，犹有忧色，敢问其故？」乐正子春曰：「善乎而问之。吾闻之曾子，曾子闻之仲尼：『父母全而生之，子全而归之，不亏其身，不损其形，可谓孝矣。』君子无行，咫步而忘之。余忘孝道，是以忧。」

《大戴礼·曾子大孝》 夫子曰：「伐一木，杀一兽，不以其时，非孝也。」

《荀子·子道》 鲁哀公问于孔子曰：「子从父命，孝乎？臣从君命，贞乎？」三问，孔子不对。孔子趋出，以语子贡曰：「向者君问丘曰：『子从父命，孝乎？臣从君命，贞乎？』三问而丘不对，赐以为何如？」子贡曰：「子从父命，孝矣；臣从君命，贞矣。夫子有奚对焉？」「孔子曰：」小人哉！赐不识也。昔万乘之国，有争臣四人，则封疆不削；千乘之国，有争臣三人，则社稷不危；百乘之家，有争臣二人，则宗庙不毁。父有争子，不行无礼；士有争友，不为不义。故子从父，奚子孝？臣从君，奚臣贞？审其所以从之之谓孝、之谓贞也。」

《荀子·子道》 子路问于孔子曰：「有人于此，夙兴夜寐，耕耘树艺，手足胼胝以养其亲，然而无孝之名，何也？」孔子曰：「意者身不敬与？辞不逊与？色不顺与？古之人有言曰：『衣与缪与，不女聊。』今夙兴夜寐，耕耘树艺，手足胼胝以养其亲。无此三者，则何以为而无孝之名也？」孔子曰：「由志之，吾语汝。虽有国士之力，不能自举其身，非无力也，势不可也。故入而行不修，身之罪也；出而名不彰，友之过也。故君子入则笃行，出则友贤，何为而无孝之名也？」

《韩诗外传》九 子路曰：「有人于斯，夙兴夜寐，手足胼胝而面目黧黑，树艺五谷，以事其亲，而无孝子之名者，何也？」孔子曰：「吾意者身未敬邪？色不顺邪？辞不逊邪？古人有言曰：『衣欤食欤，曾不尔即。』」「子劳以事其亲，无此三者，何为无孝之名？意者所友，非仁人邪？」「坐！语汝。虽有国士之力，不能自举其身，非无力也，势不便也。是以君子入则笃孝，出则友贤，何为其无孝子之名？」

《庄子·寓言》 曾子再仕而心再化，曰：「吾及亲仕，三釜而心乐；后仕三千钟，不洎，吾心悲。」弟子问于仲尼曰：「若参者，可谓无所县其罪乎？」曰：「既已县矣。夫无所县者，可以有哀乎？彼视三釜、三千钟，如观雀蚊虻相过乎前也。」

《韩非子·五蠹》 鲁人从君战，三战三北。仲尼问其故，对曰：「吾有老父，身死莫之养也。」仲尼以为孝，举而上之。

《吕氏春秋·仲冬纪·当务》 楚有直躬者，其父窃羊而谒之上。上执而将诛之，直躬者请代之。将诛矣，告吏曰：「父窃羊而谒之，不亦信乎！父诛而代之，不亦孝乎！信且孝而诛之，国将有不诛者乎！」荆王闻之，乃不诛也。孔子闻之，曰：「异哉！直躬之为信也，一父而载取名焉。」

《新序·杂事》一　昔者，舜自耕稼陶渔而躬孝友，父瞽瞍顽，母嚚及弟象傲，皆下愚不移，舜尽孝道，以供养瞽瞍，瞽瞍与象为浚井涂廪之谋，欲以杀舜。舜孝益笃，出田则号泣，年五十犹婴儿慕，可谓至孝矣。故耕于历山，历山之耕者让畔；陶于河滨，河滨之陶者器不苦窳；渔于雷泽，雷泽之渔者分均。及立为天子，天下化之，蛮夷率服。北发渠搜，南抚交阯，莫不慕义，麟凤在郊。故孔子曰：「孝弟之至，通于神明，光于四海，舜之谓也。」孔子在州里，笃行孝道，居于阙党，阙党之子弟畋渔，分有亲者得多，孝以化之也。是以七十二子自远方至，服从其德。

《说苑·建本》　孔子曰：「行身有六本，本立焉，然后为君子。立体有义矣，而孝为本；处丧有礼矣，而哀为本；战阵有队矣，而勇为本；治政有理矣，而能为本；居国有礼矣，而嗣为本；生财有时矣，而力为本。」

《说苑·建本》　夫子亦云：「人之行，莫大于孝。」

《说苑·权谋》　鲁公索氏将祭而亡其牲，孔子闻之曰：「公索氏比及三年必亡矣。」后一年而亡。弟子问曰：「昔公索氏亡牲，夫子曰：『比及三年必亡矣。』今期年而亡，夫子何以知其将亡也？」孔子曰：「祭之为言索也。索也者，尽也，乃孝子所以自尽于亲也。至祭而亡其牲，则余所亡者多矣，吾以此知其将亡也。」

《说苑·辨物》　子贡问孔子：「死人有知无知也？」孔子曰：「吾欲言死者有知也，恐孝子顺孙妨生以送死也；欲言无知，恐不孝子孙弃不葬也。赐欲知死人有知将无知也，死徐自知之，犹未晚也。」

《说苑·反质》　鲁有俭者，瓦鬲煮食。食之而美，盛之土鉶之器，以进孔子。孔子受之，欢然而悦，如受大牢之馈。弟子曰：「瓦甂，陋器也；煮食，薄膳也。而先生何喜如此乎？」孔子曰：「吾闻好谏者思其君，食美者念其亲。吾非以馔为厚也，以其食美而思我亲也。」

《搜神记》　曾子从仲尼在楚而心动，辞归问母。母曰：「思尔啮指。」孔子闻之曰：「曾参之孝，精感万里。」

《御览》四百十三引《师觉授孝子传》　老莱子者，楚人，行年七十，父母俱存。至孝蒸蒸，常著班斓之衣，为亲取饮，上堂脚跌，恐伤父母之心，僵仆为婴儿啼。孔子曰：「父母老，常言不称老，为其伤老也。若老莱子，可谓不失孺子之心矣！」

《御览》四百八十二引《师觉授孝子传》　仲子崔者，仲由之子也。初，子路仕卫，赴蒯聩之乱，卫人狐黡时守门，杀子路。子崔既长，告孔子，欲报父仇。夫子曰：「行矣！」子崔即行。黡知之，曰：「夫君子不掩人之不备，须后日，于城西决战。」其日，黡持蒲弓木戟而与子崔战而死。

《**亢仓子·训道**》　闵子骞问仲尼：「道之与孝相去奚若？」仲尼曰：「道者，自然之妙用；孝者，人道之至德。夫其包运天地，发育万物，曲成万类，布丕性寿。其功至实，而不为物府，不为事官，无为功尸。扪求视听，莫得而有，字之曰道；用之于人，字之曰孝。孝者，善事父母之名也。夫善事父母，敬顺为本，意以承之，顺承颜色，无所不至，发一言，举一意，不敢忘父母；营一手，措一足，不敢忘父母。事君不敢不忠，朋友不敢不信，临下不敢不敬，向善不敢不勤，虽居独室之中，亦不敢懈其诚。此之谓全孝。故至诚之至，通乎神明，光于四海，有感必应。善事父母之所致也。昔者虞舜，其大孝矣！庶母惑父，屡憎害之，舜心益恭，惧而无怨，谋使浚井，下土实之。于时天休震动，神明骏赫，导穴而出，奉养滋谨。由是元德茂盛，为天下君。善事父母之所致也。文王之为太子也，其大孝矣！朝夕必至乎寝门之外，问寺人曰：『兹日安否如何？』曰：『安。』太子温然喜色。小不安节，太子色忧满容。朝夕食上，太子必视寒暖之节；食下，必知膳羞所进。然后退。寺人言疾，太子肃冠而斋，膳宰之馔，必敬视之；汤液之贡，必亲尝之。尝馔善，则太子亦能食；尝馔寡，太子亦不能饱。以至于复初，然后亦复初。君后有过，怡声以讽；君后所爱，虽小物必严龚。是故孝成于身，道洽天下。《雅》曰：『文王陟降，在帝左右。』言文王静作进退，天必赞之，故纣不能害。梦启之寿，卜世三十，卜年七百，天所命也。善事父母之所致也。」闵子骞曰：「善。事父母之道，既幸闻矣。敢问教子之义？」仲尼曰：「凡三王教子，必视礼乐。乐所以修内，礼所以修外，礼乐交修，则德容发辉于貌，故能温恭而文明。夫为人臣者，杀其身有益于君则为之，况利其身以善其君乎？是故择建忠良贞正之士，为之师傅，欲其知父子、君臣、长幼之道。夫知为人子，然后可以为人父；知为人臣，然后可以为人君；知事人，然后能使人。此三王教子之义也。」闵子骞退而事之于家，三年无间于父母昆弟之言。交游称其信，乡党称其仁，宗族称其弟。德行之声，溢于天下。此善事父母之所致也。

卷三　五性三

《**御览**》**四百十九引**《**尚书大传**》　子张曰：「仁者何乐于山也？」孔子曰：「夫山者，葸然高，葸然高则何乐焉？山，草木生焉，鸟兽蕃焉，财用殖焉。生财用而无私，为四方皆伐焉，每无私予焉。出云风，以通乎天地之间，阴阳和合，雨露之泽，万物以成，百姓以飧。此仁者之所以乐于山者也。」

《韩诗外传》一　哀公问孔子曰：「有智，寿乎？」孔子曰：「然。人有三死而非命也者，自取之也。居处不理，饮食不节，劳过者，病共杀之；居下而好干上，嗜欲无厌，求索不止者，刑共杀之；少以敌众，弱以侮强，忿不量力者，兵共杀之。故有三死而非命者，自取之也。」

《说苑·杂言》　鲁哀公问于孔子曰：「有智者，寿乎？」孔子曰：「然。人有三死而非命也者，人自取之。夫寝处不时，饮食不节，佚劳过度者，疾共杀之；居下位而上忤其君，嗜欲无厌而求不止者，刑共杀之；少以犯众，弱以侮强，忿怒不量力者，兵共杀之。此三死者，非命也，人自取之。」

《韩诗外传》二　孔子曰：「口欲味，心欲佚，教之以仁；心欲兵，身恶劳，教之以恭；好辩论而畏惧，教之以勇；目好色，耳好声，教之以义。《易》曰：『艮其限，列其膑，厉薰心。』《诗》曰：『吁嗟女兮，无与士耽。』皆防邪禁佚，调和心志。」

《韩诗外传》五　孔子曰：「夫谈说之术，齐庄以立之，端诚以处之，坚强以待之，辟称以喻之，分以明之，欢忻芬芳以送之，宝之珍之，贵之神之。如是，则说恒无不行矣。夫是之谓能贵，其所贵，若夫无类之说，不形之行，不赞之辞，君子慎之！」

《大戴礼·保傅》　孔子曰：「少成若天性，习贯之为常。」

《贾子新书·保傅》　孔子曰「少成若天性，习贯如自然。」

《大戴礼记·劝学》　子贡曰：「君子见大川必观，何也？」孔子曰：「夫水者，君子比德焉。遍与之而无私，似德；所及者生，所不及者死，似仁；其流行痺下句倨，皆循其理，似义；其赴百仞之谿不疑，似勇；浅者流行深渊不测，似智；弱约危通，似察；受恶不让，似真；苞里不清以入，鲜洁以出，似善；化必出，量必平，似正；盈不求概，似厉；折必以东西，似意。是以见大川必观焉。」

《荀子·宥坐》　孔子观于东流之水，子贡问于孔子曰：「君子之所以见大水必观焉者，何也？」孔子曰：「夫水大遍与诸生而无为也，似德；其流也埤下，裾拘必循其理，似义；其洸洸乎不淈尽，似道；若有决行之，其应佚若声响，其赴百仞之谷不惧，似勇；主量必平，似法；盈不求概，似正；淖约微达，似察；以出以入，就鲜洁，似善；化其万折也必东，似志。是故君子见大水必观焉。」

《说苑·杂言》　子贡问曰：「君子见大水必观焉，何也？」孔子曰：「夫水者，君子比德焉。遍予而无私，似德；所及者生，似仁；其流卑下，句倨皆循其理，似义；浅者流行，深者不测，似智；其赴百仞之谷不疑，似勇；绵弱而微达，似察；受恶不让，似包；蒙不清以入，鲜洁以出，似善；化至量必平，似正；盈不求概，似度；其万折必东，似意。是以君子见大水必观焉尔也。」

《后汉书·李固传》固奏记 孔子曰：「智者见变思刑，愚者睹怪讳名。」

《荀子·仲尼》 孔子曰：「巧而好度，必节；勇而好同，必胜；知而好谦，必贤。」

《说苑·杂言》 孔子曰：「巧而好度，必工；勇而好同，必胜；知而好谋，必成。愚者反是。夫处重擅宠，专事妒贤，愚者之情也。志骄傲而轻旧怨，是以尊位则必危，任重则必崩，擅宠则必辱。」

《荀子·儒效》 孔子曰：「周公其盛乎！身贵而愈恭，家富而愈俭，胜敌而愈戒。」

《荀子·王霸》 孔子曰：「知者之知，固以多矣，有以守少，能无察乎！愚者之知，固以少矣，有以守多，能无狂乎！」

《荀子·子道》 子路盛服见孔子，孔子曰：「由，是裾裾何也？昔者江出于岷山，其始出也，其源可以滥觞，及其至江之津也，不放舟，不避风，则不可涉也，非维下流水多邪？今汝服既盛，颜色充盈，天下且孰肯谏汝矣！由！」子路趋而出，改服而入，盖犹若也。孔子曰：「志之，吾语汝。奋于言者华，奋于行者伐，色知而有能者，小人也。故君子知之曰知之，不知曰不知，言之要也；能之曰能之，不能曰不能，行之至也。言要则知，行至则仁。既知且仁，夫恶有不足矣哉！」

《韩诗外传》三 传曰：「子路盛服以见孔子，孔子曰：『由，疏疏者何也？昔者江于濆，其始出也，不足滥觞，及其至乎江之津也，不方舟，不避风，不可渡也，非其众川之多欤？今汝衣服其盛，颜色充满，天下有谁加汝哉！』子路趋出，改服而入，盖摄如也。孔子曰：『由志之，吾语汝。夫慎于言者不哗，慎于行者不伐，色知而有长者，小人也。故君子知之为知之，不知为不知，言之要也；能之为能之，不能为不能，行之要也。言要则知，行要则仁。既知且仁，又何加哉！』」

《说苑·杂言》 子路盛服而见孔子，孔子曰：「由，是襜襜者何也？昔者江水出于岷山，其始也，大足以滥觞，及至江之津也，不方舟，不避风，不可渡也，非唯下流众川之多乎？今若衣服甚盛，颜色充盈，天下谁肯加若者哉！」子路趋而出，改服而入，盖自如也。孔子曰：「由记之，吾语若。贲于言者，华也；奋于行者，伐也；夫色智而有能者，小人也。故君子知之为知之，不知为不知，言之要也；能之为能，不能为不能，行之至也。言要则知，行要则仁。既知且仁，夫有何加矣哉！由！」

《荀子·子道》 子路入，子曰：「由，知者若何？仁者若何？」子路对曰：「知者使人知己，仁者使人爱己。」子曰：「可谓士矣。」子贡入，子曰：「赐，知者若何？仁者若何？」子贡对曰：「知者知人，仁者爱人。」子曰：「可谓士君子矣。」颜渊入，子曰：「回，知者若何？仁者若何？」颜渊对曰：「知者自知，仁者自爱。」子曰：「可谓明君子矣。」

《荀子·法行》 子贡问于孔子曰：「君子之所以贵玉而贱珉者，何也？为夫玉之少而珉之多邪？」孔子曰：「恶！赐，是何言也！夫君子岂多而贱之、少而贵之哉！夫玉者，君子比德焉。温润而泽，仁也；缜栗而理，知也；坚刚而不屈，义也；廉而不刿，行也；折而不桡，勇也；瑕适并见，情也；扣之，其声清扬而远闻，其止辍然辞也。故虽有珉之雕雕，不若玉之章章。《诗》曰：『言念君子，温其如玉。』」此之谓也。

《列子·仲尼》 子夏问孔子曰：「颜回之为人奚若？」子曰：「回之仁，贤于丘也。」曰：「子贡之为人奚若？」子曰：「赐之辨，贤于丘也。」曰：「子路之为人奚若？」子曰：「由之勇，贤于丘也。」曰：「子张之为人奚若？」子曰：「师之庄，贤于丘也。」子夏避席而问曰：「然则四子者，何为事夫子？」曰：「居，吾语汝。夫回能仁而不能反，赐能辨而不能讷，由能勇而不能怯，师能庄而不能同。兼四子之有以易吾，吾弗许也。此其所以事吾而不贰也。」

《淮南子·人间训》 人或问孔子曰：「颜回，何如人也？」曰：「仁人也，丘弗如也。」「子贡，何如人也？」曰：「辩人也，丘弗如也。」「子路，何如人也？」曰：「勇人也，丘弗如也。」宾曰：「三人皆贤，而为夫子役，何也？」孔子曰：「丘能仁且忍，辩且讷，勇且怯，以三子之能易丘一道，丘弗为也。」孔子知所施之也。

《说苑·杂言》 子夏问仲尼曰：「颜渊之为人也何若？」曰：「回之信，贤于丘也。」曰：「子贡之为人也何若？」曰：「赐之敏，贤于丘也。」曰：「子路之为人也何若？」曰：「由之勇，贤于丘也。」曰：「子张之为人何若？」曰：「师之庄，贤于丘也。」于是子夏避席而问曰：「然则四者何为事先生？」曰：「坐，吾语汝。回能信而不能反，赐能敏而不能屈，由能勇而不能怯，师能庄而不能同。兼此四者，丘不为也。」

《论衡·定贤》 或问于孔子曰：「颜渊何人也？」曰：「仁人也，丘不如也。」「子贡何人也？」曰：「辩人也，丘弗如也。」「子路何人也？」曰：「勇人也，丘弗如也。」客曰：「三子者，皆贤于夫子，而为夫子服役，何也？」孔子曰：「丘能仁且忍，辩且讷，勇且怯，以三子之能易丘之道，弗为也。」

《御览》八百三十引《尸子》 孔子曰：「诎寸而信尺，小枉而大直，吾弗为也。」

《法言》五百宋咸注 孔子曰：「君子之行已，可以诎则诎，可以伸则伸。」

《吕氏春秋·孟冬纪·异用》 孔子之弟子从远方来者，孔子荷杖而问之曰：「子之公，不有恙乎？」搏杖而揖之，问曰：「子之父母，不有恙乎？」置杖而问曰：「子之兄弟，不有恙乎？」杙步而倍之，问曰：「子之妻子，不有恙乎？」

《贾子容经》 子赣由其家来谒于孔子，孔子正颜，举杖磬折而立，曰：「子之大亲，毋乃不宁乎？」放杖而立，曰：「子之兄弟，亦得无恙乎？」曳杖倍下行，曰：「妻子家中，得无病乎？」故身之倨佝，手之高下，颜色声气，各有宜称。所以明尊卑、别疏戚也。

《淮南子·缪称训》 夫子见禾之三变也，滔滔然曰：「狐向丘而死，我其首禾焉。」

薛据《孔子集语》引《新序》 孔子谓曾子曰：「君子不以利害义，则耻辱安从生哉！官怠于宦成，病加于少愈，祸生于怠惰，孝衰于妻子。察此四者，慎终如始。」

《说苑·君道》 鲁哀公问于孔子曰：「吾闻君子不博，有之乎？」孔子对曰：「有之。」哀公曰：「何为其不博也？」孔子对曰：「为其有二乘。」哀公曰：「有二乘，则何为不博也？」孔子对曰：「为行恶道也。」哀公惧焉，有间，曰：「若是乎！君子之恶恶道之甚也。」孔子对曰：「恶恶道不能甚，则其好善道亦不能甚；好善道不能甚，则百姓之亲之也亦不能甚。《诗》云：『未见君子，忧心惙惙，亦既见止，亦既观止，我心则说。』《诗》之好善道之甚也如此。」哀公曰：「善哉！吾闻君子成人之美，不成人之恶。微孔子，吾焉闻斯言也哉！」

《说苑·敬慎》 颜回将西游，问于孔子曰：「何以为身？」孔子曰：「恭敬忠信，可以为身。恭则免于众，敬则人爱之，忠则人与之，信则人恃之。人所爱，人所与，人所恃，必免于患矣。可以临国家，何况于身乎！」

《说苑·杂言》 子路将行，辞于仲尼。曰：「赠汝以车乎？以言乎？」子路曰：「请以言。」仲尼曰：「不强不远，不劳无功，不忠无亲，不信无复，不恭无礼。慎此五者，可以长久矣。」

《说苑·杂言》 孔子曰：「中人之情，有余则侈，不足则俭，无禁则淫，无度则失，纵欲则败。饮食有量，衣服有节，宫室有度，畜聚有数，车器有限，以防乱之源也。故夫度量不可不明也，善欲不可不听也。」

《说苑·杂言》 孔子曰：「君子终日言不遗己之忧，终日行不遗己之患，唯智者有之。故恐惧所以除患也，恭敬所以越难也。终身为之，一言败之，可不慎乎！」

《说苑·辨物》 颜渊问于仲尼曰：「成人之行何若？」子曰：「成人之行，达乎情性之理，通乎物类之变，知幽明之故，睹游气之源。若此，而可谓成人。既知天道，行躬以仁义，饬身以礼乐。夫仁义礼乐，成人之行也。穷神知化，德之盛也。」

《**潜夫论·浮侈**》孔子曰：「多货财伤于德，弊则没礼。」

《**中论·贵验**》孔子曰：「欲人之信己也，则微言而笃行之，笃行之则用日久，用日久则事著明，事著明则有目莫不见也，有耳莫不闻也，其可诬哉！」

《**中论·贵言**》孔子曰：「惟君子然后能贵其言，贵其色，小人能乎哉？」

《**中论·核辩**》孔子曰：「小人毁訾以为辩，绞急以为智，不逊以为勇。」

卷四　六艺四（上）

《**周易乾凿度**》仲尼，鲁人。生不知易本，偶筮其命，得旅，请益于商瞿氏。曰：「子有圣智而无位。」孔子泣而曰：「天也命也！凤鸟不来，河无图至。呜呼！天命之也。」叹讫而后息志，停读《礼》，止史削。五十究《易》，作《十翼》，明也，明易几教。若曰：「终日而作，思之于古圣，颐师于姬昌法旦。」作九问、十恶、七正、八叹，上下系辞，大道、大数，大法、大义。易书中为通圣之问，明者以为圣贤矣。孔子曰：「吾以观之曰，仁者见为仁几之文，智者见为智几之问，圣者见为通神之文。仁者见之为之仁，智者见之为之智。随仁智也。」

《**周易乾凿度**》孔子曰：「易者，易也。变易也，不易也。管三成德，为道苞籥。易者，以言其德也，通情无门，藏神无内也。光明四通，佼易立节。天地烂明，日月星辰布设，八卦错序，律历调列，五纬顺轨，四时和粟孳结。四渎通情，优游信洁，根著浮流，气更相实，虚无感动，清净昭哲，移物致耀，至诚专密，不烦不挠，淡泊不失。此其易也。变易也者，其气也，天地不变，不能通气。五行迭终，四时更废。君臣取象，变节相和，能消者息，必专者败。君臣不变，不能成朝，纣行酷虐，天地反，文王下吕，九尾见。夫妇不变，不能成家，妲已擅宠，殷以之破。大任顺季，享国七百。此其变易也。不易也者，其位也。天在上，地在下，君南面，臣北面，父坐子伏。此其不易也。故易者，天地之道也。乾坤之德，万物之宝。至哉易，一元以为元纪。」

《**周易乾凿度**》孔子曰：「方上古之时，人民无别，群物无殊，未有衣食器用之利。于是伏羲乃仰观象于天，俯观法于地，中观万物之宜，始作八卦，以通神明之德，以类万物之情。故易者，所以继天地，理人伦而明王道。是故八卦以建，五气以立，五常以之行。象法乾坤，顺阴阳，以正君臣父子夫妇之义。度时制宜，作网罟，以畋以渔，以赡人用。于是人民乃治，君亲以尊，臣子以顺，群生和洽，各安其性，八卦之用。伏羲氏之王天下也，始作八卦，结绳而为网罟，以畋以渔。盖取诸离，质者无文，以天言，此易之意。夫八卦之变，象感在人。文王因性情之宜，为之节文。」

《**周易乾凿度**》孔子曰：「易始于太极，太极分而为二，故生天地。天地有春秋冬夏之节，故生四时。四时各有阴阳刚柔之分，故生八卦。八卦成列，天地之道立，雷风水火山泽之象定矣。其布散用事也，震生物于东方，位在二月；巽散之于东南，位在四月；离长之于南方，位在五月；坤养之于西南方，位在六月；兑收之于西方，位在八月；乾制之于西北方，位在十月；坎藏之于北方，位在十一月；艮终始之于东北方，位在十二月。八卦之气终，则四正四维之分明，生长收藏之道备，阴阳之体定，神明之德通，而万物各以其类成矣。皆易之所苞也。至矣哉！易之德也。」

《**周易乾凿度**》孔子曰：「岁三百六十日而天气周，八卦用事各四十五日，方备岁焉。故艮渐正月，巽渐三月，坤渐七月，乾渐九月，而各以卦之所言为月也。乾者，天也，终而为万物始；北方，万物所始也，故乾位在于十月。艮者，止物者也，故在四时之终，位在十二月；巽者，阴始顺阳者也，阳始壮于东南方，故位在四月。坤者，地之道也，形正六月，四维正纪，经纬仲，序度毕矣。」

《**周易乾凿度**》孔子曰：「乾坤，阴阳之主也。阳始于亥，形于丑，乾位在西北，阳祖微据始也。阴始于巳，形于未，据正立位，故坤位在西南，阴之正也。君道倡始，臣道终正，是以乾位在亥，坤位在未，所以明阴阳之职，定君臣之位也。」

《**周易乾凿度**》孔子曰：「八卦之序成立，则五气变形。故人生而应八卦之体，得五气以为五常，仁义礼智信是也。夫万物始出于震，震，东方之卦也，阳气始生，受形之道也，故东方为仁。成于离，离，南方之卦也，阳得正于上，阴得正于下，尊卑之象定，礼之序也，故南方为礼。入于兑，兑，西方之卦也，阴用事而万物得其宜，义之理也，故西方为义。渐于坎，坎，北方之卦也，阴气形盛，阴阳气含闭，信之类也，故北方为信。夫四方之义，皆统于中央，故乾坤艮巽，位在四维，中央所以绳四方行也，智之决也，故中央为智。故道兴于仁，立于礼，理于义，定于信，成于智。五者，道德之分，天人之际也。圣人所以通天意，理人伦而明至道也。」

《**周易乾凿度**》孔子曰：「阳三阴四，位之正也，故易卦六十四，分而为上下，象阴阳也。夫阳道统而奇，故上篇三十，所以象阳也；阴道不纯而偶，故下篇三十四，所以法阴也。乾坤者，阴阳之根本，万物之祖宗也。为上篇始者，尊之也。离为日，坎为月，日月之道，阴阳之经，所以终始万物，故以坎离为终。咸恒者，男女之始，夫妇之道也。人道之兴，必由夫妇，所以奉承祖宗，为天地主也。故为下篇始者，贵之也，既济未济为最终者，所以明戒慎而存王道。」

《**京氏易传**》**下**　孔子曰：「阳三阴四，位之正也。三者，东方之数，东方日之所出，又圆者径一而开三也。四者，西方之数，西方日之所入，又方者，径一而取四也。言日月终天之道，故易卦六十四，分上下，象阴阳也。奇耦之数，取之于乾坤。乾坤者，阴阳之根本。坎离者，阴阳之性命。分四营而成易，十有八变而成卦。卦象定，吉凶明，得失降，五行分。四象顺则吉，逆则凶，故曰吉凶悔吝生乎动。又曰明得失于四序，运机布度，其气转易，主者亦当，则天而行，与时消息，安而不忘亡，将以顺性命之理，极蓍龟之源，重三成六，能事毕矣。分天地乾坤之象，益之以甲乙壬癸，震巽之象配庚辛，坎离之象配戊己，艮兑之象配丙丁，八卦分阴阳六位五行，光明四通，变易立节。天地若不变易，不能通气。五行迭终，四时更废，变动不居，周流六虚，上下无常，刚柔相易，不可以为典要。惟变所适，吉凶共列于位，进退明乎机要，易之变化六爻，不可据以随时所占。」

《**周易乾凿度**》　孔子曰：「泰者，天地交通，阴阳用事，长养万物也；否者，天地不交通，阴阳不用事，止万物之长也。上经象阳，故以乾为首，坤为次，先泰而后否。损者阴用事，泽损山而万物损也，下损以事其上；益者阳用事，而雷风益万物也，上自损以益下。下经以法阴，故以咸为始，恒为次，先损而后益，各顺其类也。」

《**周易乾凿度**》　孔子曰：「升者，十二月之卦也。阳气升上，阴气欲承，万物始进。譬犹文王之修积道德，宏开基业，始即升平之路。当此时也，邻国被化，岐民和洽，是以六四蒙泽而承吉，九三可处王位，享于岐山，为报德也。明阴以显阳之化，民臣之顺德也，故言无咎。」

《**周易乾凿度**》　孔子曰：「益之六二，或益之十朋之龟，弗克违。永贞吉，王用享于帝。吉，益者，正月之卦也。天气下施，万物皆益，言王者之法天地，施政教，而天下被阳德，蒙王化，如美宝，莫能违害。永贞其道，咸受吉化，德施四海，能继天道也。王用享于帝者，言祭天也，三王之郊，一用夏正，天气三微而成一著，三著而成一体，方知此之时，天地交，万物通，故泰益之卦，皆夏之正也。此四时之正，不易之道也。故三王之郊，一用夏正，所以顺四时，法天地之道也。」

《**周易乾凿度**》　孔子曰：「随上六，拘系之，乃从维之。王用享于西山，随者二月之卦，随德施行，藩决难解，万物随阳而出，故上六欲九五拘系之，维持之，明被阳化而阴随从之也。譬犹文王之崇至德，显中和之美，拘民以礼，系民以义。当此之时，仁恩所加，靡不随从，咸悦其德，得用道之王，故言王用享于西山。」

《周易乾凿度》孔子曰：「阳消阴言夬，阴消阳言剥者，万物之祖也。断制除害，全物为务，夬之为言决也。当三月之时，阳盛息消，夬阴之气，万物毕生，靡不蒙化。譬犹王者之崇至德，奉承天命，伐决小人，以安百姓，故谓之决。夫阴伤害为行，故剥之为行剥也。当九月之时，阳气衰消，而阴终不能尽阳，小人不能决君子也，谓之剥，言不安而已。是以夬之九五言决，小人剥之，六五言盛杀万物，皆剥堕落。譬犹君子之道衰，小人之道盛，侵害之行兴，安全之道废，阴贯鱼而欲承君子也。」

《周易乾凿度》孔子曰：「易有六位三才，天地人道之分际也。三才之道，天、地、人也。天有阴阳，地有柔刚，人有仁义，法此三者，故生六位。六位之变，阳爻者，制于天也，阴爻者，系于地也。天动而施曰仁，地静而理曰义，仁成而上，义成而下，上者专制，下者顺从，正形于人，则道德立而尊卑定矣。此天地人道之分际也。天地之气，必有终始，六位之设，皆由上下，故易始于一，分于二，通于三，□于四，盛于五，终于上。初为元士，二为大夫，三为三公，四为诸侯，五为天子，上为宗庙。凡此六者，阴阳所以进退，君臣所以升降，万人所以为象则也。故阴阳有盛衰，人道有得失，圣人因其象，随其变，为之设卦。方盛则托吉，将衰则寄凶，阴阳不正，皆为失位，其应实而有之，皆失义。善虽微细，必见吉端；恶虽纤介，必有悔吝。所以极天地之变，尽万物之情，明王事也。丘系之曰：立象以尽意，设卦以尽情伪，系辞焉以尽其言。」

《周易乾凿度》孔子曰：「易六位正，王度见矣。」

《周易乾凿度》孔子曰：「易有君人五号也：帝者，天称也；王者，美行也；天子者，爵号也；大君者，与上行异也；大人者，圣明德备也。变文以著名，题德以别操，王者，天下所归往。《易》曰：『在师中，吉无咎，王三锡命，师者众也。』言有盛德，行中和，顺民心，天下归往之，莫不美命为王也。行师以除民害，赐命以长，世德之盛。天子者，继天理物，改一统，各得其宜，父天母地，以养万民，至尊之号也。《易》曰：『公用享于天子。』大君者，君人之盛者也。《易》曰：『知临，大君之宜，吉。』临者，大也，阳气在内，中和之盛，应于盛位，浸大之化，行于万民，故言宜处王位，施大化，为大君矣。臣民欲被化之词也。大人者，圣人之在位者也。夫大人者，与天地合其德。《易》曰：『见龙在田，利见大人。』又曰：『飞龙在天，利见大人。』言德化施行，天地之和，故曰大人。」

《周易乾凿度》孔子曰：「既济九三，高宗伐鬼方，三年克之。高宗者，武丁也，汤之后有德之君也。九月之时，阳失正位，盛德既衰，而九三得正，下阴能终其道，济成万物，犹殷道中衰，王道陵迟。至于高宗，内理其国，以得民心，扶救衰微，伐征远方，三年而恶消灭，王道成。殷人高而宗之，文王挺以校易，劝德也。」

《周易乾凿度》孔子曰：「易本阴阳，以譬于物也。掇序帝乙、箕子、高宗著德，易者所以昭天道，定王业也。上术先圣，考诸近世，采美善以见王事，言帝乙、箕子、高宗明有法也。美帝乙之嫁妹，顺天地之道，以立嫁娶之义，义立则妃匹正，妃匹正则王化全。」

《周易乾凿度》孔子曰：「泰者，正月之卦也。阳气始通，阴道执顺，故因此以见汤之嫁妹，能顺天地之道、立教戒之义也，至于归妹。八月卦也，阳气归下，阴气方盛，故复以见汤妹之嫁，以天子贵妹而能自卑，顺从变节而欲承阳者，以执汤之戒。是以因时变一用，见帝乙之道，所以彰汤之美，明阴阳之义也。孔子曰：自成汤至帝乙。帝乙，汤之元孙之孙也。此帝乙，即汤也。殷录质，以生日为名，顺天性也，元孙之孙，外绝恩矣。同以乙日生，疏可同名。汤以乙生，嫁妹，本天地，正夫妇，夫妇正，王道兴矣。故曰：《易》之帝乙，为成汤，《书》之帝乙六世王，同名不害以明功。」

《周易乾凿度》孔子曰：「绂者，所以别尊卑、彰有德也，故朱赤者，盛色也。是以圣人法以为绂服，欲百世不易也，故困九五。文王为纣三公，故言困于赤绂也。至于九二，周将王，故言朱绂方来，不易之法也。」

《周易乾凿度》孔子曰：「《易》天子、三公、诸侯绂服，皆同色。困九二，困于酒食；朱绂方来，九五劓刖，困于赤芾。夫困之九二，有中和，居乱世，交于小人；困于酒食者，困于禄也。朱芾者，天子赐大夫之服，而有九二，大人之行，将赐之朱芾，其位在二，故以大夫言之。至于九五，劓刖者不安也，文王在诸侯之位，上困于纣也，故曰劓刖困于赤芾。夫执中和，顺时变，所以全王德、通至美也，乃徐有说。丘记象曰：困而不失其所亨。贞，大人吉，以刚中也。文王因阴阳，定消息，立乾坤，统天地。夫有形者生于无形，则乾坤安从生。故曰：有太易，有太初，有太始，有太素。太易者，未见气；太初者，气之始；太始者，形之始；太素者，质之始。气形质具而未相离，故曰浑沦。言万物相浑沦而未相离，视之不见，听之不闻，循之不得，故曰易也。易无形埒也，易变而为一，一变而为七，七变而为九。九者，气变之究也，乃复变而为一。一者形变之始，清轻上为天，浊重下为地。物有始，有壮，有究，故三画而成乾，乾坤相并俱生。物有阴阳，因而重之，故六画而成卦。卦者，挂也，挂万物，视而见之。故三画已下为地，四画已上为天。物感以动，类相应也，易气从下生，故动于地之下，则应于天之下，动于地之中，则应于天之中，动于地之上，则应于天之上。故初以四，二以五，三以上，此谓之应。阳动而进，阴动而退，故阳以七、阴以八，为彖易，一阴一阳，合而为十五之谓道。阳变七之九，阴变八之六，亦合于十五，则彖变之数若一。阳动而进，变七之九，象其气之息也；阴动而退，变八之六，象其气之消也。故太一取其数以行九宫，四正四维，皆合于十五。五音、六律、七宿，由此作焉。八卦之生物也，画六爻之移气，周而从卦。八卦数二十四，以生阴阳，衍之，皆合之于度量。阳析九，阴析六，阴阳之析，各百九十二，以四时乘之，八而周，三十二而大周，三百八十四爻，万一千五百二十析也。故卦当岁，爻当月，析当日，大衍之数，必五十以成变化而行鬼神也。故曰：日十者，五音也；辰十二者，六律也；星二十八者，七宿也。凡五十，所以大阂物而出之者，故六十四卦、三百八十四爻，戒各有所系焉。故阳唱而阴和，男行而女随，天道左旋，地道右迁，二卦十二爻而期一岁。乾，阳也；坤，阴也。并治而交错行。乾贞于十一月子，左行，阳时六；坤贞于六月未，右行，阴时六。以奉顺成其岁，岁终次从于屯蒙。屯蒙主岁，屯为阳，贞于十二月丑，其爻左行，以间时而治六辰；蒙为阴，贞于正月寅，其爻右行，亦间时而治六辰。岁终则从其次卦。阳卦以其辰为贞，丑与左行，间辰卦遇大畜，艮之二世，九二甲寅木为世，六五景子水为应，世生外，象生象来，爻生五内，象艮别子，应有五子。一子短命。」颜回云：「何以知之？」「内象是本子，一艮变为二丑三阳。爻五，于是五子，一子短命。」

「何以知短命？」「他以故也。」

《京氏易传》下　孔子易云：「有四易：一世二世为地易，三世四世为人易，五世六世为天易，游魂归魂为鬼易。八卦鬼为系爻，财为制爻，天地为义爻，福德为宝爻，同气为专爻。龙德十一月在子，在坎卦，左行。虎刑五月午，在离卦，右行。甲乙庚辛天官，申酉地官。丙丁壬癸天官，亥子地官。戊己甲乙天官，寅卯地官。壬癸戊己天官，辰戌地官。静为悔，发为贞，贞为本，悔为末。初爻上，二爻中，三爻下。三月之数以成。一月初爻三日，二爻三日，三爻三日，名九日。余有一日，名曰闰余。初爻十日为上旬，二爻十日为中旬，三爻十日为下旬。三旬三十，积旬成月，积月成年。八八六十四卦，分六十四卦，配三百八十四爻，成万一千五百二十策。定气候二十四，考五行于运命，人事天道，日月星辰，局于指掌。吉凶见乎其位，系乎吉凶，悔吝生乎动。寅中有生火，亥中有生木，巳中有生金，申中有生水；丑中有死金，戌中有死火，未中有死木，辰中有死水。土兼于中，建子阳生，建午阴生，二气相冲，吉凶明矣。积算随卦起宫，乾坤震巽坎离艮兑，八卦相荡，二气阳入阴，阴入阳，二气交互不停，故曰生生之谓易。天地之内，无不通也。乾起巳，坤起亥，震起午，巽起辰，坎起子，离起丑，艮起寅，兑起□，□于六十四卦。遇王则吉，废则凶，冲则破，刑则败，死则危，生则荣。考其义理，其可通乎！分三十为中，六十为上，三十为下，总一百二十，通阴阳之数也。新新不停，生生相续，故淡泊不而治六辰。阴卦与阳卦同位者，退一辰以为贞，其爻右行，间辰而治六辰。泰否之卦，独各贞其辰，共北辰，左行相随也，中孚为阳，贞于十一月子，小过为阴，贞于六月未，法于乾坤，三十二岁期而周。六十四卦，三百八十四爻，万一千五百二十析，复从于贞，历以三百六十五日四分度之一为一岁。易以三百六十析当期之日，此律历数也。五岁再闰，故再扐而后卦，以应律历之数。故乾坤气合戌亥，音受二子之节，阳生秀白之州，载钟名太一之精也，其帝一世，纪录事，明期推移，不夺而消焉。」

《周易乾凿度》 孔子曰：「三万一千九百二十岁，录图受命，易姓三十二纪。德有七，其三法天，其四法地。五王有三十五半。圣人君子消息，卦纯者为帝，不纯者为王。六子上不及帝，下有过王，故六子虽纯，不为乾坤。」

《周易坤灵图》 丘序曰：「天经曰：乾，元亨利贞。爻曰：飞龙在天，利见大人。故德配天地，天地不私公位，称之曰帝。故尧大之精阳，万物莫不从者。故乾居西北，乾用事，万物蛰伏。致乎万物蛰伏，故能致乎万人之化。经曰：用九。经曰：震下乾上，无妄。天精起，帝必有洪水之灾。天生圣人，使杀之，故言乃统天也。丘括义，因象助类，辞曰：天无云而雷，先王以茂对时育万物。经曰：乾下艮上，大畜，天灾将至，预畜而待之，人免于饥，故曰元亨。上下皆通，各载其性，故曰利贞。至德之萌，五星若连珠，日月如合璧。天精起，斗口有位，鸡鸣斗运，行复始，莫敢当之。黄星第于北斗，必以戊己日，其先无芒，行文元武动事，莫之敢拒。」

《史记·仲尼弟子传正义》引《中备》 鲁人商瞿使，向齐国。瞿年四十，今复使行远路，畏虑，恐绝无子。夫子正月与瞿母筮，告曰：「后有五丈夫子。」子贡曰：「何以知子？」曰：「失其所，确然示人，阴阳运行，一寒一暑，五行互用，一吉一凶，以通神明之德，以类万物之情。故《易》所以断天下之理，定之以人伦而明王道。八卦建五气，立五常，法象乾坤，顺于阴阳，以正君臣父子之义。故《易》曰：元亨利贞。夫作《易》所以垂教，教之所被，本被于有无。且《易》者，包备有无。有吉则有凶，有凶则有吉，生吉凶之义，始于五行，终于八卦。从无入有，见灾于星辰也；从有入无，见象于阴阳也。阴阳之义，岁月分也；岁月既分，吉凶定矣。故曰八卦成列，象在其中矣。六爻上下，天地阴阳运转，有无之象，配乎人事。八卦仰观俯察，在乎人，隐显灾祥，在乎天，考天时，察人事，在乎卦。八卦之要，始于乾坤，通乎万物。故曰《易》，穷则变，变则通，通则久。久于其道，其理得矣。卜筮非袭于吉，唯变所适，穷理尽性于兹矣。」

《**困学纪闻**》**引**《**京氏易积算法**》 夫子曰：「八卦因伏羲，暨于神农。重乎八纯，圣理元微，易道难究。迄乎西伯父子，研理穷通，上下囊括，推爻考象，配卦世应，加乎星宿，局于六十四所，二十四气，分天地之数，定人伦之理，验日月之行，寻五行之端。灾祥进退，莫不因兹而兆矣。故考天地日月星辰山川草木虫鱼鸟兽之情状，运气生死休咎，不可执一隅。故曰易含万象。」

《**韩诗外传**》**八** 孔子曰：「《易》先同人后大有，承之以谦，不亦可乎！」故天道亏盈而益谦，地道变盈而流谦，鬼神害盈而福谦，人道恶盈而好谦。谦者，抑事而损者也。持盈之道，抑而损之，此谦德之于行也。顺之者吉，逆之者凶。五帝既没，三王既衰，能行谦德者，其惟周公乎！文王之子，武王之弟，成王之叔父，假天子之尊位七年，所执贽而师见者十人，所还质而友见者十二人，穷巷白屋之士，所先见者四十九人，时进善者百人，官朝者千人，谏臣五人，辅臣五人，拂臣六人，载干戈以至于封侯，而同姓之士百人。孔子曰：「犹以周公为天下赏，则以同族为众，而异族为寡也。」故德行宽容，而守之以恭者荣；土地广大，而守之以俭者安；位尊禄重，而守之以卑者贵；人众兵强，而守之以畏者胜；聪明睿智，而守之以愚者哲；博闻强记，而守之以浅者不溢。此六者，皆谦德也。《易》曰：谦亨，君子有终。吉。能以终吉者，君子之道也。贵为天子，富有四海，而德不谦，以亡其身者，桀纣是也，而况众庶乎？夫《易》有一道焉，大足以治天下，中足以安家国，近足以守其身者，其惟谦德乎！」

《**大戴礼·易本命**》 子曰：「夫易之生人、禽兽、万物、昆虫，各有以生。或奇或偶，或飞或行，而莫知其情，惟达道德者，能原本之矣。天一，地二，人三，三三而九，九九八十一。一主日，日数十，故人十月而生。八九七十二，偶以承奇，奇主辰，辰主月，月主马，故马十二月而生。七九六十三，三主斗，斗主狗，故狗三月而生。六九五十四，四主时，时主豕，故豕四月而生。五九四十五，五主音，音主猿，故猿五月而生。四九三十六，六主律，律主禽鹿，故禽鹿六月而生也。三九二十七，七主星，星主虎，故虎七月而生。二九十八，八主风，风主虫，故虫八月化也。其余各以其类也。鸟鱼皆生于阴而属于阳，故鸟鱼皆卵。鱼游于水，鸟飞于云，故冬燕雀入于海，化而为蚧。万物之性各异类，故蚕食而不饮，蝉饮而不食，蜉蝣不饮不食，介鳞夏食冬蛰。龁吞者八窍而卵生，咀嚾者九窍而胎生，四足者无羽翼，戴角者无上齿，无角者膏而无前齿，有羽者脂而无后齿。昼生者类父，夜生者类母。凡地东西为纬，南北为经。山为积德，川为积刑。高者为生，下者为死。丘陵为牡，溪谷为牝。蚌蛤龟珠，与月盛虚。是故坚土之人肥，虚土之人大，沙土之人细，息土之人美，秏土之人丑。是故食水者善游能寒，食土者无心而不息，食木者多力而拂，食草者善走而愚，食桑者有丝而蛾，食肉者勇敢而捍，食谷者智惠而巧，食气者神明而寿，不食者不生而神。故曰：有羽之虫三百六十，而凤凰为之长；有毛之虫三百六十，而麒麟为之长；有甲之虫三百六十，而神龟为之长；有鳞之虫三百六十，而蛟龙为之长；倮之虫三百六十，而圣人为之长。此乾坤之美类，禽兽万物之数也。故帝王好坏巢破卵，则凤凰不翔焉；好竭水搏鱼，则蛟龙不出焉；好刳胎杀夭，则麒麟不来焉；好填溪塞谷，则神龟不出焉。故王者动必以道，静必以理，动不以道，静不以理，则自夭而不寿。妖孽数起，神灵不见，风雨不时，暴风水旱并兴。人民夭死，五谷不滋，六畜不蕃息。」

卢辩《大戴礼·易本命》注 孔子曰：「圣人智通于大道，应化而不穷，能测万品之情也。」

《后汉书·郎 传》 孔子曰：「雷之始发大壮始，君弱臣强从解起。」

《吕氏春秋·慎行论·壹行》 孔子卜，得贲。孔子曰：「不吉。」子贡曰：「夫贲亦好矣，何谓不吉乎？」孔子曰：「夫白而白，黑而黑。夫贲，又何好乎？」

《说苑·反质》 孔子卦得贲，喟然仰而叹息，意不平。子张进，举手而问曰：「师闻贲者吉卦，而叹之乎？」孔子曰：「贲，非正色也，是以叹之。吾思夫质素，白当正白，黑当正黑。文质又何也？吾亦闻之，丹漆不文，白玉不雕，宝珠不饰，何也？质有余者不受饰也。」

《淮南子·人间训》 孔子读《易》至损益，未尝不愤然而叹曰：「益损者，其王者之事与？事或欲以利之，适足以害之；或欲害之，乃反以利之。利害之反，祸福之门户，不可不察也。」

《说苑·敬慎》 孔子读《易》至于损、益，则喟然而叹。子夏避席而问曰：「夫子何为叹？」孔子曰：「夫自损者益，自益者缺，吾是以叹也。」子夏曰：「然则学者不可以益乎？」孔子曰：「否。天之道，成者未尝得久也。夫学者以虚受之，故曰得。苟不知持满，则天下之善言不得入其耳矣。昔尧履天子之位，犹允恭以持之，虚静以待下，故百载以逾盛，迄今而益章。昆吾自臧而满意，穷高而不衰，故当时而亏败，迄今而逾恶。是非损益之征与？吾故曰，谦也者，致恭以存其位者也。夫丰明而动，故能大，苟大则亏矣，吾戒之。故曰天下之善言不得入其耳矣。日中则昃，月盈则食。天地盈虚，与时消息。是以圣人不敢当盛，升舆而遇三人则下，二人则轼，调其盈虚，故能长久也。」子夏曰：「善。请终身诵之。」

《论衡·卜筮》 子路问孔子曰：「猪肩羊膊，可以得兆，雚苇槁芼，可以得数，何必以蓍龟？」孔子曰：「不然，盖取其名也。夫蓍之为言耆也，龟之为言旧也。明狐疑之事，当问耆旧也。」

《抱朴子·内篇·祛惑》 有古强者云：「孔子尝劝我读《易》，云：『此良书也，丘窃好之。韦编三绝，铁挝三折。今乃大悟。』」

《尚书序疏》引《尚书纬》 孔子求书，得黄帝元孙帝魁之书，迄于秦穆公，凡三千二百四十篇。断远取近，定可以为世法者百二十篇。以百二篇为《尚书》，十八篇为《中候》。

《尚书大传》郑注 心明曰圣。孔子说休徵曰：「圣者，通也。兼四而明，则所谓圣。圣者，包貌言视听而载之以思心者，通以待之君。思心不通，则是不能心明其事也。」

《尚书大传》 孔子曰：「吾于《洛诰》，见周公之德光明于上下，勤施四方，旁作穆穆，至于海表，莫敢不来服，莫敢不来享，以勤文王之鲜光，以扬武王之大训，而天下大洽。故曰圣之与圣也，犹规之相周，矩之相袭也。」

《尚书大传》 子张曰：「尧舜之主，一人刑而天下治，何则？教诚而爱深也，一夫而被此五刑。」子龙子曰：「未可谓能为书。」孔子曰：「不然也，五刑有此教。」

《尚书大传·略说》 子夏读《书》毕，见于夫子，夫子问焉：「子何为于《书》？」子夏对曰：「《书》之论事也，昭昭如日月之代明，离离若星辰之错行，上有尧舜之道，下有三王之义。商所受于夫子，志之于心，弗敢忘也。虽退而岩居河济之间，深山之中，作坏室，编蓬户，尚弹琴其中，以歌先王之风。则可以发愤慷慨，忘己贫贱，有人亦乐之，无人亦乐之，而忽不知忧患与死也。」夫子造然变色曰：「嘻！子殆可与言《书》矣。虽然，见其表，未见其里也。」颜渊曰：「何为也？」子曰：「窥其门而不入其中，观其奥藏之所在乎？然藏又非难也。丘尝悉心尽志以入其则，前有高岸，后有大溪，填填正立而已。是故尧典可以观美，禹贡可以观事，咎繇可以观治，鸿范可以观度，六誓可以观义，五诰可以观仁，甫刑可以观诫。通斯七观，《书》之大义举矣。」

《韩诗外传》二 子夏读《诗》已毕，夫子问曰：「尔亦何大于《诗》矣？」子夏对曰：「《诗》之于事也，昭昭乎若日月之光明，燎燎乎如星辰之错行，上有尧舜之道，下有三王之义，弟子不敢忘。虽居蓬户之中，弹琴以咏先王之风，有人亦乐之，无人亦乐之，亦可发愤忘食矣。《诗》曰：『衡门之下，可以栖迟；泌之洋洋，可以疗饥。』」夫子造然变容，曰：「嘻！吾子殆可以言《诗》已矣。然子以见其表，未见其里。」颜渊曰：「其表已见，其里又何有哉？」孔子曰：「窥其门，不入其中，未谓精微者也。」

安知其奥藏之所在乎？然藏又非难也。丘尝悉心尽志已入其中，前有高岸，后有深谷，泠泠然如此既立而已矣。不能见其里，

《说苑·敬慎》 孔子曰：「存亡祸福，皆在己而已。天灾地妖，亦不能杀也。昔者殷王帝辛之时，爵生乌于城之隅，工人占之曰：凡小以生巨，国家必祉，王名必倍。帝辛喜爵之德，不治国家，亢暴无极，外寇乃至，遂亡殷国。此逆天之时，诡福反为祸。至殷王武丁之时，先王道缺，刑法弛，桑穀俱生于朝，七日而大拱。工人占之曰：桑穀者，野物也。野物生于朝，意朝亡乎？武丁恐骇，侧身修行，思昔先王之政，兴灭国，继绝世，举逸民，明养老之道。三年之后，远方之君，重译而朝者六国。此迎天时，得祸反为福也。故妖孽者，天所以警天子诸侯也；恶梦者，所以警士大夫也。故妖孽不胜善政，恶梦不胜善行也。至治之极，祸反为福。故太甲曰：天作孽，犹可违；自作孽，不可逭。」

《史记·三代世表》褚少孙补赞 孔子曰：「昔者尧命契为子氏，为有汤也。命后稷为姬氏，为有文王也。太王命季历，明天瑞也。太伯之吴，遂生源也。」

《意林》四王逸正部 仲尼叙书，上谓天谈，下谓民语。兼该男女，究其表里。

《隶释》四周憬铭 孔子曰：「禹不决江疏河，吾其鱼矣！」

卷五 六艺四（下）

《御览》八百四引《诗含神雾》 孔子曰：「诗者，天地之心，君德之祖，百福之宗，万物之户也。刻之玉版，藏之金府。」

《毛诗·木瓜传》 孔子曰：「吾于木瓜，见苞苴之礼行。」

《韩诗外传》五 子夏问曰：「《关雎》何以为《国风》始也？」孔子曰：「《关雎》至矣乎！夫《关雎》之人，仰则天，俯则地，幽幽冥冥，德之所藏，纷纷沸沸，道之所行，如神龙变化，斐斐文章。大哉！《关雎》之道也。万物之所系，群生之所悬命也，河洛出书图，麟凤翔乎郊。不由《关雎》之道，则《关雎》之事将奚由至矣哉？夫六经之策，皆归论汲汲，盖取之乎《关雎》。《关雎》之事大矣哉！冯冯翊翊，自东自西，自南自北，无思不服。子其勉强之，思服之。天地之间，生民之属，王道之原，不外此矣！」子夏喟然叹曰：「大哉《关雎》！乃天地之基也。」

《吕氏春秋·季春纪·先己》《诗》曰：「执辔如组。」孔子曰：「审此言也，可以为天下。」子贡曰：「何其躁也。」孔子曰：「非谓其躁也，谓其为之于此而成文于彼也，圣人组修其身而成文于天下矣。」

《盐铁论·相刺》孔子曰：「诗人疾之不能默，丘疾之不能伏。」是以东西南北，七十说而不用，然后退而修王道，作《春秋》，垂之万载之后，天下折中焉。

《论衡·对作》孔子曰：「诗人疾之不能默，丘疾之不能伏。」是以论也。

《盐铁论·执务》孔子曰：「吾于河广，知德之至也。而欲得之，各反其本，复诸古而已。」

《说苑·贵德》孔子曰：「吾于《甘棠》，见宗庙之敬也。甚尊其人，必敬其位，顺安万物，古圣之道几哉！」

《说苑·敬慎》孔子论《诗》，至于《正月》之六章，惧然曰：「不逢时之君子，岂不殆哉！从上依世则废道，违上离俗则危身，世不与善，己独由之，则曰非妖则孽也。是以桀杀关龙逢，纣杀王子比干。故贤者不遇时，常恐不终焉。《诗》曰：『谓天盖高，不敢不局；谓地盖厚，不敢不蹐。』」此之谓也。

《汉书·刘向传》孔子论《诗》，至于「殷士肤敏，灌将于京」，喟然叹曰：「大哉天命！善不可不传于子孙，是以富贵无常，不如是，则王公其何以戒慎！民萌何以劝勉！」

《毛诗·素冠传》子夏三年之丧毕，见于夫子，援琴而弦，衎衎而乐，作而曰：「先王制礼，不敢不及。」夫子曰：「君子也。」闵子骞三年之丧毕，见于夫子，援琴而弦，切切而哀，作而曰：「先王制礼，不敢过也。」夫子曰：「君子也。」子路曰：「敢问何谓也？」夫子曰：「子夏哀已尽，能引而致之于礼，故曰君子也；闵子骞哀未尽，能自割以礼，故曰君子也。夫三年之丧，贤者之所轻，不肖者之所勉。」

《淮南子·缪称训》闵子骞三年之丧毕，援琴而弹其弦是也，其声切切而哀。夫子曰：「弦则是也，其声非也。」

《说苑·修文》子夏三年之丧毕，见于孔子。孔子与之琴，使之弦，援琴而弦，衎衎而乐，作而曰：「先王制礼，不敢不及也。」子曰：「君子也。」闵子骞三年之丧毕，见于孔子。孔子与之琴，使之弦。援琴而弦，切切而悲，作而曰：「先王制礼，不敢过也。」孔子曰：「君子也。」子贡问曰：「闵子哀不尽，子曰『君子也』；子夏哀已尽，子曰『君子也』。赐也惑，敢问何谓？」孔子曰：「闵子哀未尽，能断之以礼，故曰君子也；子夏哀已尽，能引而致之，故曰君子也。夫三年之丧，固优者之所屈，劣者之所勉。」

《后汉·张奋传》 孔子谓子夏曰：「礼以修外，乐以修内。丘已矣夫！」

《大戴礼记·哀公问》 哀公问于孔子曰：「大礼何如？君子之言礼，何其尊也？」孔子曰：「丘也小人，何足以知礼！」君曰：「否。吾子言之也。」孔子曰：「丘闻之也，民之所由生，礼为大。非礼无以节事天地之神明也，非礼无以辨君臣上下长幼之位也，非礼无以别男女父子兄弟之亲、昏姻疏数之交也。君子以此之为尊敬然，然后以其所能教百姓，不废其会节；有成事，然后治其雕镂文章黼黻以嗣；其顺之，然后言其丧算，备其鼎俎，设其豕腊，修其宗庙，岁时以敬祭祀，以序宗族。则安其居处，丑其衣服，卑其宫室，车不雕几，器不刻镂，食不贰味，以与民同利。昔之君子之行礼者如此。」公曰：「今之君子，胡莫之行也？」孔子曰：「今之君子，好色无厌，淫德不倦，荒怠敖慢，固民是尽，忤其众以伐有道，求得当欲，不以其所。古之用民者由前，今之用民者由后。今之君子莫为礼也。」孔子侍坐于哀公，哀公曰：「敢问人道谁为大？」孔子愀然作色而对曰：「君及此言也，百姓之德也，固臣敢无辞而对。人道，政为大。」公曰：「敢问何谓为政？」孔子对曰：「政者，正也。君为正，则百姓从政矣。君之所为，百姓之所从也；君所不为，百姓何从？」公曰：「敢问为政如之何？」孔子对曰：「夫妇别，父子亲，君臣严。三者正，则庶民从之矣。」公曰：「寡人虽无似也，愿闻所以行三言之道，可得而闻乎？」孔子对曰：「古之为政，爱人为大；所以治爱人，礼为大；所以治礼，敬为大；敬之至也，大昏为大。大昏至矣，大昏既至，冕而亲迎，亲之也。亲之也者，亲之也。是故君子兴敬为亲，舍敬是遗亲也。弗爱不亲，弗敬不正。爱与敬，其政之本与！」公曰：「寡人愿有言，然冕而亲迎，不已重乎？」孔子愀然作色而对曰：「合二姓之好，以继先圣之后，以为天地社稷宗庙之主，君何谓已重乎？」公曰：「寡人固。不固，焉得闻此言也？寡人欲问，不得其辞，请少进。」孔子曰：「天地不合，万物不生。大昏，万世之嗣也。君何以谓已重焉！」孔子遂有言曰：「内以治宗庙之礼，足以配天地之神明；出以治直言之礼，足以立上下之敬。物耻足以振之，国耻足以兴之。为政先礼，礼者，政之本与！」孔子遂言曰：「昔三代明王之政，必敬其妻子也有道。妻也者，亲之主也，敢不敬与？子也者，亲之后也，敢不敬与？君子无不敬也，敬身为大。身也者，亲之枝也，敢不敬与？不能敬其身，是伤其亲；伤其亲，是伤其本；伤其本，枝从而亡。三者，百姓之象也。身以及身，子以及子，配以及配，君子行此三者，则忾乎天下矣！大王之道也如此，国家顺矣。」公曰：「敢问何谓敬身？」孔子对曰：「君子过言，则民作辞；过动，则民作则。君子言不过辞，动不过则，百姓不命而敬恭。如是，则能敬其身；能敬其身，则能成其亲矣。」公曰：「敢问何谓成亲？」孔子对曰：「君子也者，人之成名也。百姓归之名，谓之君子之子，是使其亲为君子也。是为成其亲名也已。」孔子遂言曰：「古之为政，爱人为大；不能爱人，不能有其身；不能有其身，不能安土；不能安土，不能乐天；不能乐天，不能成身。」公曰：「敢问何谓成身？」孔子对曰：「不过乎物。」公曰：「敢问君子何贵乎天道也？」孔子对曰：「贵其不已，如日月西东相从而不已也，是天道也；不闭其久也，是天道也；无为物成，是天道也；已成而明，是天道也。」

公曰：「寡人蠢愚冥烦，子识之心也。」孔子蹴然避席而对曰：「仁人不过乎物，孝子不过乎物，是仁人之事亲也如事天，事天如事亲，是故孝子成身。」公曰：「寡人既闻是言也，无如后罪何？」孔子对曰：「君之及此言也，是臣之福也。」

《**穀梁**》**桓三年传**　子贡曰「冕而亲迎，不已重乎」？孔子曰：「合二姓之好，以继万世之后，何谓已重乎？」

《**大戴礼·礼察**》　孔子曰：「君子之道，譬犹防与？」夫礼之塞，乱之所从生也，犹防之塞，水之所从来也。故以旧防为无用而坏之者，必有水败；以旧礼为无所用而去之者，必有乱患。故婚姻之礼废，则夫妇之道苦而淫辟之罪多矣；乡饮酒之礼废，则长幼之序失而争斗之狱繁矣；聘射之礼废，则诸侯之行恶而盈溢之败起矣；丧祭之礼废，则臣子之恩薄而倍死忘生之礼众矣。

凡人之知，能见已然，不能见将然。礼者，禁于将然之前；而法者，禁于已然之后。是故法之用易见，而礼之所为生难知也。若夫庆赏以劝善，刑罚以惩恶，先王执此之正，坚如金石，行此之信，顺如四时，处此之功，无私如天地，尔岂顾不用哉！然如曰礼云礼云，贵绝恶于未萌而起敬于微眇，使民日徙善远罪而不自知也。」

《**大戴礼·曾子天圆**》　曾子曰：「参尝闻之夫子曰：天道曰圆，地道曰方，方曰幽而圆曰明。明者，吐气者也，是故外景；幽者，含气者也，是故内景。」

《**白虎通·社稷**》　曾子问曰：「诸侯之祭社稷，俎豆既陈，闻天子崩，如之何？」孔子曰：「废。臣子哀痛之，不敢终于礼也。」

《**白虎通·封公侯**》　曾子问曰：「立适以长不以贤，何？」「以言为贤不肖，不可知也。」

《**白虎通·嫁娶**》　曾子问曰：「昏礼，既纳币，有吉日，女之父母死，何如？」孔子曰：「婿使人吊之。如婿之父母死，女亦使人吊之，父丧称父，母丧称母，父母不在，则称伯父世母。婿已葬，婿之伯父叔父使人致命女氏曰：『某子有父母之丧，不得嗣为兄弟。』使某致命，女氏许诺。不敢嫁，礼也。婿免丧，女父使人请。婿不娶而后嫁之，礼也。女之父母死，婿亦如之。」

《白虎通·丧服》曾子问曰：「君薨既殡，而臣有父母之丧，则如之何？」孔子曰：「归居于家，有殷事则之君所，朝夕否。」曰：「君既敛，而臣有父母之丧，则如之何？」孔子曰：「归殡哭而反于君所，有殷事则归，朝夕否。大夫室老行事，士则子孙行事。夫内子有殷事则亦如之君所，朝夕否。」

《白虎通·丧服》子夏问曰：「三年之丧既卒哭，金革之事无避者，礼与？」孔子曰：「吾闻诸老聃曰：『鲁公伯禽，则有为之也。』今以三年之丧从其利者，不知也。」

《汉书·艺文志》仲尼有言：「礼失而求诸野。」

《韩非子·外储说左下》孔子侍坐于鲁哀公，哀公赐之桃与黍，哀公请用。孔子先饭黍而后啖桃，左右皆掩口而笑。哀公曰：「黍者，非饭之也，以雪桃也。」仲尼对曰：「丘知之矣。夫黍者五谷之长也，祭先王为上盛；果蓏有六而桃为下，祭先王不得入庙。丘闻之也，君子以贱雪贵，不闻以贵雪贱。今以五谷之长雪果蓏之下，是从上雪下也。丘以为妨义，故不敢以先于宗庙之盛也。」

《吕氏春秋·孟冬纪·安死》鲁季孙有丧，孔子往吊之，入门而左，从客也。主人以玙璠收，孔子径庭而趋，历级而上，曰：「以宝玉收，譬之犹暴骸中原也。」

《淮南子·缪称训》子曰：「钧之哭也，曰：『子予奈何兮乘我何，其哀则同，其所以哀则异，故哀乐之袭人情也深矣。』」

《说苑·修文》孔子曰：「移风易俗，莫善于乐；安上治民，莫善于礼。」是故圣王修礼文，设庠序，陈钟鼓，天子辟雍，诸侯泮宫，所以行德化。

《说苑·修文》孔子曰：「无体之礼，敬也；无服之丧，忧也；无声之乐，欢也；不言而信，不动而威，不施而仁，志也。钟鼓之声，怒而击之则武，忧而击之则悲，喜而击之则乐。其志变，其声亦变，其志诚通乎金石，而况人乎！」

《论衡·儒增》孔子曰：「言不文，或时不言。」

《论衡·实知》鲁以偶人葬，而孔子叹。

《水经注》六引《丧服要记》鲁哀公祖载其父，孔子问曰：「宁设桂树乎？」哀公曰：「不也。桂树者，起于介子推。子推，晋之人也，文公有内难，出国之狄，子推随其行，割肉以续军粮。后文公复国，忽忘子推，子推奉唱而歌，文公始悟。当受爵禄，子推奔介山，抱木而烧死。国人葬之。恐其神魂霣于地，故作桂树焉。吾父生于宫殿，死于枕席，何用桂树为？」

《艺文类聚》八十五引《丧服要记》 昔者鲁哀公祖载其父，孔子问曰：「宁设五谷囊乎？」哀公曰：「不也。五谷囊者，起伯夷、叔齐不食周粟而饿死首阳山，恐魂之饥，故作五谷囊。吾父食味含哺而死，何用此为？」

《御览》五百四十八引《丧服要记》 鲁哀公葬父，孔子问曰：「宁设菰庐乎？」哀公曰：「菰庐起太伯。太伯出奔，闻古公崩，还赴丧，故作菰庐以彰其尸。吾父无太伯之罪，何用此为？」

《御览》五百五十二引《丧服要记》 鲁哀公葬父，孔子问曰：「宁设桐人乎？」哀公曰：「桐人起于虞卿。齐人遇恶继母，不得养父，死不能葬，知有过，故作桐人。吾父生得供养，何桐人为？」

《御览》八百八十六引《丧服要记》 鲁哀公葬其父，孔子问曰：「宁设魂衣乎？」哀公曰：「魂衣起宛荆于山之下，道逢寒死，友哀，往迎其尸，悯神之寒，故作魂衣。吾父生服锦绣，死于衣被，何魂衣为？」

《御览》九百六十七引《丧服要记》 昔者鲁哀公祖载其父，孔子问曰：「宁设三桃汤乎？」答曰：「不也。桃汤者，起于卫灵公。有女嫁，乳母送新妇就夫家，道闻夫死，乳母欲将新妇返。新妇曰：『女有三从，今属于人，死当卒哀。』因驾素车白马进到夫家，治三桃汤以沐死者。出东门北隅，礼三终，使死者不恨。吾父无所恨，何用三桃汤为？」

《路史》后纪十三注引《丧服要记》 鲁哀公葬其父，孔子问曰：「宁设表门乎？」公曰：「夫表门起于禹。禹治洪水，故表其门以纪其功。吾父无功，何用焉？」

《抱朴子·外篇·讥惑》 孔子云：「丧亲者，若婴儿之失母，其号岂常声之有？宁令哀有余而礼不足。」

《五行大义》四 孔子曰：「夏正得天。」

《韩诗外传》五 孔子学鼓琴于师襄子而不进，师襄子曰：「夫子可以进矣。」孔子曰：「丘已得其曲矣，未得其数也。」有间曰：「夫子可以进矣。」曰：「丘已得其数矣，未得其意也。」有间，复曰：「夫子可以进矣。」曰：「丘已得其人矣，未得其类也。」有间曰：「邈然远望，洋洋乎！翼翼乎！必作此乐也。默然思，戚然而怅，以王天下，以朝诸侯者，其惟文王乎！」师襄子避席再拜曰：「善。师以为文王之操也。」故孔子持文王之声，知文王之为人。师襄子曰：「敢问何以知其文王之操也？」孔子曰：「然。夫仁者好伟，和者好粉，智者好弹，有殷勤之意者好丽。丘是以知文王之操也。」

《淮南子·主术训》 孔子学鼓琴于师襄，而谕文王之志，见微以知明矣。

《韩诗外传》七 昔者孔子鼓瑟，曾子、子贡侧耳而听，曲终，曾子曰：「嗟乎！夫子瑟声殆有贪狼之心、邪僻之行，何其不仁趋利之甚？」子贡以为然，不对而入。夫子望见子贡有谏过之色，应难之状，释瑟而待之。子贡以曾子之言告。子曰：「嗟乎！夫参，天下贤人也，其习知音矣。向者丘鼓瑟，有鼠出游，狸见于屋，循梁微行，造焉而避，厌目曲脊，求而不得，丘以瑟浮其音。参以丘为贪狼邪僻，不亦宜乎！」

《御览》八十一引《乐动声仪》 孔子曰：「箫韶者，舜之遗音也。温润以和，似南风之至，其为音，如寒暑风雨之动物，如物之动人，雷动兽禽，风雨动鱼龙，仁义动君子，财色动小人，是以圣人务其本。」

《白虎通·三教》引《乐稽耀嘉》 颜回问：「三教变虞夏，何如？」曰：「教者，所以追补败政，靡敝溷浊，谓之治也。舜之承尧，无为易也。」

《五行大义》一引《乐纬》 孔子曰：「丘吹律定姓，一言得土，曰宫；三言得火，曰徵；五言得水，曰羽；七言得金，曰商；九言得木，曰角。」

《御览》十六引《春秋演孔图》 孔子曰：「丘援律吹命，阴得羽之宫。」

《鲁语》下 鲁哀公问于孔子曰：「吾闻夔一足，信乎？」对曰：「夔，人也，何其一足也！夔通于声，尧曰：『夔一而已。』使为乐正，故君子曰：『夔有一足。』非一足也。」

《韩非子·外储说左下》 鲁哀公问于孔子曰：「吾闻古者有夔，一足，其果信有一足乎？」孔子对曰：「不也。夔非一足也。夔者，忿戾恶心，人多不喜说也。虽然，其所以得免于人害者，以其信也。人皆曰：『独此一足矣。』夔非一足也，一而足也。」哀公曰：「审而是固足矣。」一曰，哀公问于孔子曰：「吾闻夔一足，信乎？」曰：「夔，人也。何故一足？彼其无他异，而独通于声，尧曰：『夔一而足矣。』使为乐正。故君子曰：『夔有一足。』非一足也。」

《吕氏春秋·慎行论·察传》 鲁哀公问于孔子曰：「乐正夔一足，信乎？」孔子曰：「昔者，舜欲以乐传教于天下，乃令重黎举夔于草莽之中而进之，舜以为乐正。夔于是正六律，和五声，以通八风，而天下大服。重黎又欲益求人，舜曰：『夫乐，天地之精也，得失之节也，故唯圣人为能和乐之本也。夔能和之，以平天下。若夔者，一而足矣。』故曰夔一足，非一足也。」

《淮南子·主术训》 夫荣启期一弹，而孔子三日乐。感于和。

《说苑·修文》 子路鼓瑟有北鄙之声，孔子闻之曰：「信矣！由之不才也。」冉有侍，孔子曰：「求！来。尔奚不谓由？

夫先王之制音也，奏中声，为中节，流入于南，不归于北。南者，生育之乡；北者，杀伐之域。故君子执中以为本，务生以为基。故其音温和而居中，以象生育之气，忧哀悲痛之感，不加乎心，暴厉淫荒之动，不在乎体。夫然者，乃治存之风，安乐之为也。彼小人则不然，执末以论本，务刚以为基。故其音湫厉而微末，以象杀伐之气，和节中正之感，不加乎心，温俨恭庄之动，不存乎体。夫杀者，乃乱亡之风，奔北之为也。昔舜造南风之声，其兴也勃焉，至今王公述而不释；纣为北鄙之声，其废也忽焉，至今王公以为笑。彼舜以匹夫，积正合仁，履中行善，而卒以兴；纣以天子，好慢淫荒，刚厉暴贼，而卒以灭。今由也，匹夫之徒，布衣之丑也。既无意乎先王之制，而又有亡国之声，岂能保七尺之身哉！」冉有以告子路，子路曰：「由之罪也。小人不能耳陷而入于斯，宜矣夫子之言也。」遂自悔，不食，七日而骨立焉。孔子曰：「由之改过矣。」

《公羊》哀十四年疏引《揆命篇》 孔子年七十岁知图书，作《春秋》。

《御览》十六引《洪范五行传》 孔子作《春秋》，正春，正秋，所以重历也。

《御览》九百二十三引《礼稽命征》 孔子谓子夏曰：「鸲鹆至，非中国之禽也。」

《文选》答宾戏注引《春秋元命包》 孔子曰：「丘作《春秋》，始于元，终于麟，王道成也。」

《仪礼·士冠礼》疏引《春秋演孔图》 孔子修《春秋》，九月而成。卜之，得阳豫之卦。

《公羊》哀十四年疏引《演孔图》 获麟而作《春秋》，九月书成。

《初学记》二十一引《春秋握诚图》 孔子作《春秋》，陈天人之际，记异考符。

《古微书》引《春秋说题辞》 孔子言曰：「五变入臼，米出甲，谓硙之为粝米也，舂之则稗米也，帥之则凿米也，臿之则毇米也，又棨择之，暘暟之，则为晶米。」

引《春秋命历序》 孔子始《春秋》，退修殷之故历，使其数可传于后，《春秋》宜以殷历正之。

《公羊》僖四年解诂 孔子曰：「书之重，辞之复。呜呼！不可不察，其中必有美者焉。」

《公羊》成八年解诂 孔子曰：「皇象元，逍遥术，无文字，德明谥。」

《公羊》昭十二年疏引《春秋说》 孔子作《春秋》，一万八千字，九月而书成。以授游夏之徒，游夏之徒不能改一字。

《史记·太史公自序》 子曰：「我欲载之空言，不如见之行事之深切著明也。」

《公羊》隐公第一疏引《闵因叙》 昔孔子受端门之命，制春秋之义，使子夏等十四人求周史记，得百二十国宝书，九月经立。

《春秋繁露·俞序》 仲尼之作春秋也，上探正天，端王公之位，万物民之所欲，下明得失，起贤才以待后圣。故引史记，理往事，正是非也。王公史记十二公之间，皆衰世之事，故门人惑。孔子曰：「吾因其行事而加乎王心焉。」以为见之空言，不如行事博深切。故子贡、闵子、公肩子，言其切而为国家贤也。其为切而至于杀君亡国，奔走不得保社稷，其所以然，是皆不明于道，不览于《春秋》也。故卫子夏言：有国家者不可不学《春秋》，不学《春秋》，则无以见前后旁侧之危，则不知国之大柄、君子重任也。故或胁穷失国，揜杀于位，一朝至尔。苟能述《春秋》之法，致行其道，岂徒除祸哉！乃尧舜之德也。故《世子》曰：「功及子孙，光辉百世，圣王之德，莫美于世。」故予先言《春秋》详己而略人，因其国而容天下。《春秋》之道，大得之则以王，小得之则以霸。故曾子、子石盛美齐侯安诸侯，尊天子。霸王之道，皆本于仁。仁，天心，故次以天心。爱人之大者，莫大于思患而豫防之，故蔡得意于吴，鲁得意于齐，而《春秋》皆不告，故次以言怨人不可通，敌国不可狎，扰窃之国不可使久亲，皆防患为民除患之意也。不爱民之渐乃至于死亡，故言楚灵王、晋厉公生弑于位，不仁之所致也。故善宋襄公不厄人，不由其道而胜，不如由其道而败，《春秋》贵之，将以变习俗而成王化也。故夏言春秋重人，诸讥皆本此。或奢侈使人愤怨，或暴虐贼害人，终皆祸及身。故子池言鲁庄筑台，丹楹刻桷，晋厉之刑刻意者，皆不得以寿终。上奢侈，刑又急，皆不内恕，求备于人，故次以《春秋》缘人情，赦小过，而《传》明之曰：「君子辞也。」孔子明得失，见成败，疾时世之不仁失王。孔子曰：「吾因行事」，赦小过。《传》又明之曰：「君子辞也。」孔子曰：「吾因行事，加吾王心焉。」假其位号以正人伦，因其成败以明顺逆，故其所善，则桓文行之而遂，其所恶，则乱国行之终以败。故始言大恶杀君亡国，终言赦小国，是以始于粗粝，终于精微，教化流行，德泽大洽，天下之人，人有士君子之行而少过矣，亦讥二名之意也。

《穀梁》桓二年传 孔子曰：「名从主人，物从中国。」

《穀梁》桓十四年传 孔子曰：「听远音者，闻其疾而不闻其舒；望远者，察其貌而不察其形。立乎定哀，以指隐桓，隐桓之日远矣。」

《穀梁》僖十六年传 子曰：「石，无知之物；鹢，微有知之物。石无知，故日之；鹢，微有知之物，故月之。君子之于物，无所苟而已。」

《穀梁》哀十三年传 吴王夫差曰：「好冠，来。」孔子曰：「大矣哉！夫差未能言冠而欲冠也。」

《艺文类聚》八十引《庄子》 仲尼读书，老聃倚灶觚而听之，曰：「是何书也？」曰：「《春秋》也。」

《韩非子·内储说上·七术》 鲁哀公问于仲尼曰：「《春秋》之记曰：『冬，十二月，霣霜不杀菽。』何为记此？」仲尼对曰：「此言可以杀而不杀也。夫宜杀而不杀，桃李冬实，天失道，草木犹犯干之，而况于人君乎？」

《盐铁论·散不足》 孔子读史记，喟然而叹，伤正德之废，君臣之危也。

《论衡·效力》 孔子，周世多力之人也。作《春秋》，删五经，秘书微文，无所不定。

《论衡·超奇》 孔子作《春秋》，以示王意。

《论衡·超奇》 孔子得史记以作《春秋》。及其立义创意，褒贬赏诛，不复因史记者，眇思自出于胸中也。

《说苑·君道》 孔子曰：「文王似元年，武王似春王，周公似正月。文王以王季为父，以太任为母，以太姒为妃，以武王、周公为子，以泰颠、闳夭为臣，其本美矣。武王正其身以正其国，正其国以正天下。伐无道，刑有罪，一动天下正，其事正矣。春致其时，万物皆得生；君致其道，万人皆及治。周公戴己而天下顺之，其诚至矣。」

《说苑·君道》 孔子曰：「夏道不亡，商德不作；商德不亡，周德不作；周德不亡，《春秋》不作；《春秋》作而后君子知周道亡也。」

《说苑·至公》 夫子行，说七十诸侯，无定处，意欲使天下之民各得其所。而道不行，退而修《春秋》。采豪毛之善，贬纤介之恶，人事浃，王道备，精和圣制，上通于天而麟至，此天之知夫子也。于是喟然而叹曰：「天以至明为不可蔽乎，日何为而食？地以至安为不可危乎，地何为而动？天地而尚有动蔽，是故贤圣说于世而不得行其道，故灾异并作也。」

《周礼·九嫔》注 孔子云：「日者，天之明；月者，地之理。阴契制，故月上属为天，使妇从夫，放月纪。」

《春秋左传》序疏引《孝经钩命决》 《春秋》，二尺四寸书之；《孝经》，一尺二寸书之。

《公羊》序疏引《钩命决》 孔子在庶，德无所施，功无所就，志在《春秋》，行在《孝经》。

《御览》六百十引《钩命决》 《孝经》者，篇题就号也，所以表指括意，序中书名，出义见道曰著，一字苞十八章，以为天地喉襟，道要德本，故挺以题符篇冠就。又曰曾子撰，斯问曰：「孝乎？文驳不同乎？」子曰：「吾作《孝经》，以素王无爵之赏、斧钺之诛，与先王以托权目，至德要道以题行首」。仲尼以立情性，言子曰以开号，列曾子示撰，辅《书》

《诗》以合谋。

《公羊》哀十四年疏引《孝经说》 孔子曰：「《春秋》属商，《孝经》属参。」

《公羊》哀十四年疏引《孝经说》 丘以匹夫，徒步以制正法。

《论衡·雷虚》 《论语》，迅雷风烈必变；《礼记》，有疾风迅雷甚雨则必变。虽夜必兴，衣服，冠而坐。子曰：「天之与人，犹父子。有父为之变，子安能忽？故天变，己亦宜变，顺天时，示己不违也。」

《说文》 《逸论语》曰：「玉粲之瑳兮，其瑮猛也。」

《说文》 《逸论语》曰：「如玉之莹。」

《初学记》二十七 《逸论语》曰：「玉十谓之区，治玉谓之琢，亦谓之雕。瑳，玉色鲜白也；莹，玉色也；瑛，玉光也；琼，赤玉也；璇瑾瑜，美玉也；璬，三采玉也；玲珑琤琐瑝，玉声也；璬，玉佩也；瑱，充耳也；璪，玉饰以水藻也。」

《初学记》二十七 《逸论语》曰：「璠玙，鲁之宝玉也。孔子曰：『美哉璠玙！远而望之，奂若也；近而视之，瑟若也。一则理胜，一则孚胜。』」

《文选》刘歆移书太常博士注引《论语谶》 自卫反鲁，删《诗》、《书》，修《春秋》。

《文选》齐安陆王碑文注引《论语谶》 仲尼居乡党，卷怀道美。

《说文》 孔子曰：「一贯三为王。」

《说文》 孔子曰：「推十合一为士。」

《说文》 孔子曰：「乌，盱呼也。取其助气，故以为乌呼。」

《说文》 孔子曰：「牛羊之字，以形举也。」

《说文》 孔子曰：「黍可为酒，禾入水也。」

《说文》 孔子曰：「粟之为言续也。」

《说文》 孔子曰：「在人下，故诘屈。」

《说文》 孔子曰：「貉之为言恶也。」

《说文》 孔子曰：「视犬之字，如画狗也。」

《**说文**》孔子曰：「狗，叩也。叩气吠以守。」

《**史记·滑稽列传**》孔子曰：「六艺于治，一也。《礼》以节人，《乐》以发和，《书》以道事，《诗》以达意，《易》以神化，《春秋》以义。」

《**白虎通·五经**》孔子居周之末世，王道陵迟，礼义废坏，强陵弱，众暴寡，天子不敢诛，方伯不敢伐。闵道德之不行，故周流应聘，冀行其道德。自卫反鲁，自知不用，故追定五经，以行其道。

《**论衡·佚文**》孝武皇帝封弟为鲁恭王，恭王坏孔子宅以为宫，得佚《尚书》百篇，《礼》三百，《春秋》三十篇，《论语》二十一篇。

卷六 主德五

《**尚书大传**》武丁祭成汤，有雉飞升鼎耳而雊。武丁问诸祖己，祖己曰：「雉者，野鸟也，不当升鼎。今升鼎者，欲为用也。无则，远方将有来朝者乎！」故武丁内反诸己，以思先王之道，三年，编发重译来朝者六国。孔子曰：「吾于高宗肜日，见德之有报之疾也。」

《**尚书大传·略说**》孔子曰：「心之精神是谓圣。」

《**史记补·三皇本纪**》**引**《**韩诗**》自古封太山，禅梁甫者，万有余家。仲尼观之，不能尽识。

《**白虎通·封禅**》孔子曰：「升泰山，观易姓之王可得而数者，七十有余。」

《**韩诗外传**》三 楚庄王寝疾，卜之，曰：「河为祟。」大夫曰：「请用牲。」庄王曰：「止。古者圣王之祭，不过望，濉漳江汉，楚之望也。寡人虽不得，河非所获罪也。」遂不祭，三日，而疾有瘳。孔子闻之曰：「楚庄王之霸，其有方矣。制节守职，反身不贰。其霸不亦宜乎！」

《**说苑·君道**》楚昭王有疾，卜之，曰：「河为祟。」大夫请用三牲焉。王曰：「止。古者，先王割地制土，祭不过望。江汉睢漳，楚之望也。祸福之至，不是过也。不穀虽不德，河非所获罪也。」遂不祭焉。仲尼闻之曰：「昭王可谓知天道矣，其不失国，宜哉！」

《韩诗外传》七　孔子曰：「明王有三惧：一曰处尊位而恐不闻其过，二曰得志而恐骄，三曰闻天下之至道而恐不能行。」

《大戴礼·主言》　孔子闲居，曾子侍。孔子曰：「参，今之君子，惟士与大夫之言之间也，其至于君子之言者，甚希矣。於乎！吾主言，其不出而死乎？哀哉！」曾子起曰：「敢问何谓主言？」孔子不应。曾子惧，肃然抠衣下席，曰：「弟子知其不孙也，得夫子之闲也难，是以敢问也。」孔子不应。曾子惧，退负序而立。孔子曰：「参，汝可语明主之道与？」曾子曰：「不敢以为足也。得夫子之闲也难，是以敢问。」孔子曰：「吾语女。道者，所以明德也；德者，所以尊道也。是故非德不尊，非道不明。虽有国马，不教不服，不可以取千里；虽有博地众民，不以其地治之，不可以霸主。是故昔者明主，内修七教，外行三至。七教修焉，可以守，三至行焉，可以征；七教不修，虽守不固，三至不行，虽征不服。是故明主之守也，必折冲乎千里之外，其征也，衽席之上还师。是故内修七教而上不劳，外行三至而财不费，此之谓明主之道也。」曾子曰：「敢问不费不劳，可以为明乎？」孔子愀然扬麋，曰：「参，女以明主为劳乎？昔者舜左禹而右皋陶，不下席而天下治。夫政之不中，君之过也；政之既中，令之不行，职事者之罪也。明主奚为其劳也？昔者明主关讥而不征，市廛而不税，税十取一，使民之力，岁不过三日，入山泽以时，有禁而无征。此六者，取财之路也。明主舍其四者而节其二者，明主焉取其费也。」

曾子曰：「敢问何谓七教？」孔子曰：「上敬老则下益孝，上顺齿则下益悌，上乐施则下益谅，上亲贤则下择友，上好德则下不隐，上恶贪则下耻争，上强果则下廉耻，民皆有别，则贞则正。亦不劳矣，此谓七教。七教者，治民之本也，教定是正矣。上者，民之表也，表正则何物不正？是故君先立于仁，则大夫忠而士信，民敦，工璞，商悫，女憧，妇空空。七者，教之志也，七者布诸天下而不窕，内诸寻常之室而不塞。是故圣人等之以礼，立之以义，行之以顺，而民弃恶也如灌。」曾子曰：「弟子则不足，道则至矣。」孔子曰：「参，姑止，又有焉。昔者明主之治民有法，必别地以州之，分属而治之，然后贤民无所隐，暴民无所伏，使有司日省，如时考之，岁诱贤焉，则贤者亲，不肖者惧。使之哀鳏寡，养孤独，恤贫穷，诱孝悌，选贤举能。此七者修，则四海之内，无刑民矣。上之亲下也如腹心，则下之亲上也如保子之见慈母也，上下之相亲如此，然后令则从，施则行。因民既迩者说，远者来怀，然后布指知寸，布手知尺，舒肘知寻，十寻而索。百步而堵，三百步而里，千步而井，三井而句烈，三句烈而距，五十里而封，百里而有都邑，乃为蓄积衣裘焉，使处者恤，行者有兴亡，是以蛮夷诸夏，虽衣冠不同、言语不合，莫不来至，朝觐于王。故曰：无市而民不乏，无刑而民不违。毕弋田猎之得，不以盈宫室也，征敛于百姓，非以充府库也。慢怛以补不足，礼节以损有余。故曰：多信而寡貌，其礼可守，其信可复，其迹可履。其于信也，如四时春秋冬夏；其博有万民也，如饥而食、如渴而饮，下士之人信之夫！暑热冻寒，远若迩，非道迩也，及其明德也。是以兵革不动而威，用利不施而亲，此之谓明主之守也。折冲乎千里之外，此之谓也。」

曾子曰：「敢问何谓三至？」孔子曰：「至礼不让而天下治，至赏不费而天下之士说，至乐无声而天下之民和。明主笃行三至，故天下之君可得而知也，天下之士可得而臣也，天下之民可得而用也。」曾子曰：「敢问何谓也？」孔子曰：「昔者明主以尽知天下良士之名，既知其名，又知其数，既知其数，又知其所在。明主因天下之爵，以尊天下之士，此之谓至礼不让而天下治；因天下之禄，以富天下之士，此之谓至赏不费而天下之士说；天下之士说，则天下之明誉兴，此之谓至乐无声而天下之民和。故曰：所谓天下之至仁者，能合天下之至亲者也；所谓天下之至知者，能用天下之至和者也；所谓天下之至明者，能选天下之至良者也。此三者咸通，然后可以征。是故仁者莫大于爱人，知者莫大于知贤，政者莫大于官贤。有土之君修此三者，则四海之内拱而视，然后可以征。明主之所征，必道之所废者也，彼废道而不行，然后诛其君，致其征，吊其民而不夺其财也。故曰：明主之征也，犹时雨也，至则民说矣。是故行施弥博，得亲弥众，此之谓衽席之上乎还师。」

《**大戴礼·五帝德**》宰我问于孔子曰：「昔者予闻诸荣伊，令黄帝三百年。请问，黄帝者，人邪？抑非人邪？何以至于三百年乎？」孔子曰：「予，禹汤文武成王周公，可胜观邪！夫黄帝尚矣，女何以为？先生难言之。」宰我曰：「上世之传，隐微之说，卒业之辨，闇忽之意，非君子之道也。则予之问也，固矣。」孔子曰：「黄帝，少典之子也，曰轩辕。生而神灵，弱而能言，幼而彗齐，长而敦敏，成而聪明。治五气，设五量，抚万民，度四方，教熊罴貔豹虎，以与赤帝战于版泉之野，三战，然后得行其志。黄帝黼黻衣，大带，黼裳，乘龙扆云，以顺天地之纪，幽明之故，死生之说，存亡之难。时播百谷草木，故教化淳鸟兽昆虫，历离日月星辰，极畋土石金玉。劳心力耳目，节用水火材物。生而民得其利百年，死而民畏其神百年，亡而民用其教百年，故曰三百年。」

宰我请问帝颛顼，孔子曰：「五帝用说，三王用度，女欲一日辩闻古昔之说，躁哉予也！」宰我曰：「昔者予也闻诸夫子曰：『小子无有宿问。』」孔子曰：「颛顼，黄帝之孙，昌意之子也，曰高阳。洪渊以有谋，疏通而知事，养材以任地，履时以象天，依鬼神以制义，治气以教民，洁诚以祭祀。乘龙而至四海，北至于幽陵，南至于交趾，西济于流沙，东至于蟠木。动静之物，大小之神，日月所照，莫不祇励。」

宰我曰：「请问帝喾？」孔子曰：「元嚣之孙，蟜极之子也，曰高辛。生而神灵，自言其名，博施利物，不于其身。聪以知远，明以察微。顺天之义，知民之急。仁而威，惠而信，修身而天下服。取地之财而节用之，抚教万民而利诲之，历日月而迎送之，明鬼神而敬事之。其色郁郁，其德嶷嶷。其动也时，其服也士。春夏乘龙，秋冬乘马，黄黼黻衣，执中而获天下。日月所照，风雨所至，莫不从顺。」

宰我曰：「请问帝尧？」孔子曰：「高辛之子也，曰放勋。其仁如天，其知如神，就之如日，望之如云。富而不骄，贵而不豫。黄黼黻衣，丹车白马。伯夷主礼，龙、夔教舞，举舜、彭祖而任之四时，先民治之。流共工于幽州，以变北狄；放驩兜于崇山，以变南蛮；杀三苗于三危，以变西戎；殛鲧于羽山，以变东夷。其言不贰，其德不回，四海之内，舟舆所至，莫不说夷。」

宰我曰：「请问帝舜？」孔子曰：「蟜牛之孙，瞽叟之子也，曰重华。好学孝友，闻于四海，陶家事亲，宽裕温良。教敦而知时，畏天而爱民，恤远而亲亲。承受大命，依于倪皇，睿明通知，为天下王。使禹敷士，主名山川，以利于民。使后稷播种，务勤嘉谷，以作饮食。羲和掌历，敬授民时。使益行火，以辟山莱。伯夷主礼，以节天下。夔作乐，以歌吁舞，和以钟鼓。皋陶作士，忠信疏通，知民之情。契作司徒，教民孝友，敬政率经。其言不惑，其德不慝，举贤而天下平。南抚交趾，大放鲜支、渠廋、氐、羌，北山、戎、发、息慎，东长、鸟夷羽民。舜之少也，恶悴劳苦，二十以孝闻乎天下，三十在位，嗣帝所，五十乃死，葬于苍梧之野。」

宰我曰：「请问禹？」孔子曰：「高阳之孙，鲧之子也，曰文命。敏给克济，其德不回，其仁可亲，其言可信。声为律，身为度，称以上士。亹亹穆穆，为纲为纪。巡九州，通九道，陂九泽，度九山。为神主，为民父母。左准绳，右规矩，履四时，据四海，平九州，戴九天，明耳目，治天下。举皋陶与益以赞其身，举干戈以征不享不道无德之民，四海之内，舟车所至，莫不宾服。」

孔子曰：「予，大者如说，民说至矣。予也非其人也。」宰我曰：「予也不足诚也，敬承命矣。」他日，宰我以语人。有为道诸夫子之所，孔子曰：「吾欲以颜色取人，于灭明邪改之；吾欲以语言取人，于予邪改之；吾欲以容貌取人，于师邪改之。」宰我闻之，惧，不敢见。

《**大戴礼·虞戴德**》公曰：「昔有，虞戴德何以？深虑何及？高举安取？」子曰：「君以闻之，唯丘无以更也。君之闻如未成也，黄帝慕修之。」曰：「明法于天，明开施教于民，行此，以上明于天化也。物必起，是故民命而弗改也。」

公曰：「善哉！以天教于民，可以班乎？」子曰：「可哉。虽可而弗由此，以上知所以行斧钺也。父之于子，天也；君之于臣，天也。有子不事父，有臣不事君，是非反天而到行邪？故有子不事父，不顺；有臣不事君，必刃。顺天作刑，地生庶物。是故圣人之教于民也，率天如祖地，能用民德，是以高举不过天，深虑不过地，质知而好仁，能用民力，此三常之礼明而名不蹇。礼失则坏，名失则惛。是故上古不讳，正天名也。天子之宫四通，正地事也。天子御珽，诸侯御荼，大夫服笏，正民德也。敛此三者而一举之，戴天履地，以顺民事。天子告朔于诸侯，率天道而敬行之，以示威于天下也。诸侯内贡于天子，率名敩地实也。是以不至必诛。诸侯相见，卿为介，以其教士毕行，使仁守，会朝于天子。天子以岁二月为坛于东郊，建五色，设五兵，具五味，陈六律，品奏五声，听明教。置离，抗大侯，规鹄，坚物。九卿佐三公，三公佐天子。天子践位，诸侯各以其属就位，乃升诸侯。诸侯之教士，教士执弓挟矢，揖让而升，履物以射其地。心端容色正，时以敩伎，时有庆以地，不时有让以地。天下之有道也，有天子存，国之有道也，君得其正，家之不乱也，有仁父存。是故圣人之教于民也，以其近而见者，稽其远而明者。天事曰明，地事曰昌，人事曰比，两以庆。违此三者，谓之愚民。愚民曰奸，奸必诛。是以天下平而国家治，民亦无贷，居小不约，居大则治，众则集，寡则缪，祀则得福，以征则服，此唯官民之上德也。」

公曰：「三代之相授，必更制典物，道乎？」子曰：「否。猷德保，保惛乎前，以小继大，变民示也。」公曰：「善哉！子之察教我也。」子曰：「丘于君，唯无言，言必尽，于他人则否。」公曰：「教他人则如何？」子曰：「否。丘则不能。昔商老彭及仲傀，政之教大夫，官之教士，技之教庶人。扬则抑，抑则扬，缀以德行，不任以言。庶人以言，犹以夏后之袝怀袍褐也，行不越境。」公曰：「善哉！我则问政，子事教我。」子曰：「君问已参黄帝之制，制之大礼也。」公曰：「先圣之道斯为美乎？」子曰：「斯为美。虽有美者，必偏。属于斯，昭天之福，迎之以祥；作地之福，制之以昌；兴民之德，守之以长。」公曰：「善哉！」

《大戴礼·诰志》 公曰：「诰志无荒，以会民义，斋戒必敬，会时必节，牺牲必全，齐盛必洁，上下禋祀，外内无失节，其可以省怨远灾乎？」子曰：「丘未知其可以省怨也。」公曰：「然则何以事神？」子曰：「以礼会时。夫民见其礼则上下援，援则乐，乐斯无忧，以此怨省而乱不作也。夫礼，会其四时，四孟四季五牲五谷，顺至必时其节也。丘未知其可以远灾也。」公曰：「然则为此何以？」子曰：「知仁合则天地成，天地成则庶物时，庶物时则民财敬，民财敬以时作，时作则节事，节事以动众，动众则有极，有极以使民则劝，劝则有功，有功则无怨，无怨则嗣世久，唯圣人。是故政以胜众，非以陵众；

众以胜事，非以伤事；事以靖民，非以征民。故地广而民众，非以为灾，长之禄也。丘闻周太史曰：政不率天，下不由人，则凡事易坏而难成。虞史伯夷曰：明，孟也；幽，幼也；明幽，雌雄也。雌雄迭兴而顺，至正之统也。日归于西，起明于东；月归于东，起明于西。虞夏之历，正建于孟春，于时冰泮发蛰，百草权舆，瑞雉无释。物乃岁俱生于东，以顺四时，卒于冬分。于时鸡三号，卒明。载于青色，抚十一月节，卒于丑。日月成岁，历再闰以顺天道，此谓岁虞汁月。天曰作明，曰与，维天是载；地曰作昌，曰与，维地是事；人曰作乐，曰与，维民是嬉。民之动能，不远厥事；民之悲色，不远厥德，此谓表里时合。物之所生，而蕃昌之道如此。天生物，地养物，物备兴而时用常节，曰圣人；主祭于天，曰天子。天子崩，步于四川，代于四山，卒葬曰帝。天作仁，地作富，人作治，乐治不倦，财富时节，是故圣人嗣则治。文王治以俟时，汤治以伐乱，禹治以移众。众服，以立天下。尧贵以乐治时，举舜。舜治以德使力。在国统民如恕，在家抚官而国。安之勿变，劝之勿沮，民咸废恶如进良。上诱善而行罚，百姓尽于仁而遂安之，此古之明制之治天下也。仁者为圣，贵次，力次，美次，射御次。古之治天下者必圣人，圣人有国，则日月不食，星辰不陨，勃海不运，河不满溢，川泽不竭，山不崩解，陵不施谷，川浴不处，深渊不涸。于时龙至不闭，凤降忘翼，鸷兽忘攫，爪鸟忘距，蜂虿不螫婴儿，蚊虻不食夭驹，洛出服，河出图。自上世以来，莫不降仁。国家之昌，国家之臧，信仁。是故不赏不罚，如民咸尽力，车不建戈，远迩咸服，允使来往，他宾毕极，无怨无恶，率惟懿德。此无空礼，无空名。贤人并忧，残毒以时省，举良良，举善善，恤民使仁，日教仁宾也。」

《大戴礼·用兵》公曰：「用兵者，其由不祥乎？」子曰：「胡为其不祥也？圣人之用兵也，以禁残止暴于天下也。及后世贪者之用兵也，以刈百姓，危国家也。」公曰：「古之戎兵，何世安起？」子曰：「伤害之生久矣，与民皆生。」公曰：「蚩尤作兵与？」子曰：「否。蚩尤，庶人之贪者也，及利无义，不顾厥亲，以丧厥身。蚩尤，惛欲而无厌者也，何器之能作？蜂虿挟螫而生，见害而校以卫厥身者也。人生有喜怒，故兵之作，与民皆生，圣人利用而弥之，乱人兴之丧厥身。《诗》云：『鱼在在藻，厥志在饵。』鲜民之生矣，不如死之久矣。』『校德不塞，嗣武于孙子』。圣人爱百姓而忧海内，及后世之人，思其德必称其仁，故今之道尧、舜、禹、汤、文、武者，犹威致王今若存。夫民思其德，必称其人，朝夕祝之，升闻皇天，上神歆焉，故永其世而丰其年也。夏桀、商纣，羸暴于天下，暴极不辜，杀戮无罪，不祥于天。粒食之民，布散厥亲，疏远国老，幼色是与，而暴慢是亲，谗贷处榖，法言法行处辟，夭替天道，逆乱四时，礼乐不行，而幼风是御，历失制，摄提失方，邹大无纪，不告朔于诸侯，玉瑞不行，诸侯力政，不朝于天子，六蛮四夷，交伐于中国。于是降之灾，水旱臻焉，霜雪大满，甘露不降，百草蔫黄，五谷不升，民多夭疾，六畜饣卒毗，此太上之不论不议也。夭伤厥身，失坠天下。夫天下之报，殃于无德者，必与其民。」公惧焉，曰：「在民上者，可以无惧乎哉？」

《**大戴礼·少间**》公曰：「今日少间，我请言情于子。」子愀然变色，迁席而辞曰：「君不可以言情于臣，臣请言情于君。君则不可。」公曰：「师之而不言情焉，其私不同。」子曰：「否。臣事君而不言情于君，则不臣；君而不言情于臣，则不君。有臣而不臣犹可，有君而不君，民无所错手足。」公曰：「吾度其上下，咸通之，权其轻重居之，准民之色，目既见之，鼓民之声，耳既闻之，动民之德，心既和之，通民之欲，兼而壹之，爱民亲贤而教不能，民庶说乎？」子曰：「说则说矣，可以为家，不可以为国。」公曰：「可以为家，胡为不可以为国？国之民，家之民也。」子曰：「国之民，诚家之民也。然其名异，不可同也。同名同食曰同等。唯不同等，民以知极，故天子昭有神于天地之间，以示威于天下也。诸侯修礼于内，以事天子；大夫修官守职，以事其君；士修四卫，执技论力，以听乎大夫；庶人仰视天文，俯视地理，力时使以听乎父母。此惟不同等，民以可治也。」公曰：「善哉！上与下不同乎？」子曰：「将以时同，时不同，上谓之闲，下谓之多疾。君时同于民，布政也；民时同于君，服听也。上下相报，而终于施，大犹已成，发其小者，远犹已成，发其近者。将行重器，先其轻者，先清而后浊者，天地也。天政曰正，地政曰生，人政曰辩。苟本正，则华英必得其节以秀孚矣，此官民之道也。」公曰：「善哉！请少复进焉。」

子曰：「昔尧取人民状，舜取人以色，禹取人以言，汤取人以声，文王取人以度。此四代五王之取人，以治天下如此。」公曰：「嘻！善之不同也。」子曰：「何谓其不同也？」公曰：「同乎？」子曰：「同。」公曰：「人状可知乎？」子曰：「不可知也。」公曰：「五王取人，各有以举之，胡为人之不可知也？」子曰：「五王取人，比而视，相而望。五王取人，各以己焉，是以同状。」公曰：「以子相人何如？」子曰：「否，丘则不能。五王取人，丘也传闻之以委于君。丘则否能，亦又不能。」公曰：「我闻子之言，始蒙矣。」子曰：「由君居之，成于纯，胡为其蒙也！虽古之治天下者，岂生于异州哉！昔虞舜以天德嗣尧，布功散德制礼。朔方幽都来服，南抚交趾，出入日月，莫不率俾，西王母来献其白琯，粒食之民，昭然明视，民明教，通于四海，海外肃慎、北发、渠搜、氐、羌来服。舜有，禹代兴，禹卒受命，乃迁邑姚姓于陈，作物配天，修德使力，民明教，通于四海，海之外，肃慎、北发、渠搜、氐、羌来服。禹崩，十有七世，乃有末孙桀即位。桀不率先王之明德，乃荒耽于酒，淫泆于乐，德昏政乱，作宫高台污池土察，以民为虐，粒食之民，惛焉几亡。乃有商履代兴，商履循礼法，以观天子，天子不说，则嫌于死。成汤卒受天命，不忍天下粒食之民刈戮，不得以疾死，故乃放移夏桀，散亡其佐，乃迁姒姓于杞。发厥明德，顺民天心啬地，作物配天，制典慈民，咸合诸侯。作八政，命于总章，服禹功以修舜绪，为副于天。粒食之民，昭然明视，民明教，通于四海，海之外肃慎、北发、渠搜、氐、羌来服。成汤卒崩，殷德小破，二十有二世乃有武丁即位。开先祖之府，取其明法，以为君臣上下之节，殷民更眩，近者说，远者至，粒食之民，昭然明视。武丁年崩，殷德大破，九世乃有末孙纣即位。纣不率先王之明德，乃上祖夏桀行，荒耽于酒，淫佚于乐，德昏政乱，作宫室高台污池土察，以为民虐。粒食之民，忽然几亡。乃有周昌霸诸侯以佐之，纣不说诸侯之听于周昌，则嫌于死。乃退伐崇许魏，以客事天子。文王卒受天命，作物配天，制无用，行三明，亲亲尚贤，民明教，通于四海，海之外肃慎、北发、渠搜、氐、羌来服。君其志焉，或傒将至也。」公曰：「大哉！子之教我政也。列五王之德，烦烦如繁诸乎！」

子曰：「君无誉臣，臣之言未尽，请尽臣之言，君如财之。」曰：「于此有功匠焉，有利器焉，有措扶焉，以时令其藏必周密，发如用之，可以知古，可以察今，可以事亲，可以事君，可用于生，又用之死，吉凶并兴，祸福相生，卒反生福，大德配天。」公愀然其色，曰：「难立哉！」子曰：「臣愿君之立知如以观闻也。时天之气，用地之财，以生杀于民，民之死，不可以教。」公曰：「我行之，其可乎？」子曰：「唯此在君，君曰足，臣恐其不足，君曰不足。举其前，必举其后，举其左，必举其右。君既教矣，安能无善！」公吁焉其色，曰：「大哉！子之教我制也。政之丰也，如未之成也。」子曰：「君知未成，言未尽也。凡草木根鞁伤，则枝叶必偏枯，偏枯是为不实，谷亦如之。上失政，大及小人畜谷。」公曰：「所谓失政者，若夏商之谓乎？」子曰：「否。若夏商者，天夺之魄，不生德焉。」公曰：「然则何以谓失政？」子曰：「所谓失政者，疆蓌未亏，人民未变，鬼神未亡，水土未绸，糟者犹糟，实者犹实，玉者犹玉，血者犹血，酒者犹酒，优以继湛，政出自家门，此之谓失政也。非天是反，人自反。臣故曰：君无言情于臣，君无假人器，君无假人名。」公曰：「善哉！」。

《公羊》襄二十九年何休解诂 孔子曰：「三皇设言，民不违；五帝画象，世顺机；三王肉刑，揆渐加；应世黠巧，好伪多。」

《初学记》九引《七经义纲》 孔子曰：「天子之德，感天地，洞八方。以化合神者，称皇；德合天者，称帝；德合仁义者，称王。」

《艺文类聚》十一引《帝王世纪》 孔子称天子之德，感天地，洞八方。是以化合神者，称皇；德合天地者，称帝；仁义合者，称王。

《史记·商君传》 孔丘有言曰：「推贤而戴者进，聚不肖而王者退。」

《后汉书·翟酺传》酺上疏 孔子曰：「吐珠于泽，谁能不含？」

《后汉书·李云传》云上书 孔子曰：「帝者，谛也。」

《后汉书·五行志》注引《魏志》高堂隆对 孔子曰：「灾者，修类应行，精祲相感，以戒人君。」

《荀子·王制》 孔子曰：「大节是也，小节是也，上君也；大节是也，小节一出焉，一入焉，中君也；大节非也，小节虽是也，吾无观其余矣。」

《荀子·哀公》 鲁哀公问舜冠于孔子，孔子不对。三问，不对。哀公曰：「寡人问舜冠于子，何以不言也？」孔子曰：「古之王者，有务而拘领者矣，其政好生而恶杀焉，是以凤在列树，麟在郊野，乌鹊之巢，可俯而窥也。君不此问而问舜冠，所以不对也。」

《荀子·哀公》 鲁哀公问于孔子曰：「寡人生于深宫之中，长于妇人之手，寡人未尝知哀也，未尝知忧也，未尝知劳也，未尝知惧也，未尝知危也。」孔子曰：「君之所问，圣君之问也。丘，小人也，何足以知之？」曰：「非吾子，无所闻之也。」孔子曰：「君入庙门而右，登自阼阶，仰视榱栋，俯见几筵，其器存，其人亡，君以此思哀，则哀将焉不至矣！君昧爽而栉冠，平明而听朝，一物不应，乱之端也，君以此思忧，则忧将焉不至矣！君平明而听朝，日昃而退，诸侯之子孙，必有在君之末庭者，君以此思劳，则劳将焉不至矣！君出鲁之四门，以望鲁四郊，亡国之虚则必有数盖焉，君以此思惧，则惧将焉不至矣！且丘闻之，君者，舟也；庶人者，水也。水则载舟，水则覆舟。君以此思危，则危将焉不至矣！」

《新序·杂事》四 哀公问孔子曰：「寡人生乎深宫之中，长于妇人之手，寡人未尝知哀也，未尝知忧也，未尝知劳也，未尝知惧也，未尝知危也。」孔子辟席曰：「吾君之问，乃圣君之问也。丘，小人也，何足以言之？」哀公曰：「否。吾子就席，微吾子无所闻之矣。」孔子就席曰：「然。君入庙门，升自阼阶，仰见榱栋，俯见几筵，其器存，其人亡，君以此思哀，则哀将安不至矣！君昧爽而栉冠，平旦而听朝，一物不应，乱之端也，君以此思忧，则忧将安不至矣！君平旦而听朝，日昃而退，诸侯之子孙必有在君之门庭者，君以此思劳，则劳将安不至矣！君出鲁之四门以望鲁之四郊，亡国之墟列必有数矣，君以此思惧，则惧将安不至矣！丘闻之，君者，舟也；庶人者，水也。水则载舟，水则覆舟。君以此思危，则危将安不至矣！

夫执国之柄，履民之上，懔乎如以腐索御奔马。《易》曰：『履虎尾。』《诗》曰：『如履薄冰，不亦危乎！』哀公再拜曰：「寡人虽不敏，请事斯语矣。」

《荀子·哀公》 鲁哀公问于孔子曰：「绅、委、章、甫，有益于仁乎？」孔子蹴然曰：「君号然也！资衰苴杖者不听乐，非耳不能闻也，服使然也；黼衣、黻裳者不茹荤，非口不能味也，服使然也。且丘闻之，好肆不守折，长者不为市。窃其有益与其无益，君其知之矣。」

《群书治要》《尸子·治天下》 郑简公谓子产曰：「饮酒之不乐，钟鼓之不鸣，寡人之任也；国家之不乂，朝廷之不治，与诸侯交之不得志，子之任也。」子产治郑，国无盗贼，道无饿人。孔子曰：「若郑简公之好乐，虽抱钟而朝可也。」

《群书治要》《尸子·处道》 孔子曰：「君者，盂也；民者，水也。盂方则水方，盂圆则水圆，上何好而民不从？」

《韩非子·外储说左上》 孔子曰：「为人君者，犹盂也，民犹水也。盂方水方，盂圜水圜。」

《御览》七十九引《尸子》 子贡曰：「古者黄帝四面，信乎？」孔子曰：「黄帝取合己者四人，使治四方，不计而耕，不约而成。此之谓四面。」

《御览》四百九十引《尸子》 鲁哀公问孔子曰：「鲁有大忘，徙而忘其妻，有诸？」孔子曰：「此忘之小者也。昔商纣有臣曰王子须，务为谄，使其君乐须臾之乐而忘终身之忧。」

《说苑·敬慎》 鲁哀公问孔子曰：「予闻忘之甚者，徙而忘其妻，有诸乎？」孔子对曰：「此非忘之甚者也。忘之甚者，忘其身。」哀公曰：「可得闻与？」对曰：「昔夏桀贵为天子，富有天下，不修禹之道，毁坏辟法，裂绝世祀，荒淫于乐，沈湎于酒，其臣有左师触龙者谄谀不止。汤诛桀，左师触龙者身死，四支不同坛而居，此忘其身者也。」哀公愀然变色曰：「善。」

《御览》六百二十引《尸子》 孔子谓子夏曰：「汝知君子之为君乎？」子夏曰：「鱼失水则死，水失鱼，犹为水也。」孔子曰：「商，汝知之。」

《韩非子·内储说上·七术》 鲁哀公问于孔子曰：「鄙谚曰：『莫众而迷。』今寡人举事，与群臣虑之，而国愈乱，其故何也？」孔子对曰：「明主之问臣，一人知之，一人不知也。如是者，明主在上，群臣直议于下，今群臣无不一辞同轨乎！季孙者，举鲁国尽化为一，君虽问境内之人，犹不免于乱也。」

《韩非子·外储说左上》晋文公攻原，裹十日粮，遂与大夫期十日，至原十日而原不下，击金而退，罢兵而去。士有从原中出者曰：「原三日即下矣！」群臣左右谏曰：「夫原之食竭力尽矣，君姑待之。」公曰：「吾与士期十日，不去，是亡吾信也。得原失信，吾不为也。」遂罢兵而去。原人闻曰：「有君如彼其信也，可无归乎！」乃降公。卫人闻曰：「有君如彼其信也，可无从乎！」乃降公。孔子闻而记之曰：「攻原得卫者，信也。」

《韩非子·外储说右上》尧欲传天下于舜，鲧谏曰：「不祥哉！孰以天下而传之于匹夫乎？」尧不听，举兵而诛杀鲧于羽山之郊。共工又谏曰：「孰以天下而传之于匹夫乎？」尧不听，又举兵而诛共工于幽州之都。于是天下莫敢言无传天下于舜。仲尼闻之曰：「尧之知舜之贤，非其难者也；夫至乎诛谏者必传之舜，乃其难也。」一曰：「不以其所疑败其所察，则难也。」

《韩非子·难一》历山之农者侵畔，舜往耕焉，圳期年，亩正；河滨之渔者争坻，舜往渔焉，期年，而让长；东夷之陶者，器苦窳，舜往陶焉，期年，而器牢。仲尼叹曰：「耕、渔与陶，非舜官也。而舜往为之者，所以救败也。舜其信仁乎！乃躬耕处苦而民从之，故曰，圣人之德化乎！」

《韩非子·难一》晋文公将与楚人战，召舅犯问之，曰：「吾将与楚人战，彼众我寡，为之奈何？」舅犯曰：「臣闻之，繁礼君子，不厌忠信，战陈之间，不厌诈伪。君其诈之而已矣。」文公辞舅犯，因召雍季而问之曰：「我将与楚人战，彼众我寡，为之奈何？」雍季对曰：「焚林而田，偷取多兽，后必无兽。以诈遇民，偷取一时，后必无复。」文公曰：「善。」辞雍季。以舅犯之谋与楚人战，以败之。归而行爵，先雍季而后舅犯。群臣曰：「城濮之事，舅犯谋也。夫用其言而后其身，可乎？」文公曰：「此非君所知也。夫舅犯言，一时之权也，雍季言，万世之利也。」仲尼闻之曰：「文公之霸也，宜哉！既知一时之权，又知万世之利。」

《吕氏春秋·孝行览·义赏》昔晋文公将与楚人战于城濮，召咎犯而问曰：「楚众我寡，奈何而可？」咎犯对曰：「臣闻繁礼之君，不足于文，繁战之君，不足于诈。君亦诈之而已。」文公以咎犯言告雍季，雍季曰：「竭泽而渔，岂不获得？而明年无鱼；焚薮而田，岂不获得？而明年无兽。诈伪之道，虽今偷可，后将无复。非长术也。」文公用咎犯之言而败楚人于城濮，反而为赏雍季在上。左右谏曰：「城濮之功，咎犯之谋也。君用其言而赏后其身，或者不可乎？」文公曰：「雍季之言，百世之利也；咎犯之言，一时之务也。焉有以一时之务先百世之利者乎？」孔子闻之曰：「临难用诈，足以却敌；

反而尊贤，足以报德。文公虽不终始，足以霸矣！」

《韩非子·难二》 昔者文王侵盂、克莒、举酆，三举事而纣恶之。文王乃惧，请入洛西之地，赤壤之国方千里以请解炮烙之刑。天下皆说。仲尼闻之曰：「仁哉文王！轻千里之国而请解炮烙之刑，智哉文王！出千里之地而得天下之心。」

《吕氏春秋·季春纪·先己》 孔子见鲁哀公，哀公曰：「有语寡人曰：『为国家者，为之堂上而已矣。』寡人以为迂言也。」孔子曰：「此非迂言也。丘闻之，得之于身者得之人，失之于身者失之人。不出于门户而天下治者，其惟知反于己身者乎！」

《说苑·政理》 卫灵公谓孔子曰：「有语寡人『为国家者，谨之于庙堂之上而国家治矣』，其可乎？」孔子曰：「可。爱人者，则人爱之；恶人者，则人恶之。知得之己者，亦知得之人。所谓不出于环堵之室而知天下者，知反之己者也。」

《吕氏春秋·贵直论·过理》 糟丘酒池，肉圃为格，雕柱而桔诸侯，不适也；刑鬼侯之女而取其环，截涉者胫而视其髓，杀梅伯而遗文王其醢，不适也；文王貌受，以告诸侯，作为璇室，筑为顷宫，剖孕妇而观其化，杀比干而视其心，不适也。孔子闻之，曰：「其窍通，则比干不死矣。夏商之之所以亡也。」

《陆贾新语·无为》 孔子曰：「移风易俗，岂家至之哉！先之于身而已矣。」

《淮南子·齐俗训》 晋平公出言而不当，师旷举琴而撞之，跌衽宫壁，左右欲涂之。平公曰：「舍之，以此为寡人失。」孔子闻之曰：「平公非不痛其体也，欲来谏者也。」

《新序·杂事》四 晋人伐楚。三舍不止。大夫曰：「请击之。」庄王曰：「先君之时，晋不伐楚，及孤之身，而晋伐楚，是寡人之过也，如何其辱诸大夫也！」大夫曰：「先君之时，晋不伐楚；及臣之身，而晋伐楚，是臣之罪也，请击之。」庄王俯泣而起，拜诸大夫。晋人闻之，曰：「君臣争以过为在己，且君下其臣犹如此，所谓上下一心，三军同力，未可攻也。」乃夜还师。孔子闻之曰：「楚庄王霸，其有方矣！下士以一言而敌还，以安社稷。其霸，不亦宜乎！《诗》曰：『柔远能迩，以定我王。』」此之谓也。

《新序·杂事》五 哀公问于孔子曰：「寡人闻之，东益宅不祥，信有之乎？」孔子曰：「不祥有五，而东益不与焉。夫损人而益己，身之不祥也；弃老取幼，家之不祥也；择贤用不肖，国之不祥也；老者不教，幼者不学，俗之不祥也；圣人伏匿，天下之不祥也。故不祥有五，而东益不与焉。《诗》曰：『各敬尔仪，天命不又。』未闻东益之与为命也。」

《文选》孙子荆为石苞与孙皓书注引《新序》 孔子曰：「圣人虽生异世，相袭若规矩。」

《**说苑·君道**》虞人与芮人质其成于文王，入文王之境，则见其人民之让为士大夫；入其国，则见其士大夫让为公卿。二国者相谓曰：「其人民让为士大夫，其士大夫让为公卿，然则此其君亦让为天下而不居矣。」二国者未见文王之身而让其所争，以为闲田而反。孔子曰：「大哉！文王之道乎！其不可加矣！不动而变，无为而成，敬慎恭已，而虞、芮自平。故《书》曰：『惟文王之敬忌。』」此之谓也。

《**说苑·政理**》子贡问治民于孔子，孔子曰：「懔懔焉，如以腐索御奔马。」子贡曰：「何其畏也？」孔子曰：「夫通达之国皆人也，以道导之，则吾畜也；不以道导之，则吾仇也。若何而毋畏！」

《**说苑·政理**》仲尼见梁君，梁君问仲尼曰：「吾欲长有国，吾欲列都之得，吾欲使民安不惑，吾欲使士竭其力，吾欲使日月当时，吾欲使圣人自来，吾欲使官府治，为之奈何？」仲尼对曰：「千乘之君，万乘之主，问于丘者多矣，未尝有如主君问丘之术也，然而尽可得也。丘闻之，两君相亲，则长有国；君惠臣忠，则列都之得；无杀不辜，毋释罪人，则民不惑；益士禄赏，则竭其力；尊天敬鬼，则日月当时；善为刑罚，则圣人自来；尚贤使能，则官府治。」梁君曰：「岂有不然哉！」

《**说苑·尊贤**》齐景公问于孔子曰：「秦穆公其国小，处僻而霸，何也？」对曰：「其国小而志大，虽处僻而其政中，其举果，其谋和，其令不偷，亲举五羖大夫于系缧之中，与之语三日而授之政。以此取之，虽王可也，霸则小矣。」

《**说苑·尊贤**》鲁哀公问于孔子曰：「当今之时，君子谁贤？」对曰：「卫灵公。」公曰：「吾闻之，其闺门之内，姑姊妹无别。」对曰：「臣观于朝廷，未观于堂陛之间也。灵公之弟曰公子渠牟，其知足以治千乘之国，其信足以守之，而灵公爱之。又有士曰王林，国有贤人，必进而任之，无不达也，不能达，退而与分其禄，而灵公尊之。又有士曰庆足，国有大事，则进而治之，无不济也，而灵公说之。史鳅去卫，灵公邸舍三月，琴瑟不御，待史鳅之入也而后入。臣是以知其贤也。」

《**说苑·正谏**》孔子曰：「良药苦于口利于病，忠言逆于耳利于行。故武王谔谔而昌，纣嘿嘿而亡。君无谔谔之臣，父无谔谔之子，兄无谔谔之弟，夫无谔谔之妇，士无谔谔之友，其亡可立而待。故曰君失之，臣得之；父失之，子得之；兄失之，弟得之；夫失之，妇得之；士失之，友得之。故无亡国破家，悖父乱子，放兄弃弟，狂夫淫妇，绝交败友。」

《**说苑·权谋**》齐桓公将伐山戎孤竹，使人请助于鲁。鲁君进群臣而谋，皆曰：「师行数千里，入蛮夷之地，必不反矣。」

于是鲁许助之而不行。齐已伐山戎孤竹，而欲移兵于鲁，管仲曰：「不可。诸侯未亲，今又伐远而还诛近邻，邻国不亲，非霸王之道。君之所得山戎之宝器者，中国之所鲜也，不可以不进周公之庙乎！」桓公乃分山戎之宝，献之周公之庙。明年，起兵伐莒，鲁下令丁男悉发，五尺童子皆至。孔子曰：「圣人转祸为福，报怨以德。」此之谓也。

《潜夫论·慎微》 仲尼曰：「汤、武非一善而王，桀、纣非一恶而亡。故□代之废兴也，在其所积。积善多者，虽有一恶，是谓误失，未足以亡；积恶多者，虽有一善，是谓误□，未足以王。」

《风俗通》五 孔子曰：「火上不可握，荧惑班变不可息志，帝应其修无极。」

孔子曰：「虽明天子，荧惑必谋。祸福之征，慎察用之。」

卷七 臣术六

《尚书大传》 孔子曰：「文王得四臣，丘亦得四友焉。自吾得回也，门人加亲，是非胥附邪！自吾得赐也，远方之士日至，是非奔辏邪！自吾得师也，前有辉，后有光，是非先后邪！自吾得由也，恶言不至于门，是非御侮邪！文王有四臣以免虎口，丘亦有四友以御侮。」

《韩诗外传》五 孔子侍坐于季孙，季孙之宰通曰：「君使人假马，其与之乎？」孔子曰：「吾闻君取于臣，谓之取，不曰假。」季孙悟，告宰通曰：「今以往，君有取谓之取，无曰假。」

《韩诗外传》七 孔子曰：「昔者，周公事文王，行无专制，事无由己，身若不胜衣，言若不出口，有奉持于前，洞洞焉若将失之，可谓子矣。武王崩，成王幼，周公承文武之业，履天子之位，听天子之政，征夷狄之乱，诛管、蔡之罪，抱成王而朝诸侯，诛赏制断，无所顾问，威动天地，振恐海内，可谓能武矣。成王壮，周公致政，北面而事之，请然后行，无伐矜之色，可谓臣矣。故一人之身，能三变者，所以应时也。」

《韩诗外传》七 子贡问大臣，子曰：「齐有鲍叔，郑有子皮。」子贡曰：「否。齐有管仲，郑有东里子产。」孔子曰：「产，荐也。」子贡曰：「然则荐贤贤于贤？」曰：「知贤，智也；推贤，仁也；引贤，义也。有此三者，又何加焉！」

《说苑·臣术》 子贡问孔子曰：「今之人臣，孰为贤？」孔子曰：「吾未识也。往者齐有鲍叔，郑有子皮，贤者也。」

子贡曰：「然则齐无管仲、郑无子产乎？」子曰：「赐，汝徒知其一不知其二。汝闻进贤为贤邪？用力为贤邪？」子贡曰：「进贤为贤。」子曰：「然吾闻鲍叔之进管仲也，闻子皮之进子产也，未闻管仲、子产有所进也。」

《刘子·荐贤》 昔，子贡问于孔子曰：「谁为大贤？」子曰：「齐有鲍叔，郑有子皮。」子贡曰：「齐无管仲、郑无子产乎？」子曰：「吾闻进贤为贤，非贤为不肖，鲍叔荐管仲，子皮荐子产，未闻二子有所举也。」

《晏子春秋·谏下》 晏子使于鲁，比其反也，景公使国人起大台之役，岁寒不已，冻馁之者乡有焉，国人望晏子。晏子至，已复事，公乃坐，饮酒乐。晏子曰：「君若赐臣，臣请歌之。」歌曰：「庶民之言曰：『冻水洗我，若之何！太上靡散我，若之何！』」歌终，喟然叹而流涕。公就止之曰：「夫子曷为至此？殆为大台之役夫！寡人将速罢之。」晏子再拜。出而不言，遂如大台，执朴鞭其不务者，曰：「吾细人也，皆有盖庐，以辟燥湿，君为一台而不速成，何为？」国人皆曰：「晏子助天为虐。」晏子归，未至，而君出令趣罢役，车驰而人趋。仲尼闻之，喟然叹曰：「古之善为人臣者，声名归之君，祸灾归之身，入则切磋其君之不善，出则高誉其君之德义，是以虽事惰君，能使垂衣裳，朝诸侯，不敢伐其功。当此道者，其晏子是邪！」

《晏子春秋·问下》 梁丘据问晏子曰：「子事三君，君不同心，而子俱顺焉，仁人固多心乎？」晏子对曰：「婴闻之，顺爱不懈，可以使百姓，强暴不忠，不可以使一人。一心可以事百君，三心不可以事一君。」仲尼闻之曰：「小子识之！晏子，以一心事百君者也。」

《晏子春秋·杂上》 晏子使鲁，仲尼使门弟子往观。子贡反，报曰：「孰谓晏子习于礼乎？夫礼曰：『登阶不历，堂上不趋，授玉不跪。』今晏子皆反此，孰谓晏子习于礼者？」晏子既已有事于鲁君，退见仲尼，仲尼曰：「夫礼，登阶不历，堂上不趋，授玉不跪。夫子反此乎？」晏子曰：「婴闻两楹之间，君臣有位焉，君行其一，臣行其二。君之来速，是以登阶历堂上趋以及位也。君授玉卑，故跪以下之。且吾闻之，大者不逾闲，小者出入可也。」晏子出，仲尼送之以宾客之礼，不计之义，维晏子为能行之。

《韩诗外传》四 晏子聘鲁，上堂则趋，授玉则跪。子贡怪之，问孔子曰：「晏子知礼乎？今者晏子来聘鲁，上堂则趋，授玉则跪，何也？」孔子曰：「其有方矣，待其见我，我将问焉。」俄而晏子至，孔子问之，晏子对曰：「夫上堂之礼，君行一，臣行二。今君行疾，臣敢不趋乎？今君之授币也，卑臣敢不跪乎？」孔子曰：「善。礼中又有礼。赐，寡使也，何足以识礼也！」

《诗》曰『礼仪卒度，笑语卒获』。」晏子之谓也。

《晏子春秋·外篇上》 仲尼曰：「灵公污，晏子事之以整齐；庄公壮，晏子事之以宣武；景公奢，晏子事之以恭俭。君子也！相三君而善不通下，晏子细人也。」晏子闻之，见仲尼曰：「婴闻君子有讥于婴，是以来见。如婴者，岂能以道食人者哉！婴之宗族待婴而祀其先人者数百家，与齐国之间士待婴而举火者数百家，臣为此仕者也。如臣者，岂能以道食人者哉！」晏子出，仲尼送之以宾客之礼，再拜其辱。反，命门弟子曰：「救民之姓而不夸，行补三君而不有，晏子果君子也。」

《长短经·惧诫》引《尸子》 昔周公反政，孔子非之曰：「周公其不圣乎！以天下让，不为兆人也。」

《三国志·魏文帝纪》注许芝奏引《春秋大传》 周公何以不之鲁？盖以为虽有继体守文之君，不害圣人受命而王。周公反政，尸子以为孔子非之，以为周公不圣，不为兆民也。

《三国志·魏文帝纪》注辅国将军等奏 孔子曰：「周公其为不圣乎？以天下让。是天地日月，轻去万物也。」

《韩非子·外储说右下》 卫君入朝于周，周行人问其号，对曰：「诸侯辟疆。」周行人却之曰：「诸侯不得与天子同号。」卫君乃自更曰：「诸侯毁。」而后内之。仲尼闻之曰：「远哉禁逼！虚名不以借人，况实事乎！」

《韩非子·难一》 襄子围于晋阳中，出围，赏有功者五人，高赫为赏首。张孟谈曰：「晋阳之事，赫无大功，今为赏首，何也？」襄子曰：「晋阳之事，寡人国家危、社稷殆矣。吾群臣无有不骄侮之意者，惟赫子不失君臣之礼，是以先之。」仲尼闻之曰：「善赏哉！襄子赏一人，而天下为人臣者不敢失礼矣。」

《吕氏春秋·孝行览·义赏》 赵襄子出围，赏有功者五人，高赫为首。张孟谈曰：「晋阳之中，赫无大功，赏而为首，何也？」襄子曰：「寡人之国危、社稷殆，身在忧约之中，与寡人交而不失君臣之礼者，惟赫。吾是以先之。」仲尼闻之曰：「襄子可谓善赏矣！赏一人，而天下之为人臣莫敢失礼。」

《说苑·复恩》 赵襄子见围于晋阳，罢围，赏有功之臣五人，高赫无功而受上赏，五人皆怒。张孟谈谓襄子曰：「晋阳之中，赫无大功，今与之上赏，何也？」襄子曰：「吾在拘厄之中，不失臣主之礼，唯赫也。子虽有功，皆骄。寡人与赫上赏，不亦可乎？」仲尼闻之曰：「赵襄子可谓善赏士乎！赏一人，而天下之人臣莫敢失君臣之礼矣。」

《吕氏春秋·孟春纪·去私》 晋平公问于祁黄羊曰：「南阳无令，其谁可而为之？」祁黄羊对曰：「解狐可。」平公曰：「解狐非子之仇邪？」对曰：「君问可，非问臣之仇也。」平公曰：「善。」遂用之，国人称善焉。居有间，平公又问祁黄羊曰：「国无尉，其谁可而为之？」对曰：「午可。」平公曰：「午非子之子邪？」对曰：「君问可，非问臣之子也。」平公曰：「善。」又遂用之，国人称善焉。孔子闻之曰：「善哉！祁黄羊之论也。外举不避仇，内举不避子，祁黄羊可谓公矣！」

《**吕氏春秋·不苟论**》武王至殷郊，系堕。五人御于前，莫肯之为，曰：「吾所以事君者，非系也。」武王左释白羽，右释黄钺，勉而自为系。孔子闻之曰：「此五人者，之所以为王者佐也，不肖主之所弗安也。」故天子有不胜细民者，天下有不胜千乘者。

《**吕氏春秋·士容论·务大**》孔子曰：「燕爵争善处于一屋之下，母子相哺也，区区焉相乐也，自以为安矣。灶突决，上栋焚，燕爵颜色不变，是何也？不知祸之将及之也，不亦愚乎！为人臣而免于燕爵之智者，寡矣！」

《**盐铁论·通有**》昔孙叔敖相楚，妻不衣帛，马不秣粟。孔子曰：「不可。大俭极下，此蟋蟀所为作也。」

《**盐铁论·褒贤**》季孟之权，三桓之富，不可及也。孔子为之曰：「微为人臣，权均于君，富侔于国者，亡！」

《**说苑·臣术**》简子有臣尹绰、赦厥，简子曰：「厥爱我，谏我必不于众人中；绰也，不爱我，谏我必于众人中。」尹绰曰：「厥也，爱君之丑，而不爱君之过也；臣爱君之过，而不爱君之丑。」孔子曰：「君子哉尹绰！面訾不誉也。」

《**说苑·复恩**》孔子曰：「北方有兽，其名曰蟨，前足鼠，后足兔。是兽也，甚矣其爱蛩蛩、巨虚也，食得甘草，必啮以遗蛩蛩、巨虚，蛩蛩、巨虚见人将来，必负蟨以走。蟨非性之爱蛩蛩、巨虚也，为其假足之故也；二兽者，亦非性之爱蟨也，为其得甘草而遗之故也。夫禽兽昆虫，犹知比假而相有报也，况于士君子之欲兴名利于天下者乎？」

《**说苑·尊贤**》介子推行年十五而相荆，仲尼闻之，使人往视，还，曰：「廊下有二十五俊士，堂上有二十五老人。」仲尼曰：「合二十五人之智，智于汤武；并二十五人之力，力于彭祖。以治天下，其固免矣！」

《**说苑·尊贤**》孔子闲居，喟然而叹曰：「铜鞮伯华而无死，天下其有定矣！」子路曰：「愿闻其为人也何若？」孔子曰：「其幼也，敏而好学；其壮也，有勇而不屈；其老也，有道而能以下人。」子路曰：「其幼也，敏而好学，则可；其壮也，有勇而不屈，则可；夫有道又谁下哉？」孔子曰：「由不知也。吾闻之，以众攻寡，而无不消也；以贵下贱，无不得也。昔在周公旦，制天下之政，而下士七十人，岂无道哉？欲得士之故也。夫有道而能下于天下之士，君子乎哉！」

《**说苑·正谏**》谏有五：一曰正谏，二曰降谏，三曰忠谏，四曰戆谏，五曰讽谏。孔子曰：「吾从其讽谏矣乎！」

夫不谏则危君，固谏则危身，与其危君，宁危身，危身而终不用，则谏亦无功矣。智者度君权时，调其缓急，而处其宜，上不敢危君，下不以危身。故在国而国不危，在身而身不殆。

《**白虎通·谏诤**》孔子曰：「谏有五，吾从讽之谏。事君，进思尽忠，退思补过，去而不讪，谏而不露。」

《**说苑·正谏**》楚昭王欲之荆台游，司马子綦进谏曰：「荆台之游，左洞庭之波，右彭蠡之水，南望猎山，下临方淮，其乐使人遗老而忘死，人君游者，尽以亡其国。愿大王勿往游焉。」王曰：「荆台乃吾地也，有地而游之，子何为绝我游乎？」怒而击之。于是令尹子西驾安车四马，径于殿下，曰：「今日荆台之游，不可不观也。」王登车而拊其背曰：「荆台之游，与子共乐之矣。」步马十里，引辔而止，曰：「臣不敢下车，愿得有道，大王肯听之乎？」王曰：「第言之。」令尹子西曰：「臣闻之，为人臣而忠其君者，爵禄不足以赏也；为人臣而谀其君者，刑罚不足以诛也。若司马子綦者，忠臣也；若臣者，谀臣也。愿大王杀臣之躯，罚臣之家，而禄司马子綦。」王曰：「若我能止听，公子独能禁我游耳。后世游之，无有极时，奈何？」令尹子西曰：「欲禁后世易耳，愿大王山陵崩阤，为陵于荆台，未尝有持钟鼓管弦之乐而游于父之墓上者也。」于是王还车，卒不游荆台，令罢先置。孔子从鲁闻之，曰：「美哉！令尹子西！谏之于十里之前，而权之于百世之后者也。」

《**说苑·杂言**》齐高廷问于孔子曰：「廷不旷山，不直地，衣蓑，提执，精气以问事君之道，愿夫子告之。」孔子曰：「贞以干之，敬以辅之，待人无倦，见君子则举之，见小人则退之，去尔恶心，而忠与之，敏其行，修其礼，千里之外，亲如兄弟。若行不敏，礼不合，对门不通矣。」

《**抱朴子·外篇·逸民**》昔颜回死，鲁定公将躬吊焉，使人访仲尼。仲尼曰：「凡在邦内，皆臣也。」定公乃升，自东阶，行君礼焉。

《**长短经·臣术**》子贡曰：「陈灵公君臣宣淫于朝，泄冶谏而杀之，是与比干同也，可谓仁乎？」子曰：「比干于纣，亲则叔父，官则少师，忠款之心，在于存宗庙而已。故以必死争之，冀身死之后，而纣悔悟，其本情在乎仁也。泄冶位为下大夫，无骨肉之亲，怀宠不去。以区区之一身，欲正一国之淫昏，死而无益，可谓怀矣。《诗》云：『民之多僻，无自立辟。』其泄冶之谓乎！」

卷八　交道七

《**韩诗外传**》**九**　孔子出游少原之野，有妇人中泽而哭，其音甚哀。孔子怪之，使弟子问焉，曰：「夫人何哭之哀？」妇人对曰：「向者，刈蓍薪亡吾蓍簪，吾是以哀也。」弟子曰：「刈蓍薪而亡蓍簪，有何悲焉？」妇人曰：「非伤亡簪也，盖不忘故也。」

《**韩诗外传**》**九**　子路曰：「人善我，我亦善之；人不善我，我不善之。」子贡曰：「人善我，我亦善之；人不善我，我则引之进退而已耳。」颜回曰：「人善我，我亦善之；人不善我，我亦善之。」三子所持各异，问于夫子，夫子曰：「由之所言，蛮貊之言也；赐之所言，朋友之言也；回之所言，亲属之言也。」

《**韩诗外传**》**十**　颜渊问于孔子曰：「渊愿贫如富，贱如贵，无勇而威，与士交通，终身无患难，亦且可乎？」孔子曰：「善哉！回也！夫贫而如富，其知足而无欲也；贱而如贵，其让而有礼也；无勇而威，其恭敬而不失于人也；终身无患难，其择言而出之也。若回者，其至乎！虽上古圣人，亦如此而已。」

《**荀子·王霸**》　孔子曰：「审吾所以适人，适人之所以来我也。」

《**荀子·尧问**》　子贡问于孔子曰：「赐为人下而未知也。」孔子曰：「为人下者，其犹土也！深抇之而得甘泉焉，树之而五谷蕃焉，草木殖焉，禽兽育焉，生则立焉，死则入焉，多其功而不息。为人下者，其犹土也。」

《**韩诗外传**》**七**　孔子闲居，子贡侍坐，请问「为人下之道，奈何？」孔子曰：「善哉！尔之问也。为人下，其犹土乎！」子贡未达。孔子曰：「夫土者，掘之得甘泉焉，树之得五谷焉，草木植焉，鸟兽鱼鳖遂焉，生则立焉，死则入焉，多功不言，赏世不绝，故曰能为下者，其惟土乎！」子贡曰：「赐虽不敏，请事斯语。」

《**说苑·臣术**》　子贡问孔子曰：「赐为人下，而未知所以为人下之道也。」孔子曰：「为人下者，其犹土乎！种之则五谷生焉，掘之则甘泉出焉，草木植焉，禽兽育焉，生人立焉，死人入焉，多其功而不言。为人下者，其犹土乎！」

《**群书治要**》《**尸子·明堂**》　孔子曰：「大哉河海乎！下之也。夫河下天下之川，故广；人下天下之士，故大。」

《**群书治要**》《**尸子·处道**》　仲尼曰：「得之身者得之民，失之身者失之民，不出于户而知天下，不下其堂而治四方。

知反之于己者也。」

《说苑·敬慎》孔子见罗者，其所得者皆黄口也。孔子曰：「黄口尽得，大爵独不得，何也？」罗者对曰：「黄口从大爵者不得，大爵从黄口者可得。」孔子顾谓弟子曰：「君子慎所从，不得其人则有罗网之患。」

《说苑·杂言》曾子曰：「吾闻夫子之三言，未之能行也。夫子见人之一善而忘其百非，是夫子之易事也；夫子见人有善若己有之，是夫子之不争也；闻善必躬亲行之，然后道之，是夫子之能劳也。夫子之能劳也，夫子之不争也，夫子之易事也，吾学夫子之三言而未能行。」

《说苑·杂言》孔子将行，无盖。弟子曰：「子夏有盖，可以行。」孔子曰：「商之为人也，甚短于财。吾闻与人交者，推其长者，违其短者，故能久长矣。」

《说苑·杂言》子路行，辞于仲尼曰：「敢问新交取亲若何？言寡可行若何？长为善士而无犯若何？」仲尼曰：「新交取亲，其忠乎；言寡可行，其信乎；长为善士而无犯，其礼乎。」

《说苑·杂言》孔子曰：「以富贵为人下者，何人不与？以富贵敬爱人者，何人不亲？众言不逆，可谓知言矣；众向之，可谓知时矣。」

《说苑·杂言》孔子曰：「夫富而能富人者，欲贫而不可得也；贵而能贵人者，欲贱而不可得也；达而能达人者，欲穷而不可得也。」

《说苑·杂言》仲尼曰：「非其地而树之，不生也；非其人而语之，弗听也。得其人，如聚沙而雨之；非其人，如聚聋而鼓之。」

《说苑·杂言》孔子曰：「船非水不可行，水入船中，则其没也。」故曰君子不可不严也，小人不可不闭也。

《说苑·杂言》孔子曰：「依贤固不困，依富固不穷。马趼折而复行者何？以辅足众也。」

《说苑·杂言》孔子曰：「不知其子，视其所友；不知其君，视其所使。」又曰：「与善人居，如入兰芷之室，久而不闻其香，则与之化矣；与恶人居，如入鲍鱼之肆，久而不闻其臭，亦与之化矣。」

《中论·贵验》孔子曰：「居而得贤友，福之次也。」

卷九　论人八

《绎史》九十五引《尚书大传》　东郭子思问于子贡，曰：「夫子之门，何其杂也？」子贡曰：「夫隐栝之旁多枉木，良医之门多疾人，砥砺之旁多顽钝。」夫子闻之，曰：「修道以俟天下，来者不止，是以杂也。」

《说苑·杂言》　东郭子惠问于子贡，曰：「夫子之门，何其杂也？」子贡曰：「夫隐栝之旁多枉木，良医之门多疾人，砥砺之旁多顽钝。夫子修道以俟天下，来者不止，是以杂也。」

《毛诗·巷伯传》　昔者，颜叔子独处于室，邻之釐妇又独处于室，夜暴风雨至而室坏。妇人趋而至，颜叔子纳之，而使执烛，放乎旦而蒸尽，缩屋而继之。自以为辟嫌之不审矣。若其审者，宜若鲁人然。鲁人有男子独处于室，邻之釐妇又独处于室，夜暴风雨至而室坏。妇人趋而托之，男子闭户而不纳。妇人自牖与之言曰：「子何为不纳我乎？」男子曰：「吾闻之也，男子不六十不闲居。今子幼，吾亦幼，不可以纳子。」妇人曰：「子何不若柳下惠然？妪不逮门之女，国人不称其乱。」男子曰：「柳下惠固可，吾固不可，吾将以吾不可学柳下惠之可。」孔子曰：「欲学柳下惠者，未有似于是者也。」

《韩诗外传》一　荆伐陈，陈西门坏，因其降民使修之，孔子过而不式。子贡执辔而问曰：「礼，过三人则下，二人则式。今陈之修门者众矣，夫子不为式，何也？」孔子曰：「国亡而弗知，不智也；知而不争，非忠也；亡而不死，非勇也。修门者虽众，不能行一于此，吾故弗式也。」

《说苑·立节》　楚伐陈，陈西门燔，因使其降民修之。孔子过之，不轼。子路曰：「礼，过三人则下车，过二人则轼。今陈修门者人数众矣，夫子何为不轼？」孔子曰：「丘闻之，国亡而不知，不智；知而不争，不忠；忠而不死，不廉。今陈修门者，不行一于此，丘故不为轼也。」

《韩诗外传》二　子路与巫马期薪于韫丘之下，陈之富人有处师氏者，脂车百乘，觞于韫丘之上。子路与巫马期曰：「使子无忘子之所知，亦无进子之所能，得此富，终身无复见夫子，子为之乎？」巫马期喟然仰天而叹，阘然投镰于地，曰：「吾尝闻之夫子：『勇士不忘丧其元，志士仁人不忘在沟壑。』子不知予与？试予与？意者其志与？」子路心惭，故负薪先归。孔子曰：「由，来！何为偕出而先返也？」子路曰：「向也由与巫马期薪于韫丘之下，陈之富人有处师氏者，脂车百乘，觞于韫丘之上。由谓巫马期曰：『使子无忘子之所知，亦无进子之所能，得此富，终身无复见夫子，子为之乎？』巫马期喟然仰天而叹，阘然投镰于地，曰：『吾尝闻之夫子，勇士不忘丧其元，志士仁人不忘在沟壑。子不知予与？试予与？意者其志与？』由也心惭，故先负薪归。」孔子援琴而弹。《诗》曰：「肃肃鸨羽，集于苞栩。王事靡盬，不能艺稷黍。父母何怙？悠悠苍天，曷其有所！」予道不行邪？使汝愿者。

《韩诗外传》二　孔子曰：「士有五：有执尊贵者，有家富厚者，有资勇悍者，有心智惠者，有貌美好者。执尊贵者，不以爱民行义理，而反以暴敖。家富厚者，不以振穷救不足，而反以侈靡无度。资勇悍者，不以卫上攻战，而反以侵陵私斗。心智惠者，不以端计数，而反以事奸饰诈。貌美好者，不以统朝莅民，而反以蛊女从欲。此五者，所谓士失其美质者也。」

《韩诗外传》三　舜生于诸冯，迁于负夏，卒于鸣条，东夷之人也；文王生于岐周，卒于毕郢，西夷之人也。地之相去也，千有余里，世之相后也，千有余岁，然得志行乎中国，若合符节。孔子曰：「先圣后圣，其揆一也。」

《韩诗外传》四　孔子见客。客去，颜渊曰：「客仁也？」孔子曰：「恨兮其心，颡兮其口，仁则吾不知也，言之所聚也。」颜渊蹙然变色，曰：「良玉度尺，虽有十仞之土，不能掩其光；良珠度寸，虽有百仞之水，不能掩其莹。夫形体也色心也，闵闵乎其薄也。苟有温良在中，则眉睫著之矣。瑕疵在中，则眉睫不能匿之。」《诗》曰：「鼓钟于宫，声闻于外。」

《御览》五百十引《高士传》　客有候孔子者，颜渊问曰：「客何人也？」孔子曰：「宵兮法兮，吾不测也。夫良玉径尺，虽十仞之土不能掩其光；明珠径寸，虽有函丈之石不能戢其曜。苟缊矣，自厚容止可知矣。」

《韩诗外传》七　孔子游于景山之上，子路、子贡、颜渊从。孔子曰：「君子登高必赋。小子愿者，何言其愿。丘将启汝。」子路曰：「由愿奋长戟，荡三军，乳虎在后，仇敌在前，蠡跃蛟奋，进救两国之患。」孔子曰：「勇士哉！」子贡曰：「两国构难，壮士列陈，尘埃张天，赐不持一尺之兵，一斗之粮，解两国之难。用赐者存，不用赐者亡。」孔子曰：「辩士哉！」颜回不愿。孔子曰：「回，何不愿？」颜渊曰：「二子已愿，故不敢愿。」孔子曰：「不同意，各有事焉。回其愿，丘将启汝。」颜渊曰：「愿得小国而相之。主以道制，臣以德化，君臣同心，外内相应。列国诸侯，莫不从义向风，壮者趋而进，老者扶而至。教行乎百姓，德施乎四蛮，莫不释兵，辐辏乎四门。天下咸获永宁，蝖飞蠕动，各乐其性进贤使能，各任其事。于是君绥于上，臣和于下，垂拱无为，动作中道，从容得礼。言仁义者赏，言战斗者死。则由何进而救，赐何难之解？」孔子曰：「圣士哉！大人出，小人匿；圣者起，贤者伏。回与执政，则由、赐焉施其能哉！」

《韩诗外传》九　孔子与子贡、子路、颜渊游于戎山之上。孔子喟然叹曰：「二三子各言尔志，予将览焉。由尔何如？」对曰：「得白羽如月，赤羽如日，击钟鼓者，上闻于天，下槊于地，使将而攻之，惟由为能。」孔子曰：「勇士哉！赐尔何如？」对曰：「得素衣缟冠，使于两国之间，不持尺寸之兵，升斗之粮，使两国相亲如弟兄。」孔子曰：「辩士哉！回尔何如？」对曰：「鲍鱼不与兰茝同笥而藏，桀纣不与尧舜同时而治。二子已言，回何言哉？」孔子曰：「回有鄙之心。」颜渊曰：「愿得明王圣主为之相，使城郭不治，沟池不凿，阴阳和调，家给人足，铸库兵以为农器。」孔子曰：「大士哉！由来，区区汝何攻？赐来，便便汝何使？愿得之冠为子宰焉。」

《说苑·指武》　孔子北游，东上农山，子路、子贡、颜渊从焉。孔子喟然叹曰：「登高望下，使人心悲。二三子者，各言尔志，丘将听之。」子路曰：「愿得白羽若月，赤羽若日，钟鼓之音，上闻乎天，旌旗翩翻，下蟠于地，由且举兵而击之，必也攘地千里，独由能耳。使夫二子为我从焉。」孔子曰：「勇哉士乎！愤愤者乎！」子贡曰：「赐也愿齐、楚合战于莽洋之野，两垒相当，旌旗相望，尘埃相接，接战构兵。赐愿著缟衣白冠，陈说白刃之间，解两国之患，独赐能耳。使夫二子者为我从焉。」孔子曰：「辩哉士乎！仙仙者乎！」颜渊独不言，孔子曰：「回，来，若独何不愿乎？」颜渊曰：「文武之事，二子已言之，回何敢与焉！」孔子曰：「若鄙心不与焉，第言之。」颜渊曰：「回闻鲍鱼、兰芷，不同箧而藏，尧、舜、桀、纣，不同国而治。二子之言，与回言异。回愿得明王圣主而相之，使城郭不修，沟池不越，锻剑戟以为农器，使天下千岁无战斗之患。如此，则由何愤愤而击，赐又何仙仙而使乎？」孔子曰：「美哉德乎！姚姚者乎！」子路举手问曰：「愿闻夫子之意。」孔子曰：「吾所愿者，颜氏之计。吾愿负衣冠而从颜氏子也。」

《大戴礼·哀公问五义》　鲁哀公问于孔子曰：「吾欲论吾国之士，与之为政，何如者取之？」孔子对曰：「生乎今之世，志古之道，居今之俗，服古之服，舍此而为非者，不亦鲜乎！」哀公曰：「然则今夫章甫、句屦、绅带而搢笏者，此皆贤乎？」孔子曰：「否，不必然。今夫端衣元裳冕而乘路者，志不在于食荤；斩衰菅屦杖而歠粥者，志不在于饮食。故生乎今之世，志古之道，居今之俗，服古之服，舍此而为非者，虽有，不亦鲜乎！」哀公曰：「善。何如则可谓庸人矣？」孔子对曰：「所谓庸人者，口不能道善言，而志不邑邑；不能选贤人善士而托其身焉，以为己忧；动行不知所务，止力不知所定，日选于物，不知所贵；从物而流，不知所归；五凿为政，心从而坏。若此，则可谓庸人矣。」哀公曰：「善。何如则可谓士矣？」孔子对曰：「所谓士者，虽不能尽道术，必有所由焉；虽不能尽善尽美，必有所处焉。是故知不务多，而务审其所知；行不务多，而务审其所由；言不务多，而务审其所谓。知既知之，行既由之，言既顺之，若夫性命肌肤之不可易也。富贵不足以益，贫贱不足以损。若此，则可谓士矣。」哀公曰：「善。何如则可谓君子矣？」孔子对曰：「所谓君子者，躬行忠信，其心不买，仁义在己，而不害不志，闻志广博，而色不伐，思虑明达而辞不争。君子犹然如将可及也，而不可及也。如此，可谓君子矣。」哀公曰：「善。敢问何如可谓贤人矣？」孔子对曰：「所谓贤人者，好恶与民同情，取舍与民同统，行中矩绳而不伤于本，言足法于天下而不害于其身，躬为匹夫而愿富，贵为诸侯而无财。如此，则可谓贤人矣。」哀公曰：「善。敢问何如可谓圣人矣？」孔子对曰：「所谓圣人者，知通乎大道，应变而不穷，能测万物之情性者也。大道者，所以变化而凝成万物者也；情性也者，所以理然不然取舍者也。故其事大，配乎天地，参乎日月，杂于云霓，总要万物，穆穆纯纯，其莫之能循，若天之司，莫之能职，百姓淡然不知其善。若此，则可谓圣人矣。」哀公曰：「善。」孔子出，哀公送之。

《荀子·哀公》 鲁哀公问于孔子曰：「吾欲论吾国之士，与之治国，敢问何如之邪？」孔子对曰：「生今之世，志古之道，居今之俗，服古之服，舍此而为非者，不亦鲜乎！」哀公曰：「然则夫章甫、絇屦，绅而搢笏者，此贤乎？」孔子对曰：「不必然。夫端衣元裳才而乘路者，志不在于食荤；斩衰菅屦杖而啜粥者，志不在于酒肉。生今之世，志古之道，居今之俗，服古之服，舍此而为非者，虽有，不亦鲜乎！」哀公曰：「善！」孔子曰：「人有五仪：有庸人，有士，有君子，有贤人，有大圣。」哀公曰：「敢问何如斯可谓庸人矣？」孔子对曰：「所谓庸人者，口不能道善言，心不知色；不知选贤人善士托其身焉以为己忧，勤行不知所务，止交不知所定；日选择于物，不知所贵；从物如流，不知所归；五凿为正，心从而坏。如此，则可谓庸人矣。」哀公曰：「善！敢问何如斯可谓士矣？」孔子对曰：「所谓士者，虽不能尽道术，必有率也，虽不能遍美善，必有处也。是故知不务多，务审其所知；言不务多，务审其所谓；行不务多，务审其所由。故知既已知之矣，言既已谓之矣，行既已由之矣，则若性命肌肤之不可易也。故富贵不足以益也，卑贱不足以损也。如此，则可谓士矣。」哀公曰：「善！敢问何如斯可谓君子矣？」孔子对曰：「所谓君子者，言忠信而心不德，仁义在身而色不伐，思虑明通而辞不争，故犹然如将可及者，君子也。」哀公曰：「善！敢问何如斯可谓贤人矣？」孔子对曰：「所谓贤人者，行中规绳而不伤于本，言足法于天下而不伤于身，富有天下而无怨财，布施天下而不病贫。如此，则可谓贤人矣。」哀公曰：「善！敢问何如斯可谓大圣矣？」孔子对曰：「所谓大圣者，知通乎大道，应变而不穷，辨乎万物之情性者也。大道者，所以变化遂成万物也；情性者，所以理然不、取舍也。是故其事大辨乎天地，明察乎日月，总要万物于风雨，缪缪肫肫，其事不可循，若天之嗣，其事不可识，百姓浅然不识其邻。若此，则可谓大圣矣。」哀公曰：「善！」

《大戴礼·卫将军文子》 卫将军文子问于子贡曰：「吾闻夫子之施教也，先以《诗》，世道者孝悌，说之以义而观诸体，成之以文德。盖受教者七十有余人，闻之孰为贤也？」子贡对，辞以不知。文子曰：「吾子学焉，何谓不知也？」子贡对曰：「贤人无妄，知贤则难。故君子曰：智莫难于知人。此以难也。」文子曰：「若夫知贤，人莫不难。吾子亲游焉，是敢问也。」子贡对曰：「夫子之门人，盖三就焉。赐有逮及焉，有未及焉，不得辩知也。」文子曰：「吾子之所及，请问其行也。」子贡对曰：「夙兴夜寐，讽诵崇礼，行不贰过，称言不苟，是颜渊之行也。孔子说之以《诗》，《诗》云：『媚兹一人，应侯顺德。永言孝思，孝思惟则。』故国一逢有德之君，世受显命，不失厥名，以御于天子以申之。在贫如客，使其臣如藉，不迁怒，不探怨，不录旧罪，是冉雍之行也。孔子曰：『有土君子，有众使也，有刑用也，然后怒，匹夫之怒，惟以亡其身。』《诗》云『靡不有初，鲜克有终』，以告之。不畏强御，不侮矜寡，其言曰性，都其富哉，任其戎，是仲由之行也。夫子未知以文也，《诗》云『受小共大共，为下国恂蒙，何天之宠，傅奏其勇』。夫强乎武哉，文不胜其质，恭老恤孤，不忘宾旅，好学省物而不勤，是冉求之行也。孔子因而语之曰：『好学则智，恤孤则惠，恭老则近礼，克笃恭以天下，其称之也，宜为国老。』志通而好礼，摈相两君之事，笃雅其有礼节也，是公西赤之行也。孔子曰：『礼仪三百，可勉能也，威仪三千，则难也。』公西赤问曰：『何谓也？』孔子曰：『貌以摈礼，礼以摈辞，是之谓也。主人闻之以成。』孔子之语人也，曰：『当宾客之事则通矣。』谓门人曰：『二三子欲学宾客之礼者，於赤也。』满而不满，实如虚，通之如不及，先生难之，不学其貌，竟其德，敦其言，於人也，无所不信，其桥大人也常以皓皓，是以眉寿，是曾参之行也。孔子曰：『孝，德之始也；弟，德之序也；信，德之厚也；忠，德之正也。参也，中夫四德者矣哉！』以此称之也。业功不伐，贵位不善，不侮可侮，不佚可佚，不敖无告，是颛孙之行也。孔子言之曰：『其不伐，则犹可能也，其不弊百姓者，则仁也。』《诗》云：『恺悌君子，民之父母。』夫子以其仁为大也。学以深，厉以断，送迎必敬，上友下交，银手如断，是卜商之行也。孔子曰：『《诗》云：式夷式己，无小人殆。而商也，其可谓不险也。『贵之不喜，贱之不怒，苟于民利矣，廉于其事上也，以佐其下，是澹台灭明之行也。孔子曰：『独贵独富，君子耻之，夫也中之矣。』先成其虑，及事而用之，是故不忘，是言偃之行也。孔子曰：『欲能则学，欲知则问，欲善则讯，欲给则豫。当是如偃也得之矣。』独居思仁，公言言义，其闻之《诗》也，一日三复白圭之玷，是南宫绍之行也。夫子信其仁，以为异姓。自见孔子，入户未尝越屦，往来过人不履影，开蛰不杀，方长不折，执亲之丧，未尝见齿，是高柴之行也。孔子曰：『高柴执亲之丧，则难能也；开蛰不杀，则天道也；方长不折，则恕也。恕则仁也。汤恭以恕，是以日跻也。』此赐之所亲睹也。吾子有命而讯，赐则不足以知贤。」文子曰：「吾闻之也，国有道则贤人兴焉，中人用焉，百姓归焉。若吾子之语审茂，则一诸侯之相也，亦未逢明君也。」

子贡既与卫将军文子言，适鲁，见孔子曰：「卫将军问二三子之行于赐也，不一而三，赐也辞不获命，以所见者对矣，未知中否，请尝以告。」孔子曰：「言之。」子贡以其质告。孔子既闻之，笑曰：「赐，汝伟为知人。赐！」子贡对曰：「赐也焉能知人，此赐之所亲睹也。」孔子曰：「是汝所亲也。吾语女，耳之所未闻，目之所未见，思之所未至，智之所未及者乎？」子贡曰：「赐得，则愿闻之也。」孔子曰：「不克不忌，不念旧恶，盖伯夷、叔齐之行也。晋平公问于祁傒曰：『羊舌大夫，晋国之良大夫也，其行如何？』祁傒对，辞曰：『不知也。』公曰：『吾闻女少长乎其所，女其阍知之。』祁傒对曰：『其幼也恭而逊，耻而不使其过宿也。其为侯大夫也悉善，而谦其端也。其为公车尉也信，而好直其功也。至于其为和容也，温良而好礼，博闻而时出其志也。』公曰：『向者问女，女何曰弗知也？』祁傒对曰：『每位改变，未知所止，是以不知。』盖羊舌大夫之行也。畏天而敬人，服义而行信，孝乎父而恭于兄，好从善而敩往，盖赵文子之行也。其事君也，不敢爱其死，然亦不忘其身谋其身，不遗其友，君陈则进，不陈则行而退，盖随武子之行也。其为人之渊泉也，多闻而难诞也，不内辞，足以没世，国家有道，其言足以生，国家无道，其默足以容，盖桐提伯华之行也。外宽而内直，自设于隐栝之中，直己而不直于人，以善存，亡汲汲，盖蘧伯玉之行也。孝子慈幼，允德禀义，约货去怨，盖柳下惠之行也。其言曰：『君虽不谅于臣，臣不可以不量于君。』是故君择臣而使之，臣择君而事之，有道顺君，无道横命，晏平仲之行也。德恭而行信，终日言，不在尤之内，在尤之外，贫而乐也，盖老莱子之行也。易行以俟天命，居下位而不援其上，观于四方也，不忘其亲，苟思其亲，不尽其乐，以不能学为己终身之忧，盖介山子推之行也。」

《群书治要》《尸子·劝学》 孔子曰：「自娱于隐栝之中，直己而不直人，以善废而不邑邑，蘧伯玉之行也。」

《穀梁》成五年传 梁山崩，壅遏河三日不流。晋君召伯尊而问焉，伯尊来，遇辇者。辇者不辟，使车右下而鞭之。辇者曰：「所以鞭我者，其取道远矣！」伯尊下车而问焉，曰：「子有闻乎？」对曰：「梁山崩，壅遏河三日不流。」伯尊曰：「君为此召我也，为之奈何？」辇者曰：「天有山，天崩之，天有河，天壅之。虽召伯尊，如之何？」伯尊由忠问焉，辇者曰：「君亲素缟帅群臣而哭之，既而祠焉，斯流矣。」伯尊至，君问之曰：「梁山崩，壅遏河三日不流，为之奈何？」伯尊曰：

「君亲素缟，帅群臣而哭之，既而祠焉，斯流矣。」孔子闻之曰：「伯尊其无绩乎？攘善也。」

《**韩诗外传**》**八**　梁山崩，晋君召大夫伯宗。道逢辇者，以其辇服。伯宗使其右下，欲鞭之。辇者曰：「君趋道，岂不远矣！不知事而行，可乎？」伯宗喜，问其居。曰：「绛人也。」伯宗曰：「子亦有闻乎？」曰：「梁山崩，壅河，顾三日不流，是以召子。」伯宗曰：「如之何？」曰：「天有山，天崩之，天有河，天壅之。伯宗将如之何？」伯宗私问之，曰：「君其率群臣素服而哭之，既而祠焉，河斯流矣。」伯宗问其姓名，弗告。伯宗到，君问伯宗，以其言对。于是君素服率群臣而哭之，既而祠焉，河斯流矣。君问伯宗何以知之，伯宗不言受辇者，诈以自知。孔子闻之曰：「伯宗其无后！攘人之善。」

《**鲁语**》**下**　公父文伯退朝，朝其母，其母方绩。文伯曰：「以歜之家而主犹绩，惧忓季孙之怒也。其以歜为不能事主乎？」其母叹曰：「鲁其亡乎？使僮子备官而未之闻邪？居，吾语汝。昔圣王之处民也，择瘠土而处之，劳其民而用之，故长王天下。夫民劳则思，思则善心生；逸则淫，淫则忘善，忘善则恶心生。沃土之民不材，淫也；瘠土之民，莫不向义，劳也。是故天子大采朝日，与三公九卿祖识地德，日中考政，与百官之政事，师尹维旅牧相宣序民事。少采夕月，与太史司载纠虔天刑。日入监九御，使洁奉禘郊之粢盛，而后即安诸侯朝修天子之业命。昼考其国职，夕省其典刑，夜儆百工，使无慆淫，而后即安。卿大夫朝考其职，昼讲其庶政，夕序其业，夜庀其家事，而后即安士。朝而受业，昼而习贯，夕而习复，夜而计过无憾，而后即安。自庶人以下，明而动，晦而休，无日以怠。王后亲织元细紞，公侯之夫人加之以纮綖，卿之内子为大带，命妇成祭服，列士之妻加之以朝服。自庶士以下，皆衣其夫。社而赋事，蒸而献功，男女效绩，愆则有辟，古之制也。君子劳心，小人劳力，先王之训也。自上以下，谁敢淫心舍力？今我寡也，尔又在下位，朝夕处事，犹恐忘先人之业，况有怠惰，其何以避辟？吾冀而朝夕修我曰：必无废先人。尔今曰：「胡不自安？」以是承君之官，余惧穆伯之绝嗣也。」仲尼闻之曰：「弟子志之，季氏之妇不淫矣。」

《**鲁语**》**下**　公父文伯之母，季康子之从祖叔母也。康子往焉，䦧门与之言，皆不逾阈。祭悼子，康子与焉，胙不受彻俎不宴，宗不具不绎，绎不尽饫则退。仲尼闻之，以为别于男女之礼矣。

《**鲁语**》**下**　公父文伯卒，其母戒其妾曰：「吾闻之，好内，女死之；好外，士死之。今吾子夭死，吾恶其以好内闻也。二三妇之辱共先者祀，请无瘠色，无洵涕，无掐膺，无忧容，有降服，无加服，从礼而静，是昭吾子也。」仲尼闻之曰：「女知莫若妇，男知莫若夫。公父氏之妇，智也夫。欲明其子之令德。」

《鲁语》下 公父文伯之母朝哭穆伯而暮哭文伯。仲尼闻之曰：「季氏之妇，可谓知礼矣。爱而无私，上下有章。」

《晏子春秋·谏上》 景公之时，雨雪三日而不霁，公衣狐白之裘，坐堂侧陛。晏子入见，立有间。公曰：「怪哉！雨雪三日而天不寒。」晏子对曰：「天不寒乎？」公笑。晏子曰：「婴闻古之贤君饱而知人之饥，温而知人之寒，逸而知人之劳。今君不知也。」公曰：「善！寡人闻命矣。」乃令出裘发粟，与饥寒。令所睹于涂者，无问其乡；所睹于里者，无问其家；循国计数，无言其名。士既事者兼月，疾者兼岁。孔子闻之曰：「晏子能明其所欲，景公能行其所善也。」

《晏子春秋·谏下》 景公之嬖妾婴子死，公守之，三日不食，肤著于席不去，左右以复，而君无听焉。晏子入，复曰：「有术客与医俱言曰『闻婴子病死，愿请治之』。」公喜，遽起，曰：「病犹可为乎？」晏子曰：「客之道也，以为良医也，请尝试之。君请屏，洁沐浴饮食，间病者之宫，彼亦将有鬼神之事焉。」公曰：「诺。」屏而沐浴。晏子令棺人入敛，已敛，而复曰：「医不能治病，已敛矣，不敢不以闻。」公作色不悦，曰：「夫子以医命寡人，而不使视，将敛而不以闻，吾之为君，名而已矣。」晏子曰：「君独不知死者之不可以生邪？婴闻之，君正臣从谓之顺，君僻臣从谓之逆。今君不道顺而行僻，从邪者迩，导害者远，谗谀萌通，而贤良废灭，是以谄谀繁于间，邪行交于国也。昔吾先君桓公用管仲而霸，嬖乎竖刁而灭，今君薄于贤人之礼而厚嬖妾之哀。且古圣王畜私不伤行，敛死不失爱，送死不失哀。行伤则溺己，爱失则伤生，哀失则害性，是故圣王节之也。即毕殓，不留生事，棺椁衣衾，不以害生养，哭泣处哀，不以害生道。今朽尸以留生，广爱以伤行，修哀以害性，君之失矣。故诸侯之宾客惭入吾国，本朝之臣惭守其职，崇君之行，不可以导民，从君之欲，不可以持国。且婴闻之，朽而不殓谓之僇尸，臭而不收谓之陈胔，反明王之性，行百姓之诽，而内嬖妾于僇胔，此之为不可。」公曰：「寡人不识，请因夫子而为之。」晏子复曰：「国之士大夫、诸侯、四邻宾客，皆在外，君其哭而节之。」仲尼闻之曰：「星之昭昭，不若月之曀曀，小事之成，不若大事之废，君子之非，贤于小人之是也。其晏子之谓欤！」

《晏子春秋·杂上》 晋平公欲伐齐，使范昭往观焉。景公觞之，饮酒酣，范昭曰：「请君之弃樽。」公曰：「酌寡人之樽，进之于客。」范昭已饮，晏子曰：「彻樽，更之。」樽觯具矣，范昭佯醉，不悦而起舞，谓太师曰：「能为我调成周之乐乎？吾为子舞之。」太师曰：「冥臣不习。」范昭趋而出。景公谓晏子曰：「晋大国也，使人来将观吾政。今子怒大国之使者，将奈何？」晏子曰：「夫范昭之为人也，非陋而不知礼也，且欲试吾君臣，故绝之也。」景公谓太师曰：「子何以不为客调成周之乐乎？」太师对曰：「夫成周之乐，天子之乐也，调之，必人主舞之。今范昭人臣，欲舞天子之乐，臣故不为也。」

范昭归以报平公曰：「齐未可伐也。臣欲试其君而晏子识之，臣欲犯其礼而太师知之。」仲尼闻曰：「夫不出于尊俎之间而知千里之外，其晏子之谓也。可谓折冲矣！而太师其与焉。」

《韩诗外传》八　晋平公使范昭观齐国之政，景公锡之宴。晏子在前，范昭趋曰：「愿君之倅樽以为寿。」景公顾左右曰：「酌寡人樽献之客。」范昭饮。晏子对曰：「彻去樽。」范昭不说，起舞，顾太师曰：「子为我奏成周之乐，愿舞。」太师对曰：「盲臣不习。」范昭起，出门。景公谓晏子曰：「夫晋，天下大国也，使范昭来观齐国之政。今子怒大国之使者，将奈何？」晏子曰：「范昭之为人也，非陋而不知礼也，是欲试吾君，婴故不从。」于是景公召太师而问之曰：「范昭使子奏成周之乐，何故不调？」对如晏子。于是范昭归报平公曰：「齐未可并也。吾试其君，晏子知之；吾犯其乐，太师知之。」孔子闻之曰：「善乎！晏子不出俎豆之间，折冲千里。」

《新序·杂事》一　晋平公欲伐齐，使范昭往观焉。景公赐之，酒酣，范昭曰：「愿请君之樽酌。」公曰：「酌寡人之樽，进之于客。」范昭已饮。晏子曰：「彻樽，更之。」樽觯具矣，范昭佯醉，不悦而起舞，谓太师曰：「能为我调成周之乐乎？吾为子舞之。」太师曰：「冥臣不习。」范昭趋而出。景公谓晏子曰：「晋大国也，使人来将观吾政也。今子怒大国之使者，将奈何？」晏子曰：「夫范昭之为人，非陋而不识礼也，且欲试吾君臣，故绝之也。」景公谓太师曰：「子何以不为客调成周之乐乎？」太师对曰：「夫成周之乐，天子之乐也，若调之，必人主舞之。今范昭人臣也，而欲舞天子之乐，臣故不为也。」范昭归以告平公曰：「齐未可伐也。臣欲试其君而晏子识之，臣欲犯其礼而太师知之。」仲尼闻之曰：「夫不出于樽俎之间而知千里之外，其晏子之谓乎！可谓折冲矣，而太师其与焉。」

《晏子春秋·杂上》　晏子居晏桓子之丧，粗衰，斩，苴绖带，杖，菅屦，食粥，居倚庐，寝苫，枕草。其家老曰：「非大夫丧父之礼也。」晏子曰：「唯卿为大夫。」曾子以闻孔子，孔子曰：「晏子可谓能远害矣。不以己之是驳人之非，逊辞以避咎，义也夫！」

《荀子·大略》　子谓子家驹续然大夫，不如晏子。晏子，功用之臣也，不如子产。子产，惠人也，不如管仲。管仲之为人，力功不力义，力知不力仁，野人也，不可以为天子大夫。

《荀子·子道》　子路问于孔子曰：「鲁大夫练而床，礼邪？」夫子曰：「吾不知也。」子路出，谓子贡，曰：「吾以夫子为无所不知，夫子徒有所不知。」子贡曰：「汝何问哉？」子路曰：「由问『鲁大夫练而床，礼邪？』夫子曰『吾不知也。』」子贡曰：「吾将为汝问之。」子贡问曰：「练而床，礼邪？」孔子曰：「非礼也。」子贡出，谓子路曰：「汝谓夫子为有所不知乎？夫子徒无所不知，汝问非也。礼，居是邑，不非其大夫。」

《荀子·哀公》 鲁哀公问于孔子曰：「请问取人？」孔子对曰：「无取健，无取詌，无取口啍。健，贪也；泬，乱也；口啍，诞也。故弓调而后求劲焉，马服而后求良焉，士信悫而后求知能焉。士不信悫而有多知能，譬之其豺狼也，不可以身尒也。语曰：『桓公用其贼，文公用其盗。』故明主任计不信怒，暗主信怒不任计。计胜怒者强，怒胜计者亡。」

《韩诗外传》四 哀公问取人。孔子曰：「无取健，无取佞，无取口谗。健，骄也；佞，谄也；谗，诞也。故弓调，然后求劲焉；马服，然后求良焉；士信悫，而后求知焉。士不信焉，又多知，譬之豺狼，其难以身近也。《周书》曰：『为虎傅翼也，不亦殆乎！』」

《说苑·尊贤》 哀公问于孔子曰：「人何若而可取也？」孔子对曰：「无取拑者，无取健者，毋取口锐者。」哀公曰：「何谓也？」孔子曰：「拑者大给利，不言尽用；健者必欲兼人，不可以为法也；口锐者多诞而寡信，后恐不验也。夫弓矢和调，而后求其中焉；马悫愿顺，然后求其良材焉；人必忠信重厚，然后求其知能焉。今人有不忠信重厚而多知能，如此人者，譬犹豺狼与，不可以身近也。是故先其仁信之诚者，然后亲之，于是有知能者，然后任之。故曰亲仁而使能。夫取人之术也，观其言而察其行。夫言者所以抒其胸而发其情者也，能行之士，必能言之，是故先观其言而揆其行。虽有奸轨之人，无以逃其情矣。」哀公曰：「善。」

《列子·天瑞》 孔子游于太山，见荣启期行乎郕之野，鹿裘带索，鼓琴而歌。孔子问曰：「先生所以乐，何也？」对曰：「吾乐甚多：天生万物，唯人为贵，而吾得为人，是一乐也；男女之别，男尊女卑，故以男为贵，吾既得为男矣，是二乐也；人生有不见日月、不免襁褓者，吾既已行年九十矣，是三乐也。贫者士之常也，死者人之终也，处常得终，当何忧哉？」孔子曰：「善乎！能自宽者也。」

《御览》三百八十三引《新序》 孔子见宋荣启期，老，白首，衣弊服，鼓琴自乐。孔子问曰：「先生老而穷，何乐也？」启期曰：「吾有三乐：天生万物，以人为贵，吾得为人，一乐也；人生以男为贵，吾得为男，二乐也；人生命有夭伤，吾年九十岁，是三乐也。贫者士之常，死者人之终，居常以守终，何不乐乎？」

《说苑·杂言》 孔子见荣启期，衣鹿皮裘，鼓瑟而歌。孔子问曰：「先生何乐也？」对曰：「吾乐甚多：天生万物，唯人为贵，吾既已得为人，是一乐也；人以男为贵，吾既已得为男，是为二乐也；人生不免襁褓，吾年已九十五，是三乐也。夫贫者，士之常也；死者，民之终也。处常待终，当何忧乎？」

《**列子·说符**》赵襄子使新稚穆子攻翟，胜之，取左人、中人，使遽人谒之。襄子方食而有忧色，左右曰：「一朝而两城下，此人之所喜也。今君有忧色，何也？」襄子曰：「夫江河之大也，不过三日。飘风暴雨不终朝，日中不须臾。今赵氏之德行无所施于积，一朝而两城下，亡其及我哉！」孔子闻之曰：「赵氏其昌乎！」

《**吕氏春秋·慎大览**》赵襄子攻翟，胜老人、中人，使使者来谒之。襄子方食抟饭，有忧色。左右曰：「一朝而两城下，此人之所以喜也。今君有忧色，何？」襄子曰：「江河之大也，不过三日。飘风暴雨，日中不须臾。今赵氏之德行，无所于积，一朝而两城下，亡其及我乎！」孔子闻之曰：「赵氏其昌乎！」

《**淮南子·道应训**》赵襄子攻翟，而胜之尤人终人，使者来谒之。襄子方将食而有忧色。左右曰：「一朝而两城下，此人之所喜也。今君有忧色，何也？」襄子曰：「江河之大也，不过三日。飘风暴雨，日中不须臾。今赵氏之德行无所积，今一朝两城下，亡其及我乎！」孔子闻之曰：「赵氏其昌乎！」

《**庄子·列御寇**》孔子曰：「凡人心险于山川，难于知天。天犹有春秋冬夏旦暮之期，人者厚貌深情。故有貌愿而益，有长若不肖，有顺怀而达，有坚而缦，有缓而釬。故其就义若渴者，其去义若热。故君子远使之而观其忠，近使之而观其敬，烦使之而观其能，卒然问焉而观其知，急与之期而观其信，委之以财而观其仁，告之以危而观其节，醉之以酒而观其侧，杂之以处而观其色。九征至，不肖人得矣。」

《**御览**》**九百十五引**《**庄子**》老子见孔子，从弟子五人。问曰：「前为谁？」对曰：「子路，勇且多力。其次子贡为智，曾子为孝，颜回为仁，子张为武。」老子叹曰：「吾闻南方有鸟，名凤凰。其所居也，积石千里，河水出下，凤凰居止。天为生食，其树名琼枝，高百仞，以璆琳琅玕为实。天又为生离朱一人，三头递起，以伺琅玕。凤鸟之文，戴圣婴仁，右智左贤。」

《**韩非子·说林下**》孔子谓弟子曰：「孰能导子西之钓名也？」子贡曰：「赐也能，乃导之，不复疑也。」孔子曰：「宽哉！不被于利。絜哉！民性有恒。曲为曲，直为直。」孔子曰：「子西不免白公之难，子西死焉。」

《**韩非子·外储说左下**》管仲相齐，曰：「臣贵矣，然而臣贫。」桓公曰：「使子有三归之家。」曰：「臣富矣，然而臣卑。」

桓公使立于高国之上。曰：「臣尊矣，然而臣疏。」乃立为仲父。孔子闻而非之曰：「泰侈逼上。」一曰：「仲父出，朱盖青衣，置鼓而归，庭有陈鼎，家有三归。」孔子曰：「良大夫也，其侈逼上。」

《韩非子·显学》 孔子曰：「以容取人乎，失之子羽；以言取人乎，失之宰予。」

薛据《集语》引《说苑》 子曰：「以容取人，失之子羽；以言取人，失之宰予。澹台子羽，君子之容也，与之久处而言不充其貌；宰予之辞，雅而文也，与之久处而智不充其辩。」

《御览》四百六十九引《王孙子》 赵简子猎于晋阳之山，抚辔而叹。董安于曰：「今游猎，乐也，而主君叹，敢问何故也？」简子曰：「汝不知也。吾效厩养食谷之马以千数，合宫养多力之士日数百，欲以猎兽也。吾忧邻国养贤以猎吾也。」孔子闻之曰：「简子知所叹也。」

《吕氏春秋·恃君览·知分》 荆有次非者，得宝剑于干遂，还反涉江，至于中流，有两蛟夹绕其船。次非谓舟人曰：「子尝见两蛟绕船能两活者乎？」船人曰：「未之见也。」次非攘臂袪衣，拔宝剑曰：「此江中之腐肉朽骨也，弃剑以全己，余奚爱焉！」于是赴江刺蛟杀之而复上船，舟中之人皆得活。荆王闻之，仕之执圭。孔子闻之曰：「夫善哉！不以腐肉朽骨而弃剑者，其次非之谓乎！」

《淮南子·道应训》 荆有佽非，得宝剑于干队，还反度江，至于中流，阳侯之波，两蛟侠绕其船。佽非谓枻船者曰：「尝有如此而得活者乎？」对曰：「未尝见也。」于是佽非瞑目，勃然攘臂拔剑曰：「武士可以仁义之礼说也，不可劫而夺也。此江中之腐肉朽骨，弃剑而已，余有奚爱焉！」赴江刺蛟，遂断其头，船中人尽活。风波毕除，荆爵为执圭。孔子闻之曰：「夫善哉！腐肉朽骨弃剑者，佽非之谓乎！」

《吕氏春秋·恃君览·召类》 士尹池为荆使于宋，司城子罕觞之。南家之墙犨于前而不直，西家之潦径其宫而不止。士尹池问其故，司城子罕曰：「南家工人也，为鞔百也。吾将徙之，其父曰：『吾恃为鞔以食三世矣，今徙之，是宋国之求鞔者不知吾处也，吾将不食。愿相国之忧吾不食也。』为是故，吾弗徙也。西家高，吾宫庳，潦之经吾宫也利，故弗禁也。」士尹池归荆，荆王适兴兵而攻宋，士尹池谏于荆王曰：「宋不可攻也。其主贤，其相仁。贤者能得民，仁者能用人。荆国攻之，其无功而为天下笑乎！」故释宋而攻郑。孔子闻之曰：「夫修之于庙堂之上，而折冲乎千里之外者，其司城子罕之谓乎！」

《新序·刺奢》 士尹池为荆使于宋，司城子罕止而觞之。南家之墙拥于前而不直，西家之潦经其宫而不止。士尹池问其故，子罕曰：「南家工人也，为鞔者也。吾将徙之，其父曰：『吾恃为鞔已食三世矣，今徙，是宋邦之求鞔者不知吾处也，吾将不食。愿相国之忧吾不食也。』为是故，吾不徙。西家高，吾宫卑，潦之经吾宫也利，为是故，不禁也。」士尹池归荆，适兴兵欲攻宋。士尹池谏于王曰：「宋不可攻也。其主贤，其相仁。贤者得民，仁者能用人。攻之无功为天下笑！」楚释宋而攻郑。孔子闻之曰：「夫修之于庙堂之上，而折冲于千里之外者，司城子罕之谓也！」《吕氏春秋·恃君览·观表》 郈成子为鲁聘于晋，过卫，右宰穀臣止而觞之。陈乐而不乐，酒酣而送之以璧。顾反，过而弗辞。其仆曰：「向者右宰穀臣之觞吾子也甚欢，今侯渫过而弗辞？」郈成子曰：「夫止而觞我，与我欢也；陈乐而不乐，告我忧也；酒酣而送我以璧，寄之我也。若由是观之，卫其有乱乎！」倍卫三十里，闻宁喜之难作，右宰穀臣死之。还车而临，三举而归。至，使人迎其妻子，隔宅而异之，分禄而食之。其子长而反其璧。孔子闻之曰：「夫智可以微谋、仁可以托财者，其郈成子之谓乎！」

《吕氏春秋·慎行论·求人》 晋人欲攻郑，令叔向聘焉，视其有人与无人。子产为之诗曰：「子惠思我，褰裳涉洧，子不思我，岂无他士！」叔向归曰：「郑有人，子产在焉，不可攻也。秦、荆近，其诗有异心，不可攻也。」晋人乃辍攻郑。孔子曰：「《诗》云：『无竞惟人。』子产一称而郑国免。」

《盐铁论·大论》 孔子曰：「进见而不以能往者，非贤士才女也。」

《新序·杂事》四 郑人游于乡校，以议执政之善否。然明谓子产曰：「何不毁乡校？」子产曰：「胡为？夫人朝夕游焉，以议执政之善否。其所善者，吾将行之；其所恶者，吾将改之。是吾师也，如之何毁之？吾闻为国忠信以损怨，不闻作威以防怨。譬之若防川也，大决所犯，伤人必多，吾不能救也。不如小决之使导，吾闻而药之也。」然明曰：「蔑也，乃今知吾子之信可事也。小人实不材。若果行此，其郑国实赖之，岂惟二三臣！」仲尼闻是语也，曰：「以是观之，人谓子产不仁，吾不信也。」

《新序·刺奢》 鲁孟献子聘于晋，韩宣子觞之。三徙，钟石之悬，不移而具。献子曰：「富哉家！」宣子曰：「子之家孰与我家富？」献子曰：「吾家甚贫。惟有二士，曰颜回、兹无灵者，使吾邦家安平，百姓和协。惟此二者耳，吾尽于此矣。」客出，宣子曰：「彼君子也，以畜贤为富；我鄙人也，以钟石金玉为富。」孔子曰：「孟献子之富，可著于春秋。」

《说苑·立节》 曾子衣敝衣以耕。鲁君使人往致邑焉，曰：「请以此修衣。」曾子不受。反，复往，又不受。使者曰：「先生非求于人，人则献之，奚为不受？」曾子曰：「臣闻之，受人者畏人，予人者骄人。纵子有赐，不我骄也，我能勿畏乎？」

终不受。孔子闻之曰：「参之言，足以全其节也。」

《**说苑·复恩**》 东闾子尝富贵而后乞，人问之曰：「公何为如是？」曰：「吾自知。吾尝相六七年，未尝荐一人也；吾尝富三千万者再，未尝富一人也。不知七出身之咎然也。」孔子曰：「物之难矣，小大多少，各有怨恶，数之理也，人而得之在于外假之也。」

《**说苑·善说**》 子路问于孔子曰：「管仲何如人也？」子曰：「大人也。」子路曰：「昔者，管子说襄公，襄公不说，是不辩也；欲立公子纠而不能，是无能也；家残于齐而无忧色，是不慈也；桎梏而居槛车中无惭色，是无愧也；事所射之君，是不贞也；召忽死之，管子不死，是无仁也。夫子何以大之？」子曰：「管仲说襄公，襄公不说，管子非不辩也，襄公不知说也；欲立子纠而不能，非无能也，不遇时也；家残于齐而无忧色，非不慈也，知命也；桎梏居槛车而无惭色，非无愧也，自裁也；事所射之君，非不贞也，知权也；召忽死之，管子不死，非无仁也。召忽者，人臣之材也，不死则三军之虏也，死之则名闻天下，夫何为不死哉？管子者，天子之佐、诸侯之相也，死之则不免为沟中之瘠，不死则功复用于天下，夫何为死之哉？由，汝不知也。」

《**说苑·权谋**》 孔子问漆雕马人曰：「子事臧文仲、武仲、孺子容，三大夫者，孰为贤？」漆雕马人对曰：「臧氏家有龟焉，名曰蔡。文仲立，三年为一兆焉；武仲立，三年为二兆焉；孺子容立，三年为三兆焉。马人见之矣。若夫三大夫之贤不贤，马人不识也。」孔子曰：「君子哉！漆雕氏之子。其言人之美也，隐而显；其言人之过也，微而著。故智不能及，明不能见，得无数卜乎？」

《**说苑·权谋**》 中行文子出亡至边，从者曰：「为此啬夫者，君人也，胡不休焉，且待后车者？」文子曰：「异日吾好音，此子遗吾琴；吾好佩，又遗吾玉。是不非吾过者也，自容于我者也，吾恐其以我求容也。」遂不入。后车入门。文子问啬夫之所在，执而杀之。仲尼闻之曰：「中行文子背道失义以亡其国，然后得之，犹活其身。道不可遗也，若此。」

《**说苑·杂言**》 孔子曰：「回，若有君子之道四：强于行己，弱于受谏，怵于待禄，慎于持身。」

《**说苑·杂言**》 仲尼曰：「史鰌有君子之道三：不仕而敬上，不祀而敬鬼，直能曲于人。」

《**说苑·杂言**》 孔子曰：「丘死之后，商也日益，赐也日损。商也好与贤己者处，赐也好说不如己者。」

《**潜夫论·志氏姓**》 周灵王之太子晋，幼有成德，聪明博达，温恭敦敏。榖、雒水斗，将毁王宫，欲壅之。太子晋谏，以为不顺天心，不若修政。晋平公使叔誉聘于周，见太子，与之言，五称而三穷，逡巡而退，归告平公曰：「太子晋行年十五，而誉弗能与言，君请事之。」平公遣师旷见太子晋，太子晋与言，师旷服德，深相结也。乃问师旷曰：「吾闻太师能知人年之长短。」师旷对曰：「女色赤白，女声清汗，火色不寿。」晋曰：「然。吾后三年将上宾于帝，女慎无言，殃将及女。」其后三年而太子死。孔子闻之曰：「惜夫！杀吾君也。」

《绎史》九十五引《留青日札》 公冶长贫而闲居，无以给食。其雀飞鸣其舍，呼之曰：「公冶长！公冶长！南山有个虎驮羊，尔食肉，我食肠，当亟取之勿彷徨。」子长如其言，往取食之。及亡羊者迹之，得其角，乃以为偷。讼之鲁君，鲁君不信鸟语，逮系之狱。孔子素知之，为之白于鲁君，亦不解也。于是叹曰：「虽在缧绁之中，非其罪也。」未几，子长在狱舍，雀复飞鸣其上，呼之曰：「公冶长！公冶长！齐人出师侵我疆，沂水上，峄山旁，当亟御之勿彷徨。」子长介狱吏白之鲁君，鲁君亦勿信也。姑如其言，往迹之，则齐师果将及矣。急发兵应敌，遂获大胜。因释公冶长而厚赐之，欲爵为大夫，辞不受。盖耻因禽语以得禄也，后世遂废其学。

卷十　论政九

《尚书大传》 子曰：「古之听民者，察贫穷，哀孤独矜寡，宥老幼，不肖无告，有过必赦，小罪勿增，大罪勿累，老弱不受刑，有过不受罚。故老而受刑谓之悖，弱而受刑谓之克，不赦有过谓之贼，逆率过以小谓之枳。故与其杀不辜，宁失有罪；与其增以有罪，宁失过以有赦。」

《尚书大传》 孔子如卫，人谓曰：「公甫不能听讼。」子曰：「非公甫之不能听狱也。公甫之听狱也，有罪者惧，无罪者耻，民近礼矣。」

《尚书大传》 子曰：「听讼虽得其指，必哀矜之。死者不可复生，断者不可复续也。《书》曰：『哀矜折狱。』」

《尚书大传》 子曰：「吴越之俗，男女同川而浴。其刑重而不胜，由无礼也。中国之教，内外有分，男女不同椸枷，不同巾栉。其刑重而胜，由有礼也。语曰：『夏后不杀不刑，罚有罪而民不轻犯，死罚二千馔。』」

《尚书大传》 子曰：「今之听民者，求所以杀之；古之听民者，求所以生之。不得其所以生之之道，乃刑杀，君与臣会焉。」

《**尚书大传**》 孔子曰：「古之刑者省之，今之刑者繁之。其教，古者有礼然后有刑，是以刑省也。今也反是，无礼
而齐之以刑，是以繁也。《书》曰：『伯夷降典礼，折民以刑。』谓有礼然后有刑也。又曰：『兹殷罚有伦。』今也反是，
诸侯不同听，每君异法，听无有伦，是故法之难也。」

《**后汉·五行志**》**注引**《**尚书大传**》**郑注** 孔子说《春秋》曰：「政以不由王出，不得为政，则王君出政之号也。」

《**韩诗外传**》二 高墙丰上激下，未必崩也。降雨兴，流潦至，则崩必先矣。草木根荄浅，未必撅也。飘风兴，暴雨坠，
则撅必先矣。君子居是邦也，不崇仁义，尊贤臣，以理万物，未必亡也。一旦有非常之变，诸侯交争，人趋车驰，迫然祸至，
乃始忧愁，干喉焦唇，仰天而叹，庶几乎望其安也，不亦晚乎？孔子曰：「不慎其前，而悔其后。嗟乎！虽悔无及矣。」

《**说苑·建本**》 丰墙垸下，未必崩也；流行潦至，坏必先矣。树本浅、根垓不深，未必撅也；飘风起，暴雨至，拔必
先矣。君子居于是国，不崇仁义，不尊贤臣，未必亡也。然一旦有非常之变，车驰人走，指而祸至，乃始干喉焦唇，仰天而叹，
庶几焉天其救之，不亦难乎？孔子曰：「不慎其前而悔其后，虽悔无及矣。」

《**韩诗外传**》二 传曰：「孔子云：美哉，颜无父之御也，马知后有与而轻之，知上有人而爱之。马亲其正而爱其事，
如使马能言，彼将必曰：『乐哉，今日之驺也！』至于颜沦，少衰矣。马知后有舆而轻之，知上有人而敬之。马亲其正而
敬其事，如使马能言，彼将必曰：『驺来！其人之使我也。』至于颜夷而衰焉。马知后有舆而重之，知上有人而畏之。马
亲其正而畏其事，如使马能言，彼将必曰：『驺来！驺来！女不驺，彼将杀女。』故御马有法矣，御民有道矣，法得则马
和而欢，道得则民安而集。《诗》曰：『执辔如组，两骖如舞。』」此之谓也。

《**韩诗外传**》三 传曰：「宋大水，鲁人吊之曰：『天降淫雨，害于粢盛，延及君地，以忧执政，使臣敬吊。』宋人应之曰：
『寡人不仁，斋戒不修，使民不时，天加以灾，又遗君忧。拜命之辱。』孔子闻之曰：『宋国其庶几矣！』弟子曰：『何
谓？』孔子曰：『昔桀纣不任其过，其亡也忽焉。成、汤、文王知任其过，其兴也勃焉。过而改之，是不过也。』宋人闻之，
乃夙兴夜寐，吊死问疾，戮力宇内。三岁，年丰政平。」

《**韩诗外传**》**六** 子路治蒲三年，孔子过之，入境而善之，曰：「由恭敬以信矣。」入邑，曰：「善哉！由忠信以宽矣。」
至庭，曰：「善哉！由明察以断矣。」子贡执辔而问曰：「夫子未见由而三称善，可得闻乎？」孔子曰：「入其境，田畴甚易，
草莱甚辟，此恭敬以信，故民尽力。入其邑，墉屋甚尊，树木甚茂，此忠信以宽，其民不偷。入其庭，甚闲，此明察以断，

故民不扰也。」

《**韩诗外传**》八　子贱治单父，其民附。孔子曰：「告丘之所以治之者。」对曰：「不齐时发仓廪，振困穷，补不足。」孔子曰：「是小人附耳，未也。」对曰：「赏有能，招贤才，退不肖。」孔子曰：「是士附耳，未也。」对曰：「所父事者三人，所兄事者五人，所友者十有二人，所师者一人。」孔子曰：「所父事者三人，所兄事者五人，足以教弟矣；所友者十有二人，足以祛壅蔽矣；所师者一人，足以虑无失策，举无败功矣。惜乎不齐为之大，功乃与尧舜参矣。」

《**说苑·政理**》　孔子谓宓子贱曰：「子治单父而众说，语丘所以为之者。」曰：「不齐父其父，子其子，恤诸孤而哀丧纪。」孔子曰：「善，小节也，小民附矣，犹未足也。」曰：「不齐也所父事者三人，所兄事者五人，所友者十一人。」孔子曰：「父事三人，可以教孝矣；兄事五人，可以教弟矣；友十一人，可以教学矣。中节也，中民附矣，犹未足也。」曰：「此地民有贤于不齐者五人，不齐事之，皆教不齐所以治之术。」孔子曰：「欲其大者，乃于此在矣。昔者，尧、舜清微其身，以听观天下，务来贤人。夫举贤者，百福之宗也，而神明之主也。不齐之所治者小也，不齐所治者大，其与尧、舜继矣。」

《**大戴礼·子张问入官**》　子张问入官于孔子，孔子曰：「安身取誉，为难也。」子张曰：「安身取誉，如何？」孔子曰：「有善勿专，教不能勿搢，己过勿发，失言勿踦，不善辞勿遂，行事勿留。君子入官，自行此六路者，则身安誉至而政从矣。且夫忿数者，狱之所由生也；距谏者，虑之所以塞也；慢易者，礼之所以失也；堕怠者，时之所以后也；奢侈者，财之所以不足也；专者，事之所以不成也；历者，狱之所由生也。君子入官，除七路者，则身安誉至而政从矣。故君子南面临官，大城而公治之，精知而略行之，合是忠信，考是大伦，存是美恶，而进是利，而除是害，而无求其报焉，而民情可得也。故临之无抗民之志，胜之无犯民之言，量之无狡民之辞，养之无扰于时，爱之勿宽于刑，言此则身安誉至而民自得也。故君子南面临官，所见迩，故明不可弊也；所求迩，故不劳而得也；所以治者约，故不用众而誉至也。法象在内故不远，源泉不竭故天下积也，而木不寡短长，人得其量，故治而不乱。故六者贯乎心，藏乎志，形乎色，发乎声。若此则身安而誉至而民自得也。故君子南面临官，不治则乱至，乱至则争，争之至又反于乱。是故寡裕以容其民，慈爱以优柔之，而民自得也已。故躬行者，政之始也；调悦者，情之道也。善政行易则民不怨，言调悦则民不辨法，仁在身则民显以佚之也。财利之生征矣，贪以不得；善政必简矣，苟以乱之；善言必听矣，详以失之；规谏日至，烦以不听矣。言之善者，在所日闻；行之善者，在所能为。故上者，民之仪也；有司执政，民之表也；迩臣便辟者，群臣仆之伦也。故仪不正则民失誓，表弊则百姓乱，迩臣便辟不正廉，而群臣服污矣。故不可不慎乎三伦矣！故君子修身，反道察说，而迩道之服存焉。是故夫工女必自择丝麻，良工必自择赍材，贤君良上必自择左右始。故佚诸取人，劳于治事；劳于取人，佚于治事。故君子欲誉，则谨其所便；欲名，则谨于左右。故上者，辟如缘木者，务高而畏下者滋甚。六马之离，必于四面之衢；民之离道，必于上之佚政也。故上者尊严而绝，百姓者卑贱而神。民而爱之则存，恶之则亡也。故君子南面临官，贵而不骄，富恭有本能图，修业居久而谭，情迩畅而及乎远，察一而关于多，一物治而万物不乱者，以身为本者也。故君子莅民，不可以不知民之性，达诸民之情，既知其以生有习，然后民特从命也。故世举则民亲之，政均则民无怨。故君子莅民，不临以高，不道以远，不责民之所不能。今临之明王之成功，则民严而不迎也，道以数年之业，则民疾，疾则辟矣。故古者冕而前旒，所以蔽明也；统纩塞耳，所以弇聪也。故水至清则无鱼，人至察则无徒。故枉而直之，使自得之；优而柔之，使自求之；揆而度之，使自索之。民有小罪，必以其善以赦其过，如死使之生，其善也，是以上下亲而不离。故惠者，政之始也；政不正，则不可教也；不习，则民不可使也。故君子欲言之见信也者，莫若先虚其内也；欲政之速行也者，莫若以身先之也；欲民之速服也者，莫若以道御之也。故不先以身，虽行必邻矣；不以道御之，虽服必强矣。故非忠信，则无可以取亲于百姓矣；外内不相应，则无可以取信者矣。四者，治民之统也。」

《大戴礼·千乘》 公曰：「千乘之国，受命于天子，通其四疆，教其书社，循其灌庙，建其宗主，设其四佐，列其五官，处其朝市，为仁如何？」子曰：「不仁国不化。」公曰：「何如之谓仁？」子曰：「不淫于色。」子曰：「立妃设如太庙然，乃中治，中治不相陵，不相陵斯庶嫔遧，遧则事上静，静斯洁信在中。朝大夫必慎以恭，出会谋事必敬以慎，言长幼小大必中度。此国家之所以崇也。立子设如宗社，宗社先示威，威明显见，辨爵集德，是以母弟官子咸有臣志，莫敢援于外，大夫中妇私谒不行，此所以使五官治执事政也。夫政以教百姓，百姓齐以嘉善，故蛊佞不生，此之谓良民。国有道则民昌，此国家之所以大遂也。卿设如大门，大门显美，小大尊卑中度，开明闭幽，内禄出灾，以顺天道，近者闲焉，远者稽焉。君发禁，宰而行之以时，通于地，散布于小，理天之灾祥，地宝丰省，及民共飨其禄，共任其灾，此国家之所以和也。国有四辅，辅，卿也。卿设如四体，毋易事，毋假名，毋重食。凡事尚贤进能，使知事，爵不世，能之不愆。凡民，戴名以能，食力以时成，以事立。此所以使民让也。民咸孝弟而安让，此以怨省而乱不作也，此国之所以长也。下无用则国家富，上有义则国家治，长有礼则民不争，立有神则国家敬，兼而爱之则民无怨心，以为无命则民不偷。昔者先王立此六者而树之德，此国家之所以茂也。设其四佐而官之：司徒典春，以教民之不则时、不若、不令。成长幼老疾孤寡，以时通于四疆。有阖而不通，有烦而不治，则民不乐生，不利衣食。凡民之藏贮以及山川之神明加于民者，发图功谋，斋戒必敬，会时必节。日、历、巫、祝，执伎以守官，俟命而作，祈王年，祷民命及畜谷、蜚征、庶虞草。方春三月，缓施生育，动作百物，于时有事，享于皇祖皇考，朝孤子八人，以成春事。司马司夏，以教士车甲。凡士执伎论功，修四卫，强股肱，质射御，才武聪慧，治众长卒，所以为仪缀于国，出可以为率，诱于军旅，四方诸侯之游士、国中贤余，秀兴阅焉。方夏三月，养长秀，蕃庶物，于时有事，享于皇祖皇考，爵士之有庆者七人，以成夏事。司寇司秋，以听狱讼，治民之烦乱，执权变民中。凡民之不刑，崩本以要间，作起不敬，以欺惑憧愚。作于财贿、六畜、五谷曰盗，诱居室家有君子曰义，子女专曰妖，饬五兵及木石曰贼，以中情出，小曰间，大曰讲，利辞以乱属曰谗，以财投长曰贷。凡犯天子之禁，陈刑制辟，以追国民之不率上教者。夫是故一家三夫道行，三人饮食，哀乐平，无狱。方秋三月，收敛以时，于时有事，尝新于皇祖皇考，食农夫九人，以成秋事。司空司冬，以制度制地事。准揆山林，规表衍沃，畜水行衰濯浸，以节四时之事。治地远近，以任民力，以节民食。太古食壮之食，攻老之事。」

公曰：「功事不少而糇粮不多乎？」子曰：「太古之民，秀长以寿者，食也；在今之民，羸丑以胔者，事也。太古无游民，食节事时，民各安其居，乐其宫室，服事信上，上下交信，地移民在；今之世，上治不平，民治不和，百姓不安其居，不乐其宫，老疾用财，壮狡用力，于兹民游，薄事贪食，于兹民忧。古者殷书为成男成女名属，升于公门，此以气食得节，作事得时，劝有功，夏服君事不及暍，冬服君事不及冻，是故年谷不成，天之饥馑，道无殣者；在今之世，男女属散，名不升于公门，此以气食不节，作事不成，天之饥馑，于时委民，不得以疾死。是故立民之居，必于中国之休地，因寒暑之和，六畜育焉，五谷宜焉。辨轻重，制刚柔，和五味，以节食时事。东辟之民曰夷，精以侥，至于大远，有不火食者矣。南辟之民曰蛮，信以朴，至于大远，有不火食者矣。西辟之民曰戎，劲以刚，至于大远，有不火食者矣。北辟之民曰狄，肥以戾，至于大远，有不火食者矣。及中国之民曰五方之民，有安民，和味，咸有实用利器，知通之，信令之。及量地度居，邑有城郭，立朝市，地以度邑，以度民，以观安危。距封后利，先虑久固，依固可守，为奥可久，能节四时之事，霜露时降。方冬三月，草木落，庶虞藏，五谷必畜于仓，于时有事，蒸于皇祖皇考，息国老六人，以成冬事。民咸知孤寡之必不失也，咸知有大功之必进等也，咸知用劳力之必以时息也，推而内之水火，入也弗之顾矣。而况有强适在前，有君长正之者乎！」公曰：「善哉！」

《大戴礼·四代》公曰：「四代之政刑，论其明者，可以为法乎？」子曰：「何哉！四代之政刑皆可法也。」公曰：「以我行之，其可乎？」子曰：「否，不可。臣愿君之立知而以观闻也。四代之政刑，君若用之，则缓急将有所不节，不节君将约之，约之卒将弃法，弃法是无以为国家也。」公曰：「巧匠辅绳而斫，胡为其弃法也？」子曰：「心未之度，习未之狎，此以数逾而弃法也。夫规矩准绳钧衡，此昔者先王之所以为天下也。小以及大，近以知远，今日行之，可以知古，可以察今，其此邪！水火金木土谷，此谓六府，废一不可，进二不可，民并用之，今日行之，可以知古，可以察今，其此邪！昔夏商之未兴也，伯夷谓此二帝之眇。」公曰：「长国治民恒干，论政之大体以教民辨，历大道以时地性，兴民之阳德以教民事，上服周室之典以顺事天子，修政勤礼以交诸侯，大节无废，小眇其后乎？」子曰：「否，不可后也。《诗》云『东有开明』，于时鸡三号，以兴庶虞，庶虞动，蜚征作。啬民执功，百草咸淳，地倾水流之。是以天子盛服朝日于东堂，以教敬示威于天下也。是以祭祀昭有神明，燕食昭有慈爱，宗庙之事昭有义，率礼朝廷，昭有五官，无废甲胄之戒，昭果毅以听，天子曰崩，诸侯曰薨，大夫曰卒，士曰不禄，庶人曰死。昭哀，哀爱无失节，是以父慈子孝、兄爱弟敬。此昔先王之所先施于民也。君而后此，则为国家失本矣。」公曰：「善哉！子察教我也。」子曰：「向也君之言善，执国之节也。君先眇而后善，中备以君子言，可以知古，可以察今，奂然而兴民壹始。」公曰：「是非吾言也，吾一闻于师也。」子吁焉其色，曰：「嘻！君行道矣。」公曰：「道邪？」子曰：「道也。」公曰：「吾未能知人，未能取人。」子曰：「君何为不观器视才。」公曰：「视可明乎？」子曰：「可以表仪。」公曰：「愿学之。」子曰：「平原大薮，瞻其草之高丰茂者，必有怪鸟兽居之。且草可财也，如艾而夷之，其地必宜五谷。高山多林，必有怪虎豹蕃孕焉，深渊大川，必有蛟龙焉，民亦如之。君察之，可以见器见才矣。」公曰：「吾犹未也。」子曰：「群然，戚然，颐然，睪然，踖然，柱然，抽然，首然，佥然，湛然，渊渊然，淑淑然，齐齐然，节节然，穆穆然，皇皇然，见才色修声不视闻，怪物恪命不改志，舌不更气，君见之举也。得之取也，有事事也，事必与食，食必与位，无相越逾。昔虞舜天德嗣尧，取相十有六人如此。」公曰：「嘻，美哉！子道广矣。」曰：「由德径径，吾恐惛而不能用也，何以哉！」公曰：「请问图德何尚？」子曰：「圣，知之华也；知，仁之实也；仁，信之器也；信，义之重也；义，利之本也。委利生孽。」公曰：「嘻！言之至也。道天地以民辅之，圣人何尚？」子曰：「有天德，有地德，有人德，此谓三德。三德率行，乃有阴阳。阳曰德，阴曰刑。」公曰：「善哉！再闻此矣，阳德何出？」子曰：「阳德出礼，礼出刑，刑出虑，虑则节事于近，而扬声于远。」公曰：「善哉！载事何以？」子曰：「德以监位，位以充局，局以观功，功以养民，民于此乎上。」公曰：「禄不可后乎？」子曰：「食为味，味为气，气为志，发志为言，发言定名，名以出信，信载义而行之，禄不可后也。」公曰：「所谓民与天地相参者，何谓也？」子曰：「天道以视，地道以履，人道以稽。废一曰失统，恐不长飨国。」公愀然其色。子曰：「君藏玉，惟慎用之，虽慎敬而勿爱，民亦如之。执事无贰，五官有差，喜无并爱，卑无加尊，浅无测深，小无招大，此谓楣机。楣机宾荐不蒙。昔舜征荐此道于尧，尧亲用之，不乱上下。」公曰：「请问民征？」子曰：「无以为也，难行。」公曰：「愿学之，几必能。」子曰：「贪于味不让，妨于政；愿富不久，妨于政；慕宠假贵，妨于政；治民恶众，妨于政；为父不慈，妨于政；为子不孝，妨于政；大纵耳目，妨于政；好色失志，妨于政；好见小利，妨于政；变从无节，挠弱不立，妨于政；刚毅犯神，妨于政；鬼神过节，妨于政。幼勿与众，克勿与比，依勿与谋，放勿与游，徼勿与事，臣闻之弗庆，非事君也。君闻之弗用，以乱厥德，臣将庆其简者。盖人有可知者焉，貌色声众有美焉，必有美质在其中者矣；貌色声众有恶焉，必有恶质在其中者矣。此者，伯夷之所后出也。」子曰：「伯夷建国建政，修国修政。」公曰：「善哉！」

《大戴礼·小辩》 公曰：「寡人欲学小辩，以观于政，其可乎？」子曰：「否，不可。社稷之主爱日，日不可得，学不可以辩。是故昔者先王学齐大道，以观于政。天子学乐辩风，制礼以行政。诸侯学礼辩官，政以行事，以尊事天子。大夫学德别义，矜行以事君。士学顺辩言以遂志。庶人听长辩禁，农以行力。如此犹恐不济，奈何其小辩乎？」公曰：「不辩则何以为政？」子曰：「辩而不小。夫小辩破言，小言破义，小义破道，道小不通，通道必简。是故循弦以观于乐，足以辩风矣；《尔雅》以观于古，足以辩言矣；传言以象，反舌皆至，可谓简矣。夫道不简则不行，不行则不乐。夫亦固十期之变，由不可既也，而况天下之言乎！」曰：「微子之言，吾壹乐辩言。」子曰：「辩言之乐，不若治政之乐。辩言之乐不下席，治政之乐皇于四海。夫政善则民说，民说则归之如流水，亲之如父母，诸侯初入而后臣之，安用辩言。」公曰：「然则吾何学而可？」子曰：「礼乐而力，忠信其君，其习可乎！」公曰：「多与我言忠信，而不可以入患。」子曰：「毋乃既明忠信之备，而口倦其君，则不可而有；明忠信之备，而又能行之，则可立待也。君朝而行忠信，百官承事，忠满于中而发于外，刑于民而放于四海，天下其孰能患之？」公曰：「请学忠信之备。」子曰：「唯社稷之主，实知忠信。若丘也，缀学之徒，安知忠信！」公曰：「非吾子问之而焉也？」子三辞。将对，公曰：「强避。」子曰：「强侍。丘闻大道不隐，丘言之。君发之于朝，行之于国，一国之人莫不知，何一之强辟？丘闻之，忠有九知：知忠必知中，知中必知恕，知恕必知外，知外必知德，知德必知政，知政必知官，知官必知事，知事必知患，知患必知备。若动而无备，患而弗知，死亡而弗知，安与知忠信？内思毕必曰中，以应实曰知恕，内恕度曰知外，外内参意曰知德，德以柔政曰知政，正义辩方曰知官，官治物则曰知事，事戒不虞曰知备，毋患曰乐，乐义曰终。」

《**淮南子·泰族训**》孔子曰：「小辩破言，小利破义，小艺破道，小见不达，达必简。河以逶蛇故能远，山以陵迟故能高，阴阳无为故能和，道以优柔故能化。」

《**鲁语**》**下** 季康子欲以田赋，使冉有访诸仲尼。仲尼不对，私于冉有曰：「求，来！女不闻乎？先王制土，籍田以力而砥其远迩，赋里以入而量其有无，任力以夫而议其老幼。于是乎有鳏寡孤疾，有军旅之出则征之，无则已。其岁收，田一井，出稯禾秉刍缶米，不是过也，先王以为足。若子季孙欲其法也，则有周公之籍矣。若犯法，则苟而赋，又何访焉！」

《**春秋繁露·王道**》臧孙辰请籴于齐。孔子曰：「君子为国，必有三年之积。一年不熟乃请籴，失君之职也。」

《**春秋繁露·身之养重于义**》仲尼曰：「国有道，虽加刑也，无刑国无道，虽杀之，不可胜也。」

《**白虎通·三教**》**引**《**乐稽燿嘉**》颜回尚三教，变虞夏何如？曰：「教者，所以追补败政。靡弊溷浊，谓之治也。舜之承尧无为易也。」

《**汉书·刑法志**》孔子曰：「古之知法者，能省刑，本也；今之知法者，不失有罪，末矣。」又曰：「今之听狱者，求所以杀之；古之听狱者，求所以生之。」

《**晏子春秋·问上**》景公问于晏子曰：「为政何患？」晏子对曰：「患善恶之不分。」公曰：「何以察之？」对曰：「审择左右。左右善，则百僚各得其所宜而善恶分。」孔子闻之曰：「此言也信矣！善进则不善无由入矣，不善进则善无由入矣。」

《**说苑·政理**》齐侯问于晏子曰：「为政何患？」对曰：「患善恶之不分。」公曰：「何以察之？」对曰：「审择左右。左右善，则百僚各得其所宜而善恶分。」孔子闻之曰：「此言也信矣！善言进则不善无由入矣，不进善言则善无由入矣。」

《**荀子·正论**》孔子曰：「天下有道，盗其先变乎！」

《**荀子·宥坐**》孔子为鲁司寇，有父子讼者，孔子拘之，三月不别。其父请止，孔子舍之。季孙闻之不悦，曰：「是老也，欺予，语予曰：「为国家必以孝。」今杀一人以戮不孝，又舍之。」冉子以告，孔子慨然叹曰：「呜呼！上失之，下杀之，其可乎？不教其民而听其狱，杀不辜也。三军大败不可斩也，狱犴不治不可刑也。罪不在民故也。嫚令谨诛，贼也；今有时，敛也无时，暴也；不教而责成功，虐也。已此三者，然后刑可即也。《书》曰：『义刑义杀，勿庸以即，予维曰未有顺事。』言先教也。故先王既陈之以道，上先服之；若不可，尚贤以綦之；若不可，废不能以单之。綦三年而百姓往矣。邪民不从，然后俟之以刑，则民知罪矣。《诗》曰：『尹氏太师，维周之氐。秉国之均，四方是维。天子是庳，卑民不迷。』是以威厉而不试，刑错而不用，此之谓也。今之世则不然，乱其教，繁其刑，其民迷惑而陷焉，则从而制之，是以刑弥繁而邪不胜。三尺之岸而虚车不能登也，百仞之山任负登车焉，何则？陵迟故也。数仞之墙而民不逾也，百仞之山而竖子冯而游焉，陵迟故也。今夫世之陵迟亦久矣，而能使民勿逾乎？《诗》曰：『周道如砥，其直如矢。君子所履，小人所视。眷焉顾之，潸然出涕。』岂不哀哉！《诗》曰：『瞻彼日月，悠悠我思。道之云远，曷云能来！』」子曰：「伊稽首，不其有来乎？」

《韩诗外传》三　传曰：鲁有父子讼者，康子欲杀之。孔子曰：「未可杀也。夫民父子讼之为不义久矣，是则上失其道。上有道，是人亡矣。」讼者闻之，请无讼。康子曰：「治民以孝。杀一不义以僇不孝，不亦可乎？」孔子曰：「否。不教而听其狱，杀不辜也。三军大败，不可诛也。狱谳不治，不可刑也。上陈之教而先服之，则百姓从风矣邪！行不从，然后俟之以刑，则民知罪矣。夫一仞之墙，民不能逾，百仞之山，童子登游焉，陵迟故也。今其仁义之陵迟久矣，能谓民无逾乎？《诗》曰「『俾民不迷。』昔之君子，道其百姓不使迷，是以威厉而刑措不用也。故形其仁义，谨其教道，使民目晰焉而见之，使民耳晰焉而闻之，使民心晰焉而知之，则道不迷而民志不惑矣。《诗》曰：『示我显德行。』故道义不易，民不由也。礼乐不明，民不见也。《诗》曰：『周道如砥，其直如矢。』言其易也。『君子所履，小人所视』，言其明也。『眷言顾之，潸焉出涕。』哀其不闻礼教而就刑诛也。夫散其本教而待之刑辟，犹决其牢而发以毒矢也，亦不哀乎！故曰未可杀也。昔者先王使民以礼，譬之如御也。刑者，鞭策也。今犹无辔衔而鞭策以御也。欲马之进，则策其后，欲马之退，则策其前，御者以劳而马亦多伤矣。今犹此也，上忧劳而民多罹刑。《诗》曰：『人而无礼，胡不遄死。』为上无礼，则不免乎患，为下无礼，则不免乎刑。上下无礼，胡不遄死！」康子避席再拜曰：「仆虽不敏，请承此语矣。」孔子退朝，门人子路难曰：「父子讼，道邪？」孔子曰：「非也。」子路曰：「然则夫子胡为君子而免之也？」孔子曰：「不戒责成，害也，慢令致期，暴也，不教而诛，贼也。君子为政，避此三者。且《诗》曰：『载色载笑，匪怒伊教。』」

《说苑·政理》　鲁有父子讼者，康子曰：「杀之。」孔子曰：「未可杀也。夫民不知子父讼之不善者久矣，是则上过也。上有道，是人亡矣。」康子曰：「夫治民以孝为本，今杀一人以戮不孝，不亦可乎？」孔子曰：「不孝而诛之，是虐杀不辜也。

三军大败，不可诛也；狱讼不治，不可刑也；上陈之教，而先服之，则百姓从风矣；躬行不从，而后俟之以刑，则民知罪矣。夫一仞之墙，民不能逾，百仞之山，童子升而游焉，陵迟故也。今是仁义之陵迟久矣，能谓民弗逾乎？《诗》曰：「『俾民不迷。』昔者，君子导其百姓不使迷，是以威厉而不至，刑错而不用也。」于是讼者闻之，乃请无讼。

《长短经·政体》 孔子曰：「上失其道而杀其下，非礼也。故三军大败不可斩，狱犴不知不可刑，何也？上教之不行，罪不在人故也。夫慢令谨诛，贼也；征敛无时，暴也；不诫责成，虐也。政无此三者，然后刑即可也。陈道德以先服之，犹不可，则尚贤以劝之，又不可，则废不能以惮之，而犹有邪人不从化者，然后待之以刑矣。」

《御览》六百三十三引《慎子》 孔子云：「有虞氏不赏不罚，夏后氏赏而不罚，殷人罚而不赏，周人罚且赏。罚，禁也；赏，使也。」《群书治要》《尸子·发蒙》 孔子曰：「临事而惧，希不济。」

《韩非子·内储说上·七术》 鲁人烧积泽，天北风，火南倚，恐烧国。哀公惧，自将众辄救火者，左右无人，尽逐兽而火不救。乃召问仲尼，仲尼曰：「夫逐兽者乐而无罚，救火者苦而无赏，此火之所以无救也。」哀公曰：「善。」仲尼曰：「事急，不及以赏。救火者尽赏之，则国不足以赏于人。请徒行罚。」哀公曰：「善！于是仲尼乃下令曰：「不救火者，比降北之罪；逐兽者，比入禁之罪。」令下未遍而火已救矣。

《韩非子·外储说左下》 孔子相卫，弟子子皋为狱吏，刖人足，所刖者守门。人有恶孔子于卫君者曰：「尼欲作乱。」卫君欲执孔子，孔子走，弟子皆逃。子皋从出门，跀危引之而逃之门下室中，吏追不得。夜半，子皋问跀危曰：「吾不能亏主之法令而亲刖子之足，是子报仇之时也。而子何故乃肯逃我？我何以得此于子？」跀危曰：「吾断足也，固吾罪当之，不可奈何。然方公之狱治臣也，公倾侧法令，先后臣以言，欲臣之免也甚，而臣知之。及狱决罪定，公憱然不说，形于颜色，臣见又知之。非私臣而然也，夫天性仁心固然也，此臣之所以说而德公也。」

《韩非子·外储说左下》 孔子曰：「善为吏者树德，不能为吏者树怨。概者，平量者也。吏者，平法者也。治国者不可失平也。」

《说苑·至公》 子羔为卫政，刖人之足。卫之君臣乱，子羔走郭门，郭门闭，刖者守门，曰：「于彼有缺。」子羔曰：「君子不逾。」曰：「于彼有窦」。子羔曰：「君子不遂。」曰：「于此有室。」子羔入。追者罢，子羔将去，谓刖者曰：「吾不能亏损主之法令，而亲刖子之足。吾在难中，此乃子之报怨时也，何故逃我？」刖者曰：「断足，固我罪也，无可奈何。

君之治臣也，倾侧法令，先后臣以法，欲臣之免于法也，臣知之。狱决罪定，临当论刑，君愀然不乐，见于颜色，臣又知之。君岂私臣哉！天生仁人之心，其固然也。此臣之所以脱君也。」孔子闻之曰：「善为吏者树德，不善为吏者树怨，公行之也，其子羔之谓欤？」

《**韩非子·外储说左下**》 仲尼曰：「与其使民谄下也，宁使民谄上。」

《**韩非子·外储说右上**》 季孙相鲁，子路为郈令。鲁以五月起众为长沟，当此之时，子路以其私秩粟为浆饭，要作沟者于五父之衢而餐之。孔子闻之，使子贡往覆其饭，击毁其器，曰：「鲁君有民，子奚为乃餐之？」子路怫然怒，攘肱而入请曰：「夫子疾由之为仁义乎？所学于夫子者，仁义也。仁义者，与天下共其所有而同其利者也。今以由之秩粟而餐民不可，何也？」孔子曰：「由之野也，吾以女知之。女徒未及也，女故如是之不知礼也。女之餐之，为爱之也。夫礼，天子爱天下，诸侯爱竟内，大夫爱官职，士爱其家。过其所爱曰侵。今鲁君有民而子擅爱之，是子侵也，不亦诬乎？」言未卒，而季孙使者至，让曰：「肥也起民而使之，先生使弟子令徒役而餐之，将夺肥之民邪？」孔子驾而去鲁。

《**说苑·臣术**》 子路为蒲令，备水灾，与民春修沟渎。为人烦苦，故予人一箪食、一壶浆。孔子闻之，使子贡复之。子路忿然不悦，往见夫子曰：「由也以暴雨将至，恐有水灾，故与人修沟渎以备之，而民多匮于食，故与人一箪食、一壶浆，而夫子使赐止之，何也？夫子止由之行仁也？夫子以仁教而禁其行仁也，由也不受。」子曰：「尔以民为饿，何不告于君，发仓廪以给食之，而汝以私馈之，是汝不明君之惠，见汝之德义也。速已则可矣，否则尔之受罪不久矣。」子路心服而退也。

《**韩非子·难三**》 叶公子高问政于仲尼，仲尼曰：「政在说近而来远。」哀公问政于仲尼，仲尼曰：「政在选贤。」齐景公问政于仲尼，仲尼曰：「政在节财。」三公出，子贡问曰：「三公问夫子政，一也，夫子对之不同，何也？」仲尼曰：「叶都大而国小，民有背心，故曰政在说近而来远。鲁哀公有大臣三人，外障距诸侯四邻之士，内比周而以愚其君，使宗庙不埽除，社稷不血食者，必是三臣也，故曰政在选贤。齐景公筑雍门，为路寝，一朝而以三百乘之家赐者三，故曰政在节财。」

《**尚书大传·略说**》 子贡曰：「叶公问政于夫子，子曰政在附近而来远；鲁哀公问政，子曰政在于论臣；齐景公问政，子曰政在于节用。三君问政，夫子应之不同，然则政有异乎？」夫子曰：「荆之地广而都狭，民有离志焉，故曰在于附近而来远。哀公有臣三人，内比周以惑其君，外障距诸侯宾客以蔽其明，故曰政在论臣。齐景公奢于台榭，淫于苑囿，五官之乐不解，一旦赐人百乘之家者三，故曰节用。」

《说苑·政理》 子贡曰：「叶公问政于夫子，夫子曰：『政在附近而来远。』鲁哀公问政于夫子，夫子曰：『政在于谕臣。』齐景公问政于夫子，夫子曰：『政在于节用。』三君问政于夫子，夫子应之不同，然则政有异乎？」孔子曰：「夫荆之地广而都狭，民有离志焉，故曰在于附近而来远。哀公有臣三人，内比周公以惑其君，外障距诸侯宾客，以蔽其明，故曰政在谕臣。齐景公奢于台榭，淫于苑囿，五官之乐不解，一旦而赐人百乘之家者三，故曰政在于节用。此三者，政也。《诗》不云乎，『乱离斯瘼，爰其适归。』此伤离散以为乱者也。『匪其止共，惟王之卭。』此伤奸臣蔽主以为乱者也。『相乱蔑资，曾莫惠我师。』此伤奢侈不节以为乱者也。察此三者之所欲，政其同乎哉！」

《吕氏春秋·先识览·察微》 鲁国之法，鲁人为人臣妾于诸侯，有能赎之者，取其金于府。子贡赎鲁人于诸侯，来而让，不取其金。孔子曰：「赐失之矣。自今以往，鲁人不赎人矣。取其金则无损于行，不取其金则不复赎人矣。」

《吕氏春秋·先识览·察微》 子路拯溺者，其人拜之以牛，子路受之。孔子曰：「鲁人必拯溺者矣。」孔子见之以细，观化远也。

《淮南子·道应训》 鲁国之法，鲁人为人妾于诸侯，有能赎之者，取金于府。子贡赎鲁人于诸侯，来而辞，不受金。孔子曰：「赐失之矣。夫圣人之举事也，可以移风易俗而受教顺，可施后世，非独以适身之行也。今国之富者寡而贫者众，赎而受金，则为不廉，不受金，则不复赎人。自今以来，鲁人不复赎于诸侯矣。」

《淮南子·齐俗训》 子路拯溺而受牛，谢孔子曰：「鲁国必好救人于患，子赣赎人而不受金于府。」孔子曰：「鲁国不复赎人矣。」子路受而劝德，子赣让而止善。孔子之明，以小知大，以近知远，通于论者也。

《说苑·政理》 鲁国之法，鲁人有赎臣妾于诸侯者，取金于府。子贡赎人于诸侯，而还其金。孔子闻之曰：「赐失之矣。圣人之举事也，可以移风易俗，而教导可施于百姓，非独适其身之行也。今鲁国富者寡而贫者众，赎而受金，则为不廉，不受则后莫复赎。自今以来，鲁人不复赎矣。」

《吕氏春秋·审应览·具备》 宓子贱治亶父，恐鲁君之听说人，而令己不得行其术也，将辞而行，请近吏二人于鲁君与之俱。至于亶父，邑吏皆朝。宓子贱令吏二人书，吏方将书，宓子贱从旁时掣摇其肘，吏书之不善，则宓子贱为之怒。吏甚患之，辞而请归。宓子贱曰：「子之书甚不善，子勉归矣。」二吏归报于君，曰：「宓子不可为书。」君曰：「何故？」吏对曰：「宓子使臣书而掣摇臣之肘，书恶而有甚怒，吏皆笑宓子，此臣所以辞而去也。」鲁君太息而叹曰：「宓子以此谏寡人之不肖也。寡人之乱子，而令宓子不得行其术，必数有之矣。微二人，寡人几过。」遂发所爱而令之亶父，告宓子曰：「自今以来，亶父非寡人之有也，子之有也。有便于亶父者，子决为之矣。五岁而言其要。」宓子敬诺，乃得行其术于亶父。三年，巫马旗短褐衣敝裘而往观化于亶父，见夜渔者，得则舍之。巫马旗问之曰：「渔为得也，今子得而舍之，何也？」对曰：「宓子不欲人之取小鱼也，所舍者小鱼也。」巫马旗归，告孔子曰：「宓子之德至矣，使小民暗行若有严刑于旁。敢问宓子何以至于此？」孔子曰：「丘尝与之言曰：『诚乎此者刑乎彼。』宓子必行此术于亶父也。」

《新序·杂事》二　鲁君使宓子贱为单父宰，子贱辞去。因请借善书者二人，使书宪书教品，鲁君与之至单父。使书，子贱从旁引其肘，书丑则怒之，欲好书则又引之。书者患之，请辞而去，归以告鲁君。鲁君曰：「子贱苦吾扰之，使不得施其善政也。」乃命有司无得擅征发单父，单父之化大治。故孔子曰：「君子哉子贱！鲁无君者，斯安取斯美其德也！」

《淮南子·道应训》　季子治亶父三年，而巫马期才衣短褐易容貌往观化焉。见夜鱼释之，巫马期问焉，曰：「凡子所为鱼者，欲得也。今得而释之，何也？」渔者对曰：「季子不欲人取小鱼也。所得者小鱼，是以释之。」巫马期归以报孔子曰：「季子之德至矣！使人暗行若有严刑在其侧者。季子何以至于此？」孔子曰：「丘尝问之以治言，曰『诚于此者刑于彼』。季子必行此术也。」

《水经》泗水注　宓子贱之治也，孔子使巫马期观政。入其境，见夜渔者，问曰：「子得鱼辄放，何也？」曰：「小者，吾大夫欲长育之故也。」子闻之曰：「诚彼刑此，子贱得之善矣。惜哉不齐！所治者小也。」

《盐铁论·忧边》　孔子曰：「不通于论者，难于言治；道不同者，不相与谋。」

《新序·杂事》五　孔子北之山戎氏，有妇人哭于路者，其哭甚哀。孔子立舆而问曰：「曷为哭哀至于此也？」妇人对曰：「往年虎食我夫，今虎食我子，是以哀也。」孔子曰：「嘻！若是则曷为不去也？」曰：「其政平，其吏不苛，吾以是不能去也。」孔子顾子贡曰：「弟子记之。夫政之不平而吏苛，乃甚于虎狼矣。《诗》云：『降丧饥馑，斩伐四国。』夫政不平也，乃斩伐四国，而况二人乎？其不去，宜哉！」

《论衡·遭虎》　孔子行鲁林中，妇人哭甚哀。使子贡问之何以哭之哀也，曰：「去年虎食吾夫，今年食吾子，是以哭哀也。」子贡曰：「若此，何不去也？」对曰：「吾善其政之不苛，吏之不暴也。」子贡还报孔子，孔子曰：「弟子识诸。苛政暴吏，甚于虎也。」

《说苑·建本》 子贡问为政，孔子曰：「富之既富，乃教之也。此治国之本也。」

《说苑·政理》 齐桓公出猎，逐鹿而走，入山谷之中，见一老公而问之曰：「是为何谷？」对曰：「为愚公之谷。」桓公曰：「何故？」对曰：「以臣名之。」桓公曰：「今视公之仪状，非愚人也，何为以公名？」对曰：「臣请陈之。臣故畜牸牛，生子而大，卖之而买驹，少年曰：『牛不能生马。』遂持驹去。傍邻闻之，以臣为愚，故名此谷为愚公之谷。」桓公曰：「公诚愚矣！夫何为而与之？」桓公遂归，明日朝，以告管仲。管仲正衿再拜曰：「此夷吾之愚也。使尧在上，咎繇为理，安有取人之驹者乎？若有见暴如是叟者，又必不与也，公知狱讼之不正，故与之耳，请退而修政。」孔子曰：「弟子记之，桓公霸君也，管仲贤佐也，犹有以智为愚者也，况不及桓公、管仲者也！」

《说苑·政理》 鲁哀公问政于孔子，对曰：「政有使民富且寿。」哀公曰：「何谓也？」孔子曰：「薄赋敛则民富，无事则远罪，远罪则民寿。」公曰：「若是，则寡人贫矣。」孔子曰：「《诗》云：『凯悌君子，民之父母。』未见其子富而父母贫者也。」

《说苑·政理》 宓子贱为单父宰，辞于夫子。夫子曰：「毋迎而距也，毋望而许也。许之则失守，距之则闭塞。譬如高山深渊，仰之不可极，度之不可测也。」子贱曰：「善，敢不承命乎！」

《说苑·政理》 孔子弟子有孔蔑者，与宓子贱皆仕。孔子往过孔蔑，问之曰：「自子之仕者，何得何亡？」孔蔑曰：「自吾仕者，未有所得，而有所亡者三，曰：王事若袭，学焉得习，以是学不得明也，所亡者一也；奉禄少，鬻鬻不足及亲戚，亲戚益疏矣，所亡者二也；公事多急，不得吊死视病，是以朋友益疏矣，所亡者三也。」孔子不说，而复往见子贱，曰：「自子之仕，何得何亡？」子贱曰：「自吾之仕，未有所亡，而所得者三：始诵之文，今履而行之，是学日益明也，所得者一也；奉禄虽少，鬻鬻得及亲戚，是以亲戚益亲也，所得者二也；公事虽急，夜勤吊死视病，是以朋友益亲也，所得者三也。」孔子谓子贱曰：「君子哉若人！君子哉若人！鲁无君子者，斯焉取斯！」

《说苑·政理》 子路治蒲，见于孔子曰：「由愿受教。」孔子曰：「蒲多壮士，又难治也。然吾语汝：恭以敬，可以摄勇；宽以正，可以容众；恭以洁，可以亲上。」

《说苑·政理》 子贡为信阳令，辞孔子而行，孔子曰：「力之顺之，因子之时，无夺无伐，无暴无盗。」子贡曰：「赐少日事君子，君子固有盗者邪？」孔子曰：「夫以不肖伐贤，是谓夺也；以贤伐不肖，是谓伐也；缓其令，急其诛，是谓暴也；取人善以自为己，是谓盗也。君子之盗，岂必当财币乎？吾闻之曰，知为吏者，奉法利民；不知为吏者，枉法以侵民，此皆怨之所由生也。临官莫如平，临财莫如廉，廉平之守，不可攻也。匿人之善者，是谓蔽贤也；扬人之恶者，是谓小人也；不内相教而外相谤者，是谓不足亲也。言人之善者，有所得而无所伤也；言人之恶者，无所得而有所伤也。故君子慎言语矣，毋先己而后人，择言出之，令口如耳。」

《说苑·政理》 孔子见季康子，康子未说，孔子又见之。宰予曰：「吾闻之夫子曰：『王公不聘不动。』今吾子之见司寇也，少数矣！」孔子曰：「鲁国以众相陵，以兵相暴之日久矣，而有司不治，聘我者其孰大乎于是！」鲁人闻之曰：「圣人将治，可以不先自为刑罚乎！」自是之后，国无争者。孔子谓弟子曰：「违山十里，蟪蛄之声，犹尚存耳。政事无如膺之矣。」

《续博物志》十 孔子曰：违山十里，蟪蛄之声犹在于耳。政事恶哔而善肃。

《说苑·尊贤》 齐桓公使管仲治国，管仲对曰：「贱不能临贵。」桓公以为上卿，而国不治。桓公曰：「何故？」管仲对曰：「贫不能使富。」桓公赐之齐国市租一年，而国不治。桓公曰：「何故？」对曰：「疏不能制亲。」桓公立以为仲父，齐国大安，而遂霸天下。孔子曰：「管仲之贤，不得此三权者，亦不能使其君南面而霸矣。」

《说苑·尊贤》 子路问于孔子曰：「治国何如？」孔子曰：「在于尊贤而贱不肖。」子路曰：「范、中行氏尊贤而贱不肖，其亡何也？」曰：「范、中行氏尊贤而不能用也，贱不肖而不能去也，贤者知其不己用而怨之，不肖者知其贱己而仇之。贤者怨之，不肖者仇之，怨仇并前，中行氏虽欲无亡，得乎？」

《说苑·指武》 鲁哀公问于仲尼曰：「吾欲小则守，大则攻，其道若何？」仲尼曰：「若朝廷有礼，上下有亲，民之众皆君之畜也，君将谁攻？若朝廷无礼，上下无亲，民众皆君之仇也，君将谁与守？」

《说苑·杂言》 孔子曰：「鞭朴之子，不从父之教；刑戮之民，不从君之政。言疾之难行，故君子不急断，不意使，以为乱源。」

《中论·慎所从》 孔子曰：「知不可由，斯知所由矣。」

《金楼子·立言下》 子曰：「涂杯而食，洗爵而饮，可以养家客，未可以飨三军。兕虎在后，隋珠在前，弗及掇珠，先避后患。闻雷掩耳，见电瞑目，耳闻所恶，不如无闻，目见所恶，不如无见。火可见而不可握，水可循而不可毁，故有象之属，莫贵于火，有形之类，莫尊于水。身曲影直者，未之闻也。用百人之所能，则百人之力举，譬若伐树而引其本，千枝万叶，莫能弗从也。」

《亢仓子·农道》 孔子之言：「冬饱则身温，夏饱则身凉。」

卷十一　博物十

《鲁语》下 季桓子穿井，获如土缶，其中有羊焉。使问之仲尼曰：「吾穿井而获狗，何也？」对曰：「以丘之所闻，羊也。丘闻之，木石之怪，曰夔蝄蜽；水之怪，曰龙罔象；土之怪，曰羵羊。」

《说苑·辨物》 季桓子穿井得土缶，中有羊。以问孔子，言得狗。孔子曰：「以吾所闻，非狗，乃羊也。木之怪夔罔两，水之怪龙罔象，土之怪羵羊也，非狗也。」桓子曰：「善哉！」

《搜神记》十二 季桓子穿井，获如土缶，其中有羊焉。使问之仲尼曰：「吾穿井而获狗，何邪？」对曰：「以丘所闻，羊也。丘闻之，木石之怪，夔蝄蜽；水之怪，龙罔象；土中之怪，曰贲羊。」

《初学记》七引《韩诗外传》 鲁哀公使人穿井，三月不得泉，得一玉羊，哀公甚惧。孔子闻之曰：「水之精为玉，土之精为羊，此羊肝乃土尔。」哀公使人杀羊，其肝即土也。

《文选》齐故安陆王碑注引《韩诗外传》 孔子曰：「水之精为玉，老蒲为苇，愿无怪之。」

《御览》九百二引《韩诗外传》 鲁哀公使人穿井，三月不得泉，得一玉羊焉，公以为祥，使祝鼓舞之，欲上于天，羊不能上。孔子见公曰：「水之精为玉，土之精为羊，愿无怪之。此羊肝，土也。」公使杀之，视肝即土矣。

《鲁语》下 吴伐越，隳会稽，获骨焉，节专车。吴子使来好聘，且问之仲尼，曰：「无以吾命，宾发币于大夫。」及仲尼，仲尼爵之，既彻俎而宴。客执骨而问曰：「敢问骨何为大？」仲尼曰：「丘闻之，昔禹致群神于会稽之山，防风氏后至，禹杀而戮之，其骨节专车，此为大矣。」客曰：「敢问谁守为神？」仲尼曰：「山川之灵，足以纪纲天下者，其守为神，社稷之守者为公侯，皆属于王者。」客曰：「防风何守也？」仲尼曰：「汪芒氏之君也，守封、嵎之山者也，为漆姓，在虞、夏、商为汪芒氏，于周为长狄，今为大人。」客曰：「人长之极几何？」仲尼曰：「僬侥氏长三尺，短之至也，长者不过十数之极也。」

《说苑·辨物》 吴伐越，隳会稽，得骨专车。使使问孔子曰：「骨何者最大？」孔子曰：「禹致群臣会稽山，防风氏后至，禹杀而戮之，其骨节专车，此为大矣。」使者曰：「谁为神？」孔子曰：「山川之灵足以纪纲天下者，其守为神，社稷为公侯，山川之祀为诸侯，皆属于王者。」曰：「防风氏何守？」孔子曰：「汪芒氏之君守封、嵎之山者也。其神为釐姓，在虞、夏为防风氏，商为汪芒氏，于周为长狄氏，今谓大人。」使者曰：「人长几何？」孔子曰：「僬侥氏三尺，短之至也；长者不过十，数之极也。」使者曰：「善哉！圣人也。」

《鲁语》下 仲尼在陈，有隼集于陈侯之庭而死，楛矢贯之，石砮其长尺有咫。陈惠公使人以隼如仲尼之馆问之。仲尼曰：「隼之来也远矣，此肃慎氏之矢也。昔武王克商，通道于九夷、百蛮，使各以其方贿来贡，使无忘职业。于是肃慎氏贡楛矢、石砮，其长尺有咫。先王欲昭其令德之致远也，以示后人，使永监焉，故铭其栝曰『肃慎氏之贡矢』，以分大姬，配虞胡公而封诸陈。古者分同姓以珍玉，展亲也；分异姓以远方之职贡，使无忘服也。故分陈以肃慎氏之贡，君若使有司求诸故府，其可得也。」使求，得之金椟，如之。

《说苑·辨物》 仲尼在陈，有隼集于陈侯之廷而死，楛矢贯之，石砮矢长尺而咫。陈侯使问孔子，孔子曰：「隼之来也远矣，此肃慎氏之矢也。昔武王克商，通道九夷、百蛮，使各以其方贿来贡，思无忘职业。于是肃慎氏贡楛矢、石砮，长尺而咫。先王欲昭其令德之致，故铭其栝曰：『肃慎氏贡楛矢。』以劳大姬，配虞胡公，而封诸陈。分同姓以珍玉，展亲也；分别姓以远方职贡，使无忘服也。故分陈以肃慎氏之矢。」试求之故府，果得焉。

《初学记》十六引《晏子春秋》 齐景公为大钟，将悬之。仲尼、伯常骞、晏子三人俱来朝，皆曰钟将毁。撞之果毁，公召三子问之。晏子曰：「钟大非礼，是以曰将毁。」仲尼曰：「钟大悬下，其气不得上薄，是以曰将毁。」伯常骞曰：「今日庚申，雷日也。阴莫胜于雷，是以曰将毁。」

《说苑·辨物》 楚昭王渡江，有物大如斗，直触王舟，止于舟中。昭王大怪之，使聘问孔子。孔子曰：「此名萍实，令剖而食之。惟霸者能获之，此吉祥也。」其后齐有飞鸟，一足，来下，止于殿前，舒翅而跳。齐侯大怪之，又使聘问孔子。孔子曰：「此名商羊，急告民，趣治沟渠，天将大雨。」于是如之，天果大雨。诸国皆水，齐独以安。孔子归，弟子请问。孔子曰：「异哉！小儿谣曰：『楚王渡江得萍实，大如拳，赤如日，剖而食之美如蜜。』此楚之应也。儿又有两两相牵，屈一足而跳，曰：『天将大雨，商羊起舞。』今齐获之，亦其应也。夫谣之后，未尝不有应随者也。」故圣人非独守道而已也，睹物记也，即得其应矣。

《论衡·明雩》 孔子出，使子路赍雨具，有顷，天果大雨，子路问其故。孔子曰：「昨暮月离于毕，后日，月复离毕。」孔子出，子路请赍雨具，孔子不听，出果无雨，子路问其故。孔子曰：「昔日月离其阴，故雨；昨暮月离其阳，故不雨。」

《论衡·卜筮》 鲁将伐越，筮之，得鼎折足。子贡占之，以为凶。何则？鼎而折足，行用足，故谓之凶。孔子占之，以为吉。曰：「越人水居，行用舟，不用足，故谓之吉。」鲁伐越，果克之。

《论衡·实知》 孔子未尝见猩猩，至辄能名之。然而孔子名猩猩，闻昭人之歌。

《绎史·孔子类记》四引《冲波传》 有鸟九尾，孔子与子夏见之，人以问，孔子曰：「鸧也。」子夏曰：「何以知之？」孔子曰：「河上之歌云：『鸧兮鸧兮，逆毛衰兮，一身九尾长兮。』」

《广韵》十三末䳜字注引《韩诗》 孔子渡江，见之异众，莫能名。孔子尝闻河上人歌曰「䳜兮䳜兮，逆毛衰兮，一身九尾长兮，鸧䳜也」。

《北户录》上引《白泽图》 鬼车，昔孔子，子夏所见，故歌之，其图九首。

虞世南撰《夫子庙堂碑》 辨飞龟于石函。

卷十二 事谱十一（上）

《诗商颂序疏》引《世本》 宋湣公生弗甫何，弗甫何生宋父，宋父生正考甫，正考甫生孔父嘉。为宋司马，华督杀之，而绝其世。其子木金父降为士，木金父生祁父，祁父生防叔。为华氏所逼，奔鲁为防大夫。故曰：「防叔，防叔生伯夏，伯夏生叔梁纥，叔梁纥生仲尼。」

《潜夫论·志氏姓》 闵公子弗父何生宋父，宋父生世子，世子生正考父，正考父生孔父嘉，孔父嘉生子木金父。木金父降为士，故曰灭于宋。金父生祁父，祁父生防叔。防叔为华氏所逼，出奔鲁，为防大夫，故曰防叔。防叔生伯夏，伯夏生叔梁纥，为鄹大夫，故曰鄹叔纥。生孔子。

《续博物志》二 孔子生于鲁襄公二十二年。

《韩诗外传》二　孔子遭齐程本子于郯之间，倾盖而语终日，有间，顾子路曰：「由，来！取束帛十匹以赠先生。」子路不对。有间，又顾谓曰：「取束帛十匹以赠先生！」子路率尔而对曰：「昔者由也闻之于夫子，士不中道相见，女无媒而嫁者，君子不行也。」孔子曰：「夫《诗》不云乎，『野有蔓草，零露漙兮。有美一人，青扬宛兮，邂逅相遇，适我愿兮。』且夫齐程本子，天下之贤士也，吾于是而不赠，终身不之见也。大德不逾闲，小德出入可也。」

《说苑·尊贤》　孔子之郯，遭程子于途，倾盖而语终日，有间，顾子路曰：「取束帛一以赠先生。」子路不对。有间，又顾曰：「取束帛一以赠先生。」子路屑然对曰：「由闻之也，士不中而见，女无媒而嫁，君子不行也。」孔子曰：「由，《诗》不云乎，『野有蔓草，零露漙兮。有美一人，清扬婉兮，邂逅相遇，适我愿兮。』今程子天下之贤士也，于是不赠，终身不见。大德毋逾闲，小德出入可也。」

《子华子》　子华子反自郯，遭孔子于途，倾盖相顾，相语终日，甚相欢也。孔子命子路曰：「取束帛以赠先生。」子路屑然而对曰：「由闻之，士不中间见，女嫁无媒，君子不以交，礼也。」子曰：「固哉！由也。《诗》不云乎，『有美一人，清扬婉兮，邂逅相遇，适我愿兮。』今程子天下之贤士也，于斯不赠，则终身弗能见也。小子行之。」

《高士传》　孔子年十七遂适周，见老聃。

《庄子·外篇·天道》　孔子西藏书于周室，子路谋曰：「由闻周之征藏史有老聃者，免而归居。夫子欲藏书，则试往因焉。」孔子曰：「善。」往见老聃，而老聃不许。于是翻十二经以说。老聃中其说，曰：「大谩，愿闻其要。」孔子曰：「要在仁义。」老聃曰：「请问仁义，人之性邪？」孔子曰：「然。君子不仁则不成，不义则不生。仁义，真人之性也。又将奚为矣？」老聃曰：「请问何谓仁义？」孔子曰：「中心物恺，兼爱无私，此仁义之情也。」

《说苑·敬慎》　孔子之周，观于太庙右陛之前，有金人焉，三缄其口，而铭其背曰：「古之慎言人也，戒之哉！戒之哉！无多言，多言多败；无多事，多事多患；安乐必戒，无行所悔。勿谓何伤，其祸将长；勿谓何害，其祸将大；勿谓何残，其祸将然；勿谓莫闻，天妖伺人。荧荧不灭，炎炎奈何；涓涓不壅，将成江河；绵绵不绝，将成网罗；青青不伐，将寻斧柯。诚不能慎之，祸之根也；曰是何伤，祸之门也。强梁者不得其死，好胜者必遇其敌，盗怨主人，民害其贵。君子知天下之不可盖也，故后之，下之，使人慕之，执雌持下，莫能与之争者。人皆趋彼，我独守此；众人惑惑，我独不从；内藏我知，不与人论技。我虽尊高，人莫害我。夫江河长百谷者，以其卑下也。天道无亲，常与善人。戒之哉！戒之哉！」孔子顾谓弟子曰：「记之！此言虽鄙，而中事情。《诗》曰：『战战兢兢，如临深渊，如履薄冰。』行身如此，岂以口遇祸哉！」

《**说苑·杂言**》孔子曰：「自季孙之赐我千钟，而友益亲；自南宫项叔之乘我车也，而道加行。故道，有时而后重，有势而后行。微夫二子之赐，丘之道几于废也。」

《**荀子·宥坐**》孔子观于鲁桓公之庙，有欹器焉。孔子问于守庙者曰：「此为何器？」守庙者曰：「此盖为宥坐之器。」孔子曰：「吾闻宥坐之器者，虚则欹，中则正，满则覆。」孔子顾谓弟子曰：「注水焉。」弟子挹水而注之，中而正，满而覆，虚而欹。孔子喟然而叹曰：「吁！恶有满而不覆者哉！」子路曰：「敢问持满有道乎？」孔子曰：「聪明圣知，守之以愚；功被天下，守之以让；勇力抚世，守之以怯；富有四海，守之以谦。此所谓挹而损之之道也。」

《**韩诗外传**》三 孔子观于周庙，有欹器焉。孔子问于守庙者曰：「此谓何器也？」对曰：「此盖为宥坐之器。」孔子曰：「闻宥坐器，满则覆，虚则欹，中则正，有之乎？」对曰：「然。」孔子使子路取水试之，满则覆，中则正，虚则欹。孔子喟然而叹曰：「呜呼！恶有满而不覆者哉！」子路曰：「敢问持满有道乎？」孔子曰：「持满之道，抑而损之。」子路曰：「损之有道乎？」孔子曰：「德行宽裕者，守之以恭；土地广大者，守之以俭；禄位尊盛者，守之以卑；人众兵强者，守之以畏；聪明睿知者，守之以愚；博闻强记者，守之以浅。夫是之谓抑而损之。」

《**淮南子·道应训**》孔子观桓公之庙有器焉，谓之宥卮。孔子曰：「善哉！予得见此器。」顾曰：「弟子取水。」水至，灌之，其中则正，其盈则覆。孔子造然革容曰：「善哉！持盈者乎！」子贡在侧，曰：「请问持盈。」曰：「益而损之。」曰：「何谓益而损之？」曰：「夫物盛而衰，乐极而悲，日中而移，月盈而亏。是故聪明睿知，守之以愚；多闻博辩，守之以陋；武力毅勇，守之以畏；富贵广大，守之以俭；德施天下，守之以让。此五者，先王所以守天下而弗失也。反此五者，未尝不危也。」

《**说苑·敬慎**》孔子观于周庙，而有欹器焉。孔子问守庙者曰：「此为何器？」对曰：「盖为宥坐之器。」孔子曰：「吾闻宥坐之器，满则覆，虚则欹，中则正。有之乎？」对曰：「然。」孔子使子路取水而试之，满则覆，中则正，虚则欹。孔子喟然叹曰：「呜呼！恶有满而不覆者哉！」子路曰：「敢问持满有道乎？」孔子曰：「持满之道，挹而损之。」子路曰：「损之有道乎？」孔子曰：「高而能下，满而能虚，富而能俭，贵而能卑，智而能愚，勇而能怯，辩而能讷，博而能浅，明而能暗，是谓损而不极。能行此道，唯至德者及之。《易》曰：『不损而益之，故损；自损而终，故益。』」

《吕氏春秋·离俗览·举难》季孙氏劫公家，孔子欲谕术则见外，于是受养而便说。鲁国以訾，孔子曰：「龙食乎清而游乎清，螭食乎清而游乎浊，鱼食乎浊而游乎浊。今丘上不及龙，下不若鱼，丘其螭邪！」

《论衡·龙虚》孔子曰：「龙食于清游于清，龟食于清游于浊，鱼食于浊游于清。丘上不及龙，下不为鱼，中止其龟与！」

《说苑·修文》孔子至齐郭门之外，遇一婴儿，挈一壶相与俱行。其视精，其心正，其行端。孔子谓御曰：「趣驱之，趣驱之！韶乐方作。」孔子至彼闻韶，三月不知肉味。

《晏子春秋·外篇下》仲尼游齐，见景公。景公曰：「先生奚不见寡人宰乎？」仲尼对曰：「臣闻晏子事三君而得顺焉，是有三心，所以不见也。」仲尼出，景公以其言告晏子，晏子对曰：「不然！婴为三心，三君为一心故，三君皆欲其国之安，是以婴得顺也。婴闻之，是而非之，非而是之，犹非也。孔丘必据处此一心矣。」

《晏子春秋·外篇下》仲尼之齐，见景公而不见晏子。子贡曰：「见君不见其从政者，可乎？」仲尼曰：「吾闻晏子事三君而顺焉，吾疑其为人。」晏子闻之，曰：「婴则齐之世民也，不维其行，不识其过，不能自立也。婴闻之，有幸见爱，无幸见恶，诽誉为类，声响相应，见行而从之者也。婴闻之，以一心事三君者，所以顺焉；以三心事一君者，不顺焉。今未见婴之行而非其顺也。婴闻之，君子独立不惭于影，独寝不惭于魂。孔子拔树削迹，不自以为辱；穷陈、蔡，不自以为约；非人不得其故，是犹泽人之非斤斧，山人之非网罟也。出之其口，不知其困也，始吾望儒而贵之，今吾望儒而疑之。」仲尼闻之曰：「语有之：言发于尔，不可止于远也；行存于身，不可掩于众也。吾窃议晏子而不中夫人之过，吾罪几矣！丘闻君子过人以为友，不及人以为师。今丘失言于夫子，讥之，是吾师也。」因宰我而谢焉，然仲尼见之。

《说苑·权谋》孔子与齐景公坐，左右白曰：「周使来，言周庙燔。」齐景公出问曰：「何庙也？」孔子曰：「是釐王庙也。」景公曰：「何以知之？」孔子曰：「《诗》云：『皇皇上帝，其命不忒。天之与人，必报有德。』祸亦如之。夫釐王变文、武之制而作元黄，宫室舆马奢侈，不可振也。故天殃其庙。是以知之。」景公曰：「天何不殃其身？」曰：「天以文王之故也。若殃其身，文王之祀，无乃绝乎？故殃其庙，以章其过也。」左右入报曰：「周釐王庙也。」景公大惊，起，再拜曰：「善哉！圣人之智，岂不大乎！」

《晏子春秋·外篇下》仲尼之齐，见景公，景公说之，欲封之以尔稽，以告晏子。晏子对曰：「不可。彼浩裾自顺，不可以教下；好乐绥于民，不可使亲治；立命而建事，不可使守职；厚葬破民贫国，久丧道哀费日，不可使子民；行之难者在内，而传者无其外，故异于服，勉于行，不可以道众而驯百姓。自大贤之灭，周室之卑也，威仪加多而民行滋薄，声乐繁充而世德滋衰。今孔丘盛声乐以侈世，饰弦歌鼓舞以聚徒，繁登降之礼，趋翔之节以观众，博学不可以仪世，劳思不可以补民，兼寿不能殚其教，当年不能究其礼，积财不能赡其乐，繁饰邪术以营世君，盛为声乐以淫愚其民。其道也，不可以示世；其教也，不可以导民。今欲封之，以移齐国之俗，非所以道众存民也。」公曰：「善。」于是厚其礼而留其封，敬见不问其道。仲尼乃行。

《墨子·非儒下》 孔丘之齐，见景公。景公说，欲封之以尼谿，以告晏子。晏子曰：「不可。夫儒，浩居而自顺者也，不可以教下；好乐而淫人，不可使亲治；立命而怠事，不可使守职；宗丧循哀，不可使慈民；机服勉容，不可使导众。孔丘盛容修饰以蛊世，弦歌鼓舞以聚徒，繁登降之礼以示仪，务趋翔之节以劝众。儒学不可使议世，劳思不可以补民，絫寿不能尽其学，当年不能行其礼，积财不能赡其乐。繁饰邪术，以营世君，盛为声乐，以淫遇民。其道不可以期世，其学不可以导众。今君封之以利齐俗，非所以导国先众。」公曰：「善。」于是厚其礼，留其封，敬见而不问其道。孔丘乃恚怒于景公与晏子。乃树鸱夷子皮于田常之门，告南郭惠子以所欲为，归于鲁。

《吕氏春秋·离俗览·高义》 孔子见齐景公，景公致廪丘以为养，孔子辞不受。入，谓弟子曰：「吾闻君子当功以受禄，今说景公，景公未之行，而赐之廪丘，其不知丘亦甚矣。」令弟子趣驾而行。

《淮南子·氾论训下》 孔子辞廪丘，终不盗刀钩。

《说苑·立节》 孔子见齐景公，景公致廪丘以为养，孔子辞不受。出，谓弟子曰：「吾闻君子当功以受禄，今说景公，景公未之行，而赐我廪丘，其不知丘亦甚矣。」遂辞而行。

《韩诗外传》八 传曰：予小子使尔继邵公之后，受命者必以其祖命之。孔子为鲁司寇，命之曰：「宋公之子弗甫有孙，鲁孔丘，命尔为司寇。」孔子曰：「弗甫敦及厥辟将不堪。」公曰：「不妄。」

《御览》二百八引《符子》 鲁侯欲以孔丘为司徒，将召三桓议之。乃谓左丘明曰：「寡人欲以孔子为司徒，而授以鲁政焉。寡人将欲询诸三子。」左丘明曰：「孔丘其圣人与！夫圣人任政，过者离位焉。君虽欲谋，其将弗合乎！」鲁侯曰：「吾子奚以知之？」丘明曰：「周人有爱裘而好珍羞，欲为千金之裘而与狐谋其皮，欲具少牢之珍而与羊谋其羞。言未卒，狐相率逃于重邱之下，羊相呼藏于深林之中与！圣人十年不制一裘，五年不具一牢，何者？周人之谋失之矣。今君欲以孔丘为司徒，召三桓而议之，亦与狐谋裘与羊谋羞哉！」于是鲁侯遂不与三桓谋，而召孔丘为司徒。

《吕氏春秋·孝行览·遇合》 孔子周流海内，再干世主，如齐至卫，所见八十余君。委质于弟子者三千人，达徒七十人。万乘之主得一人用可为师，不于无人。以此游，仅至于鲁司寇。

《荀子·儒效》 仲尼将为司寇，沈犹氏不敢朝饮其羊，公慎氏出其妻，慎溃氏逾境而徙，鲁之粥牛马者不豫贾。必蚤正以待之者也。居于阙党，阙党之子弟罔不分，有亲者，取多孝悌以化之也。

《新序·杂事》一 鲁有沈犹氏者，旦饮羊饱之以欺市人，公慎氏有妻而淫，慎溃氏奢侈骄佚，鲁市之鬻牛马善豫贾。孔子将为鲁司寇，沈犹氏不敢朝饮其羊，公慎氏出其妻，慎溃氏逾境而徙，鲁之鬻马牛不豫贾，布正以待之也。既为司寇，季孟堕郈费之城，齐人归所侵鲁之地，由积正之所致也。

《吕氏春秋·先识览·乐成》 孔子始用于鲁，鲁人幹诵之曰：「麛裘而韨，投之无戾；韨而麛裘，投之无邮。」用三年，男子行乎途右，女子行乎途左，财物之遗者，民莫之举。

《淮南子·泰族训》 孔子为鲁司寇，道不拾遗，市买不豫贾，田渔皆让长，而斑白不负戴，非法之所能致也。

《公羊》定十年解诂 颊谷之会，齐侯作侏儒之乐，欲以执定公。孔子曰：「匹夫而荧惑于诸侯者，诛！」于是诛侏儒，首足异处。齐侯大惧，曲节从教。

《穀梁》定十年传 颊谷之会，孔子相焉。两君就坛，两相相揖。齐人鼓噪而起，欲以执鲁君。孔子历阶而上，不尽一等，而视归乎齐侯曰：「两君合好，夷狄之民何为来为？」命司马止之。齐侯逡巡而谢曰：「寡人之过也。」退而属其二三大夫曰：「夫人率其君，与之行古人之道，二三子独率我而入夷狄之俗，何为？」罢会，齐人使优施舞于鲁君之幕下。孔子曰：「笑君者罪当死！」使司马行法焉，首足异门而出。齐人来归郓、讙、龟阴之田者，盖为此也。

《陆贾新语·辨惑》 鲁定公之时，与齐侯会于夹谷，孔子行相事。两君升坛，两相处下而相揖，君臣之礼济济备焉。齐人鼓噪而起，欲执鲁公。孔子历阶而上，不尽一等，而立谓齐侯曰：「两君合好以礼，相率以乐相化。臣闻嘉乐不野合，牺象之荐不下堂，夷狄之民，何求为？」命司马请止之。定公曰：「诺。」齐侯逡巡而避席曰：「寡人之过。」退而自责大夫，罢会。齐人使优旃舞于鲁公之幕下，傲戏欲候鲁君之隙，以执定公。孔子叹曰：「君辱臣当死！」使司马行法斩焉，首足异门而出。于是齐人瞿然，而恐君臣易操，不安其故行。乃归鲁四邑之侵地，终无乘鲁之心。

《公羊》定十二年解诂 郈，叔孙氏所食邑；费，季氏所食邑。二大夫宰吏数叛，患之，以问孔子。孔子曰：「陪臣执国命，采长数叛者，坐邑有城池之固，家有甲兵之藏故也。」季氏说其言而堕之。

《春秋繁露·五行相胜》 火者，司马也。司马为谗，反言易辞以谮诉人，内离骨肉之亲，外疏忠臣，贤圣旋亡，谗邪日昌，鲁上大夫季孙是也。专权擅势，薄国威德，反以怠恶，谮诉其群臣，劫惑其君。孔子为鲁司寇，据义行法，季孙自消，堕费郈城，兵甲有差。夫火者，大朝，有谗邪荧惑其君，执法诛之。执法者，水也，故曰水胜火。

《春秋繁露·五行相生》 北方者水，执法司寇也。司寇尚礼，君臣有位，长幼有序，朝廷有爵，乡党以齿，升降揖让，般伏拜谒，折旋中矩，立而罄折，拱则抱鼓，执衡而藏，至清廉平，赂遗不受，请谒不听，据法听讼，无有所阿，孔子是也。为鲁司寇，断狱屯屯，与众共之，不敢自专，是死者不恨，生者不怨。

《盐铁论·备胡》 孔子仕于鲁，前仕三月及齐平，后仕三月及郑平，务以德安近而绥远。当此之时，鲁无敌国之谋，邻境之患，强臣变节而忠顺，故季柏隳其都城，大国畏义而合好，齐人来归郓、郈、龟阴之田。

《说苑·至公》 孔子为鲁司寇，听狱必师断，敦敦然皆立，然后君子进曰：「某子以为何若，某子以为云云。」又曰：某子以为何若，某子曰云云。「辩矣，然后君子几当从某子云云乎。以君子之知，岂必待某子之云云，然后知所以断狱哉！君子之敬让也，文辞有可与人共之者，君子不独有也。」

《荀子·宥坐》 孔子为鲁摄相，朝七日而诛少正卯。门人进问曰：「夫少正卯，鲁之闻人也。夫子为政而始诛之，得无失乎？」孔子曰：「居，吾语汝其故。人有恶者五，而盗窃不与焉：一曰心达而险，二曰行辟而坚，三曰言伪而辩，四曰记丑而博，五曰顺非而泽。此五者，有一于人则不得免于君子之诛，而少正卯兼有之。故居处足以聚徒成群，言谈足以饰邪营众，强足以反是独立。此小人之桀雄也，不可不诛也。是以汤诛尹谐，文王诛潘止，周公诛管叔，太公诛华仕，管仲诛付里乙，子产诛邓析、史付。此七子者，皆异世同心，不可不诛也。《诗》曰：「忧心悄悄，愠于群小。」『小人成群，斯足忧矣！」

《尹文子·圣人》 孔丘摄鲁相七日，而诛少正卯。门人进问曰：「夫少正卯，鲁之闻人也。夫子为政而先诛，得无失乎？」孔子曰：「居，吾语汝其故。人有恶者五，而窃盗奸私不与焉：一曰心达而险，二曰行僻而坚，三曰言伪而辨，四曰强记而博，五曰顺非而泽。此五者，有一于人则不免君子之诛，而少正卯兼有之。故居处足以聚徒成群，言谈足以饰邪荧众，强记足以反是独立。此小人，雄桀也，不可不诛也。是以汤诛尹谐，文王诛潘正，太公诛华士，管仲诛付里乙，子产诛邓析、史付。此六子者，异世而同心，不可不诛也。《诗》曰：『忧心悄悄，愠于群小。』小人成群，斯足畏也！」

《淮南子·氾论训》 孔子诛少正卯，而鲁国之邪塞。

《说苑·指武》 孔子为鲁司寇，七日而诛少正卯于东观之下。门人闻之趋而进，至者不言，其意皆一也。子贡后至，趋而进曰：「夫少正卯者，鲁国之闻人矣。夫子始为政，何以先诛之？」孔子曰：「赐也，非尔所及也。夫王者之诛有五，而盗窃不与焉：一曰心辨而险，二曰言伪而辩，三曰行辟而坚，四曰志愚而博，五曰顺非而泽。此五者，皆有辨知聪达之名，而非其真也。苟行以伪，则其知足以移众，强足以独立，此奸人之雄也，不可不诛。夫有五者之一，则不免于诛，今少正卯兼之。是以先诛之也。昔者，汤诛烛沐，太公诛潘阯，管仲诛史附里，子产诛邓析，此五子未有不诛也。所谓诛之者，非为其昼则攻盗，暮则穿窬也，皆倾覆之徒也。此固君子之所疑，愚者之所惑也。《诗》云：『忧心悄悄，愠于群小。』此之谓矣！」

《论衡·讲瑞》 子贡事孔子，一年自谓过孔子，二年自谓与孔子同，三年自知不及孔子。当一年二年之时，未知孔子圣也，三年之后，然乃知之。以子贡知孔子，三年乃定。世儒无子贡之才，其见圣人，不从之学，任仓卒之视，无三年之接，自谓知圣，误矣。少正卯在鲁，与孔子并。孔子之门，三盈三虚，唯颜渊不去，颜渊独知孔子圣也。夫门人去孔子归少正卯，不徒不能知孔子之圣，又不能知少正卯，门人皆惑。子贡曰：「夫少正卯，鲁之闻人也。子为政，何以先之？」孔子曰：「赐退！非尔所及。」

《刘子·心隐》 少正卯在鲁，与孔子同时。孔子门人，三盈三虚，唯颜渊不去，独知圣人之德也。夫门人去仲尼而皈少正卯，非不知仲尼之圣，亦不知少正卯之佞。子贡曰：「少正卯，鲁之闻人也。夫子为政，何以先之？」子曰：「赐也还！非尔所及也。夫少正卯，心逆而险，行辟而坚，言伪而辩，词鄙而博，顺非而泽。有此五伪而乱圣人，以子贡之明而不能见，知人之难也！」

《韩非子·内储说下》 仲尼为政于鲁，道不拾遗，齐景公患之。黎且谓景公曰：「去仲尼犹吹毛耳。君何不迎之以重禄高位，遗哀公以女乐以骄荣其意。哀公新乐之，必怠于政。仲尼必谏，谏而不听，必轻绝于鲁景公。」曰：「善。」乃令黎且以女乐六遗哀公，哀公乐之，果怠于政。仲尼谏，不听，去而之楚。

《晏子春秋·外篇下》 仲尼相鲁，景公患之。谓晏子曰：「邻国有圣人，敌国之忧也。今孔子相鲁，若何？」晏子对曰：「君其勿忧。彼鲁君，弱主也；孔子，圣相也。君不如阴重孔子，设以相齐，孔子强谏而不听，必骄鲁而有齐，君勿纳也。

夫绝于鲁，无主于齐，孔子困矣。」居期年，孔子去鲁之齐，景公不纳，故困于陈、蔡之间。

《陆贾新语·辨惑》 孔子遭君暗臣乱，众邪在位，政道隔于三家，仁义闭于公门，故作《公陵之歌》，伤无权力于世。

《琴操》《龟山操》者，孔子所作也。齐人馈女乐，季桓子受之，鲁君闭门不听朝。当此之时，季氏专政，上僭天子，下畔大夫，贤圣斥逐，谗邪满朝。孔子欲谏不得，退而望鲁，鲁有龟山蔽之。辟季氏于龟山，托势位于斧柯。季氏专政，犹龟山蔽鲁也，伤政道之陵迟，闵百姓不得其所，欲诛季氏而力不能，于是援琴而歌云：「予欲望鲁兮，龟山蔽之，手无斧柯，奈龟山何！」

卷十三　事谱十一（下）

《韩诗外传》五 孔子抱圣人之心，彷徨乎道德之域，逍遥乎无形之乡，倚天理，观人情，明终始，知得失。故兴仁义，厌势利，以持养之。于时周室微，王道绝，诸侯力政，强劫弱，众暴寡，百姓靡安，莫之纪纲，礼仪废坏，人伦不理。于是孔子自东自西，自南自北，匍匐救之。

《韩诗外传》六 孔子行，简子将杀阳虎，孔子似之，带甲以围孔子舍。子路愠怒，奋戟将下。孔子止之曰：「由！何仁义之寡裕也。夫《诗》、《书》之不习，礼乐之不讲，是丘之罪也。若吾非阳虎而以我为阳虎，则非丘之罪也，命也！我歌子和若。」子路歌，孔子和之，三终而围罢。

《庄子·外篇·秋水》 孔子游于匡，宋人围之数匝，而弦歌不辍。子路入见曰：「何夫子之娱也？」孔子曰：「来！吾语女。我讳穷久矣，而不免，命也；求通久矣，而不得，时也。当尧、舜，而天下无穷人，非知得也；当桀、纣，而天下无通人，非知失也。时势适然。夫水行不避蛟龙者，渔父之勇也；陆行不避兕虎者，猎夫之勇也；白刃交于前，视死若生者，烈士之勇也；知穷之有命，知通之有时，临大难而不惧者，圣人之勇也。由处矣！吾命有所制矣！」无几何，将甲者进，辞曰：「以为阳虎也，故围之。今非也，请辞而退。」

《说苑·杂言》 孔子之宋，匡简子将杀阳虎，孔子似之，甲士以围孔子之舍。子路怒，奋戟将下斗。孔子止之曰：「何仁义之不免俗也！夫《诗》《书》之不习，礼乐之不修也，是丘之过也。若似阳虎，则非丘之罪也。命也夫！由，歌，吾和汝。」

子路歌，孔子和之，三终而甲罢。

《琴操》 孔子厄者，孔子使颜渊执辔，到匡郭外。颜渊举策指匡，穿垣曰：「往与阳虎。」正从此入，匡人闻其言，孔子貌似阳虎，告匡君曰：「往者阳虎，今复来至。」乃率众围孔子，数日不解，弟子皆有饥色。于是孔子仰天而叹曰：「君子固亦穷乎！」子路闻孔子之言悲感，悖然大怒，张目奋剑，声如钟鼓，顾谓二三子曰：「使吾有此厄也！」孔子曰：「由，来！今汝欲斗名，为戮我于天下，为汝悲歌而感之，汝皆和我。」由等唯唯。孔子乃引琴而歌，音曲甚哀，有暴风击拒，军士僵仆。于是匡人乃知孔子圣人，瓦解而去。

《吕氏春秋·慎大览·贵因》 孔子道弥子瑕，见釐夫人，因也。

《淮南子·泰族训》 孔子欲行王道，东西南北七十说而无所偶，故因卫夫人弥子瑕，而欲通其道。

《盐铁论·论儒》 孔子适卫，因嬖臣弥子瑕以见卫夫人，子路不说。

《艺文类聚》六十七引《典略》 孔子返卫，卫夫人南子使人谓之曰：「四方君子之来者，必见寡小君。」孔子不得已见之。夫人在锦帷中，孔子北面稽首，夫人自帷中再拜，环珮之声璆然。

《吕氏春秋·恃君览·召类》 赵简子将袭卫，使史默往睹之。期以一月，六月而后返。赵简子曰：「何其久也？」史默曰：「谋利而得害，犹弗察也。今蘧伯玉为相，史鰌佐焉，孔子为客，子贡使令于君前甚听。《易》曰：『涣其群元。吉。』涣者，贤也；群者，众也；元者，吉之始也。涣其群元吉者，其佐多贤也。」简子按兵而不动。

《盐铁论·论儒》 孔子能方不能圆，故饥于黎丘。

《艺文类聚》三十引《典略》 孔子过宋，与弟子习礼于树下。宋司马桓魋使人拔其树，去适于野。

《韩诗外传》九 孔子出卫之东门，逆姑布子卿，曰：「二三子引车避。有人将来，必相我者也。志之。」姑布子卿亦曰：「二三子引车避。有圣人将来。」孔子下步，姑布子卿迎而视之五十步，从而望之五十步，顾子贡曰：「是何为者也？」子贡曰：「赐之师也，所谓鲁孔丘也。」姑布子卿曰：「是鲁孔丘欤？吾固闻之。」子贡曰：「赐之师，何如？」姑布子卿曰：「得尧之颡，舜之目，禹之颈，皋陶之喙。从前视之，盎盎乎似有王者，从后视之，高肩弱脊。此惟不及四圣者也。」子贡吁然。姑布子卿曰：「子何患焉？污面而不恶，葭喙而不藉，远而望之，羸乎若丧家之狗。子何患焉？」子贡以告孔子。孔子无所辞，独辞丧家之狗耳，曰：「丘何敢乎？」子贡曰：「污面而不恶，葭喙而不藉，赐以知之矣。不知丧家狗，何足辞也？」子曰：

「赐，汝独不见夫丧家之狗欤？既敛而椁，布器而祭，顾望无人，意欲施之，上无明王，下无贤士方伯，王道衰，政教失，强陵弱，众暴寡，百姓纵心，莫之纲纪。是以固以丘为欲当之者也，丘何敢乎！」

《**白虎通·寿命**》 夫子过郑，与弟子相失，独立郭门外。或谓子贡曰：「东门有一人，其头似尧，其颈似皋繇，其肩似子产，然自要以下，不及禹三寸，儡儡如丧家之狗。」子贡以告孔子，孔子喟然而笑曰：「形状，未也。如丧家之狗，然哉乎！然哉乎！」

《**论衡·骨相**》 孔子适郑，与弟子相失，孔子独立郑东门。郑人或问子贡曰：「东门有人，其头似尧，其项若皋陶，肩类子产，然自腰以下，不及禹三寸，儽儽若丧家之狗。」子贡以告孔子，孔子欣然笑曰：「形状，未也。如丧家狗，然哉！然哉！」

《**三国·魏·刘廙传**》**注引**《**新序**》 赵简子欲专天下，谓其相曰：「赵有犊犨，晋有铎鸣，鲁有孔丘，吾杀三人者，天下可王也。」于是乃召犊犨、铎鸣而问政焉，已即杀之。使使者聘孔子于鲁，以胖牛肉迎于河上。使者谓船人曰：「孔子即上船，中河必流而杀之。」孔子至，使者致命，进胖牛之肉。孔子仰天而叹曰：「美哉水乎！洋洋乎，使丘不济此水者，命也夫！」子路趋而进曰：「敢问何谓也？」孔子曰：「夫犊犨、铎鸣，晋国之贤大夫也。赵简子未得意之时，须而后从政，及其得意也，杀之。黄龙不反于涸泽，凤凰不离其罻罗。故刳胎焚林则麒麟不臻，覆巢破卵则凤皇不翔，竭泽而渔则龟龙不见。鸟兽之于不仁，犹知避之，况丘乎！故虎啸而谷风起，龙兴而景云见，击庭钟于外，而黄钟应于内，夫物类之相感，精神之相应，若响之应声，影之象形，故君子违伤其类者。今彼已杀吾类矣，何为之此乎！」于是遂回车，不渡而还。

《**说苑·权谋**》 赵简子曰：「晋有泽鸣、犊犨，鲁有孔丘，吾杀此三人，则天下可图也。」于是乃召泽鸣、犊犨，任之以政而杀之。使人聘孔子于鲁，孔子至河，临水而观曰：「美哉水，洋洋乎！丘之不济于此，命也夫！」子路趋进曰：「敢问奚谓也？」孔子曰：「夫泽鸣、犊犨，晋国之贤大夫也。赵简子之未得志也，与之同闻见；及其得志也，杀之而后从政。故丘闻之，刳胎焚夭则麒麟不至，干泽而渔蛟龙不游，覆巢毁卵则凤凰不翔。丘闻之，君子重伤其类者也。」

《**琴操**》《将归操》者，孔子之所作也。赵简子循执玉帛以聘孔子，孔子将往，未至渡狄水，闻赵杀其贤大夫窦鸣犊。喟然而叹之曰：「夫赵之所以治者，鸣犊之力也。杀鸣犊而聘余，何丘之往也？夫燔林而田则麒麟不至，覆巢破卵则凤凰不翔。鸟兽尚恶伤类，而况君子哉！」于是援琴而鼓之云：「翱翔于卫，复我旧居，从吾所好，其乐只且。」

《**水经**》**河水注五** 昔赵鞅杀鸣犊，仲尼临河而叹，自是而返。曰：「丘之不济，命也夫！」琴操以为，孔子临狄水而歌矣，曰「狄水衍兮风扬波，船楫颠倒更相加」。

《庄子·杂篇·寓言》 庄子谓惠子曰：「孔子行年六十而六十化，始时所是，卒而非之。未知今之所谓是之非五十九非也？」惠子曰：「孔子勤志服知也。」庄子曰：「孔子谢之矣，而其未之尝言。孔子云：「夫受才乎大本，复灵以生。鸣而当律，言而当法，利义陈乎前，而好恶是非直服人之口而已矣。使人乃以心服而不敢蘁立，定天下之定。已乎！已乎！吾且不得及彼乎！」

《墨子·耕柱》 叶公子高问政于仲尼曰：「善为政者，若之何？」仲尼对曰：「善为政者，远者近之，而旧者新之。」

《庄子·内篇·人间世》 叶公子高将使于齐，问于仲尼曰：「王使诸梁也甚重，齐之待使者，盖将甚敬而不急。匹夫犹未可动也，而况诸侯乎？吾甚栗之。子尝语诸梁也，曰：『凡事若小若大，寡不道以欢成。』事若不成，则必有人道之患；事若成，则必有阴阳之患。若成若不成而后无患者，唯有德者能之。吾食也，执粗而不臧，爨无欲清之人。今吾朝受命而夕饮水，我其内热与？吾未至乎事之情，而既有阴阳之患矣；事若不成，必有人道之患。是两也，为人臣者不足以任之，子其有以语我来！」仲尼曰：「天下有大戒二：其一，命也；其一，义也。子之爱亲，命也，不可解于心；臣之事君，义也，无适而非君也，无所逃于天地之间。是之谓大戒。是以夫事其亲者，不择地而安之，孝之至也；夫事其君者，不择事而安之，忠之盛也；自事其心者，哀乐不易施乎前，知其不可奈何而安之若命，德之至也。为人臣子者，固有所不得已。行事之情而忘其身，何暇至于悦生而恶死？夫子其行可矣！丘请复以所闻：凡交，近则必相靡以信，远则必忠之以言，言必或传之。夫传两喜两怒之言，天下之难者也。夫两喜必多溢美之言，两怒必多溢恶之言。凡溢之类妄，妄则其信之也莫，莫则传言者殃。故《法言》曰：『传其常情，无传其溢言，则几乎全。』且以巧斗力者，始乎阳，常卒乎阴，泰至则多奇巧；以礼饮酒者，始乎治，常卒乎乱，泰至则多奇乐。凡事亦然。始乎谅，常卒乎鄙。其作始也简，其将毕也必巨。言者，风波也；行者，实丧也。夫风波易以动，实丧易以危。故忿设无由，巧言偏辞。兽死不择音，气息茀然，于是并生心厉。克核太至，则必有不肖之心应之，而不知其然也。苟为不知其然也，孰知其所终？故《法言》曰：「『无迁令，无劝成。』过度，益也。迁令，劝成殆事。美成在久，恶成不及改。可不慎与！且夫乘物以游心，托不得已以养中，至矣。何作为报也！莫若为致命。此其难者。」

《荀子·宥坐》 孔子南适楚，厄于陈、蔡之间，七日不火食，藜羹不糁，弟子皆有饥色。子路进问之曰：「由闻之：

为善者天报之以福，为不善者天报之以祸。今夫子累德、积义、怀美，行之日久矣，奚居之隐也？」孔子曰：「由不识，吾语汝。汝以知者为必用邪？王子比干不见剖心乎？汝以忠者为必用邪？关龙逢不见刑乎？汝以为谏者为必用邪？伍子胥不磔姑苏东门外乎？夫遇不遇者，时也；贤不肖者，材也。君子博学深谋不遇时者多矣。由是观之，不遇世者众矣，何独丘也哉！夫茞兰生于深林，非以无人而不芳。君子之学，非为通也。为穷而不困，忧而意不衰也，知祸福终始而心不惑也。夫贤不肖者，材也；为不为者，人也；遇不遇者，时也；死生者，命也。今有其人不遇其时，虽贤，其能行乎？苟遇其时，何难之有？故君子博学深谋修身端行以俟其时。」孔子曰：「由，居，吾语汝。昔晋公子重耳霸心生于曹，越王句践霸心生于会稽，齐桓公小白霸心生于莒。故居不隐者思不远，身不佚者志不广，女庸安知吾不得之桑落之下！」

《韩诗外传》七　孔子困于陈、蔡之间，即三经之席，七日不食，藜羹不糁，弟子有饥色，读书习礼乐不休。子路进谏曰：「为善者，天报之以福；为不善者，天报之以贼。今夫子积德累仁，为善久矣。意者尚有遗行乎，奚居之隐也？」孔子曰：「由，来！汝小人也，未讲于论也。居，吾语汝。子以知者为无罪乎，则王子比干何为刳心而死？子以义者为听乎，则伍子胥何为抉目而县吴东门？子以廉者为用乎，则伯夷、叔齐何为饿于首阳之山？子以忠者为用乎，则鲍叔何为而不用、叶公子高终身不仕、鲍焦抱木而泣、子推登山而燔？故君子博学深谋，不遇时者众矣，岂独丘哉！贤不肖者，材也；遇不遇者，时也。今无有时，贤安所用哉？故虞舜耕于历山之阳，立为天子，其遇尧也。傅说负土而版筑，以为大夫，其遇武丁也。伊尹固有莘氏僮也，负鼎操俎调五味，而立为相，其遇汤也。吕望行年五十，卖食棘津，年七十屠于朝歌，九十乃为天子师，则遇文王也。管夷吾束缚自槛车，以为仲父，则遇齐桓公也。百里奚自卖五羊之皮，为秦伯牧牛，举为大夫，则遇秦缪公也。虞丘于天下，以为令尹，让于孙叔敖，则遇楚庄王也。伍子胥前功多，后戮死，非知有盛衰也，前遇阖闾，后遇夫差也。夫骥罢盐车，此非无形容也，莫知之也。使骥不得伯乐，安得千里之足？造父亦无千里之手矣。夫兰茝生于茂林之中，深山之间，人莫见之，故不芬。夫学者非为通也，为穷而不困，忧而志不衰，先知祸福之始，而心无惑焉。故圣人隐居深念，独闻独见。夫舜亦贤圣矣，南面而治天下，惟其遇尧也。使舜居桀、纣之世，能自免于刑戮之中，则为善矣，亦何位之有？桀杀关龙逢，纣杀王子比干，当此之时，岂关龙逢无知而王子比干不慧乎哉！此皆不遇时也。故君子务学，修身端行而须其时者也。子无惑焉。」

《说苑·杂言》　孔子困于陈、蔡之间，居环堵之内，席三经之席，七日不食，藜羹不糁，弟子皆有饥色，读《诗》、《书》，治礼不休。子路进谏曰：「凡人为善者，天报以福；为不善者，天报以祸。今先生积德行为善久矣，意者尚有遗行乎，奚居隐也？」孔子曰：「由，来！汝不知，坐，吾语汝。子以夫知者为无不知乎，则王子比干何为剖心而死？以谏者为必听邪，伍子胥何为抉目于吴东门？子以廉者为必用乎，伯夷、叔齐何为饿死于首阳山之下？子以忠者为必用乎，则鲍庄何为而肉枯，荆公子高终身不显，鲍焦抱木而立枯，介子推登山焚死？故夫君子博学深谋，不遇时者众矣，岂独丘哉！贤不肖者，才也；为不为者，人也；遇不遇者，时也；死生者，命也。有其才不遇其时，虽才不用。苟遇其时，何难之有？故舜耕历山，而逃于河畔，立为天子，则其遇尧也。傅说负壤土，释版筑，而立佐天子，则其遇武丁也。伊尹，有莘氏媵臣也，负鼎俎，调五味，而佐天子，则其遇成汤也。吕望行年五十，卖食于棘津，行年七十，屠牛朝歌，行年九十，为天子师，则其遇文王也。管夷吾束缚胶目，居槛车中，自车中起为仲父，则其遇齐桓公也。百里夷自卖取五羊皮，伯氏牧羊，以为卿大夫，则其遇秦穆公也。沈尹名闻天下，以为令尹，而让孙叔敖，则其遇楚庄王也。伍子胥前多功，后戮死，非其智益衰也，前遇阖闾，后遇夫差也。夫骥厄罢盐车，非无骥状也，夫世莫能知也。使骥得王良、造父，骥无千里之足乎？芝兰生深林，非为无人而不香。故学者非为通也，为穷而不困也，忧而不衰也，此知祸福之始而心不惑也。圣人之深念独知独见。舜亦贤圣矣，南面治天下，唯其遇尧也。使舜居桀、纣之世，能自免刑戮固可也，又何官得治乎？夫桀杀关龙逢，而纣杀王子比干，当是时，岂关龙逢无知而比干无惠哉！此桀、纣无道之世然。也故君子疾学，修身端行，以须其时也。」

《说苑·杂言》 孔子遭难陈、蔡之境，绝粮，弟子皆有饥色。孔子歌两柱之间，子路入见曰：「夫子之歌，礼乎？」孔子不应，曲终而曰：「由，君子好乐为无骄也，小人好乐为无慑也，其谁知之，子不我知而从我者乎？」子路不说，授干而舞，三终而出。及至七日，孔子修乐不休。子路愠见曰：「夫子之修乐，时乎？」孔子不应，乐终而曰：「由，昔者齐桓霸心生于莒，句践霸心生于会稽，晋文霸心生于骊氏。故居不幽则思不远，身不约则智不广，庸知而不遇之于是兴？」明日，免于厄。子贡执辔曰：「二三子从夫子而遇此难也，其不可忘已。」孔子曰：「恶，是何也！《语》不云乎？『三折肱而成良医。』夫陈、蔡之间，丘之幸也。二三子从丘者，皆幸人也。吾闻人君不困不成王，列士不困不成行。昔者，汤困于吕，文王困于羑里，秦穆公困于殽，齐桓困于长勺，句践困于会稽，晋文困于骊氏。夫困之为道，从寒之及暖，暖之及寒也。唯贤者独知而难言之也。《易》曰：『困，亨贞，大人吉，无咎。』有言不信。圣人所与人难言信也。」

《庄子·杂篇·让王》 孔子穷于陈、蔡之间，七日不火食，藜羹不糁，颜色甚惫，而弦歌于室。颜回择菜，子路、子贡相与言曰：「夫子再逐于鲁，削迹于卫，伐树于宋，穷于商、周，围于陈、蔡。杀夫子者无罪，藉夫子者无禁。弦歌鼓琴未尝绝音，君子之无耻也若此乎？」颜回无以应，入告孔子，孔子推琴，喟然而叹曰：「由与赐，细人也！召而来，吾语之。」子路、子贡入，子路曰：「如此者可谓穷矣！」孔子曰：「是何言也！君子通于道之谓通，穷于道之谓穷。今丘抱仁义之道，以遭乱世之患，其何穷之为！故内省而不穷于道，临难而不失其德。天寒既至，霜雪既降，吾是以知松柏之茂也。陈、蔡之隘，于丘其幸乎！」孔子削然反，琴而弦歌，子路扢然执干而舞。子贡曰：「吾不知天之高也，地之下也！」古之得道者，穷亦乐，通亦乐。所乐非穷通也，道德于此，则穷通为寒暑风雨之序矣。故许由娱于颍阳，而共伯得乎共首。

《吕氏春秋·孝行览·慎人》 孔子穷于陈、蔡之间，七日不尝食，藜羹不糁。宰予备矣，孔子弦歌于室，颜回择菜于外，子路与子贡相与而言曰：「夫子逐于鲁，削迹于卫，伐树于宋，穷于陈、蔡。杀夫子者无罪，藉夫子者不禁。夫子弦歌鼓舞，未尝绝音。盖君子之无所丑也若此乎？」颜回无以对，入以告孔子，孔子扢然推琴，喟然而叹曰：「由与赐，小人也！召，吾语之。」子路与子贡入，子贡曰：「如此者可谓穷矣！」孔子曰：「是何言也！君子达于道之谓达，穷于道之谓穷。今丘也拘仁义之道，以遭乱世之患，其所也，何穷之谓？故内省而不疚于道，临难而不失其德。大寒既至，霜雪既降，吾是以知松柏之茂也。昔桓公得之莒，文公得之曹，越王得之会稽。陈、蔡之厄，于丘其幸乎！」孔子烈然返瑟而弦，子路抗然执干而舞。子贡曰：「吾不知天之高也，不知地之下也。」古之得道者，穷亦乐，达亦乐。所乐非穷达也，道得于此，则穷达一也，为寒暑风雨之序矣。故许由虞乎颍阳，而共伯得乎共首。

《风俗通》七 孔子困于陈、蔡之间，七日不尝粒，藜羹不糁，而犹弦琴于室。颜回择菜于户外，子路、子贡相与言曰：「夫子逐于鲁，削迹于卫，拔树于宋，今复见厄于此。杀夫子者无罪，籍夫子者不禁。夫子弦歌鼓舞，未尝绝音。盖君子之无耻也若此乎？」颜渊无以对，以告孔子，孔子恬然推琴，喟然而叹曰：「由与赐，小人也！召，吾语之。」子路与子贡入，子路曰：「如此可谓穷矣！」夫子曰：「由，是何言也！君子通于道之谓通，穷于道之谓穷。今丘抱仁义之道，以遭乱世之患，其何穷之为？故内省不疚于道，临难而不失其德。大寒既至，霜雪既降，吾是以知松柏之茂也。昔者桓公得之莒，文公得之曹，越得之会稽。陈、蔡之厄，于丘其幸乎！」

《庄子·外篇·山木》 孔子穷于陈、蔡之间，七日不火食，左据槁木，右击槁枝，而歌焱氏之风。有其具而无其数，有其声而无宫角，木声与人声，犁然有当于人之心。颜回端拱还目而窥之，仲尼恐其广己而造大也，爱己而造哀也，曰：

「回，无受天损易，无始而非卒也，人与天一也。夫今之歌者其谁乎？」回曰：「敢问无受天损易？」仲尼曰：「饥渴寒暑，穷桎不行，天地之行也，运物之泄也，言与之偕游之谓也。为人臣者，不敢去之。执臣之道犹若是，而况乎所以待天乎！」「何谓无受人益难？」仲尼曰：「始用四达，爵禄并至而不穷，物之所利，乃非己也，吾命有在外者也。君子不为盗，贤人不为窃，吾若取之，何哉？故曰鸟莫知于鷾鸸，目之所不宜处，不给视，虽落其实，弃之而走。其畏人也，而袭诸人间，社稷存焉尔。」「何谓无始而非卒？」仲尼曰：「化其万物而不知其禅之者，焉知其所终，焉知其所始？正而待之而已耳。」「何谓人与天一邪？」仲尼曰：「有人，天也；有天，亦天也。人之不能有天，性也。圣人晏然体逝而终矣。」

《**墨子·非儒**》 孔丘穷于陈、蔡之间，藜羹不糁。十日，子路为享豚，孔丘不问肉之所由来而食；号人衣以酤酒，孔丘不问酒之所由来而饮。哀公迎孔丘，席不端弗坐，割不正弗食。子路进，请曰：「何其与陈、蔡反也？」孔丘曰：「来，吾语汝。曩与女为苟生，今与女为苟义。」

《**吕氏春秋·审分览·任数**》 孔子穷乎陈、蔡之间，藜羹不斟，七日不尝粒，昼寝。颜回索米，得而爨之，几熟，孔子望见颜回攫其甑中而食之。选间，食熟，谒孔子而进食。孔子佯为不见之。孔子起曰：「今者梦见先君，食洁而后馈。」颜回对曰：「不可。向者煤室入甑中，弃食不祥，回攫而饭之。」孔子叹曰：「所信者目也，而目犹不可信；所恃者心也，而心犹不足恃。弟子记之：知人固不易矣。」

《**论衡·知实**》 颜渊炊饭，尘落甑中，欲置之则不清，投地则弃饭，掇而食之。孔子望见，以为窃食。

《**说苑·贵德**》 孔子之楚，有渔者献鱼甚强，孔子不受。献鱼者曰：「天暑，远市，卖之不售，思欲弃之，不若献之君子。」孔子再拜，受。使弟子埽除，将祭之。弟子曰：「夫人将弃之，今夫子将祭之，何也？」孔子曰：「吾闻之，务施而不腐余财者，圣人也。今受圣人之赐，可无祭乎？」

《**说苑·杂言**》 楚昭王召孔子，将使执政，而封以书社七百。子西谓楚王曰：「王之臣，用兵有如子路者乎？使诸侯有如宰予者乎？长官五官有如子贡者乎？昔文王处酆，武王处镐，酆、镐之间，百乘之地，伐上杀主，立为天子，世皆曰圣王。今以孔子之贤而有书社七百里之地，而三子佐之，非楚之利也。」楚王遂止。

《**庄子·内篇·人间世**》 孔子适楚，楚狂接舆游其门曰：「凤兮凤兮！何如德之衰也？来世不可待，往世不可追也！

天下有道，圣人成焉，天下无道，圣人生焉。方今之时，仅免刑焉。福轻乎羽，莫之知载，祸重乎地，莫之知避。已乎！已乎！临人以德，殆乎！殆乎！画地而趋。迷阳迷阳，无伤吾行，吾行郤曲，无伤吾足。」山木自寇也，膏火自煎也。桂可食，故伐之，漆可用，故割之。人皆知有用之用，而莫知无用之用也。

《**琴操**》《猗兰操》者，孔子所作也。孔子历聘诸侯，诸侯莫能任。自卫反鲁，过隐谷之中，见芗兰独茂，喟然叹曰：「夫兰当为王者香，今乃独茂，与众草为伍，譬犹贤者不逢时，与鄙夫为伦也。」乃止车援琴鼓之云：「习习谷风，以阴以雨，之子于归，远送于野。何彼苍天，不得其所，逍遥九州，无所定处。世人暗蔽，不知贤者，年纪逝迈，一身将老。」自伤不逢时，托辞于芗兰云。

《**越绝书**》**七**　昔者，陈成恒相齐简公，欲为乱，惮齐邦鲍晏，故徙其兵而伐鲁。鲁君忧也，孔子患之，乃召门人弟子而谓之曰：「诸侯有相伐者尚耻之，今鲁，父母之邦也，丘墓存焉，今齐将伐之，可无一出乎？」颜渊辞出，孔子止之。子路辞出，孔子止之。子贡辞出，孔子遣之。

《**吴越春秋·夫差内传**》　十三年，齐大夫陈成恒欲弑简公，阴惮齐国鲍晏，故前兴兵伐鲁。鲁君忧之，孔子患之，召门人而谓之曰：「诸侯有相伐者，丘尝耻之。夫鲁，父母之国也，丘墓在焉，今齐将伐之，子无意一出邪？」子路辞出，孔子止之。子张、子石请行，孔子弗许。子贡辞出，孔子遣之。

《**越绝书·外传本事**》　子贡与夫子坐，告夫子曰：「太宰死。」夫子曰：「不死也。」如是者再。子贡再拜而问：「何以知之？」夫子曰：「天生宰嚭者，欲以亡吴；吴今未亡，宰何病乎？」后人来言不死。

《**淮南子·人间训**》　昔者卫君朝于吴，吴王囚之，欲流之于海，说者冠盖相望而弗能止。鲁君闻之，撤钟鼓之县，缟素而朝。仲尼入见，曰：「君胡为有忧色？」鲁君曰：「诸侯无亲，以诸侯为亲；大夫无党，以大夫为党。今卫君朝于吴王，吴王囚之，而欲流之于海。执卫君之仁义而遭此难也，吾欲免之而不能为，奈何？」仲尼曰：「若欲免之，则请子贡行。」鲁君召子贡，授之将军之印。子贡辞曰：「贵无益于解患，在所由之道。」敛躬而行，至于吴，见太宰嚭。太宰嚭甚说之，欲荐之于王。子贡曰：「子不能行说于王，奈何吾因子也。」太宰嚭曰：「子焉知予之不能也。」子贡曰：「卫君之来也，卫国之半曰：『不若朝于晋。』其半曰：『不若朝于吴。』然卫君以为吴可以归骸骨也，故束身以受命。今子受卫君而囚之，又欲流之于海，是赏言朝于晋者而罚言朝于吴也。且卫君之来也，诸侯皆以为蓍龟兆，今朝于吴而不利，则皆移心于晋矣。子欲成伯王之业，不亦难乎？」太宰嚭入，复之于王。王报出令于百官曰：「比十日，而卫君之礼不具者死。」子贡可谓知所以说矣。

《史记·卫世家》 孔子闻卫乱，曰：「嗟乎！柴也其来乎！由也其死矣！」

《御览》八百六十五引《风俗通》 子路感雷精而生，尚刚好勇。死，卫人醢之。孔子覆醢，每闻雷声恻怛耳。

《拾遗记》二 孔子相鲁之时，有神凤游集。至哀公之末，不复来翔。故云：「凤鸟不至，可为悲矣。」

《初学记》二十九引《孝经右契》 孔子夜梦丰沛邦，有赤烟气起。颜回、子夏侣往观之，驱车到楚西北范氏之庙，见刍儿捶麟，伤其前左足，束薪而覆之。孔子曰：「儿，来！汝姓为谁？」曰：「吾姓为赤松子，时桥，名受纪。」孔子曰：「汝岂有所见乎？」「吾所见一禽，如麕羊头，头上有角，其末有肉，方以是西走。」孔子发薪下，麟视孔子而往，麟蒙其耳，吐三卷书。孔子精而读之。

《搜神记》八 鲁哀公十四年，孔子夜梦三槐之间，丰沛之邦有赤氤气起，乃呼颜渊、子夏同往观之，驱车到楚西北范氏街，见刍儿打麟，伤其左前足，束薪而覆之。孔子曰：「儿，来！汝姓，为谁儿？」曰：「吾姓为赤松，名时乔，字受纪。」孔子曰：「汝岂有所见乎？」儿曰：「吾所见一禽，如麕羊头，头上有角，其末有肉，方以是西走。」孔子曰：「天下已有主也，为赤刘，陈项为辅。五星入井，从岁星。」儿发薪下，麟示孔子，孔子趋而往，麟向孔子蒙其耳，吐三卷图。广三寸，长八寸，每卷二十四字，其言赤刘当起。曰：「周亡赤气起，火曜兴玄。丘制命，帝卯金。」

《拾遗记》三 周灵王立，二十一年，孔子生于鲁。襄公之世，夜有二苍龙自天而下，来附徵在之房，因梦而生孔子。有二神女擎香露于空中而来，以沐浴徵在。天帝下奏钧天之乐，列于颜氏之房，空中有声，言天感生圣子，故降以和乐笙镛之音，异于俗世也。又有五老列于徵在之庭，则五星之精也。夫子未生时，有麟吐玉书于阙里人家，文云：水精之子孙，衰周而素王。故二龙绕室，五星降庭，徵在贤明，知为神异，乃以绣绂系麟角信，宿而麟去。相者云，夫子系殷汤水德而素王。至敬王之末，鲁定公十四年，鲁人锄商田得麟，以示夫子。系角之绂尚犹在焉，夫子知命之将终，乃抱麟解绂，涕泗滂沱。且麟出之时，及解绂之岁，垂百年矣。

《艺文类聚》十引《琴操》 鲁哀公十四年，西狩。薪者获麟，击之，伤其左足，将以示孔子。孔子道与相逢，见，俯而泣，抱麟曰：「尔孰为来哉！孰为来哉！」反袂拭面，乃歌曰：「唐虞世兮麟凤游，今非其时来何求，麟兮麟兮我心忧！」仰视其人，龙颜日月。夫子奉麟之口，须臾取三卷图，一为赤伏，刘季兴为王。二为周灭，夫子将终。三为汉制，造作《孝经》。夫子还，谓子夏曰：「新王将起，其如得麟者。」

《御览》二十一又七百二十四引《公孙尼子》 孔子有疾，哀公使医视之。医曰：「子居处饮食何如？」孔子曰：「丘春居葛室，夏居密阳，秋不风，冬不炀，饮食不造，饮酒不勤。」医曰：「是良药也。」

《绎史·孔子类记》四引《庄子》 孔子病，子贡出，卜。孔子曰：「吾坐席不敢先，居处若斋，饮食若祭，吾卜之久矣。」

《论衡·别通》 孔子病，商瞿卜，期日中。孔子曰：「取书来，比至日中，何事乎！」

《刘子·崇学》 宣尼临没，手不释卷。

《水经注》二十五引《春秋说题辞》 孔子卒，以所受黄玉葬鲁城北。

《论衡·纪妖》 孔子当泗水而葬，泗水却流。

《御览》五百六十引《皇览·冢墓记》 鲁大夫叔梁纥冢，在鲁国东阳聚安泉东北八十五步，名曰防冢。民传曰：防坟于防，地微高。孔子冢，鲁城北便门外南去城十里，冢营方百亩，冢南北广十步，东西十步，高丈二尺。冢为祠坛，方六尺，与地方平，无祠堂。冢茔中树以百数，皆异种，鲁人世世皆无能名其树者。民传云：孔子弟子，异国人，各持其国树来种之。孔子茔中不生荆棘及刺人草。伯鱼冢，孔子冢东边，与孔子并，大小相望。子思冢，在孔子冢南，亦大小相望。

《金楼子·志怪》 孔子冢，在鲁城北，茔中树以百数，皆异种，鲁人世世无能名者。传言孔子弟子，既皆异国之人，各持其国树来种之。孔子茔中，至今不生荆棘草木。

《汉书·鲁恭王传》 恭王初，好治宫室，坏孔子旧宅以广其宫。闻钟磬琴瑟之音，遂不敢复坏。于其壁中，得古文经传。

《水经注》二十五泗水 庙屋三间，夫子在西间东向，颜母在中间南向，夫人隔东一间东向。夫人床前有石砚一枚，作甚朴，云平生时物也。

卷十四 杂事十二

《礼记·檀弓疏》引《论语撰考谶》 叔梁纥与徵在祷尼丘山，感黑龙之精以生仲尼。

《艺文类聚》八十八引《春秋演孔图》 孔子母徵在游大冢之陂。睡，梦黑帝使请与己交。语曰：「女乳必于空桑之中，觉则若感，生丘于空桑之中。」

《后汉·班固传下》注引《演孔图》 孔子母徵在梦感黑帝而生，故曰元圣。

《论衡·实知》 孔子生不知其父，若母匿之，吹律，自知殷宋大夫子氏之世也。

《御览》三百七十一引《演孔图》 孔胸文曰：制作定世符运。

《御览》三百七十七引《演孔图》 孔子长十尺，大九围，坐如蹲龙，立如牵牛，就之如昴，望之如斗。

《御览》三百六十七引《孝经援神契》 孔子海口，言若含泽。

《御览》三百六十七引《孝经钩命决》 仲尼舌理七重，陈重授度。

《御览》三百六十八引《钩命决》 仲尼斗唇，吐教陈机授度。

《御览》三百六十八引《钩命决》 夫子骈齿，注象钩星也。

《御览》三百六十八引《钩命决》 夫子辅喉。

《御览》三百七十引《钩命决》 仲尼虎掌，是谓威射。

《御览》三百七十一引《钩命决》 仲尼龟脊。

《御览》三百七十一引《论语摘辅象》 孔子胸应矩，是谓仪古。

《荀子·非相》 仲尼长。

《荀子·非相》 仲尼之状，面如蒙魌。

《白虎通·姓名》 孔子首类鲁国尼丘山，故名为丘。

《论衡·骨相》 孔子反羽。

《御览》六百九十八引《论语隐义注》 孔子至蔡，解于客舍。夜有人取孔子乙只屐去，盗者置屐于受盗家。孔子屐长一尺四寸，与凡人屐异。

《路史·后纪》十注引《世本》 圩顶、反首、张面。

《路史·后纪》十 生而頨顶，故名丘，而字仲尼。四十有九表，堤眉，谷窍，参臂，骈胁，要大十围，长九尺有六寸，时谓长人。

《战国策》七　甘罗曰：「夫项橐生，七岁而为孔子师。」

《淮南子·修务训》　夫项托七岁为孔子师，孔子有以听其言也。

《淮南子·说林训》高诱注　项托年七岁，穷难，孔子而为之作师。

《论衡·实知》　夫项托年七岁，教孔子。

《御览》四百四引《春秋后语》　甘罗曰：「夫项橐十岁，为孔子师。」

《吕氏春秋·仲春纪·当染》　孔子学于老聃、孟苏、夔靖叔。

《白虎通·辟雍》　孔子师老聃。

《说苑·尊贤》　鲍龙跪石而登褵，孔子为之下车。

《刘子·知人》　鲍龙跪石而吟，仲尼为之下车。

《晏子春秋·问上》　故臣闻仲尼居处惰倦，廉隅不正，则季次、原宪侍；气郁而疾，志意不通，则仲由、卜商侍；德不盛，行不厚，则颜回、骞雍侍。

《圣贤群辅录》、**《广博物志》二十引《尸子》**　仲尼志意不立，子路侍；仪服不修，公西华侍；礼不习，子贡侍；辞不辩，宰我侍；亡忽古今，颜回侍；节小物，冉伯牛侍。曰：「吾以夫六子自励也。」

《韩诗外传》九　传曰：孔子过康子，子张、子夏从。孔子入坐，二子相与论，终日不决。子夏辞气甚溢，颜色甚变。子张曰：「子亦闻夫子之议论邪？徐言訚訚，威仪翼翼，后言先默，得之推让，巍巍乎，荡荡乎，道有归矣！小人之论也，专意自是，言人之非，瞋目扼腕，疾言喷喷，口沸目赤。一幸得胜，疾笑嗌嗌。威仪固陋，辞气鄙俗，是以君子贱之也。」

《贾子容经》　子路见孔子之背磬折，举哀，曰：「唯由也见。」孔子闻之曰：「由也何以遗亡也。」

《列子·说符》　孔子之劲，能拓国门之关，而不肯以力闻。

《吕氏春秋·慎大览·慎大》　孔子之劲，举国门之关，而不肯以力闻。

《淮南子·道应训》　孔子劲，构国门之关，而不肯以力闻。

《淮南子·主术训》　孔子之通，智过于苌宏，勇服于孟贲，足蹑于郊菟，力招城关，能亦多矣！然而勇力不闻，伎巧不知，专行孝道，以成素王。事亦鲜矣！春秋二百四十二年，亡国五十二，弑君三十六，采善鉏丑，以成王道。论亦博矣！然而围于匡，颜色不变，弦歌不彻，临死亡之地，犯患难之危，据义行理而志不慑。分亦明矣！然而为鲁司寇，听狱必为断；作为春秋，不道鬼神，不敢专已。

《吕氏春秋·审分览·不二》 孔子贵仁。

《淮南子·修务训》 孔子无黔突。

《刘子·惜时》 仲尼凄凄突，不暇黔。

《论衡·须颂》 孔子显三累之行。

《论衡·幸遇》 鲁城门久朽欲顿，孔子过之，趋而疾行。左右曰：「久矣！」孔子曰：「恶其久也。」孔子戒慎已甚，如过遭坏，可谓不幸也。故孔子曰：「君子有不幸而无有幸，小人有幸而无不幸。」

《论衡·言毒》 孔子见阳虎，却行，白汗交流。

《御览》六十三引《论语比考谶》 水名盗泉，仲尼不漱。注曰：夫子教于洙泗之间，今于城北二水之中，即夫子领徒之所也。

《文选》陆机猛虎行注引《尸子》 孔子至于胜母，暮矣，而不宿；过于盗泉，渴矣，而不饮。恶其名也。

《说苑·说丛》 水名盗泉，孔子不饮。

《后汉·钟离意传》 孔子忍渴于盗泉之水。

《吕氏春秋·孝行览·遇合》 文王嗜昌蒲菹，孔子闻而服之，缩頞而食之。三年，然后胜之。

《论衡·语增》 传语曰：「文王饮酒千钟，孔子百觚。」

《列子·说符》 宋人有好行仁义者，三世不懈。家无故黑牛生白犊，以问孔子。孔子曰：「此吉祥也，以荐上帝。」居一年，其父无故而盲。其牛又复生白犊，其父又复令其子问孔子。其子曰：「前问之而失明，又何问乎？」父曰：「圣人之言，先迕后合。其事未究，姑复问之。」其子又复问孔子。孔子曰：「吉祥也。」复教以祭。其子归致命。其父曰：「行孔子之言也。」居一年，其子又无故而盲。其后楚攻宋，围其城，民易子而食之，析骸而炊之，丁壮者皆乘城而战，死者大半。此人以父子有疾皆免，及围解而疾俱复。

《北堂书钞》百三十七引《韩诗外传》 孔子使子贡，为其不来，孔子占之，遇鼎。谓弟子曰：「占之遇鼎，皆言无足而不来。」

颜回掩口而笑。孔子曰：「回也何哂乎？」曰：「回谓赐必来。」孔子曰：「何如也？」回对曰：「乘舟而来矣。」赐果至矣。

《艺文类聚》七十一引《冲波传》 孔子使子贡，久而不来。孔子谓弟子占之，遇鼎，皆言无足不来。颜回掩口而笑。子曰：「回也哂，谓赐来也？」曰：「无足者，乘舟而来至矣。」清旦朝，子贡果至，验如颜回之言。

《说苑·辨物》 孔子晨立堂上，闻哭者声音甚悲，孔子援琴而鼓之，其音同也。孔子出，而弟子有吒者。问：「谁也？」曰：「回也。」孔子曰：「回何为而吒？」回曰：「今者有哭者，其音甚悲，非独哭死，又哭生离者。」孔子曰：「何以知之？」回曰：「似完山之鸟。」孔子曰：「何如？」回曰：「完山之鸟生四子，羽翼已成，乃离四海，哀鸣送之，为是往而不复返也。」孔子使人问哭者，哭者曰：「父死家贫，卖子以葬之，将与其别也。」孔子曰：「善哉！圣人也。」

《庄子·杂篇·外物》 宋元君夜半而梦人被发窥阿门曰：「予自宰路之渊，予为清江使河伯之所，渔者余且得予。」元君觉，使人占之，曰：「此神龟也。」君曰：「渔者有余且乎？」左右曰：「有。」君曰：「令余且会朝。」明日，余且朝，君曰：「渔何得？」对曰：「且之网，得白龟焉，箕圆五尺。」君曰：「献若之龟。」龟至，君再欲杀之，再欲活之，心疑，卜之曰：「杀龟以卜，吉。」乃刳，龟七十二钻而无遗筴。仲尼曰：「神龟能见梦于元君而不能避余且之网；知能七十二钻而无遗筴，而不能避刳肠之患。如是，则知有所困，神有所不及也。」

《史记》褚少孙补龟策传 孔子闻之曰：「神龟知吉凶，而骨直空枯。日为阳德而君于天下，辱于三足之乌；月为刑而相佐，见食于虾蟆。蝟辱于鹊，腾蛇之神而殆于即且。竹外有节理，中直空虚；松柏为百木长，而守门闾。日辰不全，故有孤虚。黄金有疵，白玉有瑕。事有所疾，亦有所徐；物有所拘，亦有所据；罔有所数，亦有所疏；人有所贵，亦有所不如。何可而适乎？物安可全乎？天尚不全，故世为屋，不成三瓦而居之，以应之天。天下有阶，物不全乃生也。」

《春秋繁露·山川颂》 孔子曰：「山川神祇，立宝藏，殖器用，资曲直。含大者可以为宫室台榭，小者可以为舟舆浮濯。大者无不中，小者无不入。持斧则斫，折镰则艾。生人立，禽兽伏，死人入。多其功而不言，是以君子取譬也。」

《说苑·修文》 孔子见子桑伯子，子桑伯子不衣冠而处，弟子曰：「夫子何为见此人乎？」曰：「其质美而无文，吾欲说而文之。」孔子去，子桑伯子门人不说，曰：「何为见孔子乎？」曰「其质美而文繁，吾欲说而去其文。」

《说苑·反质》 仲尼问于老聃曰：「甚矣！道之于今难行也。吾比执道委质以当世之君，而不我受也。道之于今难行也。」老子曰：「夫说者流于听，言者乱于辞。如此二者，则道不可委矣。」

《中论·审大臣》 鲁人见仲尼之好让而不争也，亦谓之无能。

《韩诗外传》一 孔子南游适楚，至于阿谷之隧，有处子佩瑱而浣者。孔子曰：「彼妇人其可与言矣乎？」抽觞以授子贡，曰：「善为之辞，以观其语。」子贡曰：「吾北鄙之人也，将南之楚。逢天之暑，思心潭潭，愿乞一饮，以表我心。」妇人对曰：「阿谷之隧，隐曲之汜，其水载清载浊，流而趋海，欲饮则饮，何问妇人乎？」受子贡觞，迎流而挹之，奂然而弃之，促流而挹之，奂然而溢之，坐置之沙上，曰：「礼固不亲授。」子贡以告。孔子曰：「丘知之矣。」抽琴去其轸，以授子贡，曰：「善为之辞，以观其语。」子贡曰：「向子之言，穆如清风，不悖我语，和畅我心。于此有琴而无轸，愿借子以调其音。」妇人对曰：「吾鄙野之人也，僻陋而无心，五音不知，安能调琴？」子贡以告。孔子曰：「丘知之矣。」抽絺绤五两以授子贡，曰：「善为之辞，以观其语。」子贡曰：「吾北鄙之人也，将南之楚。于此有絺绤五两，吾不敢以当子身，敢置之水浦。」妇人对曰：「客之行，差迟乖人，分其资财，弃之野鄙。吾年甚少，何敢受子？子不早去，今窃有狂夫守之者矣。」

《列女传·辩通》 阿谷处女者，阿谷之隧浣者也。孔子南游过阿谷之隧，见处子佩瑱而浣。孔子谓子贡曰：「彼浣者其可与言乎？」抽觞以授子贡，曰：「为之辞，以观其志。」子贡曰：「我北鄙之人也，自北徂南，将欲之楚，逢天之暑，我思谭谭，愿乞一饮，以伏我心。」处子曰：「阿谷之隧，隐曲之地，其水一清一浊，流入于海，欲饮则饮，何问乎婢？」子授子贡觞，迎流而挹之，投而弃之，从流而挹之，满而溢之，跪置沙上，曰：「礼不亲授。」子贡还报其辞。孔子曰：「丘已知之矣。」抽琴去其轸，以授子贡，曰：「为之辞。」子贡往曰：「向者闻子之言，穆如清风，不拂不寤，私复我心。有琴无轸，愿借子调其音。」处子曰：「我鄙野之人也，陋固无心，五音不知，安能调琴？」子贡以报孔子。孔子曰：「丘已知之矣。」过贤则宾，抽絺绤五两以授子贡，曰：「为之辞。」子贡往曰：「我北鄙之人也，自北徂南，将欲之楚。有絺绤五两，非敢以当子之身也，愿注之水旁。」处子曰：「行客之人，嗟然永久，分其资财，弃于野鄙。妾年甚少，何敢受子？子不早命，窃有狂夫名之者矣。」子贡以告孔子。孔子曰：「丘已知之矣！斯妇人达于人情而知礼。」

《楚辞·七谏》 路室之女方桑兮，孔子过之以自侍。王逸注：言孔子出游，过于客舍。其女方采桑，一心不视，善其贞信，故以自侍。

《北堂书钞》一百六引《琴操》 孔子游于腊山，见取薪而哭。长梓上有孤鹈，乃承而歌之。

《艺文类聚》三十四引《琴操》 孔子游于泰山，见薪者哭，甚哀。孔子问之，薪者曰：「吾自伤，故哀尔。」

《绎史·孔子类记》四引《吴越春秋》 夫差闻孔子至吴，微服观之。或人伤其指，王怒欲索，或而诛之。子胥谏，乃止。

《吴越春秋·句践伐吴外传》十 越王既已诛忠臣，霸于关东。从琅琊起观台，周七里，以望东海，死士八千人，戈船三百艘。居无几，躬求贤士。孔子闻之，从弟子奉先王雅琴礼乐奏于越。越王乃被唐夷之甲，带步光之剑，杖屈卢之矛，出死士以三百人，为陈关下。孔子有顷到，越王曰：「唯唯，夫子何以教之？」孔子曰：「丘能述五帝三王之道，故奏雅琴以献之大王。」越王喟然叹曰：「越性脆而愚，水行山处，以船为车，以楫为马，往若飘风，去则难从。说兵敢死，越之常也。夫子何说而欲教之？」孔子不答，因辞而去。

《越绝书》八 句践伐吴，霸关东。从琅琊起观台，周九里，以望东海，死士八千人，戈船三百艘。居无几，躬求贤圣。孔子从弟子七十人，奉先王雅琴治礼往奏。句践乃身被赐夷之甲，带步光之剑，杖物卢之矛，出死士三百人，为阵关下。孔子有顷到越，越王曰：「唯唯，夫子何以教之？」孔子对曰：「丘能述五帝三王之道，故奏雅琴至大王所。」句践喟然叹曰：「夫越性脆而愚，水行而山处，以船为车，以楫为马，往若飘风，去则难从。锐兵任死，越之常性也。夫子异则不可。」于是孔子辞，弟子莫能从乎！

《绎史·孔子类记》一引《冲波传》 孔子去卫适陈，途中见二女采桑。子曰：「南枝窈窕北枝长。」答曰：「夫子游陈必绝粮，九曲明珠穿不得，著来问我采桑娘。」夫子至陈，大夫发兵围之，令穿九曲珠乃释其厄。夫子不能，使回赐返问之，其家谬言女出外，以一瓜献二子，子贡曰：「瓜子在内也。」女乃出语曰：「用蜜涂珠，丝将系蚁，蚁将系丝，如不肯过，用烟熏之。」子依其言，乃能穿之，于是绝粮七日。

《搜神记》十九 孔子厄于陈，弦歌于馆中。夜有一人长九尺余，著皂衣，高冠，大咤，声动左右。子贡进，问：「何人邪？」便提子贡而挟之。子路引出，与战于庭，有顷未胜。孔子察之，见其甲车间时时开如掌，孔子曰：「何不探其甲车？」引而奋登，子路引之，没手仆于地，乃是大鲑鱼也，长九尺余。孔子曰：「此物也，何为来哉？吾闻物老则群精依之，因衰而至，此其来也。岂以吾遇厄绝粮、从者病乎？夫六畜之物，及龟蛇鱼鳖草木之属，久者神皆冯依，能为妖怪，故谓之五酉。五酉者，五行之方，皆有其物。酉者，老也，物老则为怪。杀之则已，夫何患焉！或者天之未丧斯文，以是系予之命乎？不然，何为至于斯也！」弦歌不辍。子路烹之，其味滋，病者兴，明日遂行。

《金楼子·杂记上》 孔子出游于山，使子路取水。逢虎于水，与战，揽尾得之，纳于怀中。取水还，问孔子曰：「上士杀虎如之何？」子曰：「上士杀虎持虎头。」「中士杀虎如之何？」子曰：「中士杀虎持虎耳。」又问：「下士杀虎如之何？」子曰：「下士杀虎捉虎尾。」子路出尾弃之。复怀石盘曰：「夫子知虎在水而使我取水。是欲杀我也，乃欲杀夫子。」问：「上士杀人如之何？」曰：「用笔端。」「中士杀人如之何？」曰：「用语言。」「下士杀人如之何？」曰：「用石盘。」子路乃弃盘而去。

《绎史·孔子类记》四引《吴越春秋》 禹治洪水，至牧德之山，见神人焉，谓禹曰：「劳子之形，役子之虑，以治洪水。无乃怠乎？我有灵宝五符，以役蛟龙水豹。」因授禹而诫之曰：「事毕可秘于灵山。」禹成功后藏于洞庭苞山之穴。至吴王阖闾之时，有龙威丈人得符献之，吴王以示群臣，皆莫能识，乃令赍符以问孔子，曰：「吴王闲居，有赤乌衔此书以至王所，莫辨其文，故令远问。」孔子曰：「昔禹治水于牧德之山，遇神人授以灵宝五符，后藏洞庭之苞山。君王所得，无乃是乎？赤乌之事，丘所未闻。」

《抱朴子·内篇·辨问》 《灵宝经》有《正机平衡飞龟授帙》三篇，皆仙术也。吴王伐石以治宫室，而于合石之中，得紫文金简之书，不能读之，使使者持以问仲尼，而欺仲尼曰：「吴王闲居，有赤雀衔书以置殿上，不知其义，故远咨呈。」仲尼以视之，曰：「此乃灵宝之方，长生之法，禹之所服，隐在水邦，年齐天地，朝于紫庭者也。禹将仙化，封之名山石函之中，乃今赤雀衔之，殆天授也。」

《绎史·孔子类记》四引《灵宝要略》 昔太上以《灵宝五篇》真文以授帝喾，帝喾将仙，封之于钟山。至夏禹巡狩，度弱水，登钟山，遂得是文，后复封之包山洞庭之室。吴王阖闾出游包山，见一人自言姓山名隐居，阖闾扣之，乃入洞庭取素书一卷，呈阖闾。其文不可识，令人赍之问孔子。孔子曰：「丘闻童谣曰：『吴王出游观震湖，龙威丈人山隐居，北上包山入云墟，乃入洞庭窃禹书，天地大文不可舒，此文长传百六初，若强取出丧国庐。』」阖闾乃尊事之。

《御览》四十六引《吴地记》 包山在县西一百三十里，中有洞庭，深远世莫能测。吴王使灵威丈人入洞穴，十七日不能尽，因得玉叶，上刻《灵宝二卷》。使示孔子，云：「禹之书也。」

《御览》一百五十七引《东观汉记》 鲍永，字君长，为鲁郡太守。时彭丰等不肯降，后孔子阙里无故荆棘自辟，从讲室埽除至孔里。永异之，召郡府谓曰：「方今厄急，而阙里无故自涤，意岂夫子欲令太守大行飨诛无状也？」修学校。理请丰等会，手格杀之。

《御览》九百二十二引崔鸿《十六国春秋》北凉录 昔鲁人有浮海而失津者，至于亶州，见仲尼及七十子游于海中，与鲁人一体杖，令闭目乘之，使归告鲁侯，筑城以备寇。鲁人出海，投杖水中，乃龙也。具以状告，鲁侯不信。俄而群燕数万，衔土培城。鲁侯乃大城曲阜，迄而齐寇至，攻鲁不克而还。

卷十五 遗谶十三

《周易乾凿度》 孔子曰：洛书摘亡辟曰：建纪者，岁也。成姬仓有命在河圣，孔表雄德。庶人受命，握麟征。

《周易乾凿度》 孔子曰：推即位之术：乾坤三，上中下。坤变初六复，曰正阳，在下为圣人。故一圣，二庸，三君子，四庸，五圣，六庸，七小人，八君子，九小人，十君子，十一小人，十二君子，十三圣人，十四庸人，十五君子，十六庸人，十七圣人，十八庸人，十九小人，二十君子，二十一小人，二十二君子，二十三小人，二十四君子，二十五圣人，二十六庸人，二十七君子，二十八庸人，二十九圣人，三十庸人，三十一小人，三十二君子，三十三小人，三十四君子，三十五小人，三十六君子，三十七圣人，三十八庸人，三十九君子，四十小人，四十一圣人，四十二庸人。孔子曰：极至德之世，不过此。乾三十二世消，坤三十六世消。代圣人者仁，继之者庸人。仁世淫，庸世恳。一阴之精射三阳，当卦自埽，知命守录其可防。钩钤解，命图兴。孔子曰：丘文以候，授明之出，莫能雍。

《周易乾凿度》 孔子曰：复十八世消，以三六也；临十二世消，以二六也；泰三十世消，以二九、二六也；大壮二十四世消，以二九、一六也；夬三十二世消，以三九、一四也。

《周易乾凿度》 孔子曰：姤一世消，无所据也；遁一世消，据不正也；否十世消，以二五也；观二十世消，以二五、四六也；剥十二世消，以三四也。

《周易乾凿度》 孔子轨，以七百六十为世轨者。尧以甲子受天元为推术。七往六来，八往九来，七为世轨者。文王推爻，四乃术数。

《周易乾凿度》 孔子曰：以爻正月，为享国数。存六期者，天子欲求水旱之厄，以位入轨年数，除轨算尽，则厄所遭也。甲乙为饥，丙丁为旱，戊己为中兴，庚辛为兵，壬癸为水。卧算为年，立算为日，必除先人轨年数，水旱兵饥得矣。如是，乃救灾度厄矣。阳之法。

《周易乾凿度》孔子曰：天之将降嘉瑞应，河水清，三日青，四日青，变为赤，赤变为黑，黑变为黄，各各三日。河中水安井，天乃清明，图乃见。见必南向，仰天言。见三日以三日，见六日以六日，见九日以九日，见十二日以十二日，见十五日以十五日，见皆言其余日。

《周易乾凿度》孔子曰：帝德之应洛水，先温九日。后五日变为五色，元黄天地之静书见矣。负图出午，圣人见五日以五日，见十日以十日，见十五日以十五日，见二十日以二十日，见二十五日以二十五日，见三十日以三十日。

《周易乾凿度》孔子曰：君子亦于静，若龙而无角。河二日清，二日白，二日赤，二日黑，二日黄。蛇见水中，用日也，一日辰为法，以一辰二辰，以三辰以四五辰，以六七辰，以八九辰，以十辰，以十一辰，以十二辰。夜不可见，水中赤煌煌，如火英。图书、蛇皆然也。

《周易乾凿度》孔子曰：复表曰角。临表龙颜，泰表载千，大壮表握诉，龙角大展。夬表升骨履文。姤表耳参漏，足履王，知多权。遁表日角连理。否表二好文。观表出准虎。剥表重童明历元。此皆律历运期相，一匡之神也。欲所按合诚。洛书灵准听曰：气五，机七，八合提，九爻结，八九七十二，录图起。初世者，戏也。姬通纪，河图龙出，洛书龟予，演亦八者，七九也。始仓甄节，五七受命。数运不俗，守录以次第相改，七九度变，命失宝合，七八八名，毕升渐喜，六十四精圣。性象有录，第以所变毕动，动日者提，不者殆。易物之慎，命不在仵者，霸横者，距命历掘执并投者。上契辅摘，推失排绌者，咸名纪所错，中与用材毁苴。五行旋代出，辅运相拒，与更用事，终始相讨，期有从至。有余运，有托除，要有知衙，合七八以视旋机，审矣。

《周易乾凿度》孔子曰：至德之数，先立木金水火土德。合三百四岁，五德备，凡一千五百二十岁。大终复初，其求金木水火土德，日名之法。道一纪七十六岁，因而四之，为三百四岁。以一岁三百六十五日四分乘之，凡为十一万一千三十六。以甲为法除之，余三十六。以三十六甲子始数立，立算皆为甲，旁算亦为甲。以日次次之，母算者，乃木金火水土德之日也。德益三十六，五德而止。六日名，甲子木德，主春，春生，三百四岁。庚子金德，主秋，成收，三百四岁。丙子火德，主夏，长，三百四岁。壬子水德，主冬，藏三百四岁。戊子土德，主季夏，致养，三百四岁。六子德四正，四正，子午卯酉也。而期四时，凡一千五百二十岁，终一纪。五德者，所以立尊号，论天弗，志长久。

《**周易乾凿度**》孔子曰：丘按录谶，论国定符，以春秋西狩，题钊表命。予亦握嬉帝之十二，当兴平嗣出妃妾，妾得乱，不勤竭承，维表循符。当至者塞，政在枢。害时失命缺寿，以符瑞伏代。灾七录，握藉成年。刻哀期，凶敕候，修身练缺，邮专兑，兑德始克，免延期。自然之谶，推引相拘，沮思愈知命不或世，帝思图也。夫天道三微而成一著，三著而体成。

《**易纬通卦验**》孔子曰：太皇之先与燿合，元精五帝期以序七神，天地成位，君臣道生。君五期，辅三名，以建德通万灵。遂皇始出，握机矩，表计宜，其刻曰：苍牙通灵，昌之成。孔演命明道经，燧人之皇没。虙戏生，本尚芒，芒开矩听，八苍灵唯精，不慎明之，害类远振。撺度出表，挺后名知，命陈效睹，三万一千一终，一名虙方牙苍精，作易无书以尽序。

《**易纬通卦验**》孔子表洛书摘亡辟曰：亡秦者，胡也。丘以推秦，白精也。其先星，感河，出图，挺白，以胡谁亡？胡之名，行之名，行之萌，秦为赤躯，非命王，故帝表有七五命七以永庆王。以火代黑，黑畏黄精之起，因威萌，虙羲作易。仲，仲命德维纪衡。周文增通八八之节，转序三百八十四爻，以系王命之瑞。谋三十五君，常其一也。兴亡殊方，各有其祥，封于泰山，禅于梁阴。易姓之起，刻石明号。丘表大命谋天皇，巽奎坤艮，出亡兴之街。仲者帝命所保，行文出加政，拨臣阳候七，阴候八，皆行子午，视卯酉相违远，期冲，六千三百变。非摘亡据兴，尽在文昌所会。增卦爻，可以先知珍瑞之类，妭孽庢之将。审其系象，通神明明者类，视七若九，八卦以推七九之微，录图准命略为世，题萌表试。故十二月十二日，政八风二十四无，其相应之验。犹响之应人动作言语也。故正其本而万物理，失之毫厘，差以千里。

《**易纬辨终备**》孔子表河图皇参持曰：天以斗视，日发明，皇以戏招，始挂八卦谈。

《**易纬是类谋**》孔子演曰：天子亡征，九圣人起，有八符，运之以斗，税之以昴，五七布舒，河出录图，雒授变书。

《**文选**》**汉高祖功臣颂注引**《**尚书璇玑钤**》孔子曰：五帝出，受录图。

《**隶释**》**史晨祠孔庙碑引**《**尚书考灵耀**》丘生仓际，触期稽度，为赤制，故作春秋，以明文命，缀纪撰书，修定礼义。

《**文选**》**齐安陆王碑文注引**《**春秋元命包**》孔子曰：扶桑者，日所出，房所立，其耀盛。苍神用事，精感姜原，卦得震，震者动而光，故知周苍，代殷者，为姬昌。人形龙颜，长大，精翼日，衣青光。

《**公羊**》**哀十四年解诂** 得麟之后，天下血书鲁端门，曰：趋作法，孔圣没，周姬亡。彗东出，秦政起，胡破术，书纪散，孔不绝。子夏明日往视之，血书飞为赤鸟，化为白书，署曰：演孔图，中有作图制法之状。

《**御览**》**八百四又九百十四引**《**春秋演孔图**》孔子论经，有鸟化为书，孔子奉以告天，赤爵集书上，化为黄玉。刻曰：

孔提命，作应法，为赤制。

《**艺文类聚**》**九十八引**《**演孔图**》 趣作法，圣没，周姬亡。彗东出，秦政，胡破术，书记散，孔不绝。此鲁端门血书。十三年冬，有星孛东方，说题曰：麟德之月，天当有血书端门。子夏至期往视，逢一即言，门有血书，往写之，血蜚鸟化为帛，鸟消，书出，署曰：演孔图。

《**御览**》**六百六引**《**演孔图**》 孔子曰：丘作《春秋》，天授演孔图，中有大玉，刻一版曰：璇玑一低一昂是七期，验败毁灭之征也。

《**御览**》**八十四引**《**春秋感精符**》 孔子按录书，含观五常英，人知姬昌为苍帝精。

《**北堂书钞**》**八十五拜揖引**《**孝经右契**》 制作《孝经》，道备，使七十二弟子向北辰星而磬折，使曾子抱《河》、《洛》，事北面。孔子衣绛单衣，向北辰星而拜者也。

《**事类赋**》**十五注引**《**孝经援神契**》 孔子制作《孝经》，使七十二子向北辰磬折，使曾子抱《河》、《洛》，事北向。孔子揩缥笔，衣绛单衣，向北辰而拜。

《**搜神记**》**八** 孔子修《春秋》、制《孝经》既成，斋戒，向北辰而拜，告备于天。乃洪郁起白雾摩地，赤虹自上而下，化为黄玉，长三尺，上有刻文。孔子跪受而读之，曰：宝文出刘季，握卯金刀，在轸北，字禾子，天下服。

《**宋书·符瑞志**》 孔子作《春秋》、制《孝经》既成，使七十二弟子向北辰星磬折而立，使曾子抱《河》、《洛》，事北向。孔子斋戒，向北辰而拜，告备于天，曰：《孝经》四卷，《春秋》、《河》、《洛》凡八十一卷，谨已备。天乃洪郁起白雾摩地，赤虹自上下，化为黄玉，长三尺，上有刻文。孔子跪受而读之，曰：宝文出，刘季握卯金刀，在轸北，字禾子，天下服。

《**隶释**》**史晨祠孔庙碑引**《**孝经援神契**》 丘立制命，帝卯行。

《**御览**》**六百十引**《**孝经中契**》 丘学《孝经》，文成道立，齐以白天，则玄云踊紫宫。开北门，角亢星北落司命。天使书题，号孝经篇。云神星裳，孔丘知元，今使阳衢乘紫麟，下告地主要道之君。后年麟至，口吐图文，北落郎服，书鲁端门，隐形不见。子夏往观，写得十七字，余字灭消文，其余飞为赤鸟，翔靡青云。

《文选》曹颜远思友人诗注又刘歆《移书让太常博士》注引《论语崇爵谶》 子夏六十四人，共撰仲尼微言，以当素王。

《**御览**》**二百七引**《**论语摘辅像**》 仲尼为素王，颜渊为司徒。

《御览》五引《论语谶》 仲尼曰：吾闻尧率舜等游首山，观河渚。有五老游河渚，一老曰：《河图》将来告帝期，二老曰：《河图》将来告帝谋，三老曰：《河图》将来告帝书，四老曰：《河图》将来告帝图，五老曰：《河图》将来告帝箓。龙衔玉苞，金泥玉检封盛书，五老飞为流星，上入昴。

《御览》八十一引《论语撰考谶》 尧、舜升登首山，观河渚，有五老游于河渚，相谓曰：《河图》将来告帝期。五老流星，上昴，有须赤龙负玉苞舒图出，尧与大舜等共发，曰：帝当枢百则禅虞。尧喟然叹曰：咨尔舜，天之历数，在尔躬。

《论衡·实知》 孔子将死，遗谶书，曰：「不知何一男子，自谓秦始皇，上我之堂，踞我之床，颠倒我衣裳，至沙丘而亡。」又曰：「董仲舒乱我书。」又书曰：「亡秦者，胡也。」

《后汉·郎觊传》 觊对《尚书》曰：孔子曰：「汉三百载，计历改宪。」

《三国志·魏文纪》注引《孔子玉版》 定天下者，魏公子桓。

《后汉·钟离意传》注引《意别传》 意为鲁相，到官，出私钱万三千文，付户曹孔䜣修夫子车。身入庙，拭机席剑履。男子张伯除堂下草，土中得玉璧七枚，伯怀其一，以六枚白意，意令主簿安置几前。孔子教授堂下床首有悬瓮，意召孔䜣问：「此何瓮也？」对曰：「夫子瓮也。背有丹书，人莫敢发也。」意曰：「夫子圣人，所以遗瓮，欲以悬示后贤。」因发之，中得素书，文曰：「后世修吾书，董仲舒；护吾车，拭吾履，发吾笥，会稽钟离意。璧有七，张伯藏其一。」意即召问伯，果服焉。

《续汉·郡国志》注补引《钟离意别传》 意省堂有孔子小车乘，皆朽败。意自枽俸雇漆胶之直，请鲁民治之，及护几席剑履，后得瓮，中素书曰：「护吾履，钟离意。」

《续汉·郡国志》注补引《汉晋春秋》 钟离意相鲁，见仲尼庙颓毁。会诸生于庙中，慨然叹曰：「蔽芾甘棠，勿剪勿伐，况见圣人庙乎！」遂躬留治之。周观舆服之在焉，自仲尼以来，莫之开也。意发视之，得古文策。书曰：「乱吾书，董仲舒；治吾堂，钟离意。璧有七，张伯怀其一。」意寻案未了而卒。张伯者，治中庭治地，得六璧上之。意曰：「此有七，何以不遂？」伯惧，探璧怀中。鲁咸以为神。

《水经注》二十五泗水 鲁人藏孔子所乘车于庙中，是颜路所请者也。献帝时遇火烧之。永平中，钟离为鲁相，到官，出私钱万三千文，付户曹孔䜣治夫子车。身入庙，拭几席剑履。男子张伯除堂下草，土中得玉璧七枚，伯怀其一，以六枚白意。

意令主簿安置几前。孔子寝堂床首有悬瓮，意召孔䜣问：「何等瓮也？」对曰：「夫子瓮也。背有丹书，人勿敢发也。」意曰：「夫子圣人，所以遗瓮，欲以悬示后贤耳。」发之，中得素书，文曰：「后世修吾书，董仲舒；护吾车，拭吾履，发吾笥，会稽钟离意。璧有七，张伯藏其一。」意即召问，伯果服焉。

卷十六　寓言十四（上）

《御览》八百十八引《韩诗外传》　孔子、颜渊登鲁泰山，望吴阊门。渊曰：「见一匹练，前有生蓝。」子曰：「白马，蓝刍也。」

《御览》八百九十七引《论衡》　儒书称孔子与颜渊俱登鲁东山，望吴阊门。谓曰：「尔何见？」「一匹练，前生蓝。」孔子曰：「噫！此白马，芦刍。」使人视之，果然。

《论衡·书虚》　传书或言：颜渊与孔子俱上鲁太山，孔子东南望，吴阊门外有系白马，引颜渊指以示之，曰：「若见吴阊门乎？」颜渊曰：「见之。」孔子曰：「门外何有？」曰：「有如系练之状。」孔子抚其目而止之，因与俱下。下而颜渊发白齿落，遂以病死。盖以精神不能若孔子，强力自极，精华竭尽，故夭死。

《续博物志》七　颜渊与孔子俱上泰山，东南望吴昌门外，孔子见白马，引颜渊指之：「若见吴昌门乎？」颜渊曰：「见之。有系练之状。」孔子抚其目而止之。颜渊发白齿落，遂以病死。盖精力不及圣人而强役之也。

《列子·天瑞》　林类年且百岁，底春被裘，拾遗穗于故畦，并歌并进。孔子适卫，望之于野，顾谓弟子曰：「彼叟可与言者，试往讯之。」子贡请行。逆之垅端，面之而叹曰：「先生曾不悔乎，而行歌拾穗？」林类行不留，歌不辍。子贡叩之不已，乃仰而应曰：「吾何悔邪？」子贡曰：「先生少不勤行，长不竞时，老无妻子，死期将至，亦有何乐而拾穗行歌乎？」林类笑曰：「吾之所以为乐，人皆有之，而反以为忧。少不勤行，长不竞时，故能寿若此；老无妻子，死期将至，故能乐若此。」子贡曰：「寿者人之情，死者人之恶。子以死为乐，何也？」林类曰：「死之与生，一往一反，故死于是者，安知不生于彼？故吾知其不相若矣。吾又安知营营而求生非惑乎？亦又安知吾今之死不愈昔之生乎？」子贡闻之，不喻其意，还以告夫子。夫子曰：「吾知其可与言，果然。然彼得之而不尽者也。」

《列子·黄帝》 范氏有子曰子华，善养私名，举国服之。有宠于晋君，不仕而居三卿之右。目所偏视，晋国爵之；口所偏肥，晋国黜之。游其庭者侔于朝。子华使其侠客以智鄙相攻，强弱相凌。虽伤破于前，不用介意。终日夜以此为戏乐，国殆成俗。禾生、子伯，范氏之上客，出行，经坰外，宿于田更商丘开之舍。中夜，禾生、子伯二人相与言子华之名势，能使存者亡，亡者存，富者贫，贫者富。商丘开先窘于饥寒，潜于牖北听之。因假粮荷畚之子华之门。子华之门徒皆世族也，缟衣乘轩，缓步阔视。顾见商丘开，年老力弱，面目黎黑，衣冠不检，莫不眲之。既而狎侮欺诒，挡挠挨抌，亡所不为。商丘开常无愠容，而诸客之技单，惫于戏笑，遂与商丘开俱乘高台，于众中漫言曰：「有能自投下者，赏百金。」众皆竞应。商丘开以为信然，遂先投下，形若飞鸟，扬于地，肌骨无毁。范氏之党以为偶然，未讵怪也。因复指河曲之淫隈曰：「彼中有宝珠，泳可得也。」商丘开复从而泳之，既出，果得珠焉。众昉同疑，子华昉令豫肉食衣帛之次。俄而范氏之藏大火。子华曰：「若能入火取锦者，从所得多少赏若。」商丘开往，无难色，入火往还，埃不漫，身不焦。范氏之党以为有道，乃共谢之曰：「吾不知子之有道而诞子，吾不知子之神人而辱子。子其愚我也，子其聋我也，子其盲我也。敢问其道。」商丘开曰：「吾亡道。虽吾之心，亦不知所以。虽然，有一于此，试与子言之。曩子二客之宿吾舍也，闻誉范氏之势，能使存者亡，亡者存，富者贫，贫者富。吾诚之无二心，故不远而来。及来，以子党之言皆实也，唯恐诚之之不至，行之之不及，不知形体之所措，利害之所存也。心一而已。物无迕者，如斯而已。今昉知子党之诞我，我内藏猜虑，外矜观听，追幸昔日之不焦溺也，怛然内热，惕然震悸矣。水火岂复可近哉！」自此之后，范氏门徒遇乞儿马医，弗敢辱也，必下车而揖之。宰我闻之，以告仲尼。仲尼曰：「汝弗知乎？夫至信之人，可以感物也。动天地，感鬼神，横六合而无逆者，岂但履危险入水火而已哉？商丘开信伪物犹不逆，况彼我皆诚哉？小子识之！」

《列子·黄帝》 颜回问乎仲尼曰：「吾尝济乎觞深之渊矣，津人操舟若神。吾问焉，曰：『操舟可学邪？』曰：『可，能游者可教也，善游者数能。乃若夫没人，则未尝见舟而谡操之也。』吾问焉，而不告。敢问何谓也？」仲尼曰：「噫！吾与若玩其文也久矣，而未达其实，而固且道与！能游者可教也，轻水也；善游者之数能也，忘水也。乃若夫没人之未尝见舟而谡操之也，彼视渊若陵，视舟之覆犹其车却也。覆却万物方陈乎前而不得入其舍。恶往而不暇？以瓦抠者巧，以钩抠者惮，以黄金抠者惛。巧一也，而有所矜，则重外也。凡重外者拙内。」

《庄子·外篇·达生》 颜回问仲尼曰：「吾尝济乎觞深之渊，津人操舟若神。吾问焉，曰：『操舟可学邪？』曰：『可，善游者数能。若乃夫没人，则未尝见舟而便操之也。吾问焉，而不吾告。敢问何谓也？」仲尼曰：「善游者数能，忘水也。若乃夫没人之未尝见舟而便操之也，彼视渊若陵，视舟之覆犹其车却也。覆却万方陈乎前而不得入其舍，恶往而不暇？以瓦注者巧，以钩注者惮，以黄金注者殙。其巧一也，而有所矜，则重外也。凡外重者内拙。」

《列子·黄帝》 孔子观于吕梁，悬水三十仞，流沫三十里，鼋鼍鱼鳖之所不能游也。见一丈夫游之，以为有苦而欲死者也，使弟子并流而承之。数百步而出，被发行歌，而游于棠行。孔子从而问之曰：「吕梁悬水三十仞，流沫三十里，鼋鼍鱼鳖所不能游。向吾见子蹈之，以为有苦而欲死者，使弟子并流将承子。子出而被发行歌，吾以子为鬼也。察子，则人也。请问蹈水有道乎？」曰：「亡，吾无道。吾始乎故，长乎性，成乎命，与赍俱入，与汩皆出，从水之道而不为私焉，此吾所以蹈之也。」孔子曰：「何谓始乎故，长乎性，成乎命也？」曰：「吾生于陵而安于陵，故也；长于水而安于水，性也；不知吾所以然而然，命也。」

《庄子·外篇·达生》 孔子观于吕梁，县水三十仞，流沫四十里，鼋鼍鱼鳖之所不能游也。见一丈夫游之，以为有苦而欲死也，使弟子并流而拯之。数百步而出，被发行歌，而游于塘下。孔子从而问焉，曰：「吾以子为鬼，察子则人也。请问蹈水有道乎？」曰「亡，吾无道。吾始乎故，长乎性，成乎命。与齐俱入，与汩偕出，从水之道而不为私焉。此吾所以蹈之也。」孔子曰：「何谓始乎故，长乎性，成乎命？」曰：「吾生于陵而安于陵，故也；长于水而安于水，性也；不知吾所以然而然，命也。」

《列子·黄帝》 仲尼适楚，出于林中，见佝偻者承蜩，犹掇之也。仲尼曰：「子巧乎？有道邪？」曰：「我有道也。五、六月累垸，二而不坠，则失者锱铢；累三而不坠，则失者十一；累五而不坠，犹掇之也。吾处也，若橛株驹；吾执臂，若槁木之枝。虽天地之大、万物之多，而唯蜩翼之知。吾不反侧，不以万物易蜩之翼，何为而不得？」孔子顾谓弟子曰：「用志不分，乃凝于神。其佝偻丈人之谓乎！」丈人曰：「汝逢衣徒也，亦何知问是乎？修汝所以，而后载言其上。」

《庄子·外篇·达生》 仲尼适楚，出于林中，见佝偻者承蜩，犹掇之也。仲尼曰：「子巧乎？有道邪？」曰：「我有道也。五、六月累丸，二而不坠，则失者锱铢；累三而不坠，则失者十一；累五而不坠，犹掇之也。吾处身也，若厥株拘；吾执臂也，若槁木之枝。虽天地之大、万物之多，而唯蜩翼之知。吾不反不侧，不以万物易蜩之翼，何为而不得？」孔子顾谓弟子曰：「用志不分，乃凝于神。其佝偻丈人之谓乎！」

《列子·黄帝》 赵襄子率徒十万狩于中山，藉仍燔林，扇赫百里。有一人从石壁中出，随烟烬上下，众谓鬼物。火过，徐行而出，若无所经涉者。襄子怪而留之，徐而察之：形色七窍，人也；气息声音，人也。问：「奚道而处石？奚道而入火？」其人曰：「奚物而谓石？奚物而谓火？」襄子曰：「而向之所出者，石也；而向之所入者，火也。」其人曰：「不知也。」

魏文侯闻之，问子夏曰：「彼何人哉？」子夏曰：「以商所闻夫子之言，和者大同于物，物无得伤阂者，游金石，蹈水火，皆可也。」文侯曰：「吾子奚不为之？」子夏曰：「刳心去智，商未之能。虽然，试语之有暇矣。」文侯曰：「夫子奚不为之？」子夏曰：「夫子能之而能不为者也。」文侯大说。

《**列子·周穆王**》 宋阳里华子中年病忘，朝取而夕忘，夕与而朝忘，在途则忘行，在室则忘坐，今不识先，后不识今。阖室毒之。谒史而卜之，弗占；谒巫而祷之，弗禁；谒医而攻之，弗已。鲁有儒生自媒能治之，华子之妻子以居产之半请其方。儒生曰：「此固非卦兆之所占，非祈请之所祷，非药石之所攻。吾试化其心，变其虑，庶几其瘳乎！」于是试露之，而求衣；饥之，而求食；幽之，而求明。儒生欣然告其子曰：「疾可已也。然吾之方密，传世不以告人。试屏左右，独与居室七日。」从之。莫知其所施为也，而积年之疾一朝都除。华子既悟，乃大怒，黜妻罚子，操戈逐儒生。宋人执而问其以，华子曰：「曩吾忘也，荡荡然不觉天地之有无。今顿识既往，数十年来存亡、得失、哀乐、好恶，扰扰万绪起矣。吾恐将来之存亡、得失、哀乐、好恶之乱吾心如此也，须臾之忘，可复得乎？」子贡闻而怪之，以告孔子。孔子曰：「此非汝所及乎！」顾谓颜回记之。

《**列子·仲尼**》 仲尼闲居，子贡入侍，而有忧色。子贡不敢问，出告颜回，颜回援琴而歌。孔子闻之，果召回入，问曰：「若奚独乐？」回曰：「夫子奚独忧？」孔子曰：「先言尔志。」曰：「吾昔闻之夫子曰：『乐天知命，故不忧。』回所以乐也。」孔子愀然有间，曰：「有是言哉？汝之意失矣。此吾昔日之言尔，请以今言为正也。汝徒知乐天知命之无忧，未知乐天知命有忧之大也。今告若其实：修一身，任穷达，知去来之非我，亡变乱于心虑，尔之所谓乐天知命之无忧也。曩吾修《诗》\《书》，正礼乐，将以治天下，遗来世，非但修一身，治鲁国而已。而鲁之君臣日失其序，仁义益衰，情性益薄，此道不行一国与当年，其如天下与来世矣！吾始知诗书礼乐无救于治乱，而未知所以革之之方，此乐天知命者之所忧。虽然，吾得之矣。夫乐而知者，非古人之谓乐知也。无乐无知，是真乐真知。故无所不乐，无所不知，无所不忧，无所不为。诗书礼乐，何弃之有？革之何为？」颜回北面拜手曰：「回亦得之矣。」出告子贡，子贡茫然自失，归家淫思七日，不寝不食，以至骨立。颜回重往喻之，乃反丘门，弦歌诵书，终身不辍。

《**列子·仲尼**》 陈大夫聘鲁，私见叔孙氏。叔孙曰：「吾国有圣人。」曰：「非孔丘耶？」曰：「是也。」「何以知其圣乎？」

叔孙氏曰：「吾常闻之颜回曰，『孔丘能废心而用形。』」陈大夫曰：「吾国亦有圣人，子弗知乎？」曰：「圣人孰谓？」曰：「老聃之弟子有亢仓子者，得聃之道，能以耳视而目听。」鲁侯闻之大惊，使上卿厚礼而致之。亢仓子应聘而至，鲁侯卑辞请问之。亢仓子曰：「传之者妄。我能视听不用耳目，不能易耳目之用。」鲁侯曰：「此增异矣。其道奈何？寡人终愿闻之。」亢仓子曰：「我体合于心，心合于气，气合于神，神合于无。其有介然之有，唯然之音，虽远在八荒之外，近在眉睫之内，来干我者，我必知之。乃不知是我七孔四支之所觉，心腹六藏之所知，其自知而已矣。」鲁侯大悦。他日以告仲尼，仲尼笑而不答。

商太宰见孔子曰：「丘圣者欤？」孔子曰：「圣则丘何敢！然则丘博学多识者也。」商太宰曰：「三王圣者欤？」孔子曰：「三王善任智勇者，圣则丘不知。」曰：「五帝圣者欤？」孔子曰：「五帝善任仁义者，圣则丘弗知。」曰：「三皇圣者欤？」孔子曰：「三皇善任因时者，圣则丘弗知。」商太宰大骇曰：「然则孰者为圣？」孔子动容有间，曰：「西方之人有圣者焉，不治而不乱，不言而自信，不化而自行，荡荡乎民无能名焉。丘疑其为圣。弗知真为圣欤？真不圣欤？」商太宰嘿然心计，曰：「孔丘欺我哉！」

《韩非子·说林上》 子圉见孔子于商太宰。孔子出，子圉入，请问客。太宰曰：「吾已见孔子，则视子犹蚤虱之细者也。吾今见之于君。」子圉恐孔子贵于君也，因请太宰曰：「君已见孔子，孔子亦将视子犹蚤虱也。」太宰因弗复见也。

《列子·汤问》 孔子东游，见两小儿辩斗，问其故。一儿曰：「我以日始出时去人近，而日中时远也。」一儿以日初出远，而日中时近也。一儿曰：「日初出大如车盖，及日中，则如盘盂，此不为远者小而近者大乎？」一儿曰：「日初出沧沧凉凉，及其日中如探汤，此不为近者热而远者凉乎？」孔子不能决也，两小儿笑曰：「孰为汝多知乎？」

《金楼子·立言》上 孔子东游，见两小儿相斗。一儿曰：「我以日初出去人近。」一儿曰：「日中近。」一儿曰：「日初出如车盖，至中裁如盘盂，岂不近者大远者小？」一儿曰：「日初出沧沧凉凉，至日中有如探汤，此非远者凉近者热邪？」孔子亦不知日中天而小，落扶桑而大。

《列子·说符》 孔子自卫反鲁，息驾乎河梁而观焉。有悬水三十仞，圜流九十里，鱼鳖弗能游，鼋鼍弗能居。有一丈夫方将厉之，孔子使人并涯止之曰：「此悬水三十仞，圜流九十里，鱼鳖弗能游，鼋鼍弗能居也，意者难可以济乎？」丈夫不以错意，遂度而出。孔子问之曰：「巧乎？有道术乎？所以能入而出者，何也？」丈夫对曰：「始吾之人也，先以忠信；及吾之出也，又从以忠信。忠信错吾躯于波流，而吾不敢用私，所以能入而复出者，以此也。」孔子谓弟子曰：「二三子识之！水且犹可以忠信诚身亲之，而况人乎！」

《说苑·杂言》 孔子观于吕梁，悬水四十仞，环流九十里，鱼鳖不能过，鼋鼍不敢居。有一丈夫方将涉之，孔子使人并崖而止之曰：「此悬水四十仞，圜流九十里，鱼鳖不敢过，鼋鼍不敢居，意者难可济也？」丈夫不以错意，遂渡而出。孔子问：「子巧乎？且有道术乎？所以能入而出者，何也？」丈夫对曰：「始吾入，先以忠信；吾之出也，又从以忠信。忠信错吾躯于波流，而吾不敢用私。吾所以能入而复出也。」孔子谓弟子曰：「水而尚可以忠信义久而身亲之，况于人乎！」

《列子·说符》 白公问孔子曰：「人可与微言乎？」孔子不应。白公问曰：「若以石投水，何如？」孔子曰：「吴之善没者能取之。」曰：「若以水投水，何如？」孔子曰：「淄渑之合，易牙尝而知之。」白公曰：「人故不可与微言乎？」孔子曰：「何为不可？唯知言之谓者乎！夫知言之谓者，不以言言也。争鱼者濡，逐兽者趋，非乐之也。故至言去言，至为无为。夫浅知之所争者末矣。」白公不得已，遂死于浴室。

《吕氏春秋·审应览·精谕》 白公问于孔子曰：「人可与微言乎？」孔子不应。白公曰：「若以石投水，奚若？」孔子曰：「没人能取之。」白公曰：「若以水投水，奚若？」孔子曰：「淄渑之合者，易牙尝而知之。」白公曰：「然则人不可与微言乎？」孔子曰：「胡为不可？唯知言之谓者，为可耳。」

《淮南子·道应训》 白公问于孔子曰：「人可以微言？」孔子不应。白公曰：「若以石投水中，何如？」曰：「吴越之善没者能取之矣。」曰：「若以水投水，何如？」孔子曰：「菑渑之水合，易牙尝而知之。」白公曰：「然则人固不可与微言乎？」孔子曰：「何谓不可？谁知言之谓者乎！夫知言之谓者，不以言言也。争鱼者濡，逐兽者趍，非乐之者也。故至言去言，至为无为。夫浅知之所争者末矣。」白公不得也，故死于浴室。

《庄子·内篇·人间世》 颜回见仲尼，请行。曰：「奚之？」曰：「将之卫。」曰：「奚为焉？」曰：「回闻卫君，其年壮，其行独。轻用其国，而不见其过。轻用民死，死者以国量乎泽，若蕉，民其无如矣！回尝闻之夫子曰：『治国去之，乱国就之。医门多疾。』愿以所闻思其所行，则庶几其国有瘳乎！」仲尼曰：「嘻，若往而殆刑耳！夫道不欲杂，杂则多，多则扰，扰则忧，忧而不救。古之至人，先存诸己而后存诸人，所存于己者未定，何暇至于暴人之所行！且若亦知夫德之所荡而知之所为出乎哉？德荡乎名，知出乎争。名也者，相轧也；知也者，争之器也。二者凶器，非所以尽行也。且德厚信矼，未达人气；

名闻不争，未达人心。而强以仁义绳墨之言衒暴人之前者，是以人恶有其美也，命之曰菑人。菑人者，人必反菑之，若殆为人菑夫。且苟为悦贤而恶不肖，恶用而求有以异？若唯无诏，王公必将乘人而斗其捷，而目将荧之，而色将平之，口将营之，容将形之，心且成之。是以火救火，以水救水，名之曰益多，顺始无穷。若殆以不信厚言，必死于暴人之前矣！且昔者桀杀关龙逢，纣杀王子比干，是皆修其身以下伛拊人之民，以下拂其上者也，故其君因其修以挤之。是好名者也。昔者尧攻丛枝、胥敖，禹攻有扈，国为虚厉，身为刑戮，其用兵不止，其求实无已。是皆求名实者也，而独不闻之乎？名实者，圣人之所不能胜也，而况若乎！虽然，若必有以也，尝以语我来。」颜回曰：「端而虚，勉而一，则可乎？」曰：「恶！恶可！夫以阳为充孔扬，采色不定，常人之所不违，因案人之所感，以求容与其心，名之曰日渐之德不成，而况大德乎！将执而不化，外合而内不訾，其庸讵可乎！」「然则我内直而外曲，成而上比。内直者，与天为徒。与天为徒者，知天子之与己皆天之所子，而独以己言蕲乎而人善之，蕲乎而人不善之邪？若然者，人谓之童子，是之谓与天为徒。外曲者，与人之为徒也。擎、跽、曲拳，人臣之礼也。人皆为之，吾敢不为邪？为人之所为者，人亦无疵焉，是之谓与人为徒。成而上比者，与古为徒。其言虽教，祇之实也。古之有也，非吾有也。若然者，虽直不为病，是之谓与古为徒。若是，则可乎？」仲尼曰：「恶！恶可！大多政，法而不谍。虽固，亦无罪。虽然，止是耳矣，夫胡可以及化！犹师心者也。」颜回曰：「吾无以进矣，敢问其方？」仲尼曰：「斋，吾将语若。有而为之，其易邪？易之者，皞天不宜。」颜回曰：「回之家贫，唯不饮酒不茹荤者数月矣。若此，则可以为斋乎？」曰：「是祭祀之斋，非心斋也。」回曰：「敢问心斋？」仲尼曰：「若一志，无听之以耳而听之以心，无听之以心而听之以气。听止于耳，心止于符。气也者，虚而待物者也。唯道集虚。虚者，心斋也。」颜回曰：「回之未始得使，实自回也；得使之也，未始有回也。可谓虚乎？」夫子曰：「尽矣！吾语若。若能入游其樊，而无感其名，入则鸣，不入则止。无门无毒，一宅而寓于不得已，则几矣。绝迹易，无行地难。为人使易以伪，为天使难以伪。闻以有翼飞者矣，未闻以无翼飞者也；闻以有知知者矣，未闻以无知知者也。瞻彼阕者，虚室生白，吉祥止止。夫且不止，是之谓坐驰。夫徇耳目内通，而外于心知，鬼神将来舍，而况人乎！是万物之化也，禹、舜之所纽也，伏羲、几蘧之所行终，而况散焉者乎！」

《庄子·内篇·德充符》 鲁有兀者王骀，从之游者，与仲尼相若。常季问于仲尼曰：「王骀，兀者也，从之游者，与夫子中分鲁。立不教，坐不议，虚而往，实而归。固有不言之教，无形而心成者邪？是何人也？」仲尼曰：「夫子圣人也，丘也直后而未往耳！丘将以为师，而况不若丘者乎！奚假鲁国！丘将引天下而与从之。」常季曰：「彼兀者也，而王先生，其与庸亦远矣！若然者，其用心也，独若之何？」仲尼曰：「死生亦大矣，而不得与之变，虽天地覆坠，亦将不与之遗。审乎无假，而不与物迁，命物之化，而守其宗者也。」常季曰：「何谓也？」仲尼曰：「自其异者视之，肝胆楚越也；自其同者视之，万物皆一也。夫若然者，且不知耳目之所宜，而游心乎德之和，物视其所一，而不见其所丧，视丧其足，犹遗土也。」常季曰：「彼为己，以其知得其心，以其心得其常心，物何为最之哉？」仲尼曰：「人莫鉴于流水，而鉴于止水，唯止能止众止。受命于地，唯松柏独也在，冬夏青青，受命于天，唯舜独也正，在万物之首，幸能正生，以正众生。夫保始之征，不惧之实。勇士一人，雄入于九军，将求名而能自要者，而犹若是，而况官天地，府万物，直寓六骸，象耳目，一知之所知，而心未尝死者乎！」「彼且择日而登假，人则从是也。彼且何肯以物为事乎！」

《庄子·内篇·德充符》 鲁有兀者叔山无趾，踵见仲尼。仲尼曰：「子不谨，前既犯患若是矣。虽今来，何及矣？」无趾曰：「吾唯不知务而轻用吾身，吾以是亡足。今吾来也，犹有尊足者存，吾是以务全之也。夫天无不覆，地无不载，吾以夫子为天地，安知夫子之犹若是也！」孔子曰：「丘则陋矣！夫子胡不入乎？请讲以所闻。」无趾出，孔子曰：「弟子勉之！夫无趾，兀者也，犹务学以复补前行之恶，而况全德之人乎！」无趾语老聃曰：「孔丘之于至人，其未邪？彼何宾宾以学子为？彼且蕲以諔诡幻怪之名闻，不知至人之以是为己桎梏邪？」老聃曰：「胡不直使彼以死生为一条，以可不可为一贯者，解其桎梏，其可乎？」无趾曰：「天刑之，安可解？」

《庄子·内篇·德充符》 鲁哀公问于仲尼曰：「卫有恶人焉，曰哀骀它。丈夫与之处者，思而不能去也。妇人见之，请于父母曰：『与人为妻，宁为夫子妾者』，十数而未止也。未尝有闻其唱者也，常和人而已矣。无君人之位以济乎人之死，无聚禄以望人之腹。又以恶骇天下，和而不唱，知不出乎四域，且而雌雄合乎前，是必有异乎人者也。寡人召而观之，果以恶骇天下。与寡人处，不至以月数，而寡人有意乎其为人也。不至乎期年，而寡人信之，国无宰，而寡人传国焉。闷然而后应，氾而若辞，寡人丑乎？卒授之国。无几何也，去寡人而行，寡人恤焉，若有亡也，若无与乐是国也。是何人者也？」仲尼曰：「丘也尝使于楚矣，适见㹠子食于其死母者，少焉眴若，皆弃之而走，不见已焉尔，不得类焉尔。所爱其母者，非爱其形也，爱使其形者也。战而死者，其人之葬也，不以翣资，刖者之屦，无为爱之，皆无其本矣。为天子之诸御，不爪剪，不穿耳，取妻者止于外，不得复使。形全犹足以为尔，而况全德之人乎！今哀骀它未言而信，无功而亲，使人授己国，唯恐其不受也，是必才全而德不形者也。」哀公曰：「何谓才全？」仲尼曰：「死生存亡，穷达贫富，贤与不肖，毁誉、饥渴、寒暑，是事之变，命之行也。日夜相代乎前，而知不能规乎其始者也。故不足以滑和，不可入于灵府。使之和豫通而不失于兑，使日夜无郤而与物为春，是接而生时乎心者也。是之谓才全。」「何谓德不形？」曰：「平者，水停之盛也。其可以为法也，内保之而外不荡也。德者，成和之修也。德不形者，物不能离也。」哀公异日以告闵子曰：「始也，吾以南面而君天下，执民之纪而忧其死，吾自以为至通矣。今吾闻至人之言，恐吾无其实，轻用吾身而亡吾国。吾与孔丘，非君臣也，德友而已矣。」

《庄子·内篇·大宗师》 子桑户、孟子反、子琴张三人相与友，曰：「孰能相与于无相与，相为于无相为？孰能登天游雾，挠挑无极，相忘以生，无所终穷？」三人相视而笑，莫逆于心，遂相与友，莫然。有间，而子桑户死，未葬。孔子闻之，使子贡往待事焉。或编曲，或鼓琴，相和而歌曰：「嗟来桑户兮！嗟来桑户乎！而已反其真，而我犹为人猗。」子贡趋而进曰：「敢问临尸而歌，礼乎？」二人相视而笑，曰：「是恶知礼意？」子贡反，以告孔子，曰：「彼何人者邪？修行无有，而外其形骸，临尸而歌，颜色不变，无以命之，彼何人者邪？」孔子曰：「彼游方之外者也，而丘游方之内者也，外内不相及，而丘使汝往吊之，丘则陋矣！彼方且与造物者为人，而游乎天地之一气，彼以生为附赘县疣，以死为决疣溃痈。夫若然者，又恶知死生先后之所在？假于异物，托于同体，忘其肝胆，遗其耳目，反覆终始，不知端倪。芒然彷徨乎尘垢之外，逍遥乎无为之业，彼又恶能愦愦然为世俗之礼，以观众人之耳目哉？」子贡曰：「然则夫子何方之依？」曰：「丘，天之戮民也，虽然，吾与汝共之。」子贡曰：「敢问其方？」孔子曰：「鱼相造乎水，人相造乎道；相造乎水者，穿池而养给，相造乎道者，无事而生定。故曰：『鱼相忘乎江湖，人相忘乎道术。』」子贡曰：「敢问畸人？」曰：「畸人者，畸于人而侔于天，故曰：『天之小人，人之君子，人之君子，天之小人也。』」

《庄子·内篇·大宗师》 颜回问仲尼曰：「孟孙才其母死，哭泣无涕，中心不戚，居丧不哀，无是三者，以善处丧。盖鲁国固有无其实而得其名者乎？回壹怪之。」仲尼曰：「夫孟孙氏尽之矣，进于知矣，唯简之而不得，夫已有所简矣。孟孙氏不知所以生，不知所以死，不知就先，不知就后，若化为物，以待其所不知之化已乎？且方将化，恶知不化哉？方将不化，恶知已化哉？吾特与汝，其梦未始觉者邪？且彼有骇形而无损心，有旦宅而无情死，孟孙氏特觉人哭亦哭，是自其所以乃。且也相与吾之耳矣，庸讵知吾所谓吾之乎？且汝梦为鸟而厉乎天，梦为鱼而没于渊，不识今之言者，其觉者乎？其梦者乎？造适不及笑，献笑不及排，安排而去化，乃入于寥天一。」

《庄子·内篇·大宗师》颜回曰：「回益矣！」仲尼曰：「何谓也？」曰：「回忘仁义矣。」曰：「可矣，犹未也。」它日复见曰：「回益矣。」曰：「何谓也？」曰：「回忘礼乐矣。」曰：「可矣，犹未也。」它日复见曰：「回益矣。」曰：「何谓也？」曰：「回坐忘矣。」仲尼蹴然曰：「何谓坐忘？」颜回曰：「堕枝体，黜聪明，离形去知，同于大通，此谓坐忘。」仲尼曰：「同则无好也，化则无常也，而果其贤乎？丘也请从而后也。」

《淮南子·道应训》颜回谓仲尼曰：「回益矣。」仲尼曰：「何谓也？」曰：「回忘礼乐矣。」仲尼曰：「可矣，犹未也。」异日复见曰：「回益矣。」仲尼曰：「何谓也？」曰：「回忘仁义矣。」仲尼曰：「可矣，犹未也。」异日复见曰：「回坐忘矣。」仲尼造然曰：「何谓坐忘？」颜回曰：「隳支体，黜聪明，离形去知，洞于化通，是谓坐忘。」仲尼曰：「洞则无善也，化则无常矣，而夫子荐贤，丘请从之后。」

《庄子·外篇·天地》夫子问于老聃曰：「有人治道若相放，可不可，然不然，辩者有言曰：『离坚白，若县宇。』若是则可谓圣人乎？」老聃曰：「是胥易技系，劳形怵心者也。执狸之狗成思，猨狙之便，自山林来。丘，予告若而所不能闻，与而所不能言。凡有首有趾，无心无耳者众，有形者与无形无状而皆存者，尽无。其动止也，其死生也，其废起也，此又非其所以也。有治在人，忘乎物，忘乎天，其名为忘己。忘己之人，是之谓入于天。」

《庄子·外篇·天地》子贡南游于楚，反于晋，过汉阴，见一丈人方将为圃畦，凿隧而入井，抱瓮而出灌，搰搰然用力甚多，而见功寡。子贡曰：「有械于此，一日浸百畦，用力甚寡，而见功多，夫子不欲乎？」为圃者仰而视之，曰：「奈何？」曰：「凿木为机，后重前轻，挈水若抽，数如泆汤，其名为槔。」为圃者忿然作色，而笑曰：「吾闻之吾师，有机械者必有机事，有机事者必有机心；机心存于胸中，则纯白不备；纯白不备，则神生不定；神生不定者，道之所不载也。吾非不知，羞而不为也。」子贡瞒然惭，俯而不对。有间，为圃者曰：「子奚为者邪？」曰：「孔丘之徒也。」为圃者曰：「子非夫博学以拟圣，於于以盖众，独弦哀歌以卖名声于天下者乎？汝方将忘汝神气，堕汝形骸，而庶几乎？而身之不能治，而何暇治天下乎？子往矣！无乏吾事。」子贡卑陬失色，顼顼然不自得，行三十里而后愈。其弟子曰：「向之人何为者邪？夫子何故见之变容失色，终日不自反邪？」曰：「始吾以为天下一人耳，不知复有夫人也。吾闻之夫子，事求可，功求成，用力少见功多者，圣人之道。今徒不然，执道者德全，德全者形全，形全者神全，神全者，圣人之道也。托生与民并行而不知其所之，汒乎淳备哉！功利机巧，必忘夫人之心。若夫人者，非其志不之，非其心不为，虽以天下誉之得，其所谓誉然不顾，以天下非之失，其所谓傥然不受。天下之非誉无益损焉，是谓全德之人哉！我之谓风波之民。」反于鲁，以告孔子。孔子曰：「彼假修浑沌氏之术者也，识其一，不知其二；治其内，而不治其外。夫明白入素，无为复朴，体性抱神，以游世俗之间者，汝将固惊邪？且浑沌氏之术，予与汝何足以识之哉？」

《庄子·外篇·天运》 孔子西游于卫，颜渊问师金曰：「以夫子之行为奚如？」师金曰：「惜乎而夫子其穷哉！」颜渊曰：「何也？」师金曰：「夫刍狗之未陈也，盛以箧衍，巾以文绣，尸祝斋戒以将之；及其已陈也，行者践其首脊，苏者取而爨之而已。将复取而盛以箧衍，巾以文绣，游居寝卧其下，彼不得梦，必且数眯焉。今而夫子亦取先王已陈刍狗，取弟子游居寝卧其下，故伐树于宋，削迹于卫，穷于商周，是非其梦邪？围于陈蔡，七日不火食，死生相与邻，是非其眯邪？夫水行莫如用舟，而陆行莫如用车，以舟之可行于水也，而求推之于陆，则没世不行。寻常古今，非水陆与？周鲁非舟车与？今蕲行周于鲁，是犹推舟于陆也。劳而无功，身必有殃。彼未知夫无方之传，应物而不穷者也。且子独不见夫桔槔者乎？引之则俯，舍之则仰，彼人之所引，非引人也，故俯仰而不得罪于人。故夫三皇五帝之礼义法度，不矜于同，而矜于治。故譬三皇五帝之礼义法度，其犹猿梨橘柚邪？其味相反而皆可于口。故礼义法度者，应时而变者也。今取猿狙而衣以周公之服，彼必龁啮挽裂，尽去而后慊。观古今之异，犹猿狙之异乎周公也。故西施病心而矉其里，其里之丑人见而美之，归亦捧心而矉其里，其里之富人见之，坚闭门而不出；贫人见之，挈妻子而去之走。彼知美矉而不知矉之所以美。惜乎！而夫子其穷哉！」

卷十七　寓言十四（下）

《庄子·外篇·天运》 孔子行年五十有一而不闻道，乃南之沛，见老聃。老聃曰：「子来乎？吾闻子北方之贤者也，子亦得道乎？」孔子曰：「未得也。」老子曰：「子恶乎求之哉？」曰：「吾求之于度数，五年而未得也。」老子曰：「子又恶乎求之哉？」曰：「吾求之于阴阳，十有二年而未得。」老子曰：「然。使道而可献，则人莫不献之于其君；使道而可进，则人莫不进之于其亲；使道而可以告人，则人莫不告其兄弟；使道而可以与人，则人莫不与其子孙。然而不可者，无他也，中无主而不止，外无正而不行。由中出者，不受于外，圣人不出；由外入者，无主于中，圣人不隐。名，公器也，不可多取。

仁义，先王之蘧庐也，止可以一宿而不可久处，觏而多责。古之至人，假道于仁，托宿于义，以游逍遥之墟，食于苟简之田，立于不贷之圃。逍遥，无为也；苟简，易养也；不贷，无出也。古者谓是采真之游。以富为是者，不能让禄；以显为是者，不能让名；亲权者，不能与人柄。操之则栗，舍之则悲，而一无所鉴，以窥其所不休者，是天之戮民也。怨、恩、取、与、谏、教、生、杀，八者，正之器也。唯循大变无所湮者，为能用之。故曰：正者，正也。其心以为不然者，天门弗开矣。」

孔子见老聃而语仁义。老聃曰：「夫播糠眯目，则天地四方易位矣；蛟虻噆肤，则通昔不寐矣。夫仁义憯然，乃愤吾心，乱莫大焉。吾子使天下无失其朴，吾子亦放风而动，总德而立矣，又奚杰然若负建鼓而求亡子者邪？夫鹄不日浴而白，乌不日黔而黑。黑白之朴，不足以为辩；名誉之观，不足以为广。泉涸，鱼相与处于陆，相呴以湿，相濡以沫，不若相忘于江湖。」

孔子见老聃归，三日不谈。弟子问曰：「夫子见老聃，亦将何规哉？」孔子曰：「吾乃今于是乎见龙！龙，合而成体，散而成章，乘乎云气而养乎阴阳。予口张而不能胁，予又何规老聃哉！」子贡曰：「然则人固有尸居而龙见，雷声而渊默，发动如天地者乎？赐亦可得而观乎？」遂以孔子声见老聃。老聃方将倨堂而应微曰：「予年运而往矣，子将何以戒我乎？」子贡曰：「夫三王五帝之治天下不同，其系声名一也。而先生独以为非圣人，如何哉？」老聃曰：「小子少进，子何以谓不同？」对曰：「尧授舜，舜授禹，禹用力而汤用兵，文王顺纣而不敢逆，武王逆纣而不肯顺，故曰不同。」老聃曰：「小子少进，余语汝三王、五帝之治天下。黄帝之治天下，使民心一，民有其亲死不哭而民不非也。尧之治天下，使民心亲，民有为其亲杀其杀而民不非也。舜之治天下，使民心竞，民孕妇十月生子，子生五月而能言，不至乎孩而始谁，则人始有夭矣。禹之治天下，使民心变，人有心而兵有顺，杀盗非杀，人自为种而天下耳。是以天下大骇，儒、墨皆起，其作始有伦，而今乎妇女，何言哉！余语汝：三皇、五帝之治天下，名曰治之而乱莫甚焉。三皇之知，上悖日月之明，下睽山川之精，中堕四时之施。其知僭于厉虿之尾，鲜规之兽，莫得安其性命之情者，而犹自以为圣人，不可耻乎？其无耻也！」子贡蹴蹴然，立不安。

孔子谓老聃曰：「丘治《诗》、《书》、《礼》、《乐》、《易》、《春秋》六经，自以为久矣，孰知其故矣。以奸者七十二君，论先王之道，而明周、召之迹，一君无所钩用。甚矣夫！人之难说也！道之难明邪！」老子曰：「幸矣，子之不遇治世之君也。夫六经，先王之陈迹也，岂其所以迹哉？今子之所言，犹迹也。夫迹，履之所出，而迹岂履哉！夫白鶂之相视，眸子不运而风化；虫，雄鸣于上风，雌应于下风而化。类自为雌雄，故风化。性不可易，命不可变，时不可止，道不可壅。苟得于道，无自而不可；失焉者，无自而可。」孔子不出三月，复见曰：「丘得之矣！乌鹊孺，鱼傅沫，细要者化，有弟而兄啼。久矣夫！丘不与化为人！不与化为人，安能化人！」老子曰：「可，丘得之矣！」

《史记·老庄申韩列传》 孔子适周，将问礼于老子。老子曰：「子所言者，其人与骨皆已朽矣，独其言在耳。且君子得其时则驾，不得其时则蓬累而行。吾闻之，良贾深藏若虚，君子盛德，容貌若愚。去子之骄气与多欲，态色与淫志，是皆无益于子之身。吾所以告子，若是而已。」孔子去，谓弟子曰：「鸟，吾知其能飞；鱼，吾知其能游；兽，吾知其能走。走者可以为罔，游者可以为纶，飞者可以为矰。至于龙吾不能知，其乘风云而上天。吾今日见老子，其犹龙邪！」

《论衡·龙虚》 孔子曰：「游者可为网，飞者可为矰。至于龙也，吾不知，其乘风云上升。今日见老子，其犹龙乎！」

《论衡·知实》 孔子曰：「游者可为纶，走者可为矰。至于龙，吾不知，乘云风上升。今日见老子，其犹龙邪！」

《庄子·外篇·至乐》 颜渊东之齐，孔子有忧色。子贡下席而问曰：「小子敢问：回东之齐，夫子有忧色，何邪？」孔子曰：「善哉汝问。昔者管子有言，丘甚善之，曰：『褚小者不可以怀大，绠短者不可以汲深。』夫若是者，以为命有所成而形有所适也，夫不可损益。吾恐回与齐侯言尧、舜、黄帝之道，而重以燧人、神农之言。彼将内求于己而不得，不得则惑，人惑则死。且汝独不闻邪？昔者海鸟止于鲁郊，鲁侯御而觞之于庙，奏《九韶》以为乐，具太牢以为膳。鸟乃眩视忧悲，不敢食一脔，不敢饮一杯，三日而死。此以己养养鸟也，非以鸟养养鸟也。夫以鸟养养鸟者，宜栖之深林，游之坛陆，浮之江湖，食之鳣、鲦，随行列而止，委蛇而处。彼惟人言之恶闻，奚以夫哓哓为乎？《咸池》、《九韶》之乐，张之洞庭之野，鸟闻之而飞，兽闻之而走，鱼闻之而下入。人卒闻之，相与还而观之。鱼处水而生，人处水而死，彼必相与异，其好恶故异也。故先圣不一其能，不同其事。名止于实，义设于适，是之谓条达而福持。」

《庄子·外篇·达生》 仲尼曰：「无入而藏，无出而阳，柴立其中央。三者若得，其名必极。夫畏涂者十杀一人，则父子兄弟相戒也，必盛卒徒而后敢出焉，不亦知乎！人之所取畏者，衽席之上，饮食之间，而不知为之戒者，过也。」

《庄子·外篇·山木》 孔子围于陈、蔡之间，七日不火食。太公任往吊之，曰：「子几死乎？」曰：「然。」「子恶死乎？」曰：「然。」任曰：「予尝言不死之道。东海有鸟焉，名曰意怠。其为鸟也，翂翂翐翐，而似无能，引援而飞，迫胁而栖，进不敢为前，退不敢为后，食不敢先尝，必取其绪。是故其行列不斥，而外人卒不得害，是以免于患。直木先伐，甘井先竭，子其意者，饰知以惊愚，修身以明污，昭昭乎如揭日月而行，故不免也。昔吾闻之大成之人曰：『自伐者无功，功成者堕，名成者亏。』孰能去功与名而还与众人？道流而不明居，得行而不名处，纯纯常常，乃比于狂，削迹捐势，不为功名。是故无责于人，人亦无责焉。至人不闻，子何喜哉？」孔子曰：「善哉！辞其交游，去其弟子，逃于大泽，衣裘褐，食杼栗，入兽不乱群，入鸟不乱行。鸟兽不恶，而况人乎！」

《庄子·外篇·山木》 孔子问子桑雽曰：「吾再逐于鲁，伐树于宋，削迹于卫，穷于商、周，围于陈、蔡之间。吾犯此数患，亲交益疏，徒友益散。何与？」子桑雽曰：「子独不闻假人之亡与？林回弃千金之璧，负赤子而趋。或曰『为其布与？赤子之布寡矣；为其累与？赤子之累多矣。弃千金之璧，负赤子而趋，何也？』林回曰：『彼以利合，此以天属也。』夫以利合者，迫穷祸患害相弃也；以天属者，迫穷祸患害相收也。夫相收之与相弃，亦远矣！且君子之交淡若水，小人之交甘若醴；君子淡以亲，小人甘以绝。彼无故以合者，则无故以离。」孔子曰：「敬闻命矣！」徐行翔佯而归，绝学捐书，弟子无益于前，其爱益加进。

《庄子·外篇·田子方》 温伯雪子适齐，舍于鲁。鲁人有请见之者，温伯雪子曰：「不可。吾闻中国之君子，明乎礼义而陋于知人心，吾不欲见也。」至于齐，反舍于鲁。是人也，又请见。温伯雪子曰：「往也蕲见我，今也又蕲见我，是必有以振我也。」出而见客，入而叹。明日见客，又入而叹。其仆曰：「每见之客也，必入而叹，何邪？」曰：「吾固告子矣，中国之民，明乎礼义而陋乎知人心。昔之见我者，进退一成规，一成矩；从容一若龙，一若虎。其谏我也似子，其道我也似父。是以叹也。」仲尼见之而不言，子路曰：「吾子欲见温伯雪子久矣，见之而不言，何邪？」仲尼曰：「若夫人者，目击而道存矣！亦不可以容声矣！」

《吕氏春秋·审应览·精谕》 孔子见温伯雪子，不言而出。子贡曰：「夫子之欲见温伯雪子好矣，今也见之而不言，其故何也？」孔子曰：「若夫人者目击而道存矣，不可以容声矣！」

《庄子·外篇·田子方》 颜渊问于仲尼曰：「夫子步亦步，夫子趋亦趋，夫子驰亦驰，夫子奔逸绝尘，而回瞠若乎后矣！」夫子曰：「回，何谓邪？」曰：「夫子步亦步也，夫子言亦言也，夫子趋亦趋也，夫子辩亦辩也，夫子驰亦驰也，夫子言道，回亦言道也。及奔逸绝尘，而回瞠若乎后者。夫子不言而信，不比而周，无器而民滔乎前，而不知所以然而已矣。」仲尼曰：「恶！可不察与！夫哀莫大于心死，而人死亦次之。日出东方而入于西极，万物莫不比方。有目有趾者，待是而后成功。是出则存，是入则亡。万物亦然，有待也而死，有待也而生。吾一受其成形，而不化以待尽。效物而动，日夜无隙，而不知其所终。薰然其成形，知命不能规乎其前，丘以是日徂。吾终身与汝交一臂而失之，可不哀与！汝殆著乎吾所以著也。彼已尽矣，而汝求之以为有，是求马于唐肆也。吾服汝也甚忘，汝服吾也亦甚忘。虽然，汝奚患焉！虽忘乎故吾，吾有不忘者存。」

《**淮南子·齐俗训**》孔子谓颜回曰：「吾服汝也忘，而汝服于我也亦忘。虽然，汝虽忘乎吾，犹有不忘者存。」

《**论衡·自然**》孔子谓颜渊曰：「吾服汝，忘也；汝之服于我，亦忘也。」

《**庄子·外篇·田子方**》孔子见老聃。老聃新沐，方将被发而乾，慹然似非人。孔子便而待之，少焉见曰：「丘也眩与？其信然与？向者先生形体掘若槁木，似遗物离人而立于独也。」老聃曰：「吾游于物之初。」孔子曰：「何谓邪？」曰：「心困焉而不能知，口辟焉而不能言，尝为汝议乎其将。至阴肃肃，至阳赫赫。肃肃出乎天，赫赫发乎地，两者交通成和而物生焉，或为之纪而莫见其形。消息满虚，一晦一明，日改月化，日有所为，而莫见其功。生有所乎萌，死有所乎归，始终相反乎无端而莫知乎其所穷。非是也，且孰为之宗？」孔子曰：「请问游是？」老聃曰：「夫得是，至美至乐也，得至美而游乎至乐，谓之至人。」孔子曰：「愿闻其方。」曰：「草食之兽，不疾易薮；水生之虫，不疾易水。行小变而不失其大常也，喜怒哀乐不入于胸次。夫天下也者，万物之所一也。得其所一而同焉，则四支百体将为尘垢，而死生终始将为昼夜而莫之能滑，而况得丧祸福之所介乎！弃隶者若弃泥涂，知身贵于隶也，贵在于我而不失于变。且万化而未始有极也，夫孰足以患心！已为道者解乎此。」孔子曰：「夫子德配天地，而犹假至言以修心。古之君子，孰能脱焉？」老聃曰：「不然。夫水之于汋也，无为而才自然矣；至人之于德也，不修而物不能离焉。若天之自高，地之自厚，日月之自明，夫何修焉！」孔子出，以告颜回，曰：「丘之于道也，其犹醯鸡与！微夫子之发吾覆也，吾不知天地之大全也。」

《**庄子·外篇·田子方**》文王观于臧，见一丈夫钓，而其钓莫钓，非持其钓，有钓者也，常钓也。文王欲举而授之政，而恐大臣父兄之弗安也；欲终而释之，而不忍百姓之无天也。于是旦而属诸大夫曰：「昔者，寡人梦，见良人黑色而髯，乘驳马而偏朱蹄，号曰：寓而政于臧丈人，庶几乎民有瘳乎！」诸大夫蹴然曰：「先君王也。」文王曰：「然则卜之。」诸大夫曰：「先君之命王，其无它，又何卜焉！」遂迎臧丈人而授之政。典法无更，偏令无出。三年，文王观于国，则列士坏植散群，长官者不成德，钟斛不敢入于四境。列士坏植散群，则尚同也；长官者不成德，则同务也；钟斛不敢入于四境，则诸侯无二心也。文王于是焉以为太师，北面而问曰：「政可以及天下乎？」臧丈人昧然而不应，泛然而辞，朝令而夜遁，终身无闻。颜渊问于仲尼曰：「文王其犹未邪？又何以梦为乎？」仲尼曰：「默！汝无言。夫文王尽之也，而又何论刺焉？彼直以循斯须也。」

《庄子·外篇·田子方》 肩吾问于孙叔敖曰：「子三为令尹而不荣华，三去之而无忧色。吾始也疑子，今视子之鼻间栩栩然，子之用心独奈何？」孙叔敖曰：「吾何以过人哉！吾以其来不可却也，其去不可止也，吾以为得失之非我也，而无忧色而已矣，我何以过人哉！且不知其在彼乎？其在我乎？其在彼邪，亡乎我；在我邪，亡乎彼。方将踌躇，方将四顾，何暇至乎人贵人贱哉！」仲尼闻之曰：「古之真人，知者不得说，美人不得滥，盗人不得劫，伏戏、黄帝不得友。死生亦大矣，而无变乎已，况爵禄乎！若然者，其神经乎大山而无介，入乎渊泉而不濡，处卑细而不惫，充满天地，既以与人，已愈有。」

《庄子·外篇·知北游》 孔子问于老聃曰：「今日晏闲，敢问至道？」老聃曰：「汝齐戒，疏瀹而心，澡雪而精神，掊击而知。夫道，窅然难言哉！将为汝言其崖略。夫昭昭生于冥冥，有伦生于无形，精神生于道，形本生于精，而万物以形相生。故九窍者胎生，八窍者卵生。其来无迹，其往无崖，无门无房，四达之皇皇也。邀于此者，四枝强，思虑恂达，耳目聪明，其用心不劳，其应物无方。天不得不高，地不得不广，日月不得不行，万物不得不昌，此其道与！且夫博之不必知，辩之不必慧，圣人以断之矣。若夫益之而不加益，损之而不加损者，圣人之所保也。渊渊乎其若海，巍巍乎其终则复始也。运量万物而不匮，则君子之道，彼其外与！万物皆往资焉而不匮，此其道与！中国有人焉，非阴非阳，处于天地之间，直且为人，将反于宗。自本观之，生者，喑醷物也，虽有寿夭，相去几何！须臾之说也，奚足以为尧、桀之是非！果有理，人伦虽难，所以相齿。圣人遭之而不违，过之而不守。调而应之，德也；偶而应之，道也。帝之所兴，王之所起也。人生天地之间，若白驹之过郤，忽然而已。注然勃然，莫不出焉；油然漻然，莫不入焉。已化而生，又化而死。生物哀之，人类悲之。解其天弢，堕其天帙，纷乎宛乎，魂魄将往，乃身从之，乃大归乎！不形之形，形之不形，是人之所同知也，非将至之所务也，此众人之所同论也。彼至则不论，论则不至。明见无值，辩不若默。道不可闻，闻不若塞。此之谓大得。」

《庄子·外篇·知北游》 冉求问于仲尼曰：「未有天地可知邪？」仲尼曰：「可。古犹今也。」冉求失问而退，明日复见曰：「昔者吾问『未有天地可知乎？』，夫子曰：『可。古犹今也。』昔者吾昭然，今日吾昧然。敢问何谓也？」仲尼曰：「昔之昭然也，神者先受之；今之昧然也，且又不为神者求邪！无古无今，无始无终，未有子孙而有子孙，可乎？」冉求未对。仲尼曰：「已矣！未应矣！不以生生死，不以死死生。死生有待邪！皆有所一体。有先天地生者，物邪？物物者非物。

物出不得先物也，犹其有物也无已。圣人之爱人也终无已者，亦乃取于是者也。」

《庄子·外篇·知北游》颜渊问乎仲尼曰：「回尝闻诸夫子曰：『无有所将，无有所迎。』回敢问其游？」仲尼曰：「古之人，外化而内不化；今之人，内化而外不化。与物化者，一不化者也。安化安不化，安与之相靡，必与之莫多。狶韦氏之囿，黄帝之圃，有虞氏之宫，汤、武之室。君子之人，若儒、墨者师，故以是非相齑也，而况今之人乎？圣人处物不伤物。不伤物者，物亦不能伤也。唯无所伤者，为能与人相将迎。山林与！皋壤与！使我欣欣然而乐与！乐未毕也，哀又继之，哀乐之来，吾不能御，其去，弗能止。悲夫！世人直谓物逆旅耳！夫知遇而不知所不遇，知能能而不能所不能。无知无能者，固人之所不免也。夫务免乎人之所不免者，岂不亦悲哉！至言去言，至为去为。齐知之所知，则浅矣。」

《庄子·杂篇·徐无鬼》仲尼之楚，楚王觞之，孙叔敖执爵而立，市南宜僚受酒而祭曰：「古之人乎，于此言已。」曰：「丘也闻不言之言矣，未之尝言，于此乎言之。市南宜僚弄丸而两家之难解，孙叔敖甘寝秉羽而郢人投兵。丘愿有喙三尺。彼之谓不道之道，此之谓不言之辩，故德总乎道之所一，而言休乎知之所不知，至矣。道之所一者，德不能同也；知之所不能知者，辩不能举也。名若儒、墨而凶矣。故海不辞东流，大之至也。圣人并包天地，泽及天下，而不知其谁氏。是故生无爵，死无谥，实不聚，名不立，此之谓大人。狗不以善吠为良，人不以善言为贤，而况为大乎！夫为大不足以为大，而况为德乎！夫大备矣，莫大天地，然奚求焉而大备矣。知大备者，无求，无失，无弃，不以物易己也。反己而不穷，循古而不摩，大人之诚。」

《庄子·杂篇·则阳》孔子之楚，舍于蚁丘之浆。其邻有夫妻臣妾登极者，子路曰：「是稯稯何为者邪？」仲尼曰：「是圣人仆也。是自埋于民，自藏于畔，其声销，其志无穷，其口虽言，其心未尝言，方且与世违而心不屑与之俱。是陆沈者也，是其市南宜僚邪？」子路请往召之，孔子曰：「已矣！彼知丘之著于己也，知丘之适楚也，以丘为必使楚王之召己也，彼且以丘为佞人也。夫若然者，其于佞人也羞闻其言，而况亲见其身乎！而何以为存？」子路往视之，其室虚矣。

《庄子·杂篇·则阳》仲尼问于太师大弢、伯常骞、狶韦曰：「夫卫灵公饮酒湛乐，不听国家之政；田猎毕弋，不应诸侯之际。其所以为灵公者，何邪？」大弢曰：「是因是也。」伯常骞曰：「夫灵公有妻三人，同滥而浴，史鳝奉御而进所，搏币而扶翼，其慢若彼之甚也，见贤人若此其肃也，是其所以为灵公也。」狶韦曰：「夫灵公也死，卜葬于故墓不吉，卜葬于沙丘而吉。掘之数仞，得石椁焉，洗而视之，有铭焉曰：『不冯其子，灵公夺而埋之。』夫灵公之为灵也久矣，之二人何足以识之？」

《**庄子·杂篇·外物**》 老莱子之弟子出薪，遇仲尼。反以告曰：「有人于彼，修上而趍下，末偻而后耳，视若营四海，不知其谁氏之子？」老莱子曰：「是丘也，召而来！」仲尼至。曰：「丘，去汝躬矜，与汝容知，斯为君子矣。」仲尼揖而退，蹙然改容而问曰：「业可得进乎？」老莱子曰：「夫不忍一世之伤，而骜万世之患，抑固窭邪？亡其略弗及邪？惠以欢为骜，终身之丑，中民之行进焉耳。相引以名，相结以隐。与其誉尧而非桀，不如两忘而闭其所誉。反无非伤也，动无非邪也。圣人踌躇以兴事，以每成功，奈何哉其载焉终矜尔！」

《**庄子·杂篇·盗跖**》 孔子与柳下季为友。柳下季之弟名曰盗跖。盗跖从卒九千人，横行天下，侵暴诸侯，穴室枢户，驱人牛马，取人妇女，贪得忘亲，不顾父母兄弟，不祭先祖。所过之邑，大国守城，小国入保，万民苦之。孔子谓柳下季曰：「夫为人父者，必能诏其子；为人兄者，必能教其弟。若父不能诏其子，兄不能教其弟，则无贵父子兄弟之亲矣。今先生世之才士也，弟为盗跖，为天下害而弗能教也，丘窃为先生羞之！丘请为先生往说之。」柳下季曰：「先生言为人父者必能诏其子，为人兄者必能教其弟；若子不听父之诏，弟不受兄之教，虽今先生之辩，将奈之何哉？且跖之为人也，心如涌泉，意如飘风，强足以距敌，辩足以饰非，顺其心则喜，逆其心则怒，易辱人以言。先生必无往。」孔子不听，颜回为驭，子贡为右，往见盗跖。盗跖乃方休卒徒大山之阳，脍人肝而餔之。孔子下车而前，见谒者曰：「鲁人孔丘闻将军高义，敬再拜谒者。」谒者入通，盗跖闻之大怒，目如明星，发上指冠，曰：「此夫鲁国之巧伪人孔丘非邪！为我告之：尔作言造语，妄称文武，冠枝木之冠，带死牛之胁，多辞谬说，不耕而食，不织而衣，摇唇鼓舌，擅生是非，以迷天下之主，使天下学士不反其本，妄作孝弟，而侥幸于封侯富贵者也。子之罪大极重，疾走归！不然，我将以子肝益昼餔之膳。」孔子复通曰：「丘得幸于季，愿望履幕下。」谒者复通。盗跖曰：「使来前！」孔子趋而进，避席反走，再拜盗跖。盗跖大怒，两展其足，案剑瞋目，声如乳虎，曰：「丘来前！若所言顺吾意则生，逆吾心则死！」孔子曰：「丘闻之，凡天下有三德：生而长大，美好无双，少长贵贱，见而皆悦之，此上德也；知维天地，能辩诸物，此中德也；勇悍果敢，聚众率兵，此下德也。凡人有此一德者，足以南面称孤矣。今将军兼此三者，身长八尺二寸，面目有光，唇如激丹，齿如齐贝，音中黄钟，而名曰盗跖，丘窃为将军耻不取焉！将军有意听臣，臣请南使吴越，北使齐鲁，东使宋卫，西使晋楚，使为将军造大城数百里，立数十万户之邑，尊将军为诸侯，与天下更始，罢兵休卒，收养昆弟，共祭先祖，此圣人才士之行，而天下之愿也。」盗跖大怒，曰：「丘来前！夫可规以利而可谏以言者，皆愚陋恒民之谓耳。今长大美好，人见而说之者，此吾父母之遗德也，丘虽不吾誉，吾独不自知邪？且吾闻之，好面誉人者，亦好背而毁之。今丘告我以大城众民，是欲规我以利，而恒民畜我也，安可长久也？城之大者，莫大乎天下矣。尧、舜有天下，子孙无置锥之地；汤、武立为天子，而后世绝灭，非以其利大故邪？且吾闻之，古者禽兽多而人民少，于是皆巢居以避之，昼拾橡栗，暮栖木上，故命之曰有巢氏之民。古者民不知衣服，夏多积薪，冬则炀之，故命之曰知生之民。神农之世，卧则居居，起则于于，民知其母，不知其父，与麋鹿共处，耕而食，织而衣，无有相害之心，此至德之隆也。然而黄帝不能致德，与蚩尤战于涿鹿之野，流血百里。尧、舜作，立群臣，汤放其主，武王杀纣。自是之后，以强陵弱，以众暴寡。汤、武以来，皆乱人之徒也。今子修文、武之道，掌天下之辩，以教后世，缝衣浅带，矫言伪行，以迷惑天下之主而欲求富贵焉，盗莫大于子！天下何故不谓子为盗丘而乃谓我为盗跖？子以甘辞说子路而使从之，使子路去其危冠，解其长剑，而受教于子，天下皆曰孔丘能止暴禁非，其卒之也，子路欲杀卫君而事不成，身菹于卫东门之上，是子教之不至也！子自谓才士圣人邪！则再逐于鲁，削迹于卫，穷于齐，围于陈、蔡，不容身于天下，子教子路菹此患，上无以为身，下无以为人，子之道岂足贵邪？世之所高，莫若黄帝，黄帝尚不能全德而战涿鹿之野，流血百里。尧不慈，舜不孝，禹偏枯，汤放其主，武王伐纣，文王拘羑里。此六子者，世之所高也，孰论之，皆以利惑其真而强反其情性，其行乃甚可羞也！世之所谓贤士伯夷、叔齐，伯夷、叔齐辞孤竹之君，而饿死于首阳之山，骨肉不葬；鲍焦饰行非世，抱木而死；申徒狄谏而不听，负石自投于河，为鱼鳖所食；介子推至忠也，自割其股以食文公，文公后背之，子推怒而去，抱木而燔死；尾生与女子期于梁下，女子不来，水至不去，抱梁柱而死。此四者，无异于磔犬、流豕、操瓢而乞者，皆离名轻死，不念本养寿命者也。世之所谓忠臣者，莫若王子比干、伍子胥。子胥沉江，比干剖心，此二子者，世谓忠臣也，然卒为天下笑。自上观之，至于子胥、比干，皆不足贵也。丘之所以说我者，若告我以鬼事，则我不能知也；若告吾以人事者，不过此矣，皆吾所闻知也。今吾告子以人之情：目欲视色，耳欲听声，口欲察味，志气欲盈。人上寿百岁，中寿八十，下寿六十，除病瘐、死丧、忧患，其中开口而笑者，一月之中，不过四五日而已矣。天与地无穷，人死者有时，操有时之具而托于无穷之间，忽然无异骐骥之驰过隙也。不能悦其志意，养其寿命者，皆非通道者也。丘之所言，皆吾之所弃也。亟去走归，无复言之！子之道狂狂汲汲，诈巧虚伪事也，非可以全真也，奚足论哉！」孔子再拜，趋走出门上车，执辔三失，目芒然无见，色若死灰，据轼低头，不能出气。归到鲁东门外，适遇柳下季。柳下季曰：「今者阙然数日不见，车马有行色，得微往见跖邪？」孔子仰天而叹曰：「然！」柳下季曰：「跖得无逆汝意若前乎？」孔子曰：「然。丘所谓无病而自灸也！疾走料虎头，编虎须，几不免虎口哉！」

《庄子·杂篇·渔父》 孔子游乎缁帷之林，休坐乎杏坛之上，弟子读书，孔子弦歌鼓琴奏曲未半，有渔父者下船而来，须眉交白，被发揄袂，行原以上，距陆而止，左手据膝，右手持颐以听，曲终而招子贡、子路。二人俱对，客指孔子曰：「彼何为者也？」子路对曰：「鲁之君子也。」客问其族，子路对曰：「族孔氏。」客曰：「孔氏者，何治也？」子路未应，子贡对曰：「孔氏者，性服忠信，身行仁义，饰礼乐，选人伦，上以忠于世主，下以化于齐民，将以利天下。此孔氏之所治也。」又问曰：「有土之君与？」子贡曰：「非也。」「侯王之佐与？」子贡曰：「非也。」客乃笑而还行，言曰：「仁则仁矣，恐不免其身，苦心劳形，以危其真，呜呼远哉！其分于道也。」子贡还报孔子，孔子推琴而起曰：「其圣人与！」乃下求之，至于泽畔，方将杖拏而引其船，顾见孔子，还向而立，孔子反走，再拜而进。客曰：「子将何求？」孔子曰：「曩者先生有绪言而去，丘不肖，未知所谓，窃待于下风，幸闻咳唾之音，以卒相丘也。」客曰：「嘻！甚矣子之好学也。」孔子再拜而起曰：「丘少而修学以至于今，六十九岁矣！无所得闻至教，敢不虚心！」客曰：「同类相从，同声相应，固天之理也。吾请释吾之所有而经子之所以。子之所以者，人事也。天子、诸侯、大夫、庶人，此四者自正，治之美也。四者离位，而乱莫大焉。官治其职，人忧其事，乃无所陵。故田荒室露，衣食不足，征赋不属，妻妾不和，长少无序，庶人之忧也。能不胜任，官事不治，行不清白，群下荒怠，功美不有，爵禄不持，大夫之忧也。廷无忠臣，国家昏乱，工技不巧，贡职不美，春秋后伦，不顺天子，诸侯之忧也。阴阳不和，寒暑不时，以伤庶物，诸侯暴乱，擅相攘伐，以残民人，礼乐不节，财用穷匮，人伦不饬，百姓淫乱，天子有司之忧也。今子既上无君侯有司之势，而下无大臣职事之官，而擅饰礼乐，选人伦，以化齐民，不泰多事乎？且人有八疵，事有四患，不可不察也。非其事而事之，谓之总；莫之顾而进之，谓之佞；希意道言，谓之谄；不择是非而言，谓之谀；好言人之恶，谓之谗；析交离亲，谓之贼；称誉诈伪以败恶人，谓之慝；不择善否，两容颜适，偷拔其所欲，谓之险。此八疵者，外以乱人，内以伤身，君子不友，明君不臣。所谓四患者：好经大事，变更身常，以挂功名，谓之叨；专知擅事，侵人自用，谓之贪；见过不更，闻谏愈甚，谓之很；人同于己则可，不同于己，虽善不善，谓之矜。此四患也。能去八疵，无行四患，而始可教已。」孔子愀然而叹，再拜而起曰：「丘再逐于鲁，削迹于卫，伐树于宋，围于陈、蔡。丘不知所失，而离此四谤者，何也？」客凄然变容，曰：「甚矣，子之难悟也！人有畏影恶迹而去之走者，举足愈数而迹愈多，走愈疾而影不离身，自以为尚迟，疾走不休，绝力而死。不知处阴以休影，处静以息迹，愚亦甚矣！子审仁义之间，察同异之际，观动静之变，适受与之度，理好恶之情，和喜怒之节，而几于不免矣。谨修而身，慎守其真，还以物与人，则无所累矣。今不修之身而求之人，不亦外乎！」孔子愀然曰：「请问何谓真？」客曰：「真者，精诚之至也。不精不诚，不能动人。故强哭者，虽悲不哀；强怒者，虽严不威；强亲者，虽笑不和。真悲无声而哀，真怒未发而威，真亲未笑而和。真在内者，神动于外，是所以贵真也。其用于人理也，事亲则慈孝，事君则忠贞，饮酒则欢乐，处丧则悲哀。忠贞以功为主，饮酒以乐为主，处丧以哀为主，事亲以适为主。功成之美，无一其迹矣；事亲以适，不论所以矣；饮酒以乐，不选其具矣；处丧以哀，无问其礼矣。礼者，世俗之所为也；真者，所以受于天也，自然不可易也。故圣人法天贵真，不拘于俗；愚者反此，不能法天而恤于人，不知贵真，禄禄而受变于俗，故不足。惜哉！子之蚤湛于人伪，而晚闻大道也。」孔子又再拜而起曰：「今者丘得遇也，若天幸然。先生不羞而比之服役，而身教之。敢问舍所在，请因受业而卒学大道。」客曰：「吾闻之：可与往者与之，至于妙道；不可与往者，不知其道，慎勿与之，身乃无咎。子勉之！吾去子矣！吾去子矣！」乃刺船而去，延缘苇间。颜渊还车，子路受绥，孔子不顾，待水波定，不闻音，而后敢乘。子路旁车而问曰：「由得为役久矣，未尝见夫子遇人如此其威也。万乘之主，千乘之君，见夫子未尝不分庭伉礼，夫子犹有倨傲之容。今渔父杖拏逆立，而夫子曲要磬折，再拜而应，得无太甚乎？门人皆怪夫子矣，渔父何以得此乎？」孔子伏轼而叹曰：「甚矣由之难化也！湛于礼义有间矣，而朴鄙之心至今未去。进！吾语汝。夫遇长不敬，失礼也；见贤不尊，不仁也。彼非至仁，不能下人；下人不精，不得其真，故长伤身。惜哉！不仁之于人也祸莫大焉，而由独擅之！且道者，万物之所由也，庶物失之者死，得之者生；为事逆之则败，顺之则成。故道之所在，圣人尊之。今渔父之于道，可谓有矣！吾敢不敬乎！」

《庄子·杂篇·列御寇》 鲁哀公问于颜阖曰：「吾以仲尼为贞幹，国其有瘳乎？」曰：「殆哉圾乎！仲尼方且饰羽而画，从事华辞，以支为旨，忍性以视民而不知不信，爱乎心，宰乎神，夫何足以上民？彼宜女与？予颐与？误而可矣。今使民离实学伪，非所以视民也。为后世虑，不若休之，难治也。施于人而不忘，非天布也。商贾不齿，虽以士齿之，神者弗齿。为外刑者，金与木也；为内刑者，动与过也。宵人之离外刑者，金木讯之；离内刑者，阴阳食之。夫免乎外内之刑者，唯真人能之。」

《绎史·孔子类记》四引《庄子》 孔子舍于沙丘，见主人。曰：「辩士也。」子路曰：「夫子何以识之？」曰：「其口穷踦，其鼻空大，其服博，其睫流。其举足也高，其践地也深，鹿合而牛舍。」

《**韩非子·内储说**》**上**　殷之法，刑弃灰于街者。子贡以为重，问之仲尼。仲尼曰：「知治之道也。夫弃灰于街必掩人，掩人，人必怒，怒则斗，斗必三族相残也。此三族之道也，虽刑之可也。且夫重罚者，人之所恶也，而无弃灰，人之所易也。使人行之所易，而无离所恶，此治之道。」一曰：殷之法，弃灰于公道者断其手。子贡曰：「弃灰之罪轻，断手之罚重，古人何太毅也？」曰：「无弃灰，所易也；断手，所恶也。行所易，不关所恶，故人以为易，故行之。」

《**公孙龙子·迹府**》　楚王张繁弱之弓，载忘归之矢，以射蛟兕于云梦之圃，而丧其弓。左右请求之，王曰：「止。楚人遗弓，楚人得之，又何求焉？」仲尼闻之曰：「楚王仁义而未遂也。亦曰人亡弓、人得之而已，何必楚？」

《**吕氏春秋·孟春纪·贵公**》　荆人有遗弓者而不肯索，曰：「荆人遗之，荆人得之，又何索焉？」孔子闻之曰：「去其荆而可矣。」

《**说苑·至公**》　楚共王出猎，而遗其弓，左右请求之。共王曰：「止！楚人遗弓，楚人得之，又何求焉？」仲尼闻之曰：「惜乎其不大！亦曰人遗弓，人得之而已，何必楚也？」

《**吕氏春秋·孝行览·必己**》　孔子行道而息，马逸，食人之稼，野人取其马。子贡请往说之，毕辞，野人不听。有鄙人始事孔子者曰：「请往说之。」因谓野人曰：「子不耕于东海，吾不耕于西海也。吾马何得不食子之禾？」其野人大说，相谓曰：「说亦皆如此其辩也！独如向之人？」解马而与之。

《**淮南子·人间训**》　孔子行游，马失，食农夫之稼，野人怒，取马而系之。子贡往说之，卑辞而不能得也。孔子曰：「夫以人之所不能听说人，譬以太牢享野兽，以九韶乐飞鸟也。予之罪也，非彼人之过也。」乃使马圉往说之。至见野人曰：「子耕于东海，至于西海，吾马之失，安得不食子之苗？」野人大喜，解马而与之。

《**论衡·自然**》　宋人或刻木为楮叶，三年乃成。孔子曰：「使地三年乃成一叶，则万物之有叶者寡矣。」

《**御览**》**六百十六引**《**神仙传**》　孔子读书，老子见而问曰：「是何书也？」曰：「礼也，圣人亦读之。」老子云：「圣人可也，汝曷为复读之？」